핵심요약 부동산경매판례

이 승 길 편저

法 文 社

이 땅의 고단한 가장들에게 바친다

머 리 말

부동산경기가 어렵다는 안타까운 소식들로 온 매체가 채워지고 있다. 대다수 건설회사가 고사 직전이라든가, 어떤 회사는 부도처리되거나 구조조정에 들어갔다는 소식, 무리하게 대출받은 수분양자들이 아파트 가격폭락으로 심각한 지경에 빠졌다는 소식 등이다.

수년간 진행된 상승기조가 2008년을 전후로 꺾이기 시작하더니 끝모를 하향곡선을 그리고 있다. 정상시장으로 돌아가는 것으로 보이건만 일반의 생각은 그렇지 않은 모양이다. 투자에 한 번 실패했다고 하여 부동산과 인연을 끊을 수도 없고 보면 아픈 경험을 거름삼아 더욱 분발해야 하지 않겠는가.

10여 년 이상 경매를 공부하고 경험했지만 항상 답답했다. 이론적인 문제를 만날 때면 언제나처럼 느끼는 한계였다. 나름대로 노력한 결과 과분하게도 법문사를 통하여 2008년도에 "부동산경매론"을 출간한 바도 있지만, 특정부분에서는 그 부족함을 채울 수 없어 늘 허기를 느끼곤 했었다. 부지런히 연구도 하고 실무현상도 애써 살펴보았지만 이것들로는 채울 수 없는 빈공간이 있었는데 바로 판례와 관련된 사안들이었다.

다시 한 번 과욕을 부려 보았다. 우선 나 자신의 답답증을 해소하기 위함도 있었지만 부동산경매를 공부하는 학도들의 심정도 이해되기 때문이다. 교육프로그램도 쉽게 접할 수 있고, 관련 서적들도 넘쳐나지만 판례사례를 체계적으로 정리한 학습서는 사실상 접할 수 없다는 점에서 평소 참고용으로 모아둔 판례들을 선별하여 엮어 본 것이다.

본서는 다음과 같은 점에서 다른 판례집과는 다른 특색을 갖추고 있다. 우선, 방대한 판례의 바다에서 부동산 경매와 관련된 의미 있는 자료들만 건져 올려 단원별로 핵심사안을 분명히 한 후 이에 답하는 형식으로 구성하였다. 다음은, 판례 원문 중에서 핵심적인 문단만 추려내고 나머지는 과감히 버림으로써 내용을 최소화시켰다. 원안은 너무 방대하고 읽기도 번거로울 뿐 아니라 판례의 입장을 제대로 파악하기가 어렵기 때문이다. 셋째, 판시이유를 제외하고는 각 사안에 맞게 편집함으로써 학습자의 편의를 도모하고자 했다. 각 핵심요약을 이해하는데 필요한 사실관계를 판시이유를 통하여 적절히 제시함으로써 학습효과도 배가할 수 있도록 하였다.

편집과정에서 판례의 본지가 각색되지 않았을까 하는 우려가 없는 것은 아니다. 이 유부분에서는 판례의 원문을 그대로 인용하기는 했지만 그 취지가 다소 불분명하거나 일부 가독성을 위하여 필요하다고 판단되는 부분에서는 조사, 쉼표, 접속사 등을 임의로 가감했기 때문이다. 따라서 논문 등에 단락 인용이 필요한 경우라면 해당 사건의 판례 원문을 직접 참고하는 것이 좋을 것이다.

마지막으로 출판에 정성을 다해 주신 법문사와 편집부에 깊은 감사를 드리며, 부디 부동산경매를 공부하면서 갈증을 느끼시는 모든 분들에게 오아시스와 같은 책이 되기를 기대하면서 부동산 학문 발전에도 작은 보탬이 되기를 감히 기대해 본다.

2010. 7. 5.

이 승 길

차 례

제 1 편 경매절차 관련 판례

제 2 편 경매관련 권리분석 판례

제 4 편 유치권 관련 판례

제 5 편 배당관련 판례

제 1 편

경매절차 관련 판례

제 1 장

강제집행실시

I. 경매신청 관련

1. 미등기 건물에 대한 일괄경매신청

대법원 1995. 12. 11. 선고, 95마1262 결정

▍판시사항

토지의 저당권자가 「민법」 제365조에 의하여 그 지상에 있는 미등기 건물에 대해서도 일괄경매를 신청할 경우, 채무자의 소유임을 증명하는 서면을 첨부해야 하는지 여부(적극)

▍결정요지

등기부에 채무자의 소유로 등기되지 아니한 부동산에 대하여 경매신청을 할 때에는 즉시 채무자의 명의로 등기할 수 있음을 증명할 수 있는 서류를 첨부하여야 하고(「민사소송법」 제602조 제1항 제2호, 제728조), 미등기 건물의 소유권 보존등기는 가옥대장등본에 의하여 자기 또는 피상속인이 가옥대장에 소유자로 등록되어 있는 것을 증명하는 자나, 판결 또는 기타 시 · 구 · 읍 · 면장의 서면에 의하여 자기의 소유권을 증명하는 자 및 수용으로 인하여 소유권을 취득하였음을 증명하는 자만이 이를 신청할 수 있는 것이므로(「부동산등기법」 제131조), 토지에 대한 저당권자가 「민법」 제365조에 의하여 그 지상의 미등기 건물에 대하여도 경매를 청구할 경우에는 지상 건물이 채무자 또는 저당권설정자의 소유임을 증명하는 서류로서 「부동산등기법」 제131조 소정의 서면을 첨부하여야 한다.

2. 건물에 대한 일괄경매신청
대법원 2001. 6. 13. 선고, 2001마1632 결정

판시사항

토지의 저당권자가 토지에 대해서만 경매를 신청한 경우라도 매각기일전까지라면 일정한 요건을 갖추어 동 지상에 있는 채무자의 소유 건물에 대해서도 일괄경매를 신청할 수 있는지 여부(적극)

결정요지

「민법」 제365조가 토지를 목적으로 저당권을 설정한 후 그 저당권설정자가 그 토지에 건물을 축조한 때에는 저당권자가 토지와 건물을 일괄하여 경매를 청구할 수 있도록 규정한 취지는, 저당권은 담보물의 교환가치 취득을 목적으로 할 뿐 담보물의 이용을 제한하지 아니하여 저당권설정자로서는 저당권설정 후에도 그 지상에 건물을 신축할 수 있는데, 후에 그 저당권 실행으로 토지가 제3자에게 경락될 경우 건물을 철거하여야 한다면 사회경제적으로 현저한 불이익이 생기게 되어 이를 방지할 필요가 있으므로 이러한 이해관계를 조절하고, 저당권자에게도 저당 토지상의 건물의 존재로 인하여 생기게 되는 경매의 어려움을 해소하여 저당권의 실행을 쉽게 할 수 있도록 한 데 있다. 따라서 「민법」 제365조에 기한 일괄경매청구권은 토지의 저당권자가 토지에 대하여 경매를 신청한 후에도 그 지상 건물에 대하여 토지에 관한 매각기일전까지는 추가로 일괄경매신청을 할 수 있고, 이 경우 집행법원은 두 개의 경매사건을 병합하여 일괄경매절차로 진행함이 상당하다.

「민법」 제365조에 기하여 건물에 대한 일괄경매를 추가 신청하는 경우, 그 신청서에는 「민사소송규칙」 제204조에서 정해진 기재사항과 아울러 「민법」 제365조의 일괄경매 요건사실 이외에도 이미 선행하여 토지에 대하여 부동산 경매사건이 계속되어 있다는 취지와, 그 토지의 경매신청에 추가하여 지상 건물에 대하여도 일괄경매를 신청하는 취지 및 소정의 인지를 붙여야 하며, 반드시 담보권 등기가 되어 있는 토지등기부 등본을 첨부하여 법원에 제출하여야 한다.

3. 저당권 설정 시 축조 중이던 건물에 대한 일괄경매신청

대법원 1987. 4. 28. 선고, 86다카2856 판결

▌판시사항

저당권설정 당시에 저당목적물인 토지상에 건축 중이던 건물에 대해서도 저당권자가 일괄경매를 신청할 수 있는지 여부(소극)

▌판결요지

「민법」 제365조는 저당권설정자가 저당권을 설정한 후 저당목적물인 토지상에 건물을 축조함으로써 저당권의 실행이 곤란하여지거나 저당목적물의 담보가치 하락을 방지하고자 함에 그 규정취지가 있다고 할 것이므로, 저당권설정 당시 건물의 존재가 예측되고 또 당시 사회경제적 관점에서 볼 때 그 가치의 유지를 도모할 정도로 건물의 축조가 진행된 경우에는 일괄경매신청이 허용되지 않는다.

▌판결이유

원심 판결이유에 의하면, 원심은 천안시 원성동 195의 17 대지에 관하여 소외 정태복 등 앞으로 근저당권 설정등기가 경료 될 당시에 이 사건 신축부분은 그 외벽과 2층 슬라브공사가 마쳐진 사실을 인정한 다음, 위 신축부분은 위 법조에서 규정하는 토지를 목적으로 저당권을 설정한 후 그 설정자가 그 토지에 건물을 축조한 때에 해당한다고 볼 수 없어, 위 정태복 등은 이 사건 신축부분에 대하여 경매청구를 할 수 없다고 판시하고 있는 바, 이는 위 견해에 따른 것으로서 정당하고 거기에 소론과 같은 위법사유가 있다고 할 수 없으므로 논지는 이유 없다.

원심 판결이유에 의하면, 원심은 기존 건물에 대한 근저당권의 효력이 이 사건 신축부분에는 미치지 아니하므로 이 사건 신축부분에 대한 소유권은 여전히 원고에게 있다고 판시하고 있는 바, 위 판단 또한 정당하므로 논지는 이유 없다.

4. 부분 전세권자의 경매신청권

대법원 1992. 3. 10. 선고, 91마256, 91마257 결정

▍판시사항

건물의 일부에 대하여 전세권이 설정된 경우 그 전세권자가 전세권의 목적이 아닌 나머지 건물부분에 대해서도 경매를 신청할 수 있는지 여부(소극)

▍결정요지

건물의 일부에 대하여 전세권이 설정되어 있는 경우 그 전세권자는「민법」제303조 제1항, 제318조의 규정에 의하여 그 건물 전부에 대하여 후순위권리자 기타 채권자보다 전세금의 우선변제를 받을 권리가 있고, 전세권설정자가 전세금의 반환을 지체한 때에는 전세권의 목적물에 대하여 경매를 청구할 수 있다고 할 것이나, 전세권의 목적물이 아닌 나머지 건물부분에 대하여는 우선변제권은 별론으로 하고 경매신청권은 없다.

▍결정이유

건물의 일부에 대하여 전세권이 설정되어 있는 경우 그 전세권자는「민법」제303조 제1항, 제318조의 규정에 의하여 그 건물 전부에 대하여 후순위권리자 기타 채권자보다 전세금의 우선변제를 받을 권리가 있고, 전세권설정자가 전세금의 반환을 지체한 때에는 전세권의 목적물에 대하여 경매를 청구할 수 있다 할 것이나, 전세권의 목적물이 아닌 나머지 건물부분에 대하여는 우선변제권은 별론으로 하고 경매신청권은 없다고 할 것이다.

원심이 같은 취지에서 이 사건 경매목적물은 경매신청인의 전세권의 목적이 아닌 부동산 부분임이 명백하여 이에 대한 경매신청은 허용될 수 없는 것이어서 이 사건 경매개시결정 및 경락허가결정은 위법하다고 판시한 것은 정당하고, 거기에 소론과 같은「민법」제303조 제1항에 관한 법리오해의 위법이 있다고 할 수 없으며, 소론이 지적하는 당원 1989. 3. 15. 고지, 88마1161 결정은 10층 건물인 계쟁부동산을 지상 1층 부분과 그 나머지 부분으로 구분등기를 함에 있어서 등기공무원은 지상 1층 부분에 관한 등기용지 중 해당구 사항란에 계쟁부동산 중 2층 일부에 관한 전세

권자의 전세권 설정등기를 이기하여야 한다는 취지로서, 위 전세권자의 경매신청권 유무를 문제 삼는 이 사건에 원용하기에는 적절하지 아니하다. 논지는 이유 없다.

5. 저당권의 기한 미도래와 제3자의 강제경매신청권
대법원 1992. 4. 14. 선고, 91다41996 판결

판시사항

근저당권이 설정된 부동산에 대하여 그 저당권의 피담보채권에 대한 변제기가 도래하지 않아도 제3자가 강제경매를 신청할 수 있는지 여부(적극)

판결요지

근저당권에 기하여 경매를 실행하는 경우, 그 경매의 원인이 되는 근저당권의 피담보채권이 아직 변제기가 도래하지 않았다면 그 근저당권 실행을 위한 경매를 할 수 없으나, 근저당권이 설정되어 있는 부동산에 강제경매를 신청하는 경우에는 그 근저당권의 피담보채권의 변제기가 아직 도래하지 아니하였다고 하더라도 적법하게 경매를 신청할 수 있고, 피담보채권의 변제기 도래 여부에 관계없이 근저당권은 항상 소멸되는 것이며, 이러한 경우 근저당권자가 배당받을 금액은 공탁하게 되므로 근저당권자로서는 어떠한 손해도 입지 않는다고 할 것이다.

구「민사소송법」(1990. 1. 13. 법률 제4201호로 개정되기 전의 것) 제608조 제2항이 "부동산상에 존재한 저당권은 매각에 의하여 소멸한다."고 규정한 취지는 담보물권은 원래 부동산의 교환가치로부터 변제 받는 것을 목적으로 하는 권리이므로 일단 목적물의 매각이 실현되면 그 매각 당시 존재하던 담보물권은 그 순위에 따라서 매각대금 중에서 우선변제를 받게 하여 소멸시킴으로써 후일 다시 그 부동산의 경매가 반복되는 것을 피하고 경락인에게도 부담 없는 부동산을 취득하게 하는 것이 제도의 목적에 합치된다고 보기 때문인 바, 따라서 그 매각대금으로 압류채권에 우선하는 담보물권의 피담보채권을 변제함에 부족 없음이 인정된 경우가 아니면 매각할 수 없는 것이므로(같은 조 제1항), 위의 규정 때문에 담보물권만 소멸하고 채권을 변제받지 못하게 된다거나 압류채권자에 우선하는 담보물권자의 재산권이 부당하게 침해되고 압류채권자로 하여금 부당한 이득을 취하게 할 염려도 없다 할 것이고, 또

한 우선권 있는 저당권자의 채권을 완전히 변제하고 저당권을 소멸시킨 이상 그 저당권자가 경매신청을 한 경우와 구별할 이유는 없는 것이므로, 압류채권에 우선하는 2순위 권리자가 1순위 권리자나 압류채권자에 비하여 부당한 차별대우를 받는다고 할 수도 없으므로 위 규정은 「헌법」 제11조 제1항이나 제23조에도 위배되지 아니한다.

6. 잉여가 소액에 그칠 경우와 경매신청
대법원 1997. 6. 10. 선고, 97마814 결정

판시사항
고액의 선순위 배당채권자로 인하여 경매실행채권자에게 배당될 금액은 소액에 그칠 경우라도 경매신청이 가능한지 여부(적극)

결정요지
고액의 다른 배당요구채권자가 있어 경매를 신청한 채권자에게 배당될 금액이 비록 소액에 그친다고 하더라도 그러한 사유만으로는 경매신청이 권리남용에 해당한다거나 위법하다고 할 수 없다.

7. 구분건물이 경매목적물이 되기 위한 요건
대법원 2010. 1. 14. 선고, 2009마1449 결정

판시사항
구분소유권의 객체로서 법적 물리적 요건을 갖추지 못한 경우라도 일부 건물만 매각할 수 있는지 여부(소극)

결정요지
1동 건물의 일부분이 구분소유권의 객체가 될 수 있으려면 그 부분이 이용상은 물론 구조상으로도 다른 부분과 구분되는 독립성이 있어야 하고, 그 이용상황 내지 이용형태에 따라 구조상 독립성 판단의 엄격성에 차이가 있을 수는 있으나, 구조상의 독립성은 주로 소유권의 목적이 되는 객체에 대한 물적지배 범위를 명확히 할 필

요성 때문에 요구된다고 할 것이므로, 구조상의 구분에 의하여 구분소유권의 객체 범위를 확정할 수 없는 경우에는 구조상 독립성이 있다고 할 수 없다. 그리고 구분소유권의 객체로서 적합한 물리적 요건을 갖추지 못한 건물의 일부는 그에 관한 구분소유권이 성립될 수 없는 것이어서, 비록 건축물관리대장 상 독립한 별개의 구분건물로 등재되고 등기부상에도 구분소유권의 목적으로 등기되어 있어 이러한 등기에 기초하여 경매절차가 진행되고 매각허가를 받아 대금을 납부하였다고 하더라도, 그 등기는 그 자체로써 무효이므로 매수인은 소유권을 취득할 수 없다.

▌결정이유

「집합건물의 소유 및 관리에 관한 법률」(이하 '집합건물법' 이라 함) 제1조의2, 「집합건물의 소유 및 관리에 관한 법률 제1조의2 제1항의 경계표지 및 건물번호 표지에 관한 규정」(이하 "경계표지 및 건물번호 표지규정"이라 함) 제1조, 제2조에서는 일정한 범위의 상가건물에 관하여는 구조상 독립성 요건을 완화하여 "경계를 명확하게 식별할 수 있는 표지를 바닥에 견고하게 설치하고 구분 점포별로 부여된 건물번호 표지를 견고하게 부착함으로써 구분소유권의 객체가 될 수 있다."고 규정하고, 「집합건물법」 제60조 제1항은 "건축물대장 소관청은 관계 공무원의 조사결과 그 건물의 현황이 제1조 또는 제1조의2의 규정에 부합하지 아니하다고 인정될 때에는 집합건축물대장의 등록신청을 거부하고 일반건축물대장에 등록하여야 한다."고 규정하고 있다.

기록에 의하면 이 사건 부동산은 구조상 독립성을 갖추지 못하였고 「집합건물법」 제1조의2, 「경계표지 및 건물번호 표지규정」 제1조, 제2조에 규정된 완화된 요건마저 다 갖추지 못하였음을 알 수 있는 바, 앞서 본 법리에 위와 같은 사정을 비추어 보면 원심의 판단은 정당하다.[1)]

---

1) 백화점이나 대형쇼핑몰처럼 점포별로 명확한 구분표시가 없는 오픈형 상가는 점포별로 소유권이 인정되지 않아 경매를 허용할 수 없다는 판결이다. 오픈상가의 각 점포에 대해서는 과거에는 아파트의 각 전유부분처럼 개별 등기나 매매를 인정해 준 사례가 있었으나 원래는 법적으로 허용되지 않는 것이었다. 따라서 만약 과거에 개별 등기가 이루어진 점포라 하더라도 개별 매각이 허용될 수 없음을 확인한 판결이라고 볼 수 있을 것이다.

8. 환지예정지 매각과 목적물 표시방법 등
대법원 1974. 1. 8. 선고, 73마683 결정

판시사항
환지예정지로 지정된 토지를 경매할 경우, 경매기일 공고방법과 최저매각가격에 대한 결정방법

결정요지
경매목적물이 환지예정지인 경우 경매기일 공고에 있어서 부동산 표시방법은 종전 토지의 지번·지목·지적 등을 표시하는 외에 환지예정지로 지정된 구체적인 내용을 기재하여야 하며, 환지예정지로 지정된 구체적인 사정(위치·지적 등)을 충분히 참작하여야 한다.

결정이유
원 결정이유에 의하면 원심은 이 건 각 경매목적 토지에 대하여 토지구획정리사업에 의한 환지예정지로 지정되어 있음이 명백하므로 경매법원이 이러한 토지들에 대한 경매기일공고를 함에 있어서는 종전 토지의 지번·지목·지적 등만을 표시할 것이 아니라 환지예정지 지정내용을 구체적으로 표시함으로써 경매에 응하고자 하는 사람들로 하여금 그 부동산의 실질적 가치를 알 수 있도록 하였어야 함에도 불구하고, 이 건 경매기일공고에 있어서의 부동산 표시방법을 보면 경매법원은 종전 토지의 지번·지목·지적을 표시하는 외에 "이상 5필지 모두 환지예정지임."이라고만 부기하였을 뿐, 그 환지예정지 지정과 관련된 구체적인 내용은 전혀 기재한 바 없으니 결국 경매기일공고에 반드시 기재하게끔 되어 있는 부동산표시를 아니한 것이나 다름없는 위법이 있다 하고, 또 경매법원으로부터 평가명령을 받은 집행관도 이건 부동산을 평가함에 있어서 환지예정지로 지정된 구체적 사정(위치, 지적 등)을 충분 참작 감안하여야 할 것인데도, 그렇게 한 것인지 아니면 이를 무시한 채 다만 종전 토지의 지번, 지목, 지적 등 추상적인 사항만을 기준으로 평가한 것인지 분명치 못하여, 모호한 집행관의 평가보고서를 기초로 최저경매가격을 결정한 것 또한 위법하다고 하였는바, 이를 기록에 대조하여 검토해 보면 원심의 위와 같은 판단은 그대

로 수긍될 수 있어 정당하다고 할 것이고, 경매기일공고에 기재할 요건사항은 원심이 이를 직권으로 조사할 사항이라 할 것이므로 원심이 항고인이 주장하지 아니한 이에 관한 요건 기재사항에 그 기재가 없다고 판단하였다 하여 위법하다고 주장할 수는 없는 것이고, 그 밖에 항고인들이 이에 대한 원심결정 이후에 각기 그 항고를 취하하고 재항고권을 포기하였다고 하여 원심결정에 어떠한 효력도 미칠 수 없는 것이므로 이에 관한 주장도 이유 없다.

9. 멸실된 구 건물의 등기 유용
대법원 1976. 10. 26. 선고, 75다2211 판결

판시사항
멸실된 구 건물등기부에 존재하는 저당권의 실행으로 신축 건물을 경락받은 경우라도 매수인이 유효하게 권리를 취득할 수 있는지 여부(소극)

판결요지
기존건물이 멸실된 후 그곳에 새로 건축한 건물에 대한 물권변동에 관한 등기로써 구 등기를 갈음한 경우라면 이는 진실에 부합하지 아니하는 것이고, 비록 당사자가 멸실된 건물의 등기로서 신축된 건물등기에 갈음할 의사를 가졌다고 하여도 그 등기는 무효이니, 멸실된 건물에 존재하는 근저당권 설정등기를 신축 건물에 대한 근저당권 설정등기로 볼 수는 없으므로 구 건물에 존재하는 저당권에 기하여 진행된 경매절차에서 신축 건물을 경락받았다고 하더라도 그 소유권 취득을 내세울 수는 없다.

10. 경매 실행채권을 대위변제한 경우와 경매 취하권자
대법원 2001. 12. 28. 선고, 2001마2094 결정

판시사항
임의경매절차 진행 중 경매의 기초가 된 담보물권이 대위변제로 이전된 경우 대위변제자가 경매를 취하할 수 있는지 여부(적극)

▌결정요지

임의경매절차가 개시된 후 경매신청의 기초가 된 담보물권이 대위변제로 인하여 이전된 경우에도 경매절차 진행에는 아무런 영향이 없으나, 대위변제자가 경매신청인의 지위를 승계하므로 종전 경매신청인이 한 경매신청 취하는 효력이 없다

11. 압류등기 후의 처분행위 유효성
대법원 1992. 2. 11. 선고, 91누5228 판결

▌판시사항

경매개시결정 기입등기가 있으면 채무자의 목적 부동산에 대한 처분행위는 일체 금지되는지 여부(한정소극)

▌판결요지

경매개시결정 기입등기로 인한 압류의 효력은 부동산 소유자에 대하여 압류채권자에 대한 관계에서 부동산의 처분을 제한하는 데 그치는 것일 뿐 그 밖의 다른 제3자에 대한 관계에 있어서까지 부동산의 처분을 금지하는 것이 아니므로, 부동산 소유자는 경매절차 진행 중에도 경락인이 경락대금을 완납하여 목적부동산의 소유권을 취득하기 전까지는 목적부동산을 유효하게 처분할 수 있는 것이고, 그 처분으로 인하여 부동산의 소유권을 취득한 자는 그 후 집행법원에 취득사실을 증명하여 경매절차의 이해관계인이 될 수 있음은 물론, 배당 후 잉여금이 있을 경우에는 부동산 소유자로서 이를 반환받을 권리도 가지게 되는 것이다.

Ⅱ. 경매절차 관련

1. 송달 불능에 따른 발송 송달의 적법성
서울남부지법 2006. 5. 26. 선고, 2005가합14039 판결

▌판시사항

집행법원이 가등기권자에 대한 채권신고 최고가 송달 불능이 되자 등기부상 주

소지로 등기우편으로 발송 송달을 한 경우라도 적법한 것인지 여부(적극)

▌판결요지

경매법원이 가등기권리자에 대한 최고서를 등기부상의 주소지로 발송하였다가 송달이 불능이 되자 등기부상 주소지로 등기우편에 의하여 발송 송달을 한 경우, 이는 「민사집행규칙」 제8조 제1항에서 정한 '상당하다고 인정되는 방법'으로 최고한 것으로 볼 수 있으므로 적법하다.

▌판결이유

「민사집행규칙」 제8조 제1항은 "민사집행절차에서 최고와 통지는 특별한 규정이 없으면 상당하다고 인정되는 방법으로 할 수 있다."고 규정하고 있는 바, 경매법원이 원고 1에 대한 최고서 송달이 불능이 되자 등기부상의 주소지로 등기우편에 의하여 최고서를 발송 송달한 것은 위 규칙이 정하고 있는 "상당하다고 인정되는 방법"으로 최고한 것으로 볼 수 있으므로 이 사건 발송 송달은 적법하다고 할 것이다(「민사집행규칙」 제8조 제3항의 "있는 곳이 분명하지 아니한 때"란 최고를 받을 사람의 주소 · 거소 · 영업소 · 사무소 또는 근무장소를 알 수 없는 경우를 의미하는데, 이 사건의 경우에는 부동산등기부에 원고 1의 주소지가 나타나 있으므로 최고를 받을 사람의 주소 등을 알 수 없는 경우에 해당한다고 볼 수 없다. 또한 일반적으로 공고보다는 주소지에 대한 발송 송달이 인식가능성 면에서 최고 받을 자에게 더 유리하다고 할 것이므로 공고를 하지 아니한 채 주소지에 발송 송달한 것을 부적법하다고 탓할 수는 없다 할 것이다).

2. 경매개시결정 미고지와 절차속행 가부
대법원 1991. 12. 16. 선고, 91마239 결정

▌판시사항

이해관계인에게 경매개시결정을 고지하지 않은 경우라도 유효하게 경매절차를 속행할 수 있는지 여부(소극)

▌결정요지

경매개시결정은 비단 압류의 효력을 발생시키는 것일 뿐만 아니라 경매절차의

기초가 되는 재판이어서 그것이 당사자에게 고지되지 않으면 효력이 있다고 할 수 없고, 따라서 따로 압류의 효력이 발생하였는지 여부와 관계없이 경매개시결정에 대한 고지 없이는 유효하게 경매절차를 속행할 수 없다.

3. 지분매각과 다른 공유자에 대한 매각기일 등 통지
대법원 1998. 3. 4. 선고, 97마962 결정

▌판시사항
공유물에 대한 지분매각 시 다른 공유자에게도 매각기일과 매각결정기일을 통지하여야 되는지 여부(적극)

▌결정요지
경매법원은 공유물의 지분을 경매함에 있어 다른 공유자에게 매각기일과 매각결정기일을 통지하여야 하므로, 경매부동산의 다른 공유자들이 그 경매기일을 통지받지 못한 경우라면 이해관계인으로서 그 절차상의 하자를 들어 항고할 수 있다.

4. 인수 가등기 있는 경우와 경매절차 속행
대법원 2003. 10. 6. 선고, 2003마1438 결정

▌판시사항
부동산 강제경매절차에서 인수대상인 소유권이전청구권 순위보전을 위한 가등기가 존재할 경우, 동 가등기가 담보가등기인지 순위보전가등기인지가 밝혀질 때까지 경매절차를 중지하여야 되는지 여부(소극)

▌결정요지
강제경매절차에서 경매목적 부동산이 낙찰된 때에도 소유권이전청구권의 순위보전을 위한 가등기는 그보다 선순위의 담보권이나 가압류가 없는 이상 담보목적 가등기와는 달리 말소되지 아니한 채 낙찰인에게 인수되는 것인 바, 권리신고가 되지 않아 담보가등기인지 순위보전가등기인지 알 수 없는 경우에도 그 가등기가 등기부상 최선순위이면 집행법원으로서는 일단 이를 순위보전을 위한 가등기로 보아

낙찰인에게 그 부담이 인수될 수 있다는 취지를 매각물건명세서에 기재한 후 그에 기하여 경매절차를 진행하면 족한 것이지, 반드시 그 가등기가 담보가등기인지 순위보전의 가등기인지 밝혀질 때까지 경매절차를 중지하여야 하는 것은 아니다.

▎결정이유

기록에 의하면, 이 사건 경매목적물인 서울 강남구 신사동 552의11 대 186.2㎡ 및 그 지상 건물에 대하여 각 1998. 12. 31. 접수 제89449호로 같은 달 30.자 매매예약을 원인으로 하는 정순옥 명의의 소유권이전청구권 가등기가 경료 되었는바, 위 대지에 관하여는 위 가등기에 앞서 1996. 5. 31. 한국자산관리공사 명의의 근저당권 설정등기가 경료 되어 있었으나, 위 건물에 관하여는 등기부상 위 가등기보다 선순위의 담보권 설정등기나 압류 또는 보전처분의 기입등기가 경료된 바 없는 사실, 집행법원은 가등기권리자인 정순옥에게 「가등기담보 등에 관한 법률」 제16조 제1항에 의한 최고를 하였으나 정순옥은 집행법원이 낙찰허가결정을 선고한 2003. 4. 11.까지 집행법원에 채권신고를 하지 아니한 사실, 집행법원은 위 토지와 건물에 관하여 일괄매각결정을 한 후 매각물건명세서의 비고란에 "건물에 대하여 매각으로 소멸되지 않는 선순위 가등기 있음."이라고 기재하여 절차를 진행시킨 끝에 제3회 입찰기일에 최고가로 매수 신고한 권영숙에게 2003. 4. 11.자로 낙찰허가결정을 선고한 사실을 알 수 있는 바, 위에서 본 법리나 사실관계에 비추어 보면 위 낙찰허가결정에 대한 이 사건 항고를 기각한 원심의 조치는 정당하고, 거기에 재항고 이유로 주장하는 바와 같은 가등기와 집행절차 정지에 관한 법리오해 등의 위법을 찾아볼 수 없다.

5. 경매신청서에 대지권의 표시가 없는 경우의 효력

대법원 1997. 6. 10. 선고, 97마814 결정

▎판시사항

구분건물에 대한 경매신청서에 대지사용권에 관한 아무런 표시가 없는 경우라도 집행법원은 대지사용권도 일괄 매각하여야 되는지 여부(한정적극)

▎결정요지

구분건물에 대한 경매에 있어서 비록 경매신청서에 대지사용권에 대한 아무런

표시가 없는 경우에도 집행법원으로서는 대지사용권이 있는지, 그 전유부분 및 공용부분과 분리처분이 가능한 규약이나 공정증서가 있는지 등에 관하여 집행관에게 현황조사명령을 하는 때에 이를 조사하도록 지시하는 한편, 그 스스로도 관련자를 심문하는 등 가능한 방법으로 필요한 자료를 수집하여야 하고, 그 결과 전유부분과 불가분적 일체로서 경매대상이 되어야 할 대지사용권의 존재가 밝혀진 때에는 이를 경매 목적물의 일부로서 경매평가에 포함시켜 최저입찰가격을 정하여야 할 뿐만 아니라, 입찰기일의 공고와 매각물건명세서 작성에 있어서도 그 존재를 표시하여야 할 것이나, 그렇지 않고 대지사용권이 존재하지 아니하거나 존재하더라도 규약이나 공정증서로써 전유부분에 대한 처분의 일체성이 배제되어 있는 경우에는 특별한 사정이 없는 한 전유부분 및 공용부분에 대하여만 경매절차를 진행하여야 한다.

대지사용권이 존재함에도 그에 대한 경매신청이 없다는 이유로 집행법원이 대지사용권의 존부 등에 관하여 조사함이 없이 전유부분 및 공용부분에 대하여만 경매절차를 진행한 경우에도, 대지사용권에 대하여 분리처분이 가능한 규약이나 공정증서가 없는 때에는 전유부분에 대한 경매개시결정 및 압류의 효력이 그 대지사용권에도 미치므로 일괄경매를 할 필요가 없고(다만 이 경우 이해관계인으로서는 입찰기일 공고가 법률의 규정에 위반하거나 최저입찰가격의 결정 또는 입찰물건명세서 작성에 중대한 하자가 있음을 이유로 「민사소송법」 제632조, 제642조 제2항, 제633조 제6호 등에 의하여 매각허가에 대한 이의를 하거나 매각허가결정에 대한 항고를 함으로써 구제받을 수 있다 할 것이다), 그와 같은 내용의 규약이나 공정증서가 있는 때에는 전유부분에 대한 경매개시결정 및 압류의 효력은 대지사용권에는 미치지 아니하고, 그 대지사용권이 경매 목적물에서 제외되어 일괄경매 요건을 충족하지 아니하므로 일괄경매를 할 수 없으므로, 구분건물의 대지사용권이 존재한다고 하더라도 그에 대한 경매신청이 없었던 이상 집행법원이 전유부분 및 공용부분을 일괄경매하지 아니하였다고 하여 경매절차에 하자가 있다고 할 수 없다.

6. 매각물건 표시 및 제외 물건에 대한 조치방법
대법원 1991. 12. 27. 선고, 91마608 결정

▌판시사항
매각물건명세서 중 부동산표시에 대한 기재 정도와 미등기 건물을 매각목적물에서 제외할 경우 그 기재방법

▌결정요지
매각물건명세서 중 부동산 표시는 목적물의 동일성을 인식할 수 있는 정도의 기재이면 되고 그 이상 자세히 기재할 필요는 없으나, 등기부상 표시 외에 미등기 건물이 있음을 표시한 경우에는 그것이 경매목적물에 포함됨을 전제로 한 것으로 보게 되므로, 미등기 건물을 목적물에서 제외할 경우에는 그 취지를 명확히 하여 매수희망자들로 하여금 그 취지를 알 수 있도록 하여야 할 것이고, 이 경우에는 지상권의 개요를 기재하는 난에 경락으로 인하여 미등기 건물을 위한 법정지상권이 생길 여지가 있음을 기재하여야 하며, 그 사본을 비치한 후에도 오류가 발견된 경우에는 이를 정정하여야 한다.

7. 매각에서 제외되는 건물의 평가방법
대법원 1991. 12. 27. 선고, 91마608 결정

▌판시사항
집행법원이 미등기 건물을 경매목적물에서 제외할 경우, 미등기 건물로 인한 부담분을 토지평가액에서 보정토록 감정인에게 명하여야 되는지 여부(적극)

▌결정요지
지상의 미등기 건물이 같이 경매되는 경우와 그렇지 않은 경우에는 경매목적물인 그 부지의 평가액에도 영향이 있다고 할 것인데, 집행법원이 미등기 건물을 경매목적물에서 제외하면서 감정인에게 미등기 건물이 제외된 경우의 토지평가액에 대하여 보정을 명하는 등의 조치를 취하지 아니하고, 종전에 제출된 평가서에 기재된 미등기 건물이 포함된 전체 평가금액에서 미등기 건물의 가액만을 공제한 후 매각

가격을 결정한 것은 최저매각가격 결정에 중대한 하자가 있는 것이다.

8. 구분소유적 공유지분에 대한 감정평가
대법원 2001. 6. 15. 선고, 2000마2633 결정

▌판시사항
구분소유적 공유지분에 대한 매각을 실시함에 있어 감정평가의 대상이 되는 부분은 채무자가 점유하고 있는 특정한 구분소유 부분인지 여부(적극)

▌결정요지
1동의 건물 중 위치 및 면적이 특정되고 구조상 및 이용상 독립성이 있는 일부분을 2인 이상이 구분 소유하기로 하는 약정을 하고 등기만 편의상 각 구분소유 면적에 해당하는 비율로 공유지분 등기를 하여 놓은 경우, 공유자들 사이에 상호 명의신탁관계에 있는 이른바 구분소유적 공유관계에 해당하고, 낙찰에 의한 소유권취득은 성질상 승계취득이어서 1동의 건물 중 특정부분에 대한 구분소유적 공유관계를 표상하는 공유지분을 목적으로 하는 근저당권이 설정된 후 그 근저당권 실행에 의하여 위 공유지분을 취득한 낙찰자는 구분소유적 공유지분을 그대로 취득하는 것이므로, 건물에 관한 구분소유적 공유지분에 대한 입찰을 실시하는 집행법원으로서는 감정인에게 위 건물의 지분에 대한 평가가 아닌 특정 구분소유 목적물에 대하여 평가하게 하고 그 평가액을 참작하여 최저매각가격을 정한 후 입찰을 실시하여야 한다.

9. 이중 경매개시결정과 무잉여 판단기준
대법원 2001. 12. 28. 선고, 2001마2094 결정

▌판시사항
이중으로 경매개시결정이 된 경우 무잉여 여부를 판단하게 되는 기준이 되는 권리

▌결정요지
강제경매개시 후 압류채권자에 우선하는 저당권자 등이 경매신청을 하여 이중 경매개시결정이 된 경우에는 절차의 불필요한 지연을 막기 위해서라도 「민사소송

법」 제616조 소정의 최저경매가격과 비교하여야 할 우선채권 범위를 정하는 기준이 되는 권리는 그 절차에서 경매개시결정을 받은 채권자 중 최선순위에 해당하는 권리자의 권리로 봄이 옳다.

10. 무잉여를 간과한 경우의 효과

대법원 1995. 12. 1. 선고, 95마1143 결정

▌판시사항

최저매각가격이 압류채권에 우선하는 채권과 절차비용 합산액에 미달함에도 집행법원이 소정의 조치를 취하지 아니한 채 경매절차를 속행한 경우 그 하자가 치유되는지 여부(한정소극)

▌결정요지

최저매각가격이 압류채권자의 채권에 우선하는 채권과 절차비용에 미달하는데도 불구하고 경매법원이 이를 간과하고 「민사소송법」 제616조 소정의 조치를 취하지 아니한 채 경매절차를 진행한 경우, 최고가매수신고인의 매수가액이 우선채권 총액과 절차비용을 초과하는 한 그 절차위반의 하자가 치유되지만, 그 매수가액이 우선채권 총액과 절차비용에 미달하는 때에는 경매법원은 경락을 불허하는 결정을 하여야 하며, 매수가액이 우선채권 총액과 절차비용에 미달함에도 불구하고 경매법원이 절차를 그대로 진행하였다고 하여 그 법조항을 위반한 하자가 치유된다고 할 수는 없다.

▌결정이유

압류채권자의 채권에 우선하는 우선채권의 범위를 정함에 있어서, 채권자의 신고가 없더라도 채권액이 등기부상의 채권최고액보다 적은 것이 기록상 명백한 경우에는 그 적은 금액에 따라야 할 것임은 소론과 같다. 그런데, 이 사건 기록에 편철된 등기부등본 기재에 의하면, 원심결정 첨부 별지목록 기재 제19호 부동산에 대하여 근저당권자를 이광수로 하여 설정된 채권최고액 금 1,200,000,000원의 근저당권은 이 사건 경매 목적물과 같은 빌딩에 속하는 6층 601호 및 동 602호에 대하여 설정된

근저당권과 공동저당 관계에 있는데, 위 6층 601호와 602호에 대하여 이 사건 경매신청 이전인 1993. 10. 23. 채권자인 주식회사 제일상호신용금고의 신청에 의하여 인천지방법원 93타경50637호로 임의경매 개시결정이 있었던 사실을 인정할 수 있다. 그러나 위 사실만으로는 위 이광수가 위 공동저당 관계에 있는 위 6층 601호와 602호의 매각대금에서 일부를 배당받았다는 사실이 기록상 명백하다고 할 수 없다. 위 경매절차에서 배당표를 작성한 법관과 이 사건 낙찰불허가결정을 한 법관이 동일인이라고 하여도 위 결론을 좌우할 수는 없다. 논지는 이유 없다.

11. 공유자의 우선매수신고와 보증제공 시한
대법원 2004. 10. 14. 선고, 2004마581 결정

▌판시사항

매각절차에서 공유자가 우선매수신고를 할 수 있는 종기와 보증제공 시한(집행관이 입찰종결을 선언하기 전까지)

▌결정요지

구 「민사소송법」(2002. 1. 26. 법률 제6626호로 전문 개정되기 전의 것) 제650조 제1항은 "공유자는 매각기일까지 보증을 제공하고 최고매수신고가격과 동일한 가격으로 채무자의 지분을 우선 매수할 것을 신고할 수 있다."고 규정하고, 같은 조 제2항은 "제1항의 경우 법원은 최고가매수신고에도 불구하고 그 공유자에게 경락을 허가하여야 한다."고 규정하고 있는 바, 이와 같은 공유자의 우선매수권은 일단 최고가매수신고인이 결정된 후에 공유자에게 그 가격으로 경락 내지 낙찰을 받을 수 있는 기회를 부여하는 제도이므로, 입찰의 경우에도 공유자의 우선매수신고 및 보증의 제공은 집행관이 입찰종결을 선언하기 전까지면 되고, 입찰마감 시각까지로 제한할 것은 아니다.

12. 공유자의 우선매수 의사 확인방법

대법원 2002. 6. 17. 선고, 2002마234 결정

▌판시사항

공유자가 입찰기일 전에 우선매수신고서만 제출하거나 최고가입찰자가 제공한 입찰보증금에 미달하는 보증금을 제공한 경우, 집행관은 최고가매수신고를 확인한 다음 공유자의 출석 여부를 확인하고 그 공유자에게 최고가매수신고가격으로 매수할 것인지의 여부와 보증금을 납부할 기회를 주어야 하는지 여부(적극)

▌결정요지

공유자가 입찰기일 이전에 집행법원 또는 집행관에게 공유자 우선매수신고서를 제출하는 방식으로 우선매수신고를 한 경우에도 반드시 이와 동시에 입찰보증금(최고가입찰자가 제공하게 될 입찰보증금 이상의 금액)을 집행관에게 제공하여야만 적법한 우선매수신고를 한 것으로 볼 것은 아니고, 우선매수신고서만을 제출하거나 최고가입찰자가 제공한 입찰보증금에 미달하는 금액의 보증금을 제공한 경우에도 입찰기일에 입찰법정에서 집행관은 최고가입찰자와 그 입찰가격을 호창하고 입찰 종결을 선언하기 전에 그 우선매수신고자의 출석여부를 확인한 다음, 최고가입찰자의 입찰가격으로 매수할 의사가 있는지 여부를 확인하여 즉시 입찰보증금을 제공 또는 추가 제공하도록 하는 등으로 최고입찰가격으로 매수할 기회를 주어야 한다.

13. 우선매수신고자의 입찰표 제출 효과

대법원 2002. 6. 17. 선고, 2002마234 결정

▌판시사항

우선매수신고서를 제출한 공유자가 입찰표도 함께 제출한 경우, 공유자로서의 우선매수권을 포기한 것으로 볼 것인지 여부(소극)

▌결정요지

입찰기일 전에 우선매수신고서를 제출한 공유자가 입찰기일에 입찰에도 참가하여 입찰표를 다시 제출하였다고 하여 그 사실만으로는 공유자가 우선매수권을 포기

한 것으로 볼 수 없다.

14. 일괄매각 목적물의 일부에만 지분권 있는 경우와 우선매수권
대법원 2006. 3. 13. 선고, 2005마1078 결정

판시사항

일괄 매각되는 일부 부동산에만 지분이 있을 뿐인 공유자라도 매각대상 부동산 전부에 대하여 공유자 우선매수권을 행사할 수 있는지 여부(소극)

결정요지

집행법원이 여러 개의 부동산을 일괄 매각하기로 결정한 경우, 일괄매각결정을 유지하는 이상 매각대상물 중 일부 부동산에 대해서만 지분이 있을 뿐인 공유자는 특별한 사정이 없는 한 매각대상 부동산 전체에 대한 공유자 우선매수권을 행사할 수 없다고 봄이 상당하다.

결정이유

「민사집행법」 제140조가 규정하고 있는 공유자의 우선매수권은, 공유자는 공유물 전체를 이용 · 관리하는 데 있어서 다른 공유자와 협의하여야 하고, 그 밖에 다른 공유자와 인적 유대관계를 유지할 필요가 있다는 점 등을 고려하여 공유지분의 매각에 있어 새로운 사람이 공유자로 되는 것보다는 기존의 공유자에게 우선권을 부여하여 그 공유지분을 매수할 수 있는 기회를 준다는 데 그 입법취지가 있는 것이긴 하나, 그것은 어디까지나 공유자가 최고가매수신고인과 같은 가격으로 매수를 원할 경우에만 공유자에게 우선권을 주어 그에게 매각을 허가한다는 의미이지 그 이상의 특전을 인정하는 것은 아니므로, 일괄매각 대상의 일부에 대한 공유자라 하여 다른 일반 매수참가자들보다 매각대상 전체에 관하여 우월적으로 취급하여야 할 합리적인 이유가 없는 점, 공유자의 우선매수제도는 다른 매수신고인들의 희생을 전제로 하는 것이므로 그 입법취지를 감안하더라도 가급적 제한적으로 운용할 필요가 있는 점, 일괄매각제도는 동일인으로 하여금 매각부동산을 일괄매수 하도록 함으로써 부동산의 합리적 이용을 가능하게 한다는 데 그 주된 목적이 있는데, 일괄매각 대상인 여러 개의 부동산에 관하여 채무자 이외의 여러 공유자가 각각 따로 있는 경우에는

공유자의 우선매수권제도로는 동일인에게 매각부동산을 일괄 귀속시킨다는 목적을 달성하기 곤란한 점, 여러 개의 목적물을 일괄 매각하는 경우 그 중 일부에 매각불허가 사유가 있다면 그 전부에 대한 매각을 불허가하여야 하는데, 거꾸로 일괄매각대상 부동산 중 일부에 대한 공유자에 불과한 자에게 그것도 다른 매수신고인의 희생을 바탕으로 하여 전체에 대한 매각을 허가하는 것은 형평에 맞지 않는 점, 원심법원의 결정과 같이 여러 사정을 종합적으로 고려하여 합리적이라고 볼 수 있는 경우에만 일부 부동산의 공유자에게 전체 부동산에 대한 우선매수권을 인정하여야 한다는 견해에 의할 경우 집행법원이 전체 부동산을 공유자에게 일괄 귀속시킬 합리적 필요성이 있는지 여부를 일일이 심사하여 매수인을 결정하여야 하는 결과가 되어 매각절차의 신속과 획일적 처리를 저해할 우려가 있는 점 등을 종합하여 보면, 집행법원이 일괄매각결정을 유지하는 이상 매각대상 부동산 중 일부에 대한 공유자는 특별한 사정이 없는 한 매각대상 부동산 전체에 대하여 공유자의 우선매수권을 행사할 수 없다고 봄이 상당하다.

이러한 법리를 기록에 비추어 살펴보면, 이 사건 각 부동산에 관하여 일괄매각결정을 한 집행법원의 판단은 정당하므로, 일괄매각결정이 그대로 유지되는 한 매각대상 부동산 중 일부에 대한 공유자에 불과한 재항고인은 매각부동산 전체에 대하여 공유자 우선매수권을 행사할 수 없다고 할 것이다.

15. 공유물 분할경매와 공유자의 우선매수권
대법원 1991. 12. 16. 선고, 91마239 결정

▌판시사항

공유물 분할판결에 기한 경매로 인하여 매득금을 분배하기 위한 환가절차인 경우에도 공유지분권자가 동 절차에서 우선매수권을 행사할 수 있는지 여부(소극)

▌결정요지

공유물 분할판결에 기하여 공유물 전부를 경매에 붙여 그 매득금을 분배하기 위한 환가절차인 경우에는, 공유물의 지분경매에 있어서 다른 공유자에 대한 경매신청통지와 다른 공유자의 우선매수권을 규정한 「민사소송법」 제649조, 제650조는 그

적용이 없다.

16. 공유자의 우선매수권 행사와 최고가입찰자의 지위
대법원 2004. 10. 14. 선고, 2004마581 결정

판시사항
공유자가 우선매수청구권을 행사한 경우, 최고가입찰자는 더 높은 가격을 제시할 수 있는지 여부(소극)

결정요지
구 「민사소송법」(2002. 1. 26. 법률 제6626호로 전문 개정되기 전의 것) 제663조 제2항에 의하여 입찰에 준용되는 같은 법 제650조 제1항, 제2항은 공유자가 우선매수권을 행사한 경우 법원은 그 공유자에게 경락을 허가하여야 한다고 규정하고 있고, 최고가입찰자로 하여금 당해 입찰기일에서 더 높은 입찰가격을 제시하도록 하는 것은 입찰의 본질에 반하는 것이며, 공유자와 최고가입찰자만이 참여하여 더 높은 입찰가격 내지 호가를 제시할 수 있는 새로운 입찰기일 등에 관한 절차규정도 없으므로, 공유자가 우선매수권을 행사한 경우라면 최고가입찰자로서는 더 높은 입찰가격을 제시할 수 없다.

17. 구분건물 대지가 압류된 경우와 매각허가결정
대법원 1992. 2. 12. 선고, 91마584 결정

판시사항
나대지에 국세압류등기가 된 후 그 지상에 건축된 연립주택이 매각되는 경우 그 대지지분은 국세압류로 인하여 매각을 허가할 수 없는 것인지 여부(소극)

결정요지
경매목적물인 연립주택 부지에 먼저 토지 소유자에 대한 체납처분 집행으로 세무서장의 국세압류등기가 기입되고, 그 후에 연립주택을 준공하여 그 보존등기를 경료하면서 건물등기부에 그 부지인 토지 소유권에 대지권등기가 기입되고 부지인

토지등기부에는 대지권등기가 되었다는 취지의 기재가 기입된 경우라도, 채권자가 그 연립주택을 압류 경매하는 데 있어서 선행된 국세압류등기는 경락인이 인수하는 부담이 되는 것일 뿐, 그 등기가 있다고 하여 경락을 허가할 수 없는 것은 아니다.

18. 매각허가결정에 제3자의 허가가 불요한 경우

대법원 1993. 7. 16. 선고, 93다2094 판결

판시사항

강제경매 대상인 부동산에 보건사회부장관의 허가를 받아 설정된 근저당권이 있고 경락대금이 모두 근저당권자에게 배당이 되는 경우라도 매각허가결정을 함에 있어 「의료법」 제41조 제3항 소정의 보건사회부장관의 허가서가 필요한지 여부(소극)

판결요지

「의료법」 제41조 제3항의 규정에 의한 보건사회부장관의 허가는 강제경매의 경우에도 그 효력요건으로 보아야 할 것이지만, 강제경매의 대상이 된 부동산에 보건사회부장관의 허가를 받아 소외 은행을 근저당권자로 한 근저당권이 설정되었고, 그 경락대금이 모두 위 은행에 배당되어 그 근저당권이 소멸되었다면 이는 위 은행의 근저당권실행에 의하여 임의경매가 실시된 것과 구별할 이유가 없다 하겠고, 담보제공에 관한 보건사회부장관의 허가를 받았을 경우라면 그 저당권의 실행으로 경락될 때에 다시 그 허가를 필요로 한다고 해석되지 아니하는 이치에서 보면, 위와 같은 경락의 경우에도 별도의 허가를 필요로 하지 아니한다고 할 것이다.

판결이유

「의료법」 제41조 제3항은 의료법인이 그 재산을 처분하거나 정관을 변경하고자 할 때에는 보건사회부장관의 허가를 받아야 한다고 규정하고 있는 바, 이는 의료법인이 그 재산을 부당하게 감소시키는 것을 방지함으로써 항상 그 경영에 필요한 재산을 갖추고 있도록 하여 의료법인의 건전한 발달을 도모하여 의료의 적정을 기하고 국민건강을 보호 증진케 하려는데 그 목적이 있다고 할 것이므로 위 조항은 그 점에서 합리적인 근거가 있다 할 것이고, 따라서 이를 「헌법」 상 평등의 원칙에 위배되는 것이라고 할 수 없다. 그리고 위 규정에 의한 보건사회부장관의 허가는 강제

경매의 경우에도 그 효력요건으로 보아야 할 것이므로 이에 배치되는 견해는 채택할 수 없다.

그런데 이 사건 강제경매 당시 위 부동산은 보건사회부장관의 허가를 받아 소외 주식회사 한일은행을 근저당권자로 한 근저당권이 설정되었고, 그 경락대금은 모두 위 은행에 배당되어 그 근저당권이 소멸되었음은 기록상 명백한 바, 그렇다면 이는 주식회사 한일은행의 근저당권실행에 의하여 임의경매가 실시된 것과 구별할 이유가 없다 하겠고, 담보제공에 관한 보건사회부장관의 허가를 받았을 경우에는 저당권의 실행으로 경락될 때에 다시 그 허가를 필요로 한다고 해석되지 아니하는 이치(당원 1966. 2. 8. 선고 65마1166 결정 참조)에서 이 사건과 같은 경락의 경우에도 별도의 허가를 필요로 하지 아니한다고 할 것이다.

원심판결은 이 점에서 「의료법」 제41조 제3항에 관한 법리오해의 위법이 있다고 할 것이다. 논지는 이유 있다.

19. 입찰가격 착오 기재와 매각불허가
대법원 2010. 2. 16. 선고, 2009마2252 결정

판시사항

「민사집행법」에 의한 부동산 경매절차에서 최고가매수신고인이 착오로 본래 기재하려고 한 입찰가격보다 더 높은 가격을 기재하였을 경우 이를 이유로 매각불허가결정을 할 수 있는지 여부(소극)

결정요지

「민사집행법」에 의한 부동산 경매절차에서는 「민사집행법」 제121조 각호 및 제124조 제1항에 규정된 사유가 아닌 이상 매각을 불허할 수는 없고, 최고가매수신고인이 착오로 자신이 본래 기재하려고 한 입찰가격보다 높은 가격을 기재하였다는 사유만으로는 「민사집행법」 제121조 각 호 및 제124조 제1항의 어디에도 해당한다고 볼 수 없으므로 매각을 불허가 할 수는 없다.

▌결정이유

원심결정 이유에 의하면, 원심은, 이 사건 아파트의 감정평가액이 금 950,000,000원인 점, 이 사건 경매절차에서 제3회 매각기일에 이르기까지 입찰자가 없어 최저매각가격이 점차 감액되었고, 소외인의 최고가매수신고 당시 이 사건 아파트의 최저매각가격은 금 486,400,000원이었던 점, 소외인의 최고가매수신고 당시 차순위 매수신고액은 금 608,899,000원에 불과하였던 점, 소외인은 자신이 최고가매수신고인으로 밝혀진 직후 입찰가격의 기재에 중대한 오기가 있었다는 이유로 매각불허가신청을 하였던 점 등에 비추어 보면 이 사건 매각불허가결정은 부당하다.[2)]

20. 이용상 견련성과 일괄매각결정

대법원 1991. 12. 16. 선고, 91마239 결정

▌판시사항

대지를 매각하면서 이용상 견련성을 이유로 그 지상 건물에 대해서도 일괄매각을 결정한 집행법원의 조치는 정당한 것인지 여부(적극)

▌결정요지

경매목적물인 대지와 그 지상 건물이 상호 이용상 견련성이 있는 경우, 이를 분리하여 경매함으로써 소유자를 달리하게 되면 대지와 건물간의 상호 이용관계에 있어서 제한을 받게 될 뿐 아니라 부동산의 경제적 가치를 감소시킬 것이므로, 이를 동일한 매수인에게 귀속시키는 것이 타당하다고 보고 일괄경매한 집행법원의 조치는 정당하다.

---

2) 동 사안은 아파트에 대한 임의경매사건(수원지방법원 2009. 12. 14. 선고 2009라166 결정)으로, 최초감정가는 금 9억 5,000만원이었으나 2회 유찰된 후 매각되면서 최고가매수신고인이 금 5억 3,200만원으로 응찰한다는 것이 그만 실수로 "0"을 하나 더 붙여 금 53억 2,000만원이 됨으로써 발단이 된 사건이다. 응찰자가 실수를 한 것임을 이유로 매각불허가신청을 한 것에 대해 담당 사법보좌관은 입찰가격 기재에 중대한 오기가 있는 것을 인정하여 매수신고인의 주장을 인용하여 매각불허가결정을 하였고, 이에 대하여 제1심 및 제2심 법원도 인가한 사건이었다.

제 2 장

강제집행 효력 등

Ⅰ. 경매목적물 취득관련

1. 경매목적물 취득범위

대법원 1991. 4. 12. 선고, 90다11967 판결

▎판시사항

경매목적물로 감정평가 되지는 않았지만 주물에 부합된 건물이라면 경매목적물에 포함되는지 여부(적극)

▎판결요지

주건물에 부합된 건물인가의 여부를 판단하는 하나의 기준은 부속된 부분이 독립된 건물로서의 가치와 기능을 시인할 수 있는가, 아니면 오로지 주건물에 부착되어 분리하여서는 독립된 건물로서의 가치가 없고 주건물의 사용편의에 제공될 뿐인가 하는 것이다. 따라서 경매 목적이 되고 안 되고는 경매절차에서의 평가목록으로 결정되는 것이 아니고 부합되었는가의 여부에 달린 것이다.

▎판결이유

원고가 위 (마), (바) 건물의 소유권을 주장하는 근거로서 경락 건물에 부합된 건물임을 내세우고 있음이 명백한 바, 그렇다면 원심의 위와 같은 이유 설시는 부합에 관한 증거가 없다는 취지인 것으로 풀이 된다. 부합이라고 볼 것인가 그 판단기준의 하나는 과연 부속된 부분이 독립한 건물로서의 가치와 기능을 시인할 수 있는가, 아니면 오로지 주건물에 부착되어 분리하여서는 독립된 건물로서의 가치가 없고 주건물의 사용편의에 제공될 뿐인가 하는 것이다.

제1심의 검증조서만 보더라도 위 (마), (바) 건물의 형태는 (가), (나), (다) 건물과

별로 다를 바 없고, 외관상 (라) 건물과 일체를 이루는 공장의 일부에 지나지 아니한 것으로 볼 여지가 있음을 알 수 있다. 원심은 위 부분 건물이 이 사건 경매 당시 그 목적물이 되지 아니하였다고 하였으나 경매의 목적이 되고 안 되고는 경매절차에서의 평가목록으로 결정되는 것이 아니고 부합되었는가의 여부에 달린 것이며(당원 1981. 11. 10. 선고 80다2757, 2758 판결 참조), 을 제17호 증은 (마), (바) 건물이 서 있는 토지에 대한 등기부등본으로서, 이에 의하면 이 사건 주건물이 경락된 후에 피고에게 소유권이 이전되었다가 다른 사람에게 넘어간 사실을 알 수 있으나, (마) (바) 건물이 독립된 건물로서 타인의 소유에 속한 것이라고 볼 자료는 되지 아니한다.

2. 전유부분 매수와 대지지분 취득

대법원 2001. 9. 4. 선고, 2001다22604 판결

판시사항

구분건물의 대지지분에 대한 소유권이전등기가 경료되기 전에 전유부분에 대해서만 경매절차가 진행되고 매수인이 낙찰 받은 경우, 대지지분에 대해서도 이전등기를 경료 받을 수 있는지 여부(적극)

판결요지

「집합건물의 소유 및 관리에 관한 법률」 제20조 제1항, 제2항과 「민법」 제358조 본문의 각 규정에 비추어 볼 때, 집합건물 대지의 분 · 합필 및 환지절차의 지연, 각 세대당 지분비율 결정 지연 등으로 인하여 구분건물의 전유부분에 대한 소유권이전등기만 경료 되고 대지지분에 대한 소유권이전등기가 경료되기 전에 전유부분에만 설정된 저당권의 효력은, 대지사용권의 분리처분이 가능하도록 규약으로 정하였다는 등 특별한 사정이 없는 한, 그 전유부분 소유자가 나중에 대지지분에 관한 등기를 마침으로써 전유부분과 대지권이 동일한 소유자에게 귀속하게 되었다면 당연히 종물 내지 종된 권리인 그 대지사용권에까지도 미친다.

구분건물의 전유부분에 대한 소유권이전등기만 경료 되고 대지지분에 대한 소유권이전등기가 경료되기 전에 전유부분에만 설정된 근저당권에 터잡아 임의경매절차가 개시되었고, 집행법원이 구분건물에 대한 입찰명령을 함에 있어 대지지분에

관한 감정평가액을 반영하지 않은 상태에서 경매절차를 진행하였다 하더라도, 전유부분에 대한 대지사용권을 분리 처분할 수 있도록 정한 규약이 존재한다는 등의 특별한 사정이 없는 한 낙찰인은 경매목적물인 전유부분을 낙찰 받음에 따라 종물 내지 종된 권리인 대지지분도 함께 취득하였다고 할 것이므로, 구분건물의 대지지분 등기가 경료된 후 집행법원 촉탁에 의하여 낙찰인이 대지지분에 관하여 소유권이전등기를 경료 받은 것을 두고 법률상 원인 없이 이득을 얻은 것이라고 할 수 없다.

3. 분리처분 특약과 전유부분 취득효과
대법원 1997. 6. 10. 선고, 97마814 결정

▌판시사항
구분건물의 경매에 있어서 전유부분과 대지사용권의 처분의 일체성을 배제하는 규약이나 공정증서가 있는 경우라면 대지사용권은 취득하지 못하게 되는지 여부(적극)

▌결정요지
구분건물의 대지사용권은 전유부분 및 공용부분과 분리처분이 가능한 규약이나 공정증서가 없는 때에는 전유부분과 종속적 일체불가분성이 인정되어 전유부분에 대한 경매개시결정과 압류의 효력이 당연히 종물 내지 종된 권리인 대지사용권에도 미치며, 그와 같은 내용의 규약이나 공정증서가 있는 때에는 종속적 일체불가분성이 배제되어 전유부분에 대한 경매개시결정과 압류의 효력이 대지사용권에는 미치지 아니한다.

4. 토지의 부합물이나 종물이 아닌 건물의 취득
대법원 1997. 9. 26. 선고, 97다10314 판결

▌판시사항
토지에 대한 경매절차에서 그 지상의 독립된 건물을 토지의 종물 내지 부합물로 보고 매각한 경우라면 매수인이 동 건물에 대한 소유권을 취득할 수 있는지 여부(소극)

▌판결요지

저당권은 법률에 특별한 규정이 있거나 설정행위에 다른 약정이 있는 경우를 제외하고는 그 저당 부동산에 부합된 물건과 종물 이외에까지도 효력이 미치는 것은 아니므로, 토지에 대한 경매절차에서 그 지상 건물을 토지의 부합물 내지 종물로 보고 경매법원에서 저당 토지와 함께 경매를 진행하고 경락허가를 하였다 하더라도 그 건물의 소유권에 변동이 초래될 수는 없다.

5. 미완성 건물의 토지에의 부합 여부
대법원 2001. 1. 16. 선고, 2000다51872 판결

▌판시사항

독립된 건물의 요건을 갖춘 경우라도 미완성 상태라면 토지 매수인이 당해 건물을 토지의 부합물로써 취득할 수 있는지 여부(소극)

▌판결요지

공정이 약 20~30%에 불과한 미완성 상태이지만 독립된 건물로서의 일정한 요건을 갖춘 경우라면 매수인은 당해 건물을 토지의 부합물로써 취득할 수 없다.

▌판결이유

원심은 그 채용증거에 의하여, 이 사건 공작물은 원고가 그 부지인 토지를 경락할 당시 지하 1, 2층, 지상 1층의 콘크리트골조 및 천장공사, 지하 1, 2층에 흙이 무너져 내리는 것을 방지하는 옹벽공사만 되어 있었고, 주벽은 설치되지 아니하였으며, 공사 진척도는 약 20 내지 30%에 불과하였던 사실을 인정한 다음, 이 사건 공작물은 독립된 건물로 보기 어렵고 토지에 부합되어 토지와 함께 경락인을 거쳐 원고의 소유가 되었다고 판단하였다.

그러나 독립된 부동산으로서의 건물이라고 하기 위해서는 최소한 기둥과 지붕 그리고 주벽이 이루어지면 된다고 할 것인바(대법원 1996. 6. 14. 선고 94다53006 판결), 원심이 배척하지 아니한 갑 제8호 증의1 내지 24, 을 제11호 증의1 내지 19(각 사진)의 각 영상과 제1심 증인 박혁근의 증언을 종합하면 이 사건 공작물은 위 경락

당시 지하 1, 2층 및 지상 1층까지의 콘크리트골조 및 기둥, 천장(슬라브)공사가 완료되어 있었고, 지상 1층의 전면(남쪽)에서 보아 좌측(서쪽) 벽과 뒷면(북쪽) 벽 그리고 내부 엘리베이터 벽체가 완성된 사실을 인정할 수 있으므로, 이 사건 공작물은 최소한 지붕과 기둥 그리고 주벽이 이루어졌다고 할 것이어서 미완성 상태로도 독립된 건물(원래 지상 7층 건물로 설계되어 있으나, 지상 1층만으로도 구분소유권의 대상이 될 수 있는 구조임이 분명하다)로서의 요건을 갖추었다고 할 것이다.

그럼에도 불구하고 이 사건 공작물에는 주벽이 완성되어 있지 아니하였고 공사 진척도가 20~ 30%에 불과하여 독립된 건물로 보기 어렵다는 이유를 들어 위와 같이 판단한 원심은 채증법칙을 위배하여 사실을 오인하는 한편, 독립된 건물에 관한 법리를 오해한 위법을 범하였다고 할 것이므로, 이 점을 지적하는 상고 주장은 이유 있다.

6. 평가 제외된 부합물의 취득 여부
대법원 1992. 12. 8. 선고, 92다26772, 26789 판결

▌판시사항
건물의 매각절차에서 경매목적물로 평가되지 아니한 경우라도 부합된 경우라면 매수인이 증축부분의 소유권도 취득하게 되는지 여부(적극)

▌판결요지
건물의 증축부분이 기존 건물에 부합하여 기존 건물과 분리하여서는 별개의 독립물로서의 효용을 갖지 못하는 이상 기존 건물에 대한 근저당권은 「민법」 제358조에 의하여 부합된 증축부분에도 효력이 미치는 것이므로, 기존 건물에 대한 경매절차에서 경매목적물로 평가되지 아니하였다고 할지라도 경락인은 부합된 증축부분의 소유권을 취득한다.

▌판결이유
기록에 의하여 원심이 취사한 증거관계를 살펴보면 피고 명의로 소유권보존등기가 되어 있던 바닥면적 64.65m²인 이 사건 벽돌조슬래브지붕 2층 주택(기존 건물) 위

에 건평 27.4m²가 3층으로서 증축되어 방 1개, 거실 1개 및 욕실로 사용되고 있으나, 위 증축부분은 외관상 위 기존 건물과 일체가 되어 1동 건물의 3층으로 되어 있을 뿐 아니라 그 부분에는 화장실과 부엌의 하수관이 없고 밖으로 나가기 위해서는 기존 건물 2층으로 내려오는 옥내계단을 통하는 외의 다른 출입방법이 없는 사실이 인정되고, 위 사실에 비추어 보면 위 3층 부분은 그 물리적 구조뿐만 아니라 그 용도와 기능의 면에서도 기존 건물과 독립한 경제적 효용을 가지고 거래상 별개의 소유권의 객체가 될 수 있는 것이라고는 할 수 없다 할 것인 바, 위와 같은 사실관계를 인정하여 위 3층 부분이 기존 건물에 부합하여 기존 건물을 임의경매절차에서 경락받아 그 소유권을 취득한 원고의 소유로 귀속된 것으로 판단한 원심의 조치는 수긍이 되고, 거기에 소론과 같은 심리미진, 「민법」 제256조 단서에 대한 오해 등의 위법이 없다.

7. 제시 외 건물의 취득요건

대법원 1999. 8. 9. 선고, 99마504 결정

▌판시사항

미등기 상태의 제시 외 건물이라면 경매목적물의 종물이나 부합물이 아닌 것이 분명한 경우라도 매각대상에 포함될 수 있는지 여부(소극)

▌결정요지

등기부에 등재되지 않은 제시 외 건물이 존재할 경우에는 채무자가 건축하여 소유하는 것으로 판명될 경우에는 경매신청인이 대위로 보존등기를 하여 일괄경매신청을 할 수 있지만, 그것이 경매대상 부동산의 종물이나 부합물임이 명백한 경우가 아닌 한 입찰물건에 포함시켜서는 안 된다.

▌결정이유

원심은 이 사건 재항고인의 근저당권에 기한 경매대상 건물은 양산시 다방동 470의 9 지상 (가) 세멘벽돌조 슬래브지붕 2층 근린생활시설 1층 82.53m², 2층 82.53m², (나) 세멘벽돌조 선라이트 무색 투명 단층 근린생활시설 139.59m²이나, 그 현황은 (가) 건물 중 2층과 (나) 건물은 멸실된 상태이고, 제시 외 건물로 위 같은 동 470의 9 양 지상 브록조 슬래브지붕 단층 양생실 188.1㎡, 위 양 지상 브록조 슬레이트지붕 단층 보일러실 35.5㎡가 건축되어 있는 바, 경매법원이 제시 외 건물을 포함하여 경매절차를 진행하였음을 인정한 다음, 위와 같이 제시 외 건물이 존재하는 경우에는 소유자가 건축하여 소유하는 것으로 판명되어 경매신청인이 대위에 의한 보존등기를 하여 일괄경매신청을 하거나, 그것이 종물이거나 부합물임이 명백한 경우가 아닌 한 입찰물건에 포함시켜서는 안 되는 바, 경매신청인의 제시 외 건물에 대한 경매신청이 없는 이 사건에서 재항고인이 위 제시 외 건물이 경매대상 부동산의 종물이거나 부합물이라는 주장 · 입증이 없는 이상(위 제시 외 건물은 그 구조와 면적만 보더라도 경매대상 부동산의 종물이나 부합물이 아닌 것으로 보여 진다), 경매법원이 제시 외 건물을 포함하여 경매절차를 진행한 것은 입찰물건명세서 작성 및 절차 진행에 하자가 있다고 하여 낙찰을 불허가한 것은 적법하다고 판단하였다.

기록과 관계 법률에 비추어 볼 때, 원심의 이러한 판단은 정당하고 거기에 재항고 이유로 주장하는 바와 같은 위법이 있다고 할 수 없다.

8. 증축부분의 부합여부 판단기준

대법원 2002. 10. 25. 선고, 2000다63110 판결

▌판시사항

증축부분이 기존 건물에 부합되는지 여부에 대한 판단기준

▌판결요지

건물이 증축된 경우에 증축부분이 기존 건물에 부합된 것으로 볼 것인가의 여부는 증축부분이 기존 건물에 부착된 물리적 구조뿐만 아니라, 그 용도와 기능면에서 기존 건물과 독립한 경제적 효용을 가지고 거래상 별개 소유권의 객체가 될 수 있는지 여부 및 증축하여 소유하고 있는 자의 의사 등을 종합하여 판단하여야 한다.

9. 증축부분이 기존 건물에 부합되는 사례
대법원 2002. 10. 25. 선고, 2000다63110 판결

▌판시사항
기존 건물의 옥상 부분에 무허가로 최상층과 같은 면적으로 증축하여 최상층의 복층으로 사용한 경우라면 그 신축부분은 기존 건물에 부합되었다고 볼 수 있는지 여부(적극)

▌판결요지
지하 1층, 지상 7층인 주상복합 건물을 신축하면서 불법으로 위 건물 중 주택부분인 7층에 복층으로 같은 면적의 상층을 건축하였고, 그 상층은 독립된 외부 통로가 없어 하층 내부에 설치된 계단을 통해서만 출입이 가능하고, 별도의 주방시설도 없이 방과 거실로만 이루어져 있다면, 위와 같은 사정으로 상 · 하층 전체가 단일한 목적물로 임대되어 사용된 경우 그 상층부분은 하층에 부합되었다.

10. 평가 제외된 증축부분의 권리취득
대법원 2002. 10. 25. 선고, 2000다63110 판결

▌판시사항
건물에 부합된 증축부분이 경매목적물로서 평가되지 아니한 경우라도 매수인은 증축부분에 대한 소유권을 취득하는지 여부(적극)

▌판결요지
건물의 증축부분이 기존 건물에 부합하여 기존 건물과 분리해서는 별개 독립물로서의 효용을 갖지 못하는 이상, 기존 건물에 대한 근저당권은 「민법」 제358조에 의하여 부합된 증축부분에도 효력이 미치는 것이므로 기존 건물에 대한 경매절차에서 경매목적물로 평가되지 아니하였다고 할지라도 경락인은 부합된 증축부분에 대한 소유권도 취득한다.

11. 「사방사업법」 상 식재된 수목의 귀속
대법원 1966. 10. 4. 선고, 66다985 판결

▌판시사항
「사방사업법」에 의하여 사방관리소가 식재한 수목도 토지 소유권자나 그 용익권자에게 부합되는지 여부(소극)

▌판결요지
원심은 위 임야 위에 사방관리소에서 식재한 수목은 부합의 이론에 의하여 지상권자인 피고가 그 소유권을 취득한 것으로 보고 있다. 그러나 사방관리소가 「사방사업법」에 의하여 식수한 것이라면 이 수목은 사방관리소의 권원에 의하여 부속시킨 것이므로, 여기에는 부합의 이론이 적용될 수 없다고 할 것이다.

12. 구분소유적 공유관계와 매각방법
대법원 2008. 2. 15. 선고, 2006다68810, 68827 판결

▌판시사항
구분소유적 공유관계 있는 토지지분을 취득하기 위해서는 경매절차에서 그 공유지분이 토지의 특정 부분에 대한 구분소유적 공유관계를 표상하는 것으로 취급되어 이에 대한 감정평가와 최저매각가격이 결정되고 매각이 실시되어야만 취득할 수 있는 것인지 여부(적극)

▌판결요지
1필 토지의 위치와 면적을 특정하여 2인 이상이 구분소유 하기로 하는 약정을 하고 그 구분소유자의 공유로 등기하는 이른바 구분소유적 공유관계에 있어서, 각 구분소유적 공유자가 자신의 권리를 타인에게 처분하는 경우에는 구분소유 목적인 특정 부분을 처분하면서 등기부상의 공유지분을 그 특정부분에 대한 표상으로서 이전하는 경우와, 등기부의 기재대로 1필지 전체에 대한 진정한 공유지분으로서 처분하는 경우가 있을 수 있고, 이 중 전자의 경우에는 그 제3자에 대하여 구분소유적 공유관계가 승계되나, 후자의 경우에는 제3자가 그 부동산 전체에 대한 공유지분을 취

득하고 구분소유적 공유관계는 소멸한다.

이는 경매에서도 마찬가지이므로, 전자에 해당하기 위해서는 집행법원이 공유지분이 아닌 특정 구분소유 목적물에 대한 평가를 하게 하고, 그에 따라 최저경매가격을 정한 후 경매를 실시하여야 하며, 그러한 사정이 없는 경우에는 1필지에 관한 공유자의 지분에 대한 경매목적물은 원칙적으로 1필지 전체에 대한 공유지분이라고 봄이 상당하다.

13. 구분소유적 공유지분 취득
대법원 1991. 8. 27. 선고, 91다3703 판결

▎판시사항
구분소유적 공유지분에 설정된 근저당권 실행으로 해당 공유지분을 취득한 매수인은 그 구분소유적 공유지분을 그대로 취득하게 되는지 여부(적극)

▎판결요지
경락에 의한 소유권취득은 성질상 승계취득이므로 하나의 토지 중 특정부분에 대한 구분소유적 공유관계를 표상하는 공유지분에 근저당권이 설정된 후, 그 근저당권 실행에 의하여 위 공유지분을 취득한 매수인이라면 구분소유적 공유지분을 그대로 취득한다.

▎판결이유
경락에 의한 소유권 취득은 성질상 승계취득이므로 이 사건에서 원심이 확정하고 있는 바와 같이 하나의 토지 중 특정부분에 대한 구분소유적 공유관계를 표상하는 공유지분 등기에 근저당권이 설정된 후 그 근저당권의 실행에 의하여 위 공유지분을 취득한 경락인은 구분소유적 공유지분을 그대로 취득한다고 할 것이어서 같은 취지의 원심판단은 정당하고 이와 반대의 견지에서 원심을 비난하는 논지는 이유 없다.

환지예정지의 토지 일부씩을 위치 특정하여 불하 받은 자들은 그 불하대금을 완납함으로써 환지 전체에 대한 일반적인 공유지분을 취득하는 것이 아니고, 각기 점용중인 환지예정지의 특정부분의 구분소유적 소유권을 취득하게 된다고 할 것이므

로(대법원 1990. 5. 25. 선고 89다카14998 판결 참조), 원심이 같은 견해에서 이 사건 원 · 피고들의 전자인 위 여영훈, 정석균이 각기 환지예정지 중 특정 토지를 불하받아 이른바 구분소유적 공유자가 된 것이라고 판단하였음은 정당하고, 거기에 환지예정지의 공유관계에 대한 법적성질을 오해한 위법이 있다는 논지 역시 이유 없다.

14. 일부 지분권자와 체결한 임차인에 대한 명도
대법원 1962. 4. 4. 선고, 62다1 판결

판시사항

임대차계약에 동의하지 않은 공유자는 일부 지분권자와 임대차계약을 체결한 임차인에게 목적물에 대한 명도를 청구할 수 있는지 여부(적극)

판결요지

과반수 공유자와의 결의 없이 한 임대차계약은 무효이므로 그 결의에 참가하지 않은 다른 공유자의 명도청구는 보존행위로서 적법하다.

판결이유

공유자가 공유물을 타인에게 임대하는 것과 같은 행위는 공유물의 관리행위라 할 것이고, 공유자의 한 사람이 불법점거자에 대하여 명도나 인도를 청구하는 것은 공유물의 보존행위라 할 것이며, 공유물의 관리행위는 공유자 지분의 과반수로써 결정함이 「민법」 제265조(구 「민법」 제252조)의 규정에 의하여 분명하다고 할 것이다.

이 사건에 있어서 원심 판결이유에 의하면 원심은 이 사건 가옥이 원고와 소외 신택근의 각각 1/2 지분을 가진 공유물로 인정하면서 공유자의 한 사람인 소외인이 원고와의 결의 없이 피고들에게 임대하였다고 하더라도 이는 공유자의 내부관계 규율에 위반함에 불과하고 소외인의 피고들에 대한 임대차계약은 무효가 아니라고 판시하였으나, 앞에서 설명한 바와 같이 임대차와 같은 관리행위에 있어서 공유자 지분의 과반수가 되지 못하는 소외 신택근의 피고들에 대한 임대계약은 적어도 1/2 지분권자인 원고에 대하여는 무효인 계약임이 자명하다 할 것이고, 원고가 공유자로써 하는 명도청구는 공유물의 보존행위라 할 것인 바, 원심이 이와 반대의 견해로써 소외 신택근의 피고들에 대한 임대차 계약을 무효가 아니라고 판시하고 원고의 명도청구가 보존행위가 아니라고 판시(타 공유자에게 불이익을 초래할 염려가 있거나 또는 긴급을 요하지 아니하는 행위는 보존행위라고 할 수 없다는 주석을 붙이기는 하였다)한 것은 공유물의 관리 · 보존에 관한 법리를 오해한 위법이 있어 파기를 면치 못할 것이다.

15. 매각허가결정에 대한 추완항고가 있을 경우와 대금납부 효력
대법원 2002. 12. 24. 선고, 2001마1047 전원합의체 결정

▌판시사항

매각대금 완납 후 매각허가결정에 대한 이해관계인의 추완항고 신청이 허용된 경우, 기존 대금납부는 적법한 것으로 인정될 수 있는지 여부(소극)

▌결정요지

경락허가결정에 대하여 이해관계인이 추완에 의한 항고를 제기한 경우 항고법원에서 추완신청이 허용되었다면 비록 다른 이유로 항고가 이유 없는 경우에도 경락허가결정은 확정되지 아니하고, 따라서 그 이전에 이미 경락허가결정이 확정된 것으로 알고 경매법원이 경락대금 납부기일을 정하여 경락인으로 하여금 경락대금을 납부하게 하였다고 하더라도 이는 적법한 경락대금 납부라고 할 수 없는 것이어서, 배당절차가 종료됨으로써 경매가 완결되었다고 하여 그 추완신청을 받아들일 수 없는 것은 아니다.

16. 공유물에 대한 관리특약과 제3자에 대한 효력
대법원 2005. 5. 12. 선고, 2005다1827 판결

▌판시사항

공유물에 대한 공유자 간의 사용 · 수익 · 관리에 관한 특약이 특정 승계인에게도 미치는지 여부와 동 특약의 변경 가부(적극)

▌판결요지

공유자 간의 공유물에 대한 사용 · 수익 · 관리에 관한 특약은 공유자의 특정승계인에 대하여도 당연히 승계된다고 할 것이나, 「민법」 제265조는 "공유물의 관리에

관한 사항은 공유자의 지분의 과반수로써 결정한다."라고 규정하고 있으므로, 위와 같은 특약 후에 공유자에 대한 변경이 있고 그 특약을 변경할 만한 사정이 있는 경우에는 공유자의 지분 과반수 결정으로써 기존 특약을 변경할 수도 있다.

▌판결이유

기록에 의하면, 망 이종식의 사망으로 인하여 이 사건 토지의 공유자가 된 위 김장화와 원고 등 사이에서는 이 사건 건물을 건축하여 실제 거주할 공유자 중 1인인 위 김장화의 소유로 귀속시키고, 위 김장화가 이 사건 건물의 소유 및 사용을 위하여 이 사건 토지 중 위 건물의 부지부분을 점유 · 사용할 수 있도록 한다는 내용으로 공유물인 이 사건 토지의 사용 · 수익 · 관리에 대한 특약을 한 사실을 인정할 수 있고, 앞서 본 바와 같은 법리에 의하면, 위와 같은 공유자 사이의 특약은 위 김장화를 제외한 나머지 공유자들의 공유지분에 관한 특정승계인인 원고와 위 김장화의 공유지분에 관한 특정승계인인 피고에 대하여도 승계된다고 할 것이지만, 특약 후에 공유자가 변경되었고 원고가 과반수 지분을 가지고 있으므로, 위 특약을 변경할 만한 사정이 있는 경우에는 원고는 피고에게 위 특약의 변경을 구할 수 있고, 그에 대한 합의가 이루어지지 아니하는 경우에는, 과반수 지분권자인 원고의 결정에 의하여 특약을 변경할 수도 있다고 할 것이다.

17. 조세감면 규정과 매수인에 대한 적용 여부
울산지법 2006. 9. 20. 선고, 2006구합1153 판결

▌판시사항

개인 간의 유상거래를 원인으로 주택을 취득할 경우 취득세 및 등록세를 경감하도록 정한 구 「지방세법」 제273조의2의 규정이 경매를 통하여 주택을 취득하는 매수인에게도 적용될 수 있는지 여부(적극)

▌판결요지

개인 간 유상거래를 원인으로 주택을 취득하는 경우 취득세 및 등록세를 경감하도록 정한 구 「지방세법」(2006. 9. 1. 법률 제7972호로 개정되기 전의 것) 제273조의2의

입법의도가 2006. 1. 1.부터 시행되는 부동산실거래가신고제도에 따른 거래세 부담 완화를 위하여 개인 간 거래로 취득하는 주택에 대한 취득세와 등록세를 경감함에 있었다고 하더라도, 경매로 취득한 주택을 위 감경조항의 적용대상에서 제외하는 것은 그 문언에 명시적인 표현이 없는 이상, 같은 법령에 의한 규제대상의 부동산거래에 임하는 국민들의 예측가능성을 균등하게 보장한다는 의미에서도 이렇다 할 합리적인 근거가 있다고 할 수 없고, 결국 이는 경매로 주택을 취득한 자를 매매 · 교환 등의 일반적인 유상거래로 주택을 취득한 자에 비하여 정당한 근거 없이 차별하는 것이므로 조세법규의 엄격해석원칙 및 공평과세의 원칙에 반하는 것으로서 위법하다.

Ⅱ. 불복 및 매수인 구제

1. 집행에 관한 이의신청

대법원 1997. 11. 11. 선고, 96그64 결정

▌판시사항

경매목적물의 멸실 등으로 인하여 경매절차취소 사유가 있음에도 불구하고 집행법원이 취소결정을 하지 않을 경우의 불복방법(집행에 관한 이의)

▌결정요지

「민사소송법」 제613조에 의하면, 강제경매절차 중에 부동산의 멸실 기타 매각으로 인하여 권리 이전을 불가능하게 하는 사정이 명백하게 된 때에는 집행법원이 강제경매절차를 필요적으로 취소하도록 규정하고 있으므로, 이해관계인이 집행법원에 대하여 「민사소송법」 제613조에 의한 경매절차의 취소신청을 하였다고 하더라도 이와 같은 취소신청은 집행법원의 경매절차 취소를 촉구하는 의미를 가질 뿐이나, 집행법원이 절차를 취소하여야 할 사정이 명백함에도 불구하고 취소결정을 하지 아니할 때에는 「민사소송법」 제504조에서 정한 집행에 관한 이의에 의하여 불복을 신청할 수 있다.

2. 매각기일 통지를 받지 못한 이해관계인의 즉시항고권
대법원 2002. 12. 24. 선고, 2001마1047 전원합의체 결정

▌판시사항
이해관계인에 대한 매각기일 통지가 누락된 채 매각이 실시된 경우 이해관계인이 즉시항고를 제기할 수 있는지 여부(한정적극)

▌결정요지
경매법원이 이해관계인에게 입찰기일 및 낙찰기일을 통지하지 아니한 채 입찰기일절차를 속행하여 낙찰이 이루어지게 하였다면, 이해관계인이 이러한 기일통지를 받지 못하였더라도 입찰기일을 스스로 알고 그 기일에 출석하여 입찰에 참가함으로써 자신의 권리보호에 필요한 조치를 취할 수 있었다는 등의 사정이 없는 한, 그 이해관계인은 이로 인하여 법이 보장하고 있는 절차상의 권리를 침해당한 손해를 받았다고 할 것이어서 낙찰허가결정에 대하여 즉시항고를 할 수 있다고 할 것이며, 입찰기일 또는 낙찰기일을 통지받지 못함으로 인하여 그 이해관계인에게 구체적 또는 추상적으로 재산상 손해가 발생한 경우에 한하여 그 이해관계인이 즉시항고를 할 수 있는 것은 아니다.

3. 매각기일 통지를 받지 못한 이해관계인의 추완항고권
대법원 2002. 12. 24. 선고, 2001마1047 전원합의체 결정

▌판시사항
집행법원이 경매기일을 통지하지 아니함으로써 이해관계인이 매각허가결정에 대한 항고기간을 준수하지 못한 경우 이에 따른 추완항고가 허용되는지 여부(적극)

▌결정요지
경매법원이 이해관계인 등에게 경매기일 등의 통지를 하지 아니하여 그가 경락허가결정에 대한 항고기간을 준수하지 못하였다면 특단의 사정이 없는 한 이해관계인은 자기책임에 돌릴 수 없는 사유로써 항고기간을 준수하지 못한 것으로 보아야 하며, 그러한 경우에는 형평의 원칙으로부터 인정되는 구제방법으로서 추완항고가

허용되어야 할 것이다.

4. 채무자에 대한 기일불통지와 제3자의 즉시항고
대법원 1997. 6. 10. 선고, 97마814 결정

판시사항
채무자 아닌 이해관계인이 경매개시결정이 아닌 경매진행관련 문서가 채무자에게 송달되지 않았음을 이유로 매각허가결정에 대하여 즉시항고를 제기할 수 있는지 여부(소극)

결정요지
경매개시결정은 비단 압류의 효력을 발생시키는 것일 뿐만 아니라 경매절차의 기초가 되는 재판이어서 그것이 당사자에게 고지되지 않으면 효력이 있다고 할 수 없고, 따라서 따로 압류의 효력이 발생하였는지 여부와 관계없이 채무자에 대한 경매개시결정의 고지 없이는 유효하게 경매절차를 속행할 수 없으므로, 채무자가 아닌 이해관계인으로서도 채무자에 대한 경매개시결정의 송달 흠결은 「민사소송법」 제642조 제2항, 제633조 제1호의 규정에 의하여 매각허가결정에 대한 항고사유로 삼을 수 있는 반면, 같은 법 제634조의 규정에 의하여 낙찰허가에 대한 이의는 다른 이해관계인의 권리에 관한 이유로는 하지 못하므로, 설사 채무자에 대한 입찰기일 송달에 하자가 있다고 할지라도 이를 매각허가결정에 대한 항고이유로 주장할 수는 없다.

5. 항고심 재판과 재항고권자
대법원 2002. 12. 24. 선고, 2001마1047 전원합의체 결정

판시사항
매각허가결정에 따른 즉시항고에 대하여 항고법원이 기각한 경우와 항고인용으로 매각허가결정이 취소된 경우의 각 재항고권자

결정요지

경락허가결정에 대한 즉시항고에 대하여 항고법원이 항고를 기각한 경우 항고인만 재항고를 할 수 있고, 다른 사람은 그 결정에 이해관계가 있다 할지라도 재항고를 할 수 없는 것이지만, 항고법원이 항고를 인용하여 원결정을 취소하고 다시 상당한 결정을 하거나 원심법원으로 환송하는 결정을 하였을 때라면 그 새로운 결정에 따라 손해를 본 이해관계인도 재항고를 할 수 있다.

6. 매각허가결정과 즉시항고 보증금 요건

대법원 2006. 11. 23. 선고, 2006마513 결정

판시사항

매각허가결정에 대하여 즉시항고를 제기하는 항고인이 2인 이상인 경우라면 항고인별로 「민사집행법」 제130조 제3항에서 정한 '매각대금의 10분의 1에 해당하는 금전 또는 유가증권'을 공탁하여야 되는지 여부(한정적극)

결정요지

「민사집행법」 제130조 제3항은 "매각허가결정에 대하여 항고를 하고자 하는 사람은 보증으로 매각대금의 10분의 1에 해당하는 금전 또는 법원이 인정한 유가증권을 공탁하여야 한다."고 규정하고 있는 바, 위 규정의 입법취지는 매각허가결정에 불복하는 모든 항고인에 대하여 보증금을 공탁할 의무를 지움으로써 무익한 항고를 제기하여 절차를 지연시키는 것을 방지하고자 하는 데 있는 점, 매각허가결정에 대한 항고는 이해관계인이 매각허가에 대한 이의신청사유가 있는 경우 등에만 할 수 있는데, 그 이의에 대하여 「민사집행법」 제122조는 다른 이해관계인의 권리에 관한 이유로 이의를 신청하지 못한다고 규정하고 있는 점, 「민사집행법」 제90조에서 경매절차의 이해관계인이 될 수 있는 사람을 제한적으로 열거하고 있는 점, 복수의 항고인이 매각허가결정에 대하여 항고를 제기할 경우 항고장을 함께 제출하는지 별도로 제출하는지의 우연한 사정에 따라 제공할 보증액이 달라지는 것은 불합리한 점 등을 종합하여 보면, 매각허가결정에 대하여 즉시항고를 제기하는 항고인이 2인 이상인 경우에는, 경매절차에서 이해관계의 기초가 되는 권리관계를 공유하는 등 특

별한 사정이 없는 한, 항고인별로 각각 매각대금의 10분의 1에 해당하는 금전 또는 유가증권을 공탁하여야 한다고 봄이 상당하다.

7. 부대상고 제기 기한

대법원 2001. 3. 23. 선고, 2000다30165 판결

▎판시사항

당사자가 부대상고를 제기할 수 있는 기한(상고이유서 제출기간 만료시)

▎판결요지

부대상고를 제기할 수 있는 시한은 항소심에서의 변론종결시에 대응하는 상고이유서 제출기간 만료시까지로 보아야 할 것이다.[3)]

8. 특별항고의 대상

대법원 1997. 11. 11. 선고, 96그64 결정

▎판시사항

당사자가 특별항고를 제기할 수 있는 대상과 그 기한

▎결정요지

특별항고는 불복을 신청할 수 없는 결정이나 명령에 대하여 재판에 영향을 미친 헌법 또는 법률 위반이 있음을 이유로 대법원에 제기하는 것으로, 불복을 신청할 수 있는 방법이 따로 마련되어 있는 결정이나 명령에 대해서는 할 수 없고, 그 불복의 대상인 원심의 결정이나 명령이 없는 때나 대법원의 결정 · 명령에 대해서는 특별항고가 인정되지 않는다. 특별항고는 재판의 고지가 있은 때로부터 1주일 이내에 제기하여야 하며, 이는 불변기간으로 규정하고 있다.

---

3) 부대상고란 상고권이 없는 피상고인이 상고인이 제기한 상고에 부대하여 자기에게 유리하게 상고심의 심판범위를 확장해 줄 것을 요구하는 신청을 말한다. 부대상고는 당사자에게 상고권이 있을 때에는 그 절차를 통하여 구제받으면 될 것이므로 인정되지 않는다. 부대상고는 부대항소에 대하여 대법원에 불복하는 것으로 원심재판이 판결인 경우이다. 이에 대응하여 원심재판이 결정 · 명령이라면 부대항고와 이에 대한 불복으로써 부대재항고가 된다.

결정이유

먼저 직권으로 살피건대, 특별항고는 불복을 신청할 수 없는 결정이나 명령에 대하여 하는 항고로서(「민사소송법」 제420조), 불복을 신청할 수 있는 방법이 따로 마련되어 있는 결정이나 명령에 대하여는 할 수 없고, 그 불복의 대상인 원심의 결정이나 명령이 없는 때에도 할 수 없다고 할 것이다. 이 사건 특별항고가 위 각 강제경매개시결정 및 낙찰허가결정에 대하여 불복하여 한 것이라면, 강제경매개시결정에 대하여는 「민사소송법」 제603조의3에 따라 집행이의에 의하여 불복을 신청할 수 있고, 낙찰허가결정에 대하여는 「민사소송법」 제641조에 따라 즉시항고에 의하여 불복을 신청할 수 있으므로, 위 각 강제경매개시결정 및 낙찰허가결정에 대하여는 대법원에 특별항고를 할 수 없다고 할 것이며, 이 사건 특별항고가 대법원에 대하여 이 사건 경매절차를 취소하여 달라는 것이라면, 그 불복의 대상인 원심의 결정이나 명령이 없었으므로 대법원에 특별항고를 할 수 없다고 할 것이다.

9. 법정지상권부 건물 점유자에 대한 명도청구

대법원 1997. 9. 26. 선고, 97다10314 판결

판시사항

건물의 소유를 위한 법정지상권이 성립되는 경우임에도, 토지 소유자가 건물 점유자에 대하여 동 건물에서 퇴거할 것을 청구할 수 있는지 여부(소극)

판결요지

경락에 의하여 건물의 소유자와 토지의 소유자가 달라지게 되어 토지에 대한 경매 당시 그 지상 건물의 소유자가 그 건물의 이용을 위한 법정지상권을 취득한 경우라면, 토지의 매수인은 그 건물을 점유하고 있는 자에게 그 건물로부터의 퇴거를 구할 수 없다.

10. 인수대항력 있는 임차인의 배당 미확정과 부당이득 성부

대법원 2004. 8. 30. 선고, 2003다23885 판결

▌판시사항

「주택 임대차 보호법」 상의 인수대항력과 우선변제권을 가지고 있는 임차인이 배당신청을 한 경우, 임차주택을 계속 사용 · 수익하더라도 임차인에 대한 배당표가 확정될 때까지는 부당이득이 성립되지 않는지 여부(적극)

▌판결요지

「주택 임대차 보호법」 상의 대항력과 우선변제권 두 권리를 겸하고 있는 임차인이 우선변제권을 선택하여 임차주택에 대하여 진행되고 있는 경매절차에서 보증금에 대한 배당요구를 하여 보증금 전액을 배당받을 수 있는 경우에는, 특별한 사정이 없는 한 임차인이 그 배당금을 지급받을 수 있는 때, 즉 임차인에 대한 배당표가 확정될 때까지는 임차권이 소멸되지 않는다고 해석함이 상당하다고 할 것이므로, 경락인이 낙찰대금을 납부하여 임차주택에 대한 소유권을 취득한 이후에도 임차인이 임차주택을 계속 점유하면서 사용 · 수익하였다고 하더라도 임차인에 대한 배당표가 확정될 때까지의 사용 · 수익은, 소멸하지 아니한 임차권에 기한 것이어서 경락인에 대한 관계에서도 부당이득이 성립되지 아니한다.

▌판결이유

원심은 그 채용증거를 종합하여, 피고가 전입신고를 마치고 거주하여 오던 그의 소유인 이 사건 아파트를 2000. 6. 27. 이한치에게 3억 2,000만 원에 매도하면서, 위 매매대금 중 일시에 지급받은 1억 5,000만 원을 뺀 나머지 1억 7,000만 원에 대하여는 피고가 같은 날 이한치로부터 위 아파트를 보증금 1억 7,000만 원에 2001. 3. 20.까지 임차하는 것으로 하여 위 보증금으로써 위 잔금지급에 갈음하기로 하고, 위 임대차계약에 따라 위 아파트에 계속 거주하면서 2000. 6. 29.에는 위 임대차계약서에 확정일자까지 받아 둔 사실, 이한치는 위 아파트에 관하여 2000. 6. 29. 그 명의로 소유권이전등기를 마친 후 다음날 주식회사 한미은행(이하 '한미은행'이라 한다)을 근저당권자로 하는 채권최고액 3억 9,000만 원의 근저당권을 설정하였는데, 위 근저

당권에 기한 수원지방법원 성남지원 2000타경27383호 임의경매절차에서 2001. 7. 10. 원고가 위 아파트의 경락인이 되어 8. 13. 경락대금을 모두 납부한 사실, 경매법원이 2001. 9. 20. 조세교부채권자인 성남시 분당구청장에게 1순위로 배당한 다음, 2순위로 피고에게 위 임대차보증금 1억 7,000만 원을 배당하는 내용의 배당표를 작성하자, 한미은행은 피고의 배당액 전부에 대해 이의를 제기하고 수원지방법원 성남지원 2001가합4107호로 배당이의의 소를 제기하였으나 위 법원에서 2002. 3. 29. 한미은행의 청구를 기각하는 판결이 선고되었고, 한미은행은 이에 불복하여 서울고등법원 2002나26582호로 항소를 제기하였으나 위 법원에서 2002. 10. 23. 항소기각 판결이 선고되었으며 2002. 11. 15. 위 판결이 확정된 사실, 한편 피고는 위 배당기일 이후로도 계속해서 위 아파트에 거주하다가 배당이의 판결 확정 전인 2002. 6. 20. 이를 원고에게 명도한 사실 등 판시와 같은 사실을 인정한 다음, 「주택 임대차 보호법」 상 대항력과 우선변제권의 두 가지 권리를 겸유하고 있는 임차인의 지위에 있던 피고가 우선변제권을 선택하여 위 아파트에 대하여 진행되고 있는 경매절차에서 보증금에 대한 배당요구를 하여 보증금 전액을 배당받을 수 있었다고 하더라도, 피고로서는 피고에 대한 배당표가 확정된 2002. 11. 15.까지는 임차권이 소멸하지 아니하여 경락인인 원고에 대하여 임차권의 존속을 주장할 수 있다고 할 것이므로, 피고가 그 이전인 2002. 6. 20.까지 이 사건 아파트를 점유하여 사용 · 수익한 것은 임차권에 기한 것으로서 원고에 대한 관계에서 부당이득이 성립되지 않는다고 판단하였다.

원심의 위와 같은 판단은 앞서 본 법리에 따른 것으로써 정당하고, 거기에 상고이유의 주장과 같은 「주택 임대차 보호법」 상 대항력과 우선변제권에 관한 법리오해 등의 위법이 없다.

11. 인수대항력 있는 임차인의 배당 미확정과 동시이행항변권
대법원 1997. 8. 29. 선고, 97다11195 판결

판시사항

대항력과 우선변제권을 겸하고 있는 임차인이 배당요구를 하여 배당표에 전액 배당받는 것으로 기재되었으나 후순위채권자가 배당이의의 소를 제기하는 바람에

배당금을 지급받지 못하고 있는 경우라면 동 임차인은 배당금 확정시까지는 매수인에게 동시이행항변권으로 대항할 수 있는지 여부(한정적극)

▌판결요지

「주택 임대차 보호법」 제3조, 제3조의2, 제4조의 규정에서 임차인에게 대항력과 우선변제권의 두 가지 권리를 인정하고 있는 취지가 보증금을 반환받을 수 있도록 보장하기 위한 데에 있는 점, 경매절차의 안정성, 경매 이해관계인들의 예측가능성 등을 아울러 고려하여 볼 때, 두 가지 권리를 겸유하고 있는 임차인이 우선변제권을 선택하여 임차주택에 대하여 진행되고 있는 경매절차에서 보증금에 대하여 배당요구를 하였다고 하더라도, 순위에 따른 배당이 실시될 경우 보증금 전액을 배당받을 수 없는 때에는 보증금 중 경매절차에서 배당받을 수 있는 금액을 공제한 잔액에 관하여 경락인에게 대항하여 이를 반환받을 때까지 임대차관계의 존속을 주장할 수 있고, 보증금 전액을 배당받을 수 있는 때에는 경락인에게 대항하여 보증금을 반환받을 때까지 임대차관계의 존속을 주장할 수는 없다 하더라도 다른 특별한 사정이 없는 한 임차인이 경매절차에서 보증금 상당의 배당금을 지급받을 수 있는 때, 즉 임차인에 대한 배당표가 확정될 때까지는 경락인에 대하여 임차주택의 명도를 거절할 수 있는 바, 경락인의 임차주택의 명도청구에 대하여 임차인이 동시이행의 항변을 한 경우 동시이행의 항변 속에는 임차인에 대한 배당표가 확정될 때까지 경락인의 명도청구에 응할 수 없다는 주장이 포함되어 있는 것으로 볼 수 있다.

따라서 변론종결일 현재 임차인을 상대로 한 배당이의 소송이 계속중이어서 임차인에 대한 배당표가 확정되지 아니한 경우에는 임차인에 대한 배당표가 확정되는 때에 명도할 것을 명하는 판결을 하여야 한다.

▌판결이유

기록과 관계 법령에 의하면, 피고는 「주택 임대차 보호법」 제3조 제1항, 제3조의2 제1항 규정요건을 갖춤으로써 위 두 가지 권리를 겸유하고 있던 임차인으로서 그 임차목적물인 이 사건 건물에 대하여 진행되고 있는 위 경매절차에서 배당요구를 하였고, 그 순위에 따른 배당이 실시될 경우 보증금 80,000,000원 전액을 배당받을 수 있음을 알 수 있으므로, 피고로서는 경락인인 원고에게 대항하여 위 보증금을 반환받을 때까지 그 임대차관계의 존속을 주장할 수는 없다 하더라도 다른 특별한 사정이 없는 이 사건에 있어서 위 배당이의 소송이 종료하여 피고에 대한 배당표가 확정될 때까지는 원고에 대하여 이 사건 건물의 명도를 거절할 수 있다고 할 것이다.

한편 기록에 의하면, 위 경매법원도 피고에게 위 보증금 전액을 배당하는 것으로 배당표를 작성하였는데, 후순위채권자인 소외 금고가 피고를 상대로 배당이의 소송을 제기하는 바람에 피고에 대한 배당표가 확정되지 아니한 상태에서 경락인인 원고가 피고를 상대로 이 사건 건물의 명도를 청구하는 이 사건 소송을 제기하자, 피고가 원고로부터 위 보증금을 반환받기까지는 원고의 청구에 응할 수 없다는 동시이행의 항변을 하였음을 알 수 있다. 그리고 원심은 이 사건 원심 변론종결일 현재 위 배당이의 소송의 제1심 판결이 이미 확정되었다고 인정하고 있으나 기록상 이를 인정할 만한 아무런 자료를 발견할 수 없으므로, 이는 증거 없이 사실을 오인한 잘못을 저지른 것이라고 아니할 수 없다.

사정이 이와 같다면, 원심으로서는 위 배당이의 소송이 종료하여 피고에 대한 배당표가 확정되었는지의 여부에 관하여 심리한 다음, 이미 종료하여 피고에 대한 배당표가 확정된 경우에는 피고의 위 항변을 배척하고, 아직도 계속중이어서 피고에 대한 배당표가 확정되지 아니한 경우에는 피고에 대한 배당표가 확정되는 때에 명도할 것을 명하는 판결을 하여야 할 것이다.

그럼에도 불구하고, 이에 이르지 아니한 채 피고의 동시이행의 항변을 받아들인 조처는 「주택 임대차 보호법」 상의 대항력과 우선변제권에 관한 법리를 오해한 나머지 심리를 다하지 아니한 잘못을 저지른 것이라 아니할 수 없으며, 이는 판결에 영향을 미쳤음이 명백하므로, 이 점을 지적하는 논지는 이유 있다.

12. 가등기에 기한 본등기와 매수인의 구제방법

대법원 1997. 11. 11. 선고, 96그64 결정

판시사항

매각대금 납부 후 매각부동산에 대하여 가등기에 기한 소유권이전 본등기가 경료되므로써 매수인이 소유권을 상실한 경우라면 매각절차 취소사유가 될 수 있는지 여부(소극)

결정요지

소유권에 대한 가등기의 목적이 된 부동산을 낙찰 받아 낙찰대금까지 납부하여 소유권을 취득한 낙찰인이 그 뒤 가등기에 기한 본등기가 경료됨으로써 일단 취득한 소유권을 상실하게 된 때에는 매각으로 인하여 소유권의 이전이 불가능하였던 것이 아니므로, 「민사소송법」 제613조에 따라 집행법원으로부터 그 경매절차의 취소결정을 받아 납부한 낙찰대금을 반환받을 수는 없다고 할 것이나, 이는 매매 목적 부동산에 설정된 저당권 또는 전세권의 행사로 인하여 매수인이 취득한 소유권을 상실한 경우와 유사하므로, 「민법」 제578조, 제576조를 유추 적용하여 담보책임을 추급할 수는 있다고 할 것인 바, 이러한 담보책임은 낙찰인이 경매절차 밖에서 별소에 의하여 채무자 또는 채권자를 상대로 추급하는 것이 원칙이라고 할 것이나, 아직 배당이 실시되기 전이라면, 이러한 때에도 낙찰인으로 하여금 배당이 실시되는 것을 기다렸다가 경매절차 밖에서 별소에 의하여 담보책임을 추급하게 하는 것은 가혹하므로, 이 경우 낙찰인은 「민사소송법」 제613조를 유추 적용하여 집행법원에 대하여 경매에 의한 매매계약을 해제하고 납부한 낙찰대금의 반환을 청구하는 방법으로 담보책임을 추급할 수 있다.

13. 강제집행 종료와 무효인 공정증서에 대한 청구이의

대법원 1997. 4. 25. 선고, 96다52489 판결

판시사항

무효인 공정증서에 기한 강제집행이 전체적으로 종료된 경우라도 채무자가 청구이의의 소로써 종결된 강제집행 불허를 구할 수 있는지 여부(소극)

판결요지

채무명의인 공정증서가 무권대리인의 촉탁에 기하여 작성된 것으로서 무효인 때에는 채무자는 청구이의의 소로써 강제집행의 불허를 구하는 재판을 청구할 수 있음은 물론이지만, 그 공정증서에 기한 강제집행이 일단 전체적으로 종료되어 채권자가 만족을 얻은 후라면 더 이상 청구이의의 소로써 그 강제집행의 불허를 구할 이익은 없다.

▌판결이유

채무명의인 공정증서가 무권대리인의 촉탁에 기하여 작성된 것으로서 무효인 때에는 채무자는 청구이의의 소로써 강제집행 불허의 재판을 구할 수 있음은 물론이지만, 그 공정증서에 기한 강제집행이 일단 전체적으로 종료되어 채권자가 만족을 얻은 후에는 더 이상 청구이의의 소로써 그 강제집행의 불허를 구할 이익은 없다고 할 것이다(대법원 1989. 12. 12. 선고 87다카3125 판결). 따라서 원심이 적법하게 판단한 바와 같이, 이 사건 약속어음 공정증서에 기한 강제집행이 이미 종료된 이상, 그 공정증서가 무권대리인의 촉탁에 의한 것이어서 무효라는 사유를 내세워 집행력이 배제되어야 한다는 주장은 그 사실의 진실 여부를 따질 필요 없이 소의 이익이 없어 적법한 상고이유가 될 수 없으므로 이를 받아들이지 아니한다.

14. 집행법원 담당공무원의 과실과 손해배상책임
대법원 2008. 7. 10. 선고, 2006다23664 판결

▌판시사항

경매담당 공무원이 이해관계인에 대한 기일통지를 잘못함으로써 매각허가결정이 종국적으로 취소된 경우, 만약 그 취소결정 전에 매수인이 대금을 완납한 경우라면 동 매수인에 대하여 손해배상책임을 부담하게 되는지 여부(적극)

▌판결요지

공무원에게 부과된 직무상 의무의 내용이 단순히 공공 일반의 이익을 위한 것이거나 행정기관 내부의 질서를 규율하기 위한 것이 아니고 전적으로 또는 부수적으로 사회구성원 개인의 안전과 이익을 보호하기 위하여 설정된 것이라면, 공무원이 그와 같은 직무상 의무를 위반함으로 인하여 피해자가 입은 손해에 대하여는 상당인과관계가 인정되는 범위 내에서 국가가 배상책임을 지는 것이고, 이때 상당인과관계 유무를 판단함에 있어서는 일반적인 결과 발생의 개연성은 물론 직무상 의무를 부과하는 법령 기타 행동규범의 목적, 그 수행하는 직무의 목적 내지 기능으로부터 예견 가능한 행위 후의 사정, 가해행위의 태양 및 피해의 정도 등을 종합적으로 고려하여야 한다(대법원 1998. 9. 22. 선고 98다2631 판결, 대법원 2007. 12. 27. 선고

2005다62747 판결 등 참조).

그렇다면 앞서 본 법리에 비추어 볼 때, 이 사건 경매법원의 담당공무원이 구 「민사소송법」 제617조 제2항 소정의 이해관계인에 대한 경매기일 및 경락기일 통지를 제대로 하지 않는 등 적법한 경매절차 진행에 관한 직무상 의무를 위반하였고, 그 결과 경락인인 원고로서는 이 사건 경락이 적법 유효한 것으로 믿고 경락대금 및 등기비용 등을 지출함에 따른 손해를 입게 되었다고 할 것인데, 그 일련의 과정에서 경매법원 스스로 그 하자를 시정하는 조치를 취하지 않는 이상 특별히 경락인이 불복절차 등을 통하여 이를 시정하거나 위 결과 발생을 막을 것을 기대할 수도 없으며, 경락인의 손해에 대하여 국가배상 이외의 방법으로 구제받을 방법이 있는 것도 아니라는 점 등을 아울러 고려하면, 경매법원 공무원의 위 이해관계인 통지 등에 관한 절차상의 과오는 원고의 손해발생과 상당인과관계가 있다고 할 것이고, 이는 경매법원의 경락허가결정, 대금지급기일 지정 및 그 실시, 소유권이전등기의 촉탁 등의 재판행위가 개입되어 있었다고 하여 달리 볼 것은 아니다(대법원 1982. 6. 22. 선고 80다2801 판결 등 참조). 따라서 피고는 「국가배상법」 제2조 제1항, 제3조에 따라 원고가 입은 상당인과관계 있는 범위 내의 손해를 배상할 책임이 있다고 할 것이다.

15. 경매진행 중 목적물이 처분된 경우와 양도소득세
대법원 1992. 2. 11. 선고, 91누5228 판결

▌판시사항

압류 후 경매절차가 진행 중에 경매목적물의 소유자가 목적 부동산을 제3자에게 증여함으로써 소유권을 상실한 경우라도, 경매를 이유로 양도소득세를 부과할 수 있는지 여부(소극)

▌판결요지

양도소득세는 「소득세법」 상 양도대상으로 규정하고 있는 자산의 양도로 인하여 발생하는 소득을 그 과세대상으로 하는 것이므로, 압류 후 경매절차 진행 중에 경매부동산의 소유자가 목적부동산을 제3자에게 증여하여 그 이후 경매로 인한 이득이 수증자에게 귀속된다고 한다면 원소유자에 대해서는 위 증여행위에 대하여 「상속세

법」의 규정에 따라 증여세 연대납부책임을 물을 수 있을 뿐(혹은 부담부 증여의 경우에 「소득세법」 제4조 제3항의 규정에 따라 부담부분에 대하여 양도소득세를 부과하게 되는 경우는 있을 수 있을 것이다) 위 경매로 인한 양도소득에 대하여 양도소득세를 부과할 수 없다 할 것이고, 이는 위 압류의 효력으로 인하여 부동산의 제3취득자가 그 소유권 취득을 경락인에게 대항할 수 없고 따라서 경락인의 소유권취득과 함께 위 제3취득자 명의의 소유권 이전등기가 말소될 운명에 있다 하여도 결론이 달라지는 것은 아니라 할 것이다.

16. 토지에 대한 인도명령과 지상물에 대한 효력

대법원 1986. 11. 18. 선고, 86마902 결정

▌판시사항

토지의 인도를 명한 집행권원의 효력이 그 지상에 존재하는 건물이나 수목에도 미칠 수 있는지 여부(소극)

▌결정요지

토지의 인도를 명한 집행권원의 효력은 그 지상에 건립된 건물이나 식재된 수목의 인도에까지는 미치는 것이 아니고 또한 위와 같은 건물이나 수목을 그대로 둔 채 토지에 대한 점유만을 풀어 채권자에게 인도할 수도 없는 것이니, 집행관으로서는 지상에 건물이 건축되어 있거나 수목이 식재되어 있는 토지에 대하여는 그 지상물의 인도, 철거 등을 명하는 집행권원이 따로 없는 이상 "토지를 인도하라."는 집행권원만으로는 그에 대한 인도집행을 실시할 수 없다.

▌결정이유

이 사건에서 "서울 동대문구 신내동 654의 1 전 669평을 재항고인에게 인도하라."는 집행권원에 기한 집행위임을 받은 집행관이 그 토지상에 20년생 배나무 170여주나 식재되어 있어 토지의 인도집행이 불가능하다 하여 집행을 거절한 조치에 위법이 없다고 본 원심판단은 정당할 뿐 아니라, 거기에 법리오해가 있다는 취지의 재항고 이유는 「소송촉진 등에 관한 특례법」 제11조 소정의 어느 경우에도 해당하지 아니하여 적법한 재항고 이유가 될 수 없으므로 논지는 이유 없다.

17. 과반수 지분권자와 맺은 임차인에 대한 명도청구
대법원 2002. 5. 14. 선고, 2002다9738 판결

▎판시사항

과반수 지분권을 가진 공유자로부터 사용·수익을 허락받은 점유자에 대하여 소수 지분권을 취득한 매수인이 점유의 배제를 청구할 수 있는지 여부(소극)

▎판결요지

공유자 사이에 공유물을 사용·수익할 구체적인 방법을 정하는 것은 공유물의 관리에 관한 사항으로서 공유자의 지분의 과반수로써 결정하여야 할 것이고, 과반수 지분의 공유자는 다른 공유자와의 사이에 미리 공유물의 관리방법에 관한 협의가 없었다 하더라도 공유물의 관리에 관한 사항을 단독으로 결정할 수 있으므로, 과반수 지분의 공유자가 그 공유물의 특정 부분을 배타적으로 사용·수익하기로 정하는 것은 공유물의 관리방법으로서 적법하다고 할 것이므로, 과반수 지분의 공유자로부터 사용·수익을 허락받은 점유자에 대하여는 소수 지분에 불과한 공유자로서는 그 점유자가 사용·수익하는 건물에 대한 철거나 퇴거 등 점유의 배제를 구할 수는 없다.

제 2 편

경매관련 권리분석 판례

제1장 권리분석 총론
제2장 권리의 인수와 소멸
제3장 주택임대차 관련
제4장 상가임대차 관련

제 1 장

권리분석 총론

I. 권리분석 일반

1. 경매목적물 멸실과 매수인의 대상청구권
대법원 2008. 6. 12. 선고, 2005두5956 판결

▍판시사항

경매 목적물인 토지가 매각허가결정 확정 후 하천구역에 편입되어 국유로 된 경우라면 매수인은 직접 대상청구권을 행사할 수 있는지 여부(적극)

▍판결이유

매매의 일종인 경매 목적물인 토지가 경락허가결정 확정 후 하천구역에 편입되어 국유로 됨으로써 소유자의 경락인에 대한 소유권이전 등기의무가 이행불능이 되었다면, 경락인은 소유자가 위 하천구역 편입으로 인하여 지급받게 되는 손실보상금에 대한 대상청구권을 행사할 수 있다고 할 것이다. 그런데 이러한 대상청구권에 대하여는 특별한 사정이 없는 한 매각목적물의 수용 내지 국유화로 인하여 매도인의 소유권이전 등기의무가 이행불능이 되었을 때 매수인이 그 권리를 행사할 수 있다고 할 것이나, 국유화 된 사유의 특수성과 법규의 미비 등으로 그 보상금의 지급을 구할 수 있는 방법이나 절차가 없다가 상당한 기간이 지난 뒤에야 보상금청구 방법과 절차가 마련된 경우라면, 대상청구권자로서는 그 보상금청구의 방법이 마련되기 전에는 대상청구권을 행사하는 것이 불가능하였던 것이고, 따라서 이러한 경우에는 보상금을 청구할 수 있는 방법이 마련된 시점부터 그 권리를 행사할 수 있다고 봄이 상당하다.

그리고 이러한 경우라 하더라도 채무자가 목적물 소유자로서 수령하게 되는 보상금에 대하여 채권자인 경락인이 대상청구권을 가진다고 보는 이상, 특별한 사정

이 없는 한 채권자는 그 목적물에 대하여 지급되는 보상금 전부에 대하여 대상청구권을 행사할 수 있는 것이고, 소유권이전 등기의무의 이행불능 당시 채권자가 그 목적물의 소유권을 취득하기 위하여 지출한 매수대금 상당액 등의 한도 내로 그 범위가 제한된다고 할 수도 없다. 나아가 대상청구권의 행사방법으로 채권자는 채무자에 대하여 그가 지급받은 보상금의 반환을 청구하거나 채무자로부터 보상금청구권을 양도받아 보상금을 지급받는 것이 원칙이기는 하나, 어떤 사유로 채권자가 직접 자신 명의로 대상청구의 대상이 되는 보상금을 지급받았다면 이로써 채권자는 대상청구권을 행사한 것으로 볼 수 있을 것이다.

2. 1/2 지분권자의 공유물 사용권
대법원 2003. 11. 13. 선고, 2002다57935 판결

판시사항

토지의 1/2 지분권자가 다른 1/2 지분권자와의 협의 없이 토지를 배타적으로 독점 사용할 경우, 다른 지분권자는 공유물에 대한 보존행위로서 그 배타적 사용의 배제를 청구할 수 있는지 여부(적극)

판결요지

공유자 양인이 각 1/2 지분씩 물건을 균분하여 공유하고 있는 경우 1/2 지분권자로서는 다른 1/2 지분권자와의 협의 없이는 이를 배타적으로 독점하여 사용할 수는 없으므로, 나머지 지분권자는 공유물 보존행위로서 그 배타적 사용의 배제, 즉 그 지상 건물의 철거와 토지의 인도 등 점유배제를 구할 권리가 있다.

판결이유

물건을 공유자 양인이 각 1/2 지분씩 균분하여 공유하고 있는 경우 1/2 지분권자로서는 다른 1/2 지분권자와의 협의 없이는 이를 배타적으로 독점 사용할 수 없고, 나머지 지분권자는 공유물 보존행위로서 그 배타적 사용의 배제, 즉 그 지상 건물의 철거와 토지의 인도 등 점유배제를 구할 권리가 있다고 할 것인바(대법원 1983. 2. 22. 선고 80다1280, 1281 판결, 1991. 1. 15. 선고 88다카19002, 19019 판결, 1994. 3. 22.

선고 93다9392, 9408 전원합의체 판결, 2001. 11. 27. 선고 2000다33638, 33645 판결 등 참조), 따라서 다른 특별한 사정이 없는 한 장차 이 사건 제1대지 부분 중 1/2 지분에 관한 공유지분만을 취득할 뿐인 피고로서는 나머지 지분을 보유하고 있는 원고와의 협의 없이는 이를 배타적으로 독점 사용할 수는 없는 노릇이므로, 원고가 공유물의 보존행위로서 그 지상의 이 사건 제1, 2건물 부분의 철거 및 이 사건 제1대지 부분의 인도를 구하는 이 부분 청구를 거절할 수는 없는 것이 원칙이라 할 것이고, 원심이 들고 있는 것과 같은 정도의 사유만으로는 원고의 피고에 대한 이 부분 건물철거와 토지인도가 권리남용에 해당된다고 보기는 어렵다고 판단된다.

따라서 원고의 이 사건 제1, 2 건물부분의 철거 및 이 사건 제1대지 부분의 인도 청구를 배척한 원심의 판단에는 위에서 이 법원이 설시한 법리를 오해하여 판결 결과에 영향을 미친 위법이 있다고 할 것이므로(단, 이 사건 제1대지 부분 중 1/2 지분에 한하여 원고의 부당이득 반환청구를 인용한 원심의 판단은 정당하다), 이 점을 지적하는 취지의 원고의 상고 주장은 이유 있다.

3. 일부 지분권자의 특정부분 사용과 부당이득 성부
대법원 2001. 12. 11. 선고, 2000다13948 판결

▌판시사항
일부 공유자가 배타적으로 점유 · 사용하고 있는 공유 토지상의 특정 부분이 그 지분 비율에 상당하는 면적 범위 내라도, 공유 토지를 전혀 사용 · 수익하지 않는 다른 공유자에 대해서는 그 지분에 상응하는 비율만큼 부당이득 반환의무가 성립하는지 여부(적극)

▌판결요지
토지의 공유자는 각자의 지분 비율에 따라 토지 전체를 사용 · 수익할 수 있지만, 그 구체적인 사용 · 수익방법에 관하여 공유자들 사이에 지분 과반수의 합의가 없는 이상, 1인이 특정 부분을 배타적으로 점유 · 사용할 수는 없는 것이므로, 공유자 중 일부가 특정 부분을 배타적으로 점유 · 사용하고 있다면, 그들은 비록 그 특정 부분의 면적이 자신들의 지분 비율에 상당하는 면적 범위 내라고 할지라도, 다른 공

유자들 중 지분은 있으나 사용 · 수익은 전혀 하지 않고 있는 자에 대하여는 그 자의 지분에 상응하는 부당이득을 하고 있다고 보아야 할 것인 바, 이는 모든 공유자는 공유물 전부를 그 지분의 비율로 사용 · 수익할 권리가 있기 때문이다.

▌판결이유

원심은, 원고들을 포함한 21명의 공유인 이 사건 토지 지상에 판시 상가아파트 건물이 건립되어 있는 사실, 피고가 상가아파트 건물의 구분소유자 중의 1인인 사실을 각 인정한 후, 피고는 상가아파트 건물의 구분소유자로서 상가아파트 건물의 부지인 이 사건 토지의 일부를 위 건물 중 전유부분의 면적이 차지하는 비율에 따라 점유 · 사용함으로써 차임 상당의 이득을 얻고 이 사건 토지의 공유자인 원고들에게 동액 상당의 손해를 가하였다고 할 것이므로, 원고들에게 피고가 이득한 차임 상당의 부당이득 중 원고들의 각 소유지분 비율에 상당하는 부분을 반환할 의무가 있다고 판단하고, 이어서 피고 역시 이 사건 토지의 지분을 소유하고 있으므로 부당이득이 발생하지 아니한다는 피고의 주장에 대하여는 위에서 본 법리를 들어 이를 배척하였는바, 기록에 비추어 보면 원심의 위 사실인정과 판단은 정당하고 원심판결에 상고이유 제1점에서 주장하는 공유에 관한 법리오해 또는 이유 불비의 위법이 없다.

4. 타인의 부동산을 불법으로 공동점유한 자의 책임

대법원 2001. 12. 11. 선고, 2000다13948 판결

▌판시사항

타인의 부동산을 불법으로 공동 점유 · 사용한 경우 부당이득 반환채무는 성질상 불가분채무가 되는 것인지 여부(적극)

▌판결요지

여러 사람이 공동으로 법률상 원인 없이 타인의 재산을 사용한 경우 발생하는 부당이득 반환채무는 특별한 사정이 없는 한 불가분적 이득의 반환으로서 불가분채무이고, 불가분채무는 각 채무자가 채무 전부를 이행할 의무가 있으며, 1인의 채무 이행으로써 다른 채무자도 그 의무를 면하게 된다.

판결이유

여러 사람이 공동으로 법률상 원인 없이 타인의 재산을 사용한 경우 부당이득 반환채무는 특별한 사정이 없는 한 불가분적 이득의 반환으로서 불가분채무이고, 불가분채무는 각 채무자가 채무 전부를 이행할 의무가 있으며, 1인의 채무이행으로 다른 채무자도 그 의무를 면하게 된다(대법원 1981. 8. 20. 선고 80다2587 판결, 1992. 9. 22. 선고 92누2202 판결 참조). 원심은, 피고가 상가아파트 건물 중 제2호 건물 내 지하 1호 지하실 229.08㎡ 부분의 구분소유자인 사실을 인정하고, 피고는 위 지하 1호의 전체 면적을 기준으로 하여 산정한 부당이득을 반환할 의무가 있다고 판단하고 있으나, 갑 제3호 증의 38(등기부등본, 기록 별책 161쪽)의 기재에 의하면, 위 지하 1호는 피고와 소외 태동개발주식회사의 공유로서 각기 2분의 1 지분만을 소유하고 있는 사실을 인정할 수 있으므로, 원심의 위 사실인정은 일단 잘못된 것이라고 하겠다.

그러나 피고와 소외 회사는 위 지하 1호의 공동소유자로서, 상가아파트 건물의 부지인 이 사건 토지의 일부를 위 건물 중 위 지하 1호의 면적이 차지하는 비율에 따라 점유 · 사용함으로써 차임 상당의 이득을 얻고 이 사건 토지의 공유자인 원고들에게 동액 상당의 손해를 가하였다고 할 것이므로, 원고들에게 피고와 다른 공동소유자가 얻은 차임 상당의 부당이득을 반환할 의무가 있다고 할 것인데, 이 의무는 불가분채무인 이상, 피고는 일부 지분만의 공유자라고 하더라도 위 지하 1호의 전체 면적에 관한 부당이득을 반환할 의무가 있다고 할 것이어서 원심의 결론과 동일하게 되므로, 원심의 위와 같은 잘못은 판결 결과에는 영향이 없다. 따라서 원심판결에 상고이유 제2점에서 주장하는 심리미진의 위법이 없다.

5. 담보가등기 여부에 대한 판단기준

대법원 1992. 2. 11. 선고, 91다36932 판결

판시사항

가등기가 담보가등기인지 보전가등기인지 여부에 대한 판단 기준(실체관계로 판단)

판결요지

가등기가 담보가등기인지 여부는 그 등기부상 표시나 등기시 주고 받은 서류의

종류에 의하여 형식적으로 결정될 것은 아니고, 거래의 실질과 당사자의 의사해석에 따라 결정될 문제라고 할 것이다.

판결이유

소론은 특히 위 가등기시에 담보가등기를 경료할 때 통상 작성되는 대물반환예약서 대신 매매예약서가 교환된 점을 들어 담보가등기가 아니라고 주장하나, 가등기가 담보가등기인지 여부는 그 등기부상 표시나 등기시 주고 받은 서류의 종류에 의하여 형식적으로 결정될 것이 아니고, 거래의 실질과 당사자의 의사해석에 따라 결정될 문제라고 할 것이므로 위 주장 또한 이유 없다.

6. 대여금채권 확보가 부수적인 경우와 가담법 적용 여부

대법원 2002. 12. 24. 선고, 2002다50484 판결

판시사항

가등기의 주된 목적이 매매대금채권 확보에 있고, 대여금채권 확보는 부수적인 목적에 불과한 경우라도 「가등기담보 등에 관한 법률」이 적용될 수 있는지 여부(소극)

판결요지

「가등기담보 등에 관한 법률」은 차용물의 반환에 관하여 다른 재산권을 이전할 것을 예약한 경우에 적용되므로, 매매대금 채권을 담보하기 위하여 가등기를 한 경우에는 위 법률은 적용되지 아니한다. 그리고 가등기의 주목적이 매매대금 채권확보에 있고, 대여금 채권 확보는 부수적인 목적에 불과한 경우라면 「가등기담보 등에 관한 법률」은 적용되지 않는다.

판결이유

원심은 피고의 항변 즉, 이 사건 가등기의 피담보채권에 대여금채권이 포함되어 있는 이상 「가등기담보 등에 관한 법률」 소정의 청산절차가 그 피담보채권의 전액에 대하여 종료될 때까지 또는 적어도 그 피담보채권 중 대여금채권이 차지하는 비율에 상응하는 이 사건 건물의 일부 또는 그 각 지분에 한하여 위 청산절차가 종료될

때까지는 원고의 이 사건 청구에 응할 수 없다는 항변에 대하여, 원고가 이 사건 가등기에 기하여 담보권을 실행하고자 하는 피담보채권 중에는 「가등기담보 등에 관한 법률」 소정의 청산절차를 요하지 아니하는 매매대금 채권이 포함되어 있고, 그 피담보채권 중 매매대금 채권의 비율이 훨씬 높으며, 원고의 담보권 실행에 따른 이 사건 건물의 일부 또는 그 각 일정 지분의 환가대금만으로 이 사건 토지의 매매대금 채권 전액의 만족에 이르러 향후 위 대여금 채권에 터잡아 이 사건 건물의 그 나머지 부분에 관하여 「가등기담보 등에 관한 법률」 소정의 청산절차를 거쳐야 하는 것은 별론으로 하되, 일반적인 담보물권의 불가분성에 비추어 이 사건 매매대금채권 전액의 만족에 이를 때까지 이 사건 건물의 전부에 관한 원고의 담보권 실행을 부정할 수는 없고, 그 피담보채권 중 대여금 채권이 일부 포함되어 있다 하더라도 매매대금 채권을 위한 원고의 담보권 실행에는 지장이 없다는 이유로 위 항변을 배척하였다.

앞서 본 법리와 이 사건 가등기의 주된 목적이 매매대금 채권의 확보에 있었고, 대여금채권 확보는 부수적인 목적이었으며, 이 사건 가등기의 피담보채권액 금 47억 9,000만 원 중 매매대금 채권이 금 42억 원으로서 대부분을 차지하고 있는 사정을 고려하여 보면, 원심의 위와 같은 판단은 정당한 것으로 수긍할 수 있고, 원심에 상고이유의 주장과 같은 「가등기담보 등에 관한 법률」의 적용범위에 관한 법리오해 등의 위법이 있다고 할 수 없다.

7. 전유부분인지 여부에 대한 판단시점

대법원 1999. 9. 17. 선고, 99다1345 판결

▌판시사항

집합건물의 전유부분인지 공용부분인지에 대한 판단 기준시점(집합건축물대장에 구분건물로 등록될 때 기준)

▌판결요지

「집합건물의 소유 및 관리에 관한 법률」 제53조, 제54조, 제56조, 제57조의 규정에 비추어 보면, 집합건물의 어느 부분이 전유부분인지 공용부분인지의 여부는 구

분소유가 성립한 시점, 즉 원칙적으로 건물 전체가 완성되어 당해 건물에 관한 건축물대장에 구분건물로 등록된 시점을 기준으로 판단하여야 하고, 그 후 건물의 개조나 이용상황 변화 등은 전유부분인지 공용부분인지의 여부에 영향을 미칠 수 없다.

8. 전유부분 취득자의 대지지분에 대한 효력
대법원 2000. 11. 16. 선고, 98다45652, 45669 전원합의체 판결

판시사항
집합건물의 건축주로부터 전유부분과 대지지분을 함께 매수하여 그 대금을 모두 지급함으로써 소유권 취득의 실질적 요건은 갖추었지만 전유부분에 대한 소유권이전등기만 경료 받고 대지지분에 대해서는 소유권이전등기를 경료하지 못한 경우라도 대지를 점유·사용할 권리가 있는지 여부 및 위와 같은 대지의 점유·사용권이 「집합건물의 소유 및 관리에 관한 법률」 제2조 제6호 소정의 '대지사용권'에 해당하는 것인지 여부(적극)

판결요지
아파트와 같은 대규모 집합건물의 경우, 대지의 분·합필 및 환지절차의 지연, 각 세대당 지분비율의 결정 지연 등으로 인하여 전유부분에 대한 소유권이전등기만 수분양자를 거쳐 양수인 앞으로 경료되고, 대지지분에 대한 소유권이전등기는 상당기간 지체되는 경우가 종종 생기고 있는데, 이러한 경우 집합건물의 건축자로부터 전유부분과 대지지분을 함께 분양의 형식으로 매수하여 그 대금을 모두 지급함으로써 소유권 취득의 실질적 요건은 갖추었지만 전유부분에 대한 소유권이전등기만 경료 받고 대지지분에 대하여는 위와 같은 사정으로 아직 소유권이전등기를 경료 받지 못한 자는 매매계약의 효력으로써 전유부분의 소유를 위하여 건물의 대지를 점유·사용할 권리가 있는 바, 매수인의 지위에서 가지는 이러한 점유·사용권은 단순한 점유권과는 차원을 달리하는 본권으로서 「집합건물의 소유 및 관리에 관한 법률」 제2조 제6호 소정의 구분소유자가 전유부분을 소유하기 위하여 건물의 대지에 대하여 가지는 권리인 대지사용권에 해당한다고 할 것이고, 수분양자로부터 전유부분과 대지지분을 다시 매수하거나 증여 등의 방법으로 양수받거나 전전 양수받은

자 역시 당초 수분양자가 가졌던 이러한 대지사용권을 취득하게 된다.

9. 전유부분과 대지지분의 분리처분성

대법원 2000. 11. 16. 선고, 98다45652, 45669 전원합의체 판결

▌판시사항

집합건물에 대하여 전유부분 등기와 대지지분 등기가 동시에 이루어져야 하나 특별한 사정으로 인하여 전유부분에 대하여만 소유권이전등기를 받은 매수인이 대지지분에 대한 소유권이전등기를 받기 전에 대지사용권을 전유부분과 분리하여 처분할 수 있는지 여부 및 매수인이 전유부분 및 장래 취득할 대지지분을 다른 사람에게 양도하여 그 중 전유부분에 대한 소유권이전등기를 경료하여 준 다음, 사후 취득한 대지지분을 전유부분의 소유권을 취득한 양수인이 아닌 제3자에게 분리 처분할 수도 있는지 여부(소극)

▌판결요지

「집합건물의 소유 및 관리에 관한 법률」의 규정 내용과 입법취지를 종합하여 볼 때 대지의 분·합필 및 환지절차의 지연, 각 세대당 지분비율 결정의 지연 등의 사정이 없었다면 당연히 전유부분 등기와 동시에 대지지분의 등기가 이루어졌을 것으로 예상되는 경우, 전유부분에 대하여만 소유권이전등기를 경료 받았으나 매수인의 지위에서 대지에 대하여 가지는 점유·사용권에 터잡아 대지를 점유하고 있는 수분양자는 대지지분에 대한 소유권이전등기를 받기 전에 대지에 대하여 가지는 점유·사용권인 대지사용권을 전유부분과 분리 처분하지 못할 뿐만 아니라, 전유부분 및 장래 취득할 대지지분을 다른 사람에게 양도한 후 그 중 전유부분에 대한 소유권이전등기를 경료해 준 다음, 사후에 취득한 대지지분에 대해서도 전유부분의 소유권을 취득한 양수인이 아닌 제3자에게는 분리 처분하지 못한다고 할 것이고, 이를 위반한 대지지분에 대한 처분행위는 효력이 없다.

10. 비구분건물의 일부에 대한 취득효과
대법원 1999. 11. 9. 선고, 99다46096 판결

판시사항

구분소유권의 객체로서 적합한 물리적 요건을 갖추지 못한 건물이 구분건물로 등기된 경우, 만약 동 건물부분을 낙찰 받으면 구분소유권을 취득한 것으로 보게 되는지 여부(소극)

판결요지

1동 건물의 일부분이 구분소유권의 객체가 될 수 있으려면 그 부분이 구조상으로나 이용상으로 다른 부분과 구분되는 독립성이 있어야 하고, 그 이용상황 내지 이용 형태에 따라 구조상 독립성 판단의 엄격성에 차이가 있을 수 있으나, 구조상의 독립성은 주로 소유권의 목적이 되는 객체에 대한 물적 지배 범위를 명확히 할 필요성 때문에 요구된다고 할 것이므로, 구조상의 구분에 의하여 구분소유권의 객체 범위를 확정할 수 없는 경우에는 구조상 독립성이 있다고 할 수 없다.

구분소유권의 객체로서 적합한 물리적 요건을 갖추지 못한 건물의 일부는 그에 관한 구분소유권이 성립될 수 없는 것이어서, 건축물관리대장상 독립한 별개의 구분건물로 등재되고 등기부상에도 구분소유권의 목적으로 등기되어 있음으로 인하여 동 등기에 기초하여 경매절차가 진행되어 이를 낙찰 받았다고 하더라도, 그 등기는 그 자체로써 무효인 것이므로 낙찰자는 그 소유권을 취득할 수 없다.

11. 공동주택사업자에 대한 매수인의 하자보수청구권 등
대법원 2007. 12. 27. 선고, 2005다18146, 18153 판결

판시사항

공동주택 사업주체의 하자보수 책임은 경매절차에서 공동주택을 낙찰 받은 매수인에 대해서도 인정되는지 여부(적극)

판결요지

공동주택 사업주체의 하자보수 책임에 관한 구 「주택건설 촉진법」 (1999. 2. 8. 법

률 제5908호로 개정되기 전의 것) 제38조, 구 「공동주택 관리령」(1998. 12. 31. 대통령령 제16069호로 개정되기 전의 것) 제16조, 제17조 등의 관련 규정들은, 공동주택의 여러 가지 특성 및 그 입주자들의 주거생활 안정을 위해 사용검사일로부터 구 「공동주택 관리규칙」(1999. 12. 7. 건설교통부령 제219호로 개정되기 전의 것) 제11조 제1항, 같은 규칙 [별표 3]에서 정하고 있는 일정한 기간 안에 발생한 일정한 범위의 하자에 대하여는, 공동주택의 현재 입주자와 입주자대표회의 또는 관리주체(이하 '입주자대표회의 등'이라고 한다)에게 그 취득원인이나 사업주체와의 계약관계 유무와 상관없이 사업주체에 대한 하자보수청구권 및 하자보수보증금에 대한 권리를 인정하는 한편, 사용검사권자에게는 행정적 차원에서 하자의 판정과 보수에 관여하도록 함으로써, 입주자대표회의 등으로 하여금 하자보수보증금에 의한 신속한 하자보수를 할 수 있도록 최소한의 기준을 정한 취지라고 할 것이므로, 입주자가 당해 공동주택을 통상적인 분양계약이 아닌 경매절차에서 낙찰 받았다고 하더라도 위 관련 규정들에 의해 보호된다.

12. 소유권 양도와 전세권자에 대한 책임
대법원 2006. 5. 11. 선고, 2006다6072 판결

▎판시사항

전세권이 성립된 후 전세목적물의 소유권이 제3자에게 이전된 경우, 전세권이 소멸되는 때에 목적물의 신 소유자가 종전 소유자인 전세권설정자의 지위에서 전세금에 대한 반환의무를 전부 부담하게 되는지 여부(적극)

▎판결요지

전세권이 성립한 후 전세목적물의 소유권이 이전된 경우 「민법」이 전세권 관계로부터 생기는 상환청구, 소멸청구, 갱신청구, 전세금 증감청구, 원상회복, 매수청구 등 법률관계의 당사자로 규정하고 있는 전세권설정자 또는 소유자는 모두 목적물의 소유권을 취득한 신 소유자로 새길 수밖에 없다고 할 것이므로, 전세권은 전세권자와 목적물의 소유권을 취득한 신 소유자와의 사이에서 계속 동일한 내용으로 존속하게 된다고 보아야 할 것이고, 따라서 목적물의 신 소유자는 구 소유자와 전세

권자 사이에 성립한 전세권의 내용에 따른 권리의무의 직접적인 당사자가 되어 전세권이 소멸하는 때에 전세권자에 대하여 전세권설정자의 지위에서 전세금에 대한 반환의무를 부담하게 된다.

13. 전세권의 전세금반환채권에의 수반성 여부

대법원 1999. 2. 5. 선고, 97다33997 판결

판시사항

전세금 반환채권을 전세권과 분리하여 양도한 경우라면 전세권도 소멸하게 되는지 여부(적극)

판결요지

전세권이 담보물권적 성격도 가지는 이상 부종성과 수반성이 있는 것이므로 전세권을 그 담보하는 전세금반환채권과 분리하여 양도하는 것은 허용되지 않는다고 할 것이나, 한편 담보물권의 수반성이란 피담보채권의 처분이 있으면 언제나 담보물권도 함께 처분된다는 것이 아니라 채권담보라고 하는 담보물권제도의 존재 목적에 비추어 볼 때 특별한 사정이 없는 한 피담보채권의 처분에는 담보물권의 처분도 당연히 포함된다고 보는 것이 합리적이라는 것일 뿐이므로, 피담보채권의 처분이 있음에도 불구하고 담보물권의 처분이 따르지 않는 특별한 사정이 있는 경우에는 채권양수인은 담보물권이 없는 무담보 채권을 양수한 것이 되고 채권의 처분에 따르지 않은 담보물권은 소멸한다.

전세권설정계약 당사자 사이에 그 계약이 합의 해지된 경우 전세권설정등기는 전세금반환채권을 담보하는 효력은 있다고 할 것이나, 그 후 당사자 간의 약정에 의하여 전세권의 처분이 따르지 않는 전세금 반환채권만의 분리양도가 이루어진 경우에는 양수인은 유효하게 전세금 반환채권을 양수하였다고 할 것이고, 그로 인하여 전세금 반환채권을 담보하는 물권으로서의 전세권마저 소멸된 이상 그 전세권에 관하여 가압류등기가 경료되었다고 하더라도 아무런 효력이 없다.

전세권자가 전세권설정자에 대하여 그 전세권설정등기의 말소의무를 부담하고 있는 경우라면, 그 전세권을 가압류하여 부기등기를 경료한 가압류권자는 등기상

이해관계 있는 제3자로서 등기권리자인 전세권설정자의 말소등기절차에 필요한 승낙을 할 실체법상 의무가 있다.

14. 담보목적 전세권의 효력
대법원 1995. 2. 10. 선고, 94다18508 판결

▌판시사항

채권담보 목적으로 설정된 전세권도 유효한 것으로 볼 수 있는지 여부(한정적극)

▌판결요지

전세권이 용익물권적 성격과 담보물권적 성격을 겸하고 있다는 점 및 목적물의 인도는 전세권의 성립요건이 아닌 점 등에 비추어 볼 때, 당사자가 주로 채권담보 목적으로 전세권을 설정하였고, 그 설정과 동시에 목적물을 인도하지 아니한 경우라도, 장차 전세권자가 목적물을 사용 · 수익하는 것을 완전히 배제한 것이 아니라면, 그 전세권의 효력은 부인할 수 없다.

15. 기존채권의 전세보증금 갈음 여부
대법원 1995. 2. 10. 선고, 94다18508 판결

▌판시사항

전세금을 현실로 수수하지는 않고 기존채권으로써 갈음할 수 있는지 여부(적극)

▌판결요지

전세금의 지급은 전세권의 성립요소가 되는 것이지만 그렇다고 하여 전세금의 지급이 반드시 현실적으로 수수되어야만 하는 것은 아니므로, 기존 채권으로써 전세금의 지급에 갈음할 수도 있다.

16. 근저당권 실행과 채무확정 효과
대법원 2002. 11. 26. 선고, 2001다73022 판결

▎판시사항
피담보채무 불이행을 이유로 신청한 경매개시결정이 있은 후 근저당권자가 그 경매신청을 취하한 경우라면 채무확정 효과가 번복될 수 있는지 여부(소극)

▎판결요지
근저당권자가 피담보채무 불이행을 이유로 경매신청을 한 경우에는 경매신청시 근저당권자의 피담보채권액은 확정되고, 그 이후부터는 근저당권은 부종성을 가지게 되어 보통 저당권과 같은 취급을 받게 되는 바, 위와 같이 경매신청을 하여 경매개시결정이 있은 후에는 경매신청이 취하되었다고 하더라도 채무확정 효과가 번복되는 것은 아니다.

17. 담보가등기에 기한 본등기 효력
대법원 1998. 10. 7. 선고, 98마1333 결정

▎판시사항
담보가등기 이후에 설정된 국세체납을 이유로 하는 압류등기는 동 가등기에 기한 본등기시 인수대상이 되는지 여부(적극)

▎결정요지
국세 압류등기 이전에 소유권이전 청구권보전 가등기가 경료되고 그 후 본등기가 이루어진 경우, 그 가등기가 매매예약에 기한 순위보전 가등기라면 그 이후에 경료 된 압류등기는 효력을 상실하여 말소되어야 할 것이지만, 그 가등기가 채무담보를 위한 가등기, 즉 담보가등기라면 그 후 본등기가 경료되더라도 가등기는 담보적 효력을 갖는데 그치므로 압류등기는 여전히 유효하고 말소될 수 없다.

▎결정이유
「가등기담보 등에 관한 법률」 제17조 제3항은, 담보가등기 권리는 「국세기본

법」, 「국세징수법」, 「지방세법」, 「회사정리법」의 적용에 있어서 이를 저당권으로 본다고 규정하고 있고, 「국세기본법」 제35조 제2항은 납세의무자를 등기의무자로 하고 채무불이행을 정지조건으로 하는 대물변제의 예약에 기하여 권리이전 청구권의 보전을 위한 가등기 기타 이와 유사한 담보목적으로 된 가등기가 되어 있는 재산을 압류하는 경우, 당해 가등기에 기한 본등기가 압류 후에 행하여진 때에는 그 가등기 권리자는 그 재산에 대한 체납처분에 대하여 그 가등기에 기한 권리를 주장할 수 없고, 다만 국세 또는 가산금의 법정기일 전에 가등기된 재산에 대하여는 그러하지 아니하다고 규정하고 있다. 따라서 국세 압류등기 이전에 소유권이전 청구권 보전의 가등기가 경료되고 그 후 본등기가 이루어진 경우에, 그 가등기가 매매예약에 기한 순위보전 가등기라면 그 이후에 경료된 압류등기는 효력을 상실하여 말소되어야 할 것이지만, 그 가등기가 채무담보를 위한 가등기 즉 담보가등기라면 그 후 본등기가 경료 되더라도 가등기는 담보적 효력을 갖는데 그치므로 압류등기는 여전히 유효하므로 말소될 수 없다(대법원 1996. 12. 20. 선고 95누15193 판결, 1989. 11. 2. 89마640 결정 등 참조).

18. 본등기 청구권과 소유권이전 등기청구권과의 관계
대법원 1995. 12. 26. 선고, 95다29888 판결

▌판시사항

소유권이전 청구권보전 가등기를 경료한 후 가등기와 무관하게 소유권 이전등기를 넘겨받은 경우라면 기존 가등기에 기한 본등기청구권도 혼동으로 소멸되는지 여부(소극)

▌판결요지

채권은 채권과 채무가 동일한 주체에 귀속한 때에 한하여 혼동으로 소멸하는 것이 원칙이므로, 어느 특정 물건에 관한 채권을 가지는 자가 그 물건의 소유자가 되었다는 사정만으로는 채권과 채무가 동일한 주체에 귀속한 경우에 해당한다고 할 수 없어 그 물건에 관한 채권이 혼동으로 소멸하는 것이 아닌 바, 토지를 을에게 명의신탁하고 장차 소유권이전청구권 보전을 위하여 자신의 명의로 가등기를 경료한

갑이, 을에 대하여 가지는 가등기에 기한 본등기청구권은 채권으로서, 갑이 을을 상속하거나 을의 가등기에 기한 본등기 절차이행의 의무를 인수하지 아니하는 이상, 갑이 가등기에 기한 본등기 절차에 의하지 아니하고 을로부터 별도의 소유권이전등기를 경료 받았다고 하여 혼동의 법리에 의하여 갑의 가등기에 기한 본등기청구권이 소멸하는 것은 아니다.

▌판결이유

채권은 채권과 채무가 동일한 주체에 귀속한 때에 한하여 혼동으로 소멸하는 것이 원칙이므로, 어느 특정의 물건에 관한 채권을 가지는 자가 그 물건의 소유자가 되었다는 사정만으로는 채권과 채무가 동일한 주체에 귀속한 경우에 해당한다고 할 수 없어 그 물건에 관한 채권이 혼동으로 소멸하는 것은 아니다. 결국 이 사건 토지를 피고에게 명의신탁하고 장차의 소유권이전청구권 보전을 위하여 자신의 명의로 가등기를 경료한 원고가, 피고에 대하여 가지는 이 사건 가등기에 기한 본등기청구권은 채권으로서, 원고가 피고를 상속하거나 피고의 가등기에 기한 본등기 절차 이행의 의무를 인수하지 아니하는 이상, 원고가 위 가등기에 기한 본등기 절차에 의하지 아니하고, 피고로부터 별도의 소유권이전등기를 경료 받았다고 하여 혼동의 법리에 의하여 원고의 가등기에 기한 본등기청구권이 소멸하는 것은 아니다. 따라서 여기에는 혼동의 법리가 적용될 여지가 없다.

다만, 앞서 본 바와 같이 원고가 피고에게 이 사건 토지를 명의신탁하되, 장래에 그 명의신탁 관계가 해소되었을 때 가등기에 기한 본등기를 경료함으로써 장차 가등기 경료 이후에 이 사건 토지에 관하여 발생할지도 모르는 등기상의 부담에 대비하여 원고가 완전한 소유권을 취득하기 위하여, 원 · 피고 사이의 별도의 약정에 의하여 이 사건 가등기가 경료된 것이므로, 실제로 이 사건 가등기 경료 이후에 4건의 가압류 등기가 경료 되었다면, 위 가등기에 기한 본등기 절차에 의하지 아니하고 별도로 원고 명의의 소유권이전등기가 경료 되었다고 하여, 원 · 피고 사이의 약정상 피고 채무의 본지에 따른 이행이 완료되었다고 할 수 없으니, 특별한 사정이 없는 한 원고로서는 피고에 대하여 위 가등기에 기한 본등기절차의 이행을 구할 수도 있다 할 것이다(당원 1994. 4. 26. 선고 92다34100, 34117 판결, 1988. 9. 27. 선고 87다카1637 판결 참조).

Ⅱ. 권리의 효력 등

1. 동순위에 속한 가압류와 가처분의 우열
대법원 1998. 10. 30. 선고, 98마475 결정

▌판시사항

동일한 순위번호로 등기된 가압류와 가처분 상호간의 우열 관계(본집행한 순위에 의함)

▌결정요지

동일한 부동산에 관하여 동일한 순위번호로 등기된 가압류와 처분금지 가처분의 효력은 순위가 동일한 등기라 할 것이므로 그 상호간에는 우열을 정할 수 없는 것이므로 당해 채권자 상호간에는 처분금지적 효력을 서로 주장할 수 없다(먼저 집행한 자 우선). 등기신청서 접수순위는 등기공무원이 등기신청서를 받았을 때를 기준으로 하고, 동일한 부동산에 관하여 동시에 수개의 등기신청이 있는 때에는 동일한 접수번호를 기재하여 동일 순위로 기재하여야 하므로, 등기공무원이 법원으로부터 동일한 부동산에 대한 가압류 등기촉탁서와 처분금지가처분 등기촉탁서를 동시에 받았다면 양 등기에 대하여는 동일한 접수번호와 순위번호를 기재하여 처리하여야 하고, 그 등기의 순위는 동일하다.

▌결정이유

원심 결정이유에 의하면 원심은 이 사건 경매 목적 부동산에 관하여 항고인이 신상술에 대한 분양대금 반환채권을 보전하기 위하여 부산지방법원 95카합6250호로 가압류신청을 하여 1995. 12. 8. 가압류결정이 내려지고, 항고 외 박진희, 박정애, 신준철(이하 항고 외인들이라 한다)이 위 신상술과의 매매계약에 따른 소유권이전등기청구권을 보전하기 위하여 같은 법원 95카합6251호로 처분금지가처분 신청을 하여 1995. 12. 8. 그 가처분결정이 내려졌는데, 그 다음날인 1995. 12. 9. 부산지방법원 동부지원 금정등기소 등기공무원이 위 부동산의 갑구란에 부산지방법원의 가

압류 등기촉탁에 의한 순위번호 2번, 접수번호 제35066호로 위 가압류등기를 하고, 이어 같은 법원의 처분금지가처분 등기촉탁에 의한 순위번호 2번, 접수번호 제35066호로 위 처분금지 가처분등기를 한 사실, 그 후 항고 외인들이 1996. 10. 17. 위 부동산에 관하여 1993. 10. 7. 매매를 원인으로 한 소유권이전등기를 경료하였고, 항고인은 위 신상술을 상대로 부산지방법원 96가합7390호로 분양금반환 청구소송을 제기하여 1997. 2. 20. 같은 법원으로부터 위 신상술은 항고인에게 금 60,000,000원 및 이에 대한 지연손해금을 지급하라는 가집행선고부 승소판결을 받아 이를 채무명의로 하여 부산지방법원 동부지원에 위 부동산에 대한 강제경매를 신청한 사실 등을 인정한 다음, 위 가압류등기와 가처분등기는 순위가 동일한 등기라 할 것이므로 상호간에는 우열을 정할 수 없는 것이고, 따라서 항고인 명의의 위 가압류등기를 가지고는 그 후 위 가처분권자인 항고 외인들 명의로 경료된 위 소유권이전등기의 효력을 부정할 수는 없는 것이므로, 결국 이 사건 강제경매신청은 채무자인 위 신상술의 소유가 아니라 항고 외인들 소유의 부동산에 대한 경매신청이어서 부적법하다고 판단하였다(해석: 먼저 집행한 자의 것이 된다는 의미이다).

위에서 본 법리에 비추어 볼 때 원심의 이러한 판단은 정당하다 할 것이고, 거기에 재항고 이유가 지적하는 것과 같은 법리오해의 위법은 없다.

2. 가압류와 본압류 상호간의 효력

대법원 2002. 3. 15. 선고, 2001마6620 결정

판시사항

가압류집행이 본집행으로 이행된 경우라면 가압류집행의 효력을 다툴 수 있는지 여부 및 가압류집행에 대한 취소결정이 본집행에도 영향을 미치는지 여부(소극)

결정요지

가압류집행이 있은 후 그 가압류가 강제경매개시결정으로 인하여 본압류로 이행된 경우, 가압류집행이 본집행에 포섭됨으로써 당초부터 본집행이 있었던 것과 같은 효력이 있고, 본집행의 효력이 유효하게 존속하는 한 상대방은 가압류집행의 효력을 다툴 수는 없고 오로지 본집행의 효력에 대하여서만 다투어야 하는 것이므로,

본집행이 취소, 실효되지 않는 한 가압류집행이 취소되었다고 하더라도 이미 그 효력을 발생한 본집행에는 아무런 영향을 미치지 않는다.

▌결정이유

가압류집행이 있은 후 그 가압류가 강제경매개시결정으로 인하여 본압류로 이행된 경우 가압류집행이 본집행에 포섭됨으로써 당초부터 본집행이 있었던 것과 같은 효력이 있고, 본집행의 효력이 유효하게 존속하는 한 상대방은 가압류집행의 효력을 다툴 수는 없고 오로지 본집행의 효력에 대하여만 다투어야 하는 것이므로, 본집행이 취소, 실효되지 않는 한 가압류집행이 취소되었다 하여도 이미 그 효력을 발생한 본집행에는 아무런 영향을 미치지 않는 것이다. 그럼에도 불구하고, 원심은 이와 달리 해방공탁을 이유로 한 가압류집행 취소결정에 따라 가압류등기가 말소되었으므로 강제집행을 실시할 수 없다고 판단하였으나, 거기에는 가압류에서 이행된 강제경매개시결정의 효력에 대한 법리를 오해한 위법이 있다고 할 것이다.

3. 과반수 지분권자와 체결한 용익권자의 지위

대법원 2002. 5. 14. 선고, 2002다9738 판결

▌판시사항

과반수 지분권자로부터 공유물의 특정 부분에 대한 사용 · 수익을 허락받은 점유자라도 다른 소수 지분권자에 대해서는 부당이득이 되는지 여부(소극)

▌판결요지

과반수 지분의 공유자는 공유자와의 사이에 미리 공유물의 관리방법에 관하여 협의가 없었다 하더라도 공유물의 관리에 관한 사항을 단독으로 결정할 수 있으므로 과반수 지분의 공유자는 그 공유물의 관리방법으로서 그 공유토지의 특정된 한 부분을 배타적으로 사용 · 수익할 수는 있으나, 그로 말미암아 지분은 있으되 그 특정 부분의 사용 · 수익을 전혀 하지 못하여 손해를 입고 있는 소수 지분권자에 대하여는 그 지분에 상응하는 임료 상당의 부당이득을 얻고 있다 할 것이므로 이를 반환할 의무가 있다고 할 것이나, 그 과반수 지분의 공유자로부터 다시 그 특정 부분의

사용 · 수익을 허락받은 제3자의 점유는 다수 지분권자의 공유물관리권에 터잡은 적법한 점유인 것이므로 그 제3자는 소수 지분권자에 대하여는 그 점유로 인하여 법률상 원인 없이 이득을 얻고 있다고 볼 수는 없다.

❙ 판결이유

공유자 사이에 공유물을 사용 · 수익할 구체적인 방법을 정하는 것은 공유물의 관리에 관한 사항으로서 공유자의 지분의 과반수로써 결정하여야 할 것이고, 과반수 지분의 공유자는 다른 공유자와의 사이에 미리 공유물의 관리방법에 관한 협의가 없었다고 하더라도 공유물의 관리에 관한 사항은 단독으로 결정할 수 있으므로, 과반수 지분의 공유자가 그 공유물의 특정 부분을 배타적으로 사용 · 수익하기로 정하는 것은 공유물의 관리방법으로서 적법하다 할 것이므로, 과반수 지분의 공유자로부터 사용 · 수익을 허락 받은 점유자에 대하여 소수 지분의 공유자는 그 점유자가 사용 · 수익하는 건물의 철거나 퇴거 등 점유의 배제를 구할 수는 없다 할 것이다(대법원 2001. 11. 27. 선고 2000다33638, 33645 판결 등 참조). 원심은, 그 채용 증거에 의하여 피고 김창원은 이 사건 대지에 관한 과반수 지분의 공유자인 김환길로부터 1999. 7. 2. 위 대지의 사용 · 수익을 허락받았고, 피고 문병서는 위 김창원으로부터 위 대지상의 건물을 임차하여 점유 · 사용 중인 사실을 인정한 다음, 소수 지분의 공유자인 원고로서는 피고 김창원, 문병서에 대하여 위 건물의 철거 내지 건물에서의 퇴거를 구할 수 없다고 판단하였는바, 관련 증거 및 기록과 위 법리에 비추어 살펴보면, 원심의 위와 같은 인정 및 판단은 정당한 것으로 수긍이 가고, 거기에 상고이유의 주장과 같이 채증법칙 위배로 인한 사실오인이나 처분권주의에 관한 법리오해, 법률위반 등의 위법이 있다고 할 수 없다. 이 부분 상고이유는 모두 받아들일 수 없다.

앞서와 같이 과반수 지분의 공유자는 공유자와의 사이에 미리 공유물의 관리방법에 관하여 협의가 없었다 하더라도 공유물의 관리에 관한 사항은 단독으로 결정할 수 있으므로 과반수 지분의 공유자는 그 공유물의 관리방법으로서 그 공유토지의 특정된 한 부분을 배타적으로 사용 · 수익할 수 있으나, 그로 말미암아 지분은 있으되 그 특정 부분의 사용 · 수익을 전혀 하지 못하여 손해를 입고 있는 소수 지분권자에 대하여는 그 지분에 상응하는 임료상당의 부당이득을 하고 있다 할 것이므로 이를 반환할 의무가 있다 할 것이다.

그러나 그 과반수 지분의 공유자로부터 다시 그 특정 부분의 사용·수익을 허락받은 제3자의 점유는 다수 지분권자의 공유물 관리권에 터잡은 적법한 점유이므로 그 제3자는 소수 지분권자에 대하여도 그 점유로 인하여 법률상 원인 없이 이득을 얻고 있다고는 볼 수 없다.

원심이, 과반수 지분권자인 김환길의 사용·수익을 허락받은 1999. 7. 2.부터는 피고 김창원에게 부당이득반환 의무가 없다고 판단한 것은 위 법리에 비추어 정당하고, 거기에 상고이유의 주장과 같은 법리오해의 위법이 있다고 할 수 없다. 이 부분 상고이유도 받아들일 수 없다.

4. 과반수 지분권자의 관리방법 결정 효과
대법원 2001. 11. 27. 선고, 2000다33638, 33645 판결

판시사항

과반수 지분권자가 그 공유물의 특정 부분을 배타적으로 사용·수익하는 것으로 정한 것은 공유물에 대한 관리방법으로써 적법한 것인지 여부(적극)

판결요지

공유자 사이에 공유물을 사용·수익할 구체적인 방법을 정하는 것은 공유물의 관리에 관한 사항으로서 공유자 지분의 과반수로써 결정하여야 할 것이고, 과반수의 지분을 가진 공유자는 다른 공유자와의 사이에 미리 공유물의 관리방법에 관한 협의가 없었다고 하더라도 공유물의 관리에 관한 사항을 단독으로 결정할 수 있으므로, 과반수 지분을 가진 공유자가 그 공유물의 특정부분을 배타적으로 사용·수익하기로 정하는 것은 공유물의 관리방법으로서 적법하며, 다만 그 사용·수익의 내용이 공유물의 기존 모습에 본질적 변화를 일으켜 '관리' 아닌 '처분'이나 '변경'의 정도에 이르는 것이어서는 안 될 것이고, 예컨대 다수 지분권자라고 하여 나대지에 새로운 건물을 건축한다든지 하는 것은 "관리"의 범위를 넘는 것이 될 것이다.

판결이유

공유자 사이에 공유물을 사용·수익할 구체적인 방법을 정하는 것은 공유물의

관리에 관한 사항으로서 공유자 지분의 과반수로써 결정하여야 할 것이고(「민법」 제265조), 과반수의 지분을 가진 공유자는 다른 공유자와의 사이에 미리 공유물의 관리방법에 관한 협의가 없었다 하더라도 공유물의 관리에 관한 사항을 단독으로 결정할 수 있으므로, 과반수의 지분을 가진 공유자가 그 공유물의 특정 부분을 배타적으로 사용·수익하기로 정하는 것은 공유물의 관리방법으로서 적법하다(대법원 1991. 4. 12. 선고 90다20220 판결, 1991. 9. 24. 선고 88다카33855 판결 등 참조; 다만 그 사용·수익의 내용이 공유물의 기존의 모습에 본질적 변화를 일으켜 '관리' 아닌 '처분'이나 '변경'의 정도에 이르는 것이어서는 안 될 것이고, 예컨대 다수 지분권자라 하여 나대지에 새로운 건물을 건축한다든지 하는 것은 '관리'의 범위를 넘는 것이 될 것이다).

5. 전유부분 저당권의 대지사용권에 대한 효력
대법원 1995. 8. 22. 선고, 94다12722 판결

판시사항

전유부분에 대한 저당권의 효력은 대지사용권에도 당연히 미치는 것인지 여부(한정적극)

판결요지

「민법」 제358조 본문은 "저당권의 효력은 저당 부동산에 부합된 물건과 종물에 미친다."고 규정하고 있는 바, 이 규정은 저당부동산의 종된 권리에도 유추 적용된다. 따라서 구분건물의 전유부분에 대한 저당권의 효력은 그 대지사용권에 대해서도 당연히 미치게 되는 것이다.

판결이유

「민법」 제358조 본문은 "저당권의 효력은 저당부동산에 부합된 물건과 종물에 미친다."고 규정하고 있는 바, 이 규정은 저당부동산에 종된 권리에도 유추 적용된다고 할 것이고(당원 1992. 7. 14. 선고 92다527 판결; 1993. 12. 10. 선고 93다42399 판결 등 참조), 한편 「집합건물의 소유 및 관리에 관한 법률」 제20조 제1항은 "구분소유자의 대지사용권은 그가 가지는 전유부분의 처분에 따른다.", 제2항은 "구분소유자는 그가 가지는 전유부분과 분리하여 대지사용권을 처분할 수 없다. 다만, 규약으로써

달리 정한 때에는 그러하지 아니하다."고 규정하고 있고, 같은 법 제2조 제6항은 "대지사용권이라 함은 구분소유자가 전유부분을 소유하기 위하여 건물의 대지에 대하여 가지는 권리를 말한다."고 규정하고 있으므로, 구분건물의 전유부분만에 관하여 설정된 저당권의 효력은 대지사용권의 분리처분이 가능하도록 규약으로 정하는 등의 특별한 사정이 없는 한 그 전유부분의 소유자가 사후에라도 대지사용권을 취득함으로써 전유부분과 대지권이 동일 소유자의 소유에 속하게 되었다면 그 대지사용권에까지도 미치고, 여기의 대지사용권에는 지상권 등 용익권 이외의 대지소유권도 포함된다고 해석함이 상당하다고 할 것이다.

6. 전유부분의 취득 효과
대법원 2008. 3. 13. 선고, 2005다15048 판결

판시사항
구분건물에 대한 경매절차에서 전유부분을 경락받은 경우라면 그 대지사용권도 함께 취득하게 되는지 여부(한정적극)

판결요지
집합건물의 구분소유자의 대지사용권은 전유부분과 분리처분이 가능하도록 규약으로 정하였다는 등의 특별한 사정이 없는 한 전유부분과 종속적 일체불가분성이 인정되므로, 구분건물의 전유부분에 대한 저당권 또는 경매개시결정과 압류의 효력은 당연히 종물 내지 종된 권리인 대지사용권에도 미치고, 그에 터잡아 진행된 경매절차에서 전유부분을 경락받은 자는 그 대지사용권도 함께 취득한다.

7. 구분건물의 대지지분 취득 효과
대법원 2008. 3. 13. 선고, 2005다15048 판결

판시사항
대지에 별도 등기된 저당권의 실행으로 해당 대지지분만 취득한 경우라면 전유부분 소유자에 대하여 임료상당의 부당이득반환을 청구할 수 있는지 여부(적극)

▌판결요지

신축 당시부터 다세대주택의 각 세대 전부에 대하여 대지권등기를 하고 전유부분과 대지권이 같이 처분되어 옴으로써 각 전유부분과 해당 대지사용권(토지 공유지분)이 상호 대응관계를 유지하면서 일체불가분성을 갖고 있는 경우, 대지권의 성립 전에 대지에 관하여 별도등기로 설정되어 있던 근저당권이 실행됨에 따라 대지사용권(토지 공유지분)이 전유부분으로부터 분리 처분되었더라도, 경매개시결정시부터 경락허가결정에 이르기까지 경매목적물인 토지지분이 특정 전유부분의 대지권에 해당하는 공유지분임이 충분히 공시되었다면, 이로써 대지권을 가지고 있는 구분건물 소유자들과 대지의 공유지분권자 사이에 공유물의 사용에 관한 합의의 일종으로서 구분건물에서 분리된 위 공유지분(위 경매목적물)을, 분리되기 전의 전유부분을 위한 사용에 제공하여 상호관련성을 유지하기로 하는 묵시적 합의가 성립하였다고 보아야 한다. 따라서 위와 같이 대지사용권이 분리 처분됨에 따라 대지권 없이 위 공유지분을 전유부분의 대지로 사용해 온 구분건물 소유자는 위 공유지분을 분리 취득한 소유자에게 공유지분에 상응하는 임료 상당액을 부당이득으로 지급해야 한다.

8. 대지지분에 대한 미감정 효과

대법원 2001. 9. 4. 선고, 2001다22604 판결

▌판시사항

구분건물의 전유부분에 대해서만 법사가가 정해지고 그 대지지분에 대해서는 감정평가를 하지 않은 경우라도 전유부분 매수인은 대지지분에 대한 권리도 취득할 수 있는지 여부(한정적극)

▌판결요지

구분건물의 전유부분에 대한 소유권이전등기만 경료되고 대지지분에 대한 소유권이전등기가 경료되기 전에 전유부분에 관하여만 설정된 근저당권에 터잡아 임의경매절차가 개시되었고, 집행법원이 구분건물에 대한 입찰명령을 함에 있어 대지지분에 관한 감정평가액을 반영하지 않은 상태에서 경매절차를 진행하였다고 하더라도, 전유부분에 대한 대지사용권을 분리 처분할 수 있도록 정한 규약이 존재한다는

등 특별한 사정이 없는 한 낙찰인은 경매목적물인 전유부분을 낙찰 받음에 따라 종물 내지 종된 권리인 대지지분도 함께 취득하였다고 할 것이므로, 구분건물의 대지지분 등기가 경료된 후 집행법원의 촉탁에 의하여 낙찰인이 대지지분에 관하여 소유권이전등기를 경료 받은 것을 두고 법률상 원인 없이 이득을 얻은 것이라고 할 수 없다.

9. 전유부분에 경료된 가압류 효력

대법원 2006. 10. 26. 선고, 2006다29020 판결

판시사항

구분건물의 전유부분에만 보존등기가 경료된 후 대지지분에 대한 등기가 경료되기 전에 전유부분에만 경료된 가압류등기라도 대지지분에도 그 효력이 미치는 것인지 여부(한정적극)

판결요지

「민법」 제100조 제2항의 종물과 주물의 관계에 관한 법리는 물건 상호간의 관계뿐 아니라 권리 상호간에도 적용되고, 위 규정에서의 처분은 처분행위에 의한 권리변동뿐 아니라 주물의 권리관계가 압류와 같은 공법상 처분 등에 의하여 생긴 경우에도 적용되어야 하는 점, 저당권의 효력이 종물에 대하여도 미친다는 「민법」 제358조 본문 규정은 같은 법 제100조 제2항과 이론적 기초를 같이하는 점, 「집합건물의 소유 및 관리에 관한 법률」 제20조 제1항, 제2항에 의하면 구분건물의 대지사용권은 전유부분과 종속적 일체불가분성이 인정되는 점 등에 비추어 볼 때, 구분건물의 전유부분에 대한 소유권보존등기만 경료되고 대지지분에 대한 등기가 경료되기 전에 전유부분에만 내려진 가압류결정의 효력은, 대지사용권의 분리처분이 가능하도록 규약으로 정하였다는 등 특별한 사정이 없는 한, 종물 내지 종된 권리인 그 대지권에도 미친다.

10. 의사무능력자가 설정한 저당권의 효력
대법원 2006. 9. 22. 선고, 2004다51627 판결

판시사항
의사무능력자가 후견인의 보조를 받아 자신의 소유 부동산에 근저당권을 설정한 경우라도, 의사무능력자의 특별대리인은 동 대출계약 및 근저당권 설정계약의 효력에 대하여 무효를 주장할 수 있는지 여부(한정적극)

판결요지
의사무능력자나 소유자가 근저당권 설정계약의 무효를 주장하면서도 그 근저당권에 기한 임의경매절차의 배당절차를 통하여 그에게 배당된 돈을 수령하는 등의 행위가 객관적으로 보아 경락인으로 하여금 위 임의경매절차가 유효하다는 신뢰를 갖게 하는 정도에 이르러서, 그 경매절차의 무효를 주장하는 것이 금반언의 원칙 또는 신의칙 위반에 해당한다고 볼 만한 사정이 있을 경우에는 의사무능력자나 소유자가 경락인을 상대로 다시 근저당권의 무효를 주장하면서 소유권 이전등기의 말소를 구하는 소를 제기할 수는 없지만, 아직 배당금을 수령하지 아니한 의사무능력자나 소유자가 배당절차에서 근저당권 설정계약의 무효를 주장하여 배당이의를 하는 것은 부당하다고 할 수 없다.

의사무능력자가 사실상 후견인이었던 아버지의 보조를 받아 자신의 명의로 대출계약을 체결하고 자기 소유의 부동산에 관하여 근저당권을 설정한 후, 의사무능력자의 여동생이 특별대리인으로 선임되어 위 대출계약 및 근저당권 설정계약의 효력을 부인하는 경우, 이러한 무효주장이 거래관계에 있는 당사자의 신뢰를 배신하고 정의 관념에 반하는 예외적인 경우에 해당하지 않는 한, 의사무능력자에 의하여 행하여진 법률행위의 무효를 주장하는 것이 신의칙에 반하여 허용되지 않는다고 할 수는 없다.

11. 근저당권에 대한 일부 대위변제 효과
대법원 2000. 12. 26. 선고, 2000다54451 판결

▌판시사항

거래관계가 계속되는 관계로 근저당권의 피담보채권이 확정되지 않은 동안에 채권의 일부가 대위변제 된 경우라면 근저당권의 일부가 대위변제자에게 이전되는지 여부(소극)

▌판결요지

근저당권은 계속적인 거래관계로부터 발생 · 소멸하는 불특정 다수의 채권 중 그 결산기에 잔존하는 채권을 일정한 한도액의 범위 내에서 담보하는 것으로서 그 거래가 종료하기까지 그 피담보채권은 계속적으로 증감 · 변동하는 것이므로, 근저당권의 거래관계가 계속되는 관계로 근저당권의 피담보채권이 확정되지 않은 동안에는 그 채권의 일부가 대위변제되었다 하더라도 그 근저당권은 대위변제자에게 이전될 수 없다.

12. 등기된 임차권의 효력
대법원 2002. 2. 26. 선고, 99다67079 판결

▌판시사항

등기된 임차권이 침해된 경우 임차권에 기한 방해배제청구를 할 수 있는지 여부(적극)

▌판결요지

등기된 임차권에는 용익권적 권능 외에 임차보증금 반환채권에 대한 담보권적 권능이 있고, 임대차기간이 종료되면 용익권적 권능은 임차권등기의 말소등기 없이도 곧바로 소멸하나 담보권적 권능은 곧바로 소멸하지 않는다고 할 것이어서, 임차권자는 임대차기간이 종료한 후에도 임차보증금을 반환 받기까지는 임대인이나 그 승계인에 대하여 임차권등기의 말소를 거부할 수 있다고 할 것이고, 따라서 임차권등기가 원인 없이 말소된 때에는 그 방해를 배제하기 위한 청구를 할 수 있다.

13. 제3자 명의의 담보가등기 효력
대법원 2002. 12. 24. 선고, 2002다50484 판결

▌판시사항
채권자가 아닌 제3자의 명의로 된 가등기인 경우에도 담보가등기로써 효력이 인정될 수 있는지 여부(한정적극)

▌판결요지
채권담보 목적으로 가등기를 하는 경우에는 원칙적으로 채권자와 가등기명의자가 동일인이 되어야 하지만, 채권자 아닌 제3자 명의로 가등기를 하는 데 대하여 채권자와 채무자 및 제3자 사이에 합의가 있었고, 나아가 제3자에게 그 채권이 실질적으로 귀속되었다고 볼 수 있는 특별한 사정이 있거나, 거래경위에 비추어 제3자의 가등기가 한낱 명목에 그치는 것이 아니라 그 제3자도 채무자로부터 유효하게 채권을 변제받을 수 있고 채무자도 채권자나 가등기명의자인 제3자 중 누구에게든 채무를 유효하게 변제할 수 있는 관계 즉, 채권자와 제3자가 불가분적 채권자의 관계에 있다고 볼 수 있는 경우에는 그 제3자 명의의 가등기도 유효하다고 볼 것이고, 이와 같이 제3자 명의의 가등기를 유효하게 볼 수 있는 경우에는 제3자 명의의 가등기를 「부동산 실권리자 명의등기에 관한 법률」이 금지하고 있는 실권리자 아닌 자의 명의등기라고 할 수 없다.

14. 가담법상 청산절차 진행 전에 신청된 경매 효과
대법원 1992. 2. 11. 선고, 91다36932 판결

▌판시사항
「가등기담보 등에 관한 법률」의 규정에 따른 청산절차 진행 전에 기 신청된 강제경매에 의하여 매수인에게 소유권이 이전된 경우에도, 가등기에 기한 본등기를 청구할 수 있는지 여부(소극)

▌판결요지
「가등기담보 등에 관한 법률」의 규정에 따른 청산절차 진행 전에 신청된 강제경

매로 인하여 제3자에게 소유권이 이전된 이상 담보가등기권자는 더 이상 위 가등기에 기한 본등기를 청구할 수 없다.

▌판결이유

원심판결 이유에 의하면 원심은 그 거시의 증거를 종합하여 원고가 1988. 3. 25. 당시 피고의 소유이던 계쟁 건물에 대하여 경료한 가등기는 원고가 여러 차례에 걸쳐 피고에게 대여한 금 58,000,000원의 원리금을 담보하기 위한 담보가등기라고 인정하고, 위 건물이 「가등기담보 등에 관한 법률」의 규정에 따른 청산절차 진행 전에 신청된 강제경매에 의하여 피고 보조참가인에게 소유권이 이전된 이상 원고는 더 이상 위 가등기에 기한 본등기를 청구할 수 없다고 판단하고 있는 바, 기록과 대조하여 살펴보면 원심의 사실인정과 법률판단은 수긍할 수 있고 거기에 소론이 지적하는 바와 같은 법리오해, 채증법칙 위배 또는 심리미진의 잘못이 있다고 할 수 없다.

15. 불법 말소된 등기권리의 효력
대법원 1988. 12. 27. 선고, 87다카2431 판결

▌판시사항

물권에 관한 등기가 원인 없이 불법으로 말소된 경우 그 물권의 효력은 그대로 유지될 수 있는지 여부(적극)

▌판결요지

등기는 물권의 효력발생 요건일 뿐, 그 존속요건은 아니므로 물권에 관한 등기가 원인 없이 말소된 경우라면 그 물권의 효력에는 아무런 영향이 없다.

제 2 장

권리의 인수와 소멸

I. 말소기준권리

1. 전세권의 말소기준권리성
대법원 1997. 8. 22. 선고, 96다53628 판결

▌판시사항

건물의 일부를 목적으로 설정된 전세권이 매각으로 인하여 소멸되는 경우, 그 전세권의 목적물과 다른 부분을 대상으로 하고 있는 용익권도 소멸되는지 여부(소극)

▌판결요지

건물의 일부를 목적으로 하는 전세권은 그 목적물인 건물부분에 한하여 그 효력을 미치는 것이므로, 비록 임차인이 대항력을 취득하기 전에 설정되었더라도 건물 중 일부(2층 부분)를 목적으로 하는 전세권으로써 경락으로 인하여 소멸하게 되더라도, 임차인의 임차권이 전세권의 목적물로 되어 있지 아니한 주택부분(1층의 일부)을 그 목적물로 하고 있었던 이상 경락으로 소멸한다고 볼 수 없다.

2. 경매취하 후 완제된 근저당권의 말소기준권리성
대법원 2002. 11. 26. 선고, 2001다73022 판결

▌판시사항

근저당권에 기한 경매개시결정 기입등기 후 경매신청이 취하된 경우로써 근저당권의 피담보채무가 완제된 경우임에도 말소등기가 되지 않았다면 동 근저당권도 말소기준권리가 될 수 있는지 여부(소극)

▌판결요지

근저당권자가 피담보채무 불이행을 이유로 경매신청을 한 경우, 경매신청시 근저당권의 피담보채무액은 확정되고, 그 이후부터는 근저당권은 부종성을 가지게 되어 보통 저당권과 같은 취급을 받게 되는 바, 위와 같이 경매신청을 하여 경매개시결정이 있은 후에 경매신청이 취하되었다고 하더라도 채무확정 효과가 번복되는 것은 아니다.[4)]

3. 법정 말소된 저당권의 말소기준권리성

대법원 1998. 10. 27. 선고, 97다26104, 26111 판결

▌판시사항

이미 법정 말소된 근저당권임에도 말소등기가 되지 않고 형식상 등기만 남아 있을 뿐인 경우라도 말소기준권리가 될 수 있는지 여부(소극)

▌판결요지

강제경매개시결정 당시 이미 소멸하였음에도 형식상 등기만 남아 있을 뿐이었던 근저당권임에도 이보다 후순위라는 이유로 집행법원 촉탁에 의하여 이루어진 가처분기입등기에 대한 말소등기는 원인무효이고, 가처분권자는 그 말소등기에도 불구하고 여전히 가처분권자로서의 권리를 가진다.

▌판결이유

근저당권자가 피담보채무 불이행을 이유로 경매신청을 한 경우에는 경매신청시에 근저당권의 피담보채권액이 확정되고(대법원 1989. 11. 28. 선고 89다카15601 판결, 1993. 3. 12. 선고 92다48567 판결 등 참조), 그 이후부터 근저당권은 부종성을 가지게 되어 보통 저당권과 같은 취급을 받게 되는 것이다. 그런데 기록에 의하면 소외 조합이 이 사건 토지에 관하여 인천지방법원에 임의경매신청을 하여 1989. 10. 31. 그 경매개시결정을 얻어 임의경매절차가 진행되던 중 소외인들이 위에서 본 바와 같이

---

4) 경매를 실행한 근저당권은 즉시 피담보채무가 확정되므로 보통 저당권이 된다. 따라서 경매를 취하하더라도 번복 효과는 발생하지 않으므로 채무자가 확정된 피담보채무를 완제하게 되면 저당권의 피담보채권에의 부종성에 따라 저당권은 법정소멸 되는 것이므로 동 저당권은 말소기준권리가 될 수 없게 된다.

위 각 대출금을 전부 변제한 것임을 알 수 있는 바, 사실관계가 위와 같다면 소외 조합 명의의 위 각 근저당권은 소외 조합의 위 경매신청으로 인하여 피담보채권액이 확정되고, 위 변제로 인하여 소멸하였다고 할 것이다.

강제경매 개시 당시 이미 소멸하였음에도 형식상 등기만이 남아 있을 뿐이었던 소외 조합 명의의 위 각 근저당권보다 후순위라는 이유로 집행법원의 촉탁에 의하여 이루어진 이 사건 토지에 관한 위 가처분기입등기의 말소등기는 원인무효라 할 것이고, 피고는 그 말소등기에도 불구하고 여전히 가처분권자로서의 권리를 가지고 있다 할 것이다. 또한 위 가처분기입등기가 말소될 당시 이 사건 토지에 관하여 소유권이전등기를 경료하고 있는 원고는 법원이 위 가처분기입등기의 회복등기를 촉탁함에 있어서 등기상 이해관계가 있는 제3자에 해당한다고 할 것이므로, 원고로서는 피고에 대하여 법원의 촉탁에 의한 위 가처분기입등기 회복절차에 승낙할 의무가 있다 할 것이다(피고가 원고를 상대로 위 가처분기입등기 회복절차에 대한 승낙청구의 소를 제기하여 승소판결을 받아 그 판결이 1997. 12. 9. 확정된 사실은 이 법원에 현저하다).

그리고 피고가 위 가처분의 본안소송인 위 소유권이전등기청구의 소에서 승소확정판결을 받은 이상, 피고가 위 가처분권자의 지위에서 그 피보전권리인 소유권이전등기청구권에 기하여 등기를 하는 경우에는 위 가처분기입등기 이후에 개시된 이 사건 강제경매절차에서 위 토지를 낙찰 받은 원고 명의의 위 소유권이전등기는 피고에 대한 관계에서는 무효인 것으로서 말소될 처지에 있다고 할 것이며, 이는 피고가 위 강제경매절차가 진행되는 것을 알고 아무런 이의를 하지 아니하였다고 하더라도 달리 볼 것은 아니다(대법원 1997. 12. 9. 선고 97다25521 판결 참조).

4. 불법 말소된 저당권의 말소기준권리성
대법원 1998. 1. 23. 선고, 97다43406 판결

판시사항

불법으로 무단히 말소된 근저당권도 말소기준권리가 될 수 있는지 여부(적극)

판결요지

부동산에 관하여 근저당권 설정등기가 경료되었다가 그 등기가 위조된 관계서류

에 기하여 아무런 원인 없이 말소되었다면 이러한 사정만으로는 곧바로 근저당권이 소멸되는 것은 아니라고 할 것이지만, 부동산이 경매절차에서 경락되면 그 부동산에 존재하였던 저당권은 당연히 소멸하는 것이므로, 근저당권설정등기가 원인 없이 말소된 이후 근저당권의 목적물인 부동산에 관하여 다른 근저당권자 등 권리자의 신청에 따라 경매절차가 진행되어 경락허가결정이 확정되고 경락인이 매각대금을 완납하였다면, 원인 없이 말소된 근저당권도 함께 소멸하게 된다. 다만 불법으로 소멸된 근저당권보다 후순위인 지상권 또한 소멸한다고 볼 것이다.

▌판결이유

부동산에 관하여 근저당권 설정등기가 경료되었다가 그 등기가 위조된 관계서류에 기하여 아무런 원인 없이 말소되었다는 사정만으로는 곧바로 근저당권이 소멸하는 것은 아니라고 할 것이지만, 부동산이 경매절차에서 경락되면 그 부동산에 존재하였던 저당권은 당연히 소멸하는 것이므로(「민사소송법」 제608조 제2항, 제728조 참조), 근저당권 설정등기가 원인 없이 말소된 이후에 그 근저당목적물인 부동산에 관하여 다른 근저당권자 등 권리자의 신청에 따라 경매절차가 진행되어 경락허가결정이 확정되고 경락인이 경락대금을 완납하였다면, 원인 없이 말소된 근저당권도 소멸하였다고 할 것이다(대법원 1997. 11. 25. 선고 97다35771 판결 참조).

원심이 적법하게 인정한 바와 같이 이 사건 제1부동산에 관한 원고 명의의 근저당권 설정등기 및 지상권 설정등기가 불법으로 말소되고 그 후에 설정된 피고 보조참가인의 근저당권에 기하여 경매절차가 진행되어 경락허가결정이 확정되고 경락대금이 완납되었다면, 불법으로 말소된 원고 명의의 근저당권은 경락으로 인하여 소멸하였고, 위 소멸하는 근저당권보다 후순위인 원고 명의의 지상권 또한 소멸하였다고 할 것인 바, 따라서 이제는 원고로서는 이 사건 근저당권 설정등기 및 지상권 설정등기의 말소회복 등기절차의 이행을 구할 수도 없다 할 것이다.

5. 혼동으로 말소된 저당권의 말소기준권리성
대법원 1971. 8. 31. 선고, 71다1386 판결

▌판시사항

근저당권자가 소유권을 취득함으로써 혼동으로 인하여 근저당권이 소멸한 경우로써, 추후 근저당권자의 소유권 취득이 무효가 될 경우 혼동으로 기 소멸한 근저당권은 당연히 회복되는 것인지 여부(적극)

▌판결요지

근저당권자가 소유권을 취득하면 그 근저당권은 혼동에 의하여 소멸하지만 그 뒤에 그 소유권취득이 무효인 것이 밝혀지면 소멸하였던 근저당권은 당연히 부활한다. 따라서 혼동에 의하여 소멸한 근저당권자의 소유권취득이 무효로 밝혀져 부활하는 경우라면 등기부상 이해관계 있는 자는 위 근저당권 말소등기의 회복등기절차를 이행함에 있어 승낙할 의무가 있다.

6. 전소유자에 대한 가압류의 말소기준권리성
대법원 2007. 4. 13. 선고, 2005다8682 판결

▌판시사항

가압류등기 후 목적 부동산의 소유권이 제3자에게 이전되고 동 소유자의 채권자가 경매를 신청한 경우에도, 전소유자에 대한 가압류등기가 말소기준권리가 될 수 있는지 여부(소극)[5)]

---

5) 전소유자의 가압류가 말소되는가에 대해서는 다소 이설이 있지만 기본적으로는 다음과 같이 정리될 수 있다. 단순히 말소되는가의 여부로만 보면 전소유자의 가압류권자가 자진하여 배당에 참여한 경우와 집행법원이 직권으로 배당에 가입시킨 경우이다. 다만 이러한 경우에는 말소기준권리는 될 수 없을 것이다. 그 이유는 집행법원의 결정 내지 가압류권자의 배당참가 의사 여하에 따라 후순위 권리자들의 운명이 결정된다는 것은 부당하기 때문이다. 따라서 전소유자의 가압류가 말소기준권리성을 갖기 위해서는 다음과 같은 두 가지 사유에 해당하는 경우로 보아야 할 것이다. 첫째, 전소유자의 가압류권자가 직접 본집행을 실행한 경우이다. 둘째로는 전소유자가 저당권도 설정해 둔 경우이다. 저당권은 예외 없이 말소되는 것이므로 전소유자의 가압류 전후에 설정되어도 무방하다. 다만 전소유자의 가압류가 말소기준이 되기 위해서는 동 저당권보다는 선순위로 설정된 경우라야 한다.

▌판결요지

부동산에 대한 선순위 가압류등기 후 가압류 목적물의 소유권이 제3자에게 이전되고 그 후 제3취득자의 채권자가 경매를 신청하여 매각된 경우, 가압류채권자는 그 매각절차에서 당해 가압류 목적물의 매각대금 중 가압류결정 당시의 청구금액을 한도로 배당을 받을 수 있고, 이 경우 종전 소유자를 채무자로 한 가압류등기는 말소촉탁의 대상이 될 수 있다.

그러나 경우에 따라서는 집행법원이 종전 소유자를 채무자로 하는 가압류등기의 부담을 매수인이 인수하는 것을 전제로 하여 위 가압류채권자를 배당절차에서 배제하고 매각절차를 진행시킬 수도 있으며, 이와 같이 매수인이 위 가압류등기의 부담을 인수하는 것을 전제로 매각절차를 진행시킨 경우에는 위 가압류의 효력이 소멸하지 아니하므로 집행법원의 말소촉탁 대상이 될 수 없다. 따라서 종전 소유자를 채무자로 하는 가압류등기가 이루어진 부동산에 대하여는 매각절차가 진행되었다는 사정만으로 위 가압류의 효력이 소멸하였다고 단정할 수는 없고, 구체적인 매각절차를 살펴 집행법원이 위 가압류등기의 부담을 매수인이 인수하는 것을 전제로 하여 매각절차를 진행하였는가의 여부에 따라 위 가압류의 소멸여부를 판단하여야 한다.

▌판결이유

원심 판결이유를 원고들 제출 증거들과 대조하여 살펴보면, 소외 1 등이 1995. 2. 22. 이 사건 대지 중 소외 2 주식회사 소유의 1,509/1,564 지분에 관하여 가압류등기(이하 '이 사건 가압류등기'라 한다)를 마친 다음, 소외 2가 그 지상에 송도타워맨션을 신축하여 소유권보존등기를 마치면서 건물등기부에 그 부지 소유권의 대지권등기가 기입되고 부지인 토지등기부에는 대지권등기가 되었다는 취지의 기재가 기입된 사실, 위 집합건물 중 305호, 1501호, 2001호(이하 '계쟁세대'라고 한다)에 관하여 제3자들이 분양을 받아 각 소유권이전등기를 마쳤는데, 원고들은 위 제3자들의 각 채권자에 의한 강제 및 임의경매절차(이하 '이전 각 경매절차'라고 한다)에서 계쟁세대를 직접 낙찰 받거나 낙찰자들로부터 전득한 사실, 이전 각 경매절차에서 소외 1 등은 배당 받을 채권자로 인정되지 아니하여 배당절차에서 배제되었고 또한 위 각 집행법원은 계쟁세대 각 건물 및 대지권에 관한 소유권이전등기와 경매절차에 의하여 소멸되는 권리들에 대한 말소등기를 촉탁하면서 이 사건 가압류등기에 대하여는 말소촉탁 대상에 포함시키지 아니한 사실, 그 후 가압류채권자인 소외 1 등이 신청한 강제경매절차(이하 '이 사건 경매절차'라 한다)에서 피고가 2001. 7. 20. 계쟁세대 각 대지지분을 포함하여 이 사건 대지 중 50,948/1,564,000 중 4,222/8,700 지분을 낙찰 받아 같은 해 8. 2. 지분 이전등기를 마쳤고, 이에 따라 계쟁세대의 각 대지권은 말소된 사실을 알 수 있다. 이 사건 경매절차에 관한 상세한 기록은 증거로 제출되어 있지 않았지만, 구 「민사소송법」(2002. 1. 26. 법률 제6626호로 전문 개정되기 전의 것) 제617조의2 제3호는 등기된 부동산에 관한 권리로서 경락에 의하여 그 효력이 소멸되지 아니하는 것을 매각물건명세서에 기재하도록 규정하고 있었으며, 일반적인 경매실무에 비추어 보면 이전 각 경매절차에서 집행법원은 채권자가 경매신청을 하였을 당시 그 채권자에게 토지에 관한 별도의 등기부 제출을 명하여 선순위 가압류등기인 이 사건 가압류등기를 확인하였을 것이고, 또한 매수희망자들 역시 매각물건명세서와 함께 비치한 현황조사보고서와 평가서의 사본을 함께 열람하여 그 사실관계를 파악하여 매수참가 여부 및 매수신고가격을 결정할 수 있었을 것으로 보이는 점, 앞서 본 법리에 의하면 이전 각 경매절차에서 이 사건 가압류등기의 채권자인 소외 1 등을 배당대상에서 제외하고 이 사건 가압류등기 중 계쟁세대 각 대지지분에 관한 부분에 대하여도 말소촉탁 대상에서 제외한 것은 이 사건 가압류의 부담이 낙찰자에게 인수되는 경우의 실무처리에 의한 것으로 보이는 점, 그리고 305호를 낙찰 받은 원고 1이나, 1501호, 2001호의 낙찰자들이 이전 각 경매절차에서 이 사건 가압류등기에 관하여 말소등기가 촉탁되지 아니함에 대하여 이의를 제기하였다거나 이 사건 가압류등기에 터잡아 이루어진 이 사건 경매절차를 통하여 피고가 낙찰 받는 과정에서 제3자이의의 소 등을 제기하는 등의 방법으로 적극적으로 다툰 사실이 나타나 있지 아니할 뿐 아니라, 특히 원고들 제출 증거들에 의하면 이 사건 가압류등기와 관련하여 이 사건 경매절차가 개시된 것은 1997. 11. 19.인데 이전 각 경매절차에서 1501호에 대하여 경매가 개시된 것은 그보다 훨씬 뒤인 1999. 1. 4.이고 같은 해 11. 17. 낙찰이 이루어졌으므로 1501호에 대한 경매절차에서는 그에 앞서 개시된 이 사건 경매절차의 기초가 되는 이 사건 가압류등기에 관한 권리가 낙찰로 인하여 소멸되지 아니함을 전제로 진행된 것으로 보아야 하며, 이 사건 경매절차가 개시된 사실은 토지에 관한 등기부에 공시되어 있었으므로 1501호의 낙찰자 역시 이와 같은 사정을 알 수 있었던 것으로 보이는 점 등 여러 사정을 종합하여 보면, 이전 각 경매절차 당시 집행법원은 이 사건 가압류등기를 그대로 존속시키면서 그 부담을 낙찰자가 인수하는 것을 전제로 경매절차를 진행한 것이라고 봄이 상당하다.

결국, 이 사건 가압류등기는 이전 각 경매절차에도 불구하고 유효하게 존속하며 이 사건 가압류가 본압류로 이행되어 개시된 이 사건 경매절차에서 피고는 계쟁세대 각 대지지분을 포함하여 경매대상 대지지분을 낙찰 받음에 따라 적법하게 소유권을 취득하였으므로 그 낙찰을 원인으로 마친 피고 명의의 지분 이전등기는 유효하다고 할 것인 바, 이와 달리 이전 각 경매절차에 의하여 이 사건 가압류등기 중 계쟁세대 각 대지지분에 관한 부분의 효력이 상실됨을 전제로 하여 피고 명의의 지분 이전등기 중 계쟁세대 각 대지지분에 관한 부분이 무효라고 보아 피고에게 그 부분에 관한 말소등기절차 이행의무가 있다고 인정한 원심판결에는 강제경매에 관한 법리오해의 위법이 있다. 이를 지적하는 상고논지는 이유 있다.

7. 보전가등기의 말소기준권리성

대법원 1996. 11. 29. 선고, 96다31895 판결

판시사항

소유권이전청구권 보전가등기를 담보가등기로 유용하기로 하는 합의가 있었다면 담보가등기로써 말소기준권리가 될 수 있는지 여부(소극)

판결요지

「가등기담보 등에 관한 법률」은 차용물의 반환에 관하여 다른 재산권을 이전할 것을 예약한 경우에만 적용되는 것인 바, 매매계약에 따른 소유권이전등기청구권을 보전하기 위한 가등기를 매매계약 해제에 따른 대금반환채무를 담보하는 담보가등기로 유용하기로 하는 당사자 간의 합의가 있었다고 하더라도 이는 차용물의 반환에 관한 대물변제예약을 한 것으로 볼 수 없으므로 동법이 적용되지 않는다. 따라서 보전가등기는 말소기준권리가 될 수 없다.

Ⅱ. 말소되는 권리

1. 가압류등기 후 설정된 임차권
대법원 1983. 4. 26. 선고, 83다카116 판결

▌판시사항

가압류 기입등기 후 설정된 임차권등기는 말소촉탁 대상이 되는지 여부(적극)

▌판결요지

임차인이 주민등록 전입신고를 마치고 입주함으로써 「주택 임대차 보호법」 제3조에 의하여 그 임차권이 대항력을 갖는다고 하더라도, 부동산에 대하여 가압류등기가 경료된 후에 그 채무자로부터 부동산을 임차한 자는 가압류집행으로 인한 처분금지 효력에 의하여 가압류사건의 본안 집행으로 그 부동산을 취득한 경락인에게는 그 임대차의 효력을 주장할 수 없다.

2. 근저당권보다 후순위 가등기
대법원 1992. 4. 14. 선고, 91다41996 판결

▌판시사항

저당권보다 후순위에 속한 담보가등기권자라면 배당신청을 하지 않았거나 배당신청을 한 경우로써 배당금을 수령하지 않은 경우라도 말소촉탁 대상이 되는지 여부(적극)

▌판결요지

가등기보다 선순위에 해당하는 근저당권이 존재하고 있었던 경우라면 우연한 사정으로 그 가등기가 말소되지 아니한 채 남아 있었다고 하더라도 경락인에게는 대항할 수 없고, 동 가등기가 「가등기담보 등에 관한 법률」 소정의 담보가등기라 하더라도 역시 같은 법 제15조에 의하여 경락으로 인하여 소멸되고, 같은 법 제16조 제2항에 의하여 말소촉탁 대상이 되며 경매절차에서 배당요구 신청을 하지 아니하였거

나 혹은 배당금을 수령하지 아니하였다고 하여도 마찬가지이다.

▌판결이유

이 사건에 있어서와 같이 근저당권이 설정되어 있는 부동산에 소유권이전등기 청구권보전의 가등기가 이루어지고 그 후에 강제경매가 실시되어 그 경락허가결정이 확정된 경우에는, 1990. 1. 13. 법률 제4201호로 개정되기 전의 「민사소송법」 제608조 제2항에 의하여 선순위의 근저당권은 경락으로 인하여 소멸되고 그보다 후순위인 가등기 권리도 소멸되는 것이므로, 이 가등기 또한 같은 법 제661조 제1항 제2호 소정의 "경락인이 인수하지 아니한 부동산상의 부담의 기입"으로서 말소촉탁의 대상이 되는 것이다(당원 1989. 7. 25. 선고 88다카6846 판결, 1989. 11. 6. 선고 89마778 결정 각 참조).

따라서 원심이 같은 취지에서 이 사건 부동산에 관한 경락허가결정이 확정될 때에 피고 명의의 가등기보다 선순위의 근저당권이 존재하고 있었던 사실을 확정한 다음, 우연한 사정으로 그 가등기가 말소되지 아니한 채 남아 있었다고 하더라도 이로써 이 사건 부동산의 경락인인 원고에게 대항할 수 없다고 판단한 것은 정당하고, 거기에 소론과 같은 법리를 오해한 위법이 있다고 할 수 없다.

그리고 위 가등기가 「가등기담보 등에 관한 법률」 소정의 담보가등기라 하더라도 그 가등기 권리 역시 같은 법률 제15조에 의하여 경락으로 인하여 소멸되고, 같은 법 제16조 제2항에 의하여 말소촉탁의 대상이 되는 것이며, 피고가 경매절차에서 배당요구 신청을 하지 아니하였다거나 혹은 배당금을 수령하지 아니하였다 하여도 마찬가지이다.

3. 저당권설정 후 증액된 보증금

대법원 1990. 8. 14. 선고, 90다카11377 판결

▌판시사항

대항력을 갖춘 임차인이 저당권 설정등기 후에 임대인과의 합의로 보증금을 증액한 경우라면, 동 증액분도 매수인에게 대항할 수 있는지 여부(소극)

▌판결요지

대항력을 갖춘 임차인이 저당권설정등기 이후에 임대인과 보증금을 증액하기로 합의하고 초과부분을 지급한 경우, 임차인이 저당권설정등기 이전에 취득하고 있던 임차권으로써 저당권자에게 대항할 수 있음은 물론이나 저당권설정등기 후에 건물주와의 사이에 임차보증금을 증액하기로 한 합의는 건물주가 저당권자를 해치는 법률행위를 할 수 없게 된 결과, 그 합의 당사자 사이에서만 효력이 있는 것이고 저당권자에게는 대항할 수 없다고 할 수 밖에 없으므로 임차인은 위 저당권에 기하여 건물을 경락받은 소유자의 건물명도 청구에 대하여 증액 전 임차보증금에 대한 상환을 받을 때까지 그 건물을 명도 할 수 없다고 주장할 수 있을 뿐, 저당권 설정등기 이후에 증액한 임차보증금에 대해서는 매수인에게 대항할 수 없다.

4. 제3취득자인 매수인에 대한 처분제한등기
대법원 2002. 8. 23. 선고, 2000다29295 판결

▌판시사항

경매개시결정 기입등기 후에 제3자 명의로 소유권이전등기가 경료되고 그 제3자가 매수인이 된 경우, 매각대금을 납부한 후 동 매수인을 채무자로 하여 기입된 가압류등기라도 매수인 앞으로의 이전등기시 당연히 소멸되는 것인지 여부(적극)

▌판결요지

권리를 취득한 제3자가 그 취득할 때에 경매신청 또는 압류가 있음을 알았을 경우에는 압류에 대항하지 못하는 것이므로(2002. 1. 26. 법률 제6626호로 전문 개정되기 전의 구 「민사소송법」 제609조 제1항) 경매신청 기입등기가 이루어진 후에 경료된 제3취득자 명의의 소유권 이전등기는 경락인에게 대항하지 못하는 것으로서 경락인이 인수하지 아니한 부동산 위의 부담의 기입에 해당하여 경락대금 완납이 있는 경우에는 법원이 직권으로 그 말소등기를 촉탁하여야 하는 것이고(위 같은 법 제661조 제1항), 그 제3취득자를 채무자로 하여 이루어진 압류 또는 가압류의 등기도 경락대금 완납에 의하여 실효되는 것이며, 이러한 법리는 그 제3취득자가 경락인이 되었다거나 그 제3취득자를 채무자로 한 압류 또는 가압류의 등기가 경락대금 완납이 있은

후에 이루어졌다고 하더라도 달라지지 아니한다.

따라서 경매신청 기입등기 후에 갑 명의의 소유권이전등기가 경료되고 갑이 경락인이 되어 경락대금을 완납한 상태에서 갑의 채권자인 을이 가압류를 하였는데 경매법원의 촉탁에 의하여 갑 명의의 소유권이전등기와 을 명의의 가압류등기가 모두 말소된 다음, 갑 명의로 낙찰을 원인으로 한 소유권이전등기가 이루어지고 이에 터 잡아 병 명의의 근저당권 설정등기가 경료된 경우라도, 을은 병을 상대로 말소된 가압류등기의 회복등기에 대한 승낙의 의사표시를 요구할 수 없다.

5. 대지권 성립 전에 설정된 토지의 저당권
대법원 2008. 3. 13. 선고, 2005다15048 판결

❙ 판시사항

집합건물의 전유부분과 함께 대지사용권인 토지의 공유지분이 일체로서 매각된 경우, 대지권 성립 전부터 토지부분에만 별도등기로 설정되어 있던 근저당권도 당연히 소멸되는지 여부(한정적극)

❙ 판결요지

구「민사소송법」(2002. 1. 26. 법률 제6626호로 전문 개정되기 전의 것) 제608조 제2항 및 현행「민사집행법」제91조 제2항에 의하면 매각부동산 위의 모든 저당권은 경락으로 인하여 소멸한다고 규정되어 있으므로, 집합건물의 전유부분과 함께 그 대지사용권인 토지의 공유지분이 일체로서 경락되고 그 대금이 완납되면, 설사 대지권 성립 전부터 토지만에 관하여 별도등기로 설정되어 있던 근저당권이라고 할지라도 경매과정에서 이를 존속시켜 경락인이 인수하게 한다는 취지의 특별매각조건이 정하여져 있지 않은 이상, 위 토지의 공유지분 범위 내에서는 매각부동산 위의 저당권에 해당하므로 소멸하게 된다.

6. 인수 대항력을 스스로 부인한 임차권
대법원 2000. 1. 5. 선고, 99마4307 결정

판시사항

임차인이 스스로 자신은 임차인도 아니고 임차인으로서의 일체의 권리를 주장하지 않겠다는 사실을 채권자에게 확인시켜 준 경우라도 매수인에게 인수대항력을 주장할 수 있는지 여부(소극)

결정요지

채무자가 동생 소유의 아파트에 관하여 근저당권을 설정하고 대출을 받으면서 채권자에게 자신은 임차인도 아니고, 위 아파트에 관하여 일체의 권리를 주장하지 않겠다는 내용의 확인서를 작성해 준 경우라면, 추후 대항력을 갖춘 임차인임을 내세워 이를 낙찰 받은 매수인(채권자)에게 다투는 것은 금반언 및 신의칙에 위배되어 허용되지 않는다.[6)]

결정이유

기록에 의하면, 박종순은 이 사건 아파트 소유자인 박종문의 누나로서 자신이 채무자가 되어, 이 사건 아파트에 관하여 1993. 3. 12. 재항고인에게 채권최고액 금 6,500만 원의 근저당권을 설정하고 그 직후인 1993. 3. 15. 자신은 이 사건 아파트에 거주하고 있으나 임대차계약을 체결한 사실이 없을 뿐만 아니라 장래에도 임대차계약을 체결하지 않을 것이며, 이 사건 아파트에 관하여 일체의 권리를 주장하지 않겠다는 내용의 확인서를 재항고인에게 작성해 주고, 1996. 5. 4. 다시 동일한 내용의 확인서를 작성해 주고서 그 날 재항고인으로부터 금 4,200만 원을 연 14.5%의 이율로 대출받았다가 그 원리금 변제를 지체함으로써 재항고인이 이 사건 아파트에 관한 경매를 신청하여 그 경매절차에서 이 사건 아파트를 낙찰 받은 다음, 채무자로서 그 점유자인 박종순을 상대로 그에 관한 인도명령을 받은 것인데, 박종순은 인도명령에 대하여 항고를 제기하면서, 자신은 1992. 8. 30. 박종문으로부터 이 사건 아파트를 보증금 금 8,500만 원에 임차하여 대항력도 갖추었다고 주장하였음을 알 수 있는 바, 재항고인은 박종순이 위와 같은 내용의 확인서를 두 차례나 작성해 줌으로

써 이를 믿은 나머지 이 사건 아파트의 담보가치를 높게 평가하여 대출을 해 주고, 경매절차에서도 보증금을 고려하지 아니한 가격으로 입찰한 것으로 볼 수 있으므로, 박종순이 재항고인에 대한 위와 같은 확인내용을 번복하여 대항력을 갖춘 임차인임을 내세워 인도명령을 다투는 것은 특별한 사정이 없는 한 금반언 및 신의칙에 위배되어 허용되지 아니한다(대법원 1997. 6. 27. 선고 97다12211 판결 참조).

한편 재항고인은, 박종순은 박종문과 친남매 사이로서 이 사건 아파트에 거주하고 있을 뿐 임차인이 아니라고 주장하고 있는 바, 박종순이 진정한 임차인이라면 근저당권자인 재항고인에 대하여 자신의 임차권 주장을 포기하는 내용의 확인서를 두 차례나 작성해 준다는 것은 매우 이례적이고, 그 자신이 이 사건 경매채권의 채무자인 점 등에 비추어 볼 때, 박종순이 이 사건 아파트의 진정한 임차인이라고 인정하기도 어렵다.

그럼에도 불구하고, 원심은 박종순이 대항력을 갖춘 임차인이라는 이유로 재항고인의 이 사건 아파트에 관한 인도명령 신청을 기각하였으니, 원심결정에는 신의칙에 위배되는 사정에 관하여 심리를 다하지 아니하였거나, 채증법칙을 위배하여 사실을 오인한 위법이 있고, 이 점을 지적하는 재항고 주장은 이유 있다.

7. 재계약된 인수대상 임차권
대법원 2002. 6. 28. 선고, 2002다23482 판결

판시사항

임대인의 요구에 따라 임차인이 재계약을 체결한 경우라면 기존 인수 대항력 있는 임차권은 소멸되는 것인지 여부(적극)

판결요지

임대인이 임대차계약기간 중 임차인에게 인상된 임대차보증금 및 차임을 납부한 후 새로운 임대차계약을 체결하되 만약 이를 납부하지 아니하면 기존 임대차계약을 해지하고 명도절차를 진행하겠다고 통지한 경우, 그 통지는 기존의 임대차계약 기

6) 사건 사안은 저당권자가 직접 응찰하여 매수인이 된 경우이지만 저당권자 아닌 제3자가 매수인이 된 경우라도 결론은 달라질 수 없을 것이다. 이는 매수인은 경매실행권리 내지 말소기준권리의 효력을 그대로 승계하기 때문이다.

간 중의 계약해지를 의미하는 외에, 장차 기존의 임대차계약상의 임대차보증금과 차임을 인상하는 것으로 그 계약조건을 변경하지 않으면 계약을 갱신하지 않겠다는 의사표시까지 포함된 것이므로, 그와 같은 내용의 통지를 한 이상 「주택 임대차 보호법」 제6조 제1항에서 정한 임대차계약의 묵시적 갱신이 이루어질 여지는 없게 되었다고 할 것이므로, 이에 따른 계약은 재계약을 한 것으로 보아야 한다.

판결이유

원심이 확정한 사실관계 및 기록에 의하면, 피고가 위 1999. 7.경의 통지에 따른 인상된 임대차보증금과 차임을 납부하지 아니하자 2000. 1. 3. 피고에게 같은 달 7.까지 인상된 임대차보증금 및 차임을 납부한 후 새로운 임대차계약을 체결하되 만약 이를 납부하지 아니하면 위 임대차계약을 해지하고 이 사건 아파트의 명도절차를 진행하겠다고 통지한 사실이 인정되는 바, 위와 같은 통지의 문언 및 원고가 그와 같은 통지를 하게 된 동기와 경위, 위 통지에 의하여 달성하려는 목적, 그리고 이 사건 아파트 임대차계약의 해지 및 명도절차 착수는 피고와는 위 아파트 임대차계약을 갱신하지 아니함을 전제로 한다는 점 등을 고려할 때, 위 통지는 기존의 임대차계약 기간 중의 계약해지를 의미하는 외에, 장차 이 사건 아파트에 대한 기존의 임대차계약상의 임대차보증금과 차임을 인상하는 것으로 그 계약조건을 변경하지 않으면 계약을 갱신하지 않겠다는 의사표시까지 포함된 것으로 해석하여야 할 것이고, 한편, 「주택 임대차 보호법」 제7조에서 "약정한 차임 또는 보증금이 임차주택에 관한 조세 · 공과금 기타 부담의 증감이나 경제사정의 변동으로 인하여 상당하지 아니하게 된 때에는 당사자는 장래에 대하여 그 증감을 청구할 수 있다. 그러나 증액의 경우에는 대통령령이 정하는 기준에 따른 비율을 초과하지 못한다."고 정하고 있기는 하나, 위 규정은 임대차계약의 존속중 당사자 일방이 약정한 차임 등의 증감을 청구한 때에 한하여 적용되고, 임대차계약이 종료된 후 재계약을 하거나 또는 임대차계약 종료 전이라도 당사자의 합의로 차임 등이 증액된 경우에는 적용되지 않는다고 할 것이므로(대법원 1993. 12. 7. 선고 93다30532 판결 참조), 위 통지 당시 그 임대차보증금 및 차임 인상분의 적정여부는 원고의 이 사건 임대차계약 갱신거절 의사표시 효력과는 아무런 관계가 없다고 할 것이다.

결국, 원고가 피고에게 그와 같은 내용의 통지를 한 이상 원고와 피고 사이에는

「주택 임대차 보호법」 제6조 제1항에서 정한 임대차계약의 묵시적 갱신이 이루어질 여지는 없게 되었다고 할 것임에도 불구하고, 원심은 채증법칙에 위배하여 사실을 오인하였거나 주택임대차계약의 묵시적 갱신에 관한 법리를 오해한 나머지 원고와 피고 사이에 이 사건 아파트에 관한 임대차계약이 묵시적으로 갱신되었다고 잘못 판단하였다 할 것이고, 이는 판결결과에 영향을 미쳤다고 할 것이다.

8. 임차권 등기명령으로 등기된 임차권
대법원 2005. 9. 15. 선고, 2005다33039 판결

판시사항
임차권 등기명령에 의하여 임차권등기를 한 임차인은 「민사집행법」 제148조 제4호에서 정한 채권자에 준하여 배당요구를 하지 않아도 당연 배당권자로서 배당받고 소멸되는 것인지 여부(적극)

판결요지
임차권 등기명령에 의하여 임차권등기를 한 임차인은 우선변제권을 가지며, 위 임차권등기는 임차인으로 하여금 기왕의 대항력이나 우선변제권을 유지하도록 해 주는 담보적 기능을 주목적으로 하고 있으므로, 위 임차권등기가 첫 경매개시결정 등기 전에 등기된 경우, 배당받을 채권자의 범위에 관하여 규정하고 있는 「민사집행법」 제148조 제4호의 "저당권 · 전세권 그 밖의 우선변제청구권으로서 첫 경매개시결정 등기 전에 등기되었고 매각으로 소멸하는 것을 가진 채권자"에 준하여, 그 임차인은 별도의 배당요구를 하지 않아도 당연히 배당받을 채권자에 속하는 것으로 보아야 한다.

판결이유
「주택 임대차 보호법」 제3조의3 제5항은 "임차권 등기명령의 집행에 의한 임차권등기가 경료되면 임차인은 제3조 제1항의 규정에 의한 대항력 및 제3조의2 제2항의 규정에 의한 우선변제권을 취득한다. 다만, 임차인이 임차권등기 이전에 이미 대항력 또는 우선변제권을 취득한 경우에는 그 대항력 또는 우선변제권은 그대로 유

지되며, 임차권등기 이후에는 제3조 제1항의 대항요건을 상실하더라도 이미 취득한 대항력 또는 우선변제권을 상실하지 아니한다."라고 규정하고 있고, 같은 법 제3조의5는 "임차권은 임차주택에 대하여 「민사집행법」에 의한 경매가 행하여진 경우에는 그 임차주택의 경락에 의하여 소멸한다. 다만, 보증금이 전액 변제되지 아니한 대항력이 있는 임차권은 그러하지 아니하다."라고 규정하고 있는 바, 임차권등기명령에 의하여 임차권등기를 한 임차인은 우선변제권을 가지며, 위 임차권등기는 임차인으로 하여금 기왕의 대항력이나 우선변제권을 유지하도록 해 주는 담보적 기능을 주목적으로 하고 있으므로(대법원 2005. 6. 9. 선고 2005다4529 판결 참조), 위 임차권등기가 첫 경매개시결정등기 전에 등기된 경우, 배당받을 채권자의 범위에 관하여 규정하고 있는 「민사집행법」 제148조 제4호의 "저당권 · 전세권 그 밖의 우선변제청구권으로서 첫 경매개시결정 등기 전에 등기되었고 매각으로 소멸하는 것을 가진 채권자"에 준하여, 그 임차인은 별도로 배당요구를 하지 않아도 당연히 배당받을 채권자에 속하는 것으로 보아야 할 것이다.

9. 시효 소멸된 보전가등기 및 이에 따른 보전지상권

대법원 1991. 3. 12. 선고, 90다카27570 판결

▌판시사항

소유권이전청구권 보전가등기를 경료하면서 보전지상권도 함께 설정한 경우, 가등기에 기한 본등기청구권이 시효 소멸한 경우라면 위 지상권도 함께 소멸되는 것인지 여부(적극)

▌판결요지

토지를 매수하여 그 명의로 소유권이전청구권 보전을 위한 가등기를 경료하고, 그 지상에 타인이 건물 등을 축조하여 점유 사용하는 것을 방지하기 위하여 지상권을 설정하였다면 이는 위 가등기에 기한 본등기가 이루어질 경우 그 부동산의 실질적인 이용가치를 유지 확보할 목적으로 전소유자에 의한 이용을 제한하기 위한 것이라고 봄이 상당하다 할 것이고, 그 가등기에 기한 본등기청구권이 시효의 완성으로 소멸하였다면 그 가등기와 함께 경료된 위 지상권 또한 그 목적을 잃어 소멸되었

다고 봄이 상당하다. 따라서 가등기에 기한 소유권이전등기청구권이 시효완성으로 소멸되었다면 그 가등기 이후에 부동산을 취득한 제3자는 그 소유권에 기한 방해배제청구로서 그 가등기권자에 대하여 본등기청구권의 소멸시효를 주장하여 그 보전지상권에 대한 등기의 말소를 청구할 수 있다.

10. 매수인의 인수대항력 있는 임차권
대법원 1998. 9. 25. 선고, 97다28650 판결

판시사항

대항력 있는 주택임차인이 당해 임차주택을 직접 경락받아 그 소유권을 취득한 경우, 기존 인수대항력 있는 임차권도 혼동으로 소멸되는지 여부(적극)

판결요지

매수인에게 대항할 수 있는 임차인이 당해 임차주택을 직접 경락받아 그 대금을 납부함으로써 그 소유권도 취득한 때에는, 주택임차인은 스스로 임대인의 지위를 승계하는 결과 그 임대차계약에 기한 인수대항력 있는 임차권도 혼동으로 소멸하게 되므로 그 임대차는 종료 상태가 된다.

11. 경매개시결정 기입등기 후 성립한 유치권
대법원 2009. 1. 15. 선고, 2008다70763 판결

판시사항

공사대금 채권자가 경매개시결정 기입등기 후에 채무자로부터 점유를 이전받아 유치권을 취득한 경우라도 매수인에게 대항할 수 있는지 여부(소극)

판결요지

부동산 경매절차에서의 매수인은 「민사집행법」 제91조 제5항에 따라 유치권자에게 그 유치권으로 담보되는 채권을 변제할 책임이 있는 것이 원칙이나, 채무자 소유의 건물 등 부동산에 경매개시결정 기입등기가 경료 되어 압류의 효력이 발생한 후에 채무자가 위 부동산에 관한 공사대금 채권자에게 그 점유를 이전함으로써 그

로 하여금 유치권을 취득하게 한 경우라면, 그와 같은 점유의 이전은 목적물의 교환가치를 감소시킬 우려가 있는 처분행위에 해당하여 「민사집행법」 제92조 제1항, 제83조 제4항에 따른 압류의 처분금지효에 저촉되므로, 점유자로서는 위 유치권을 내세워 그 부동산에 관한 경매절차의 매수인에게 대항할 수 없다.

Ⅲ. 인수되는 권리

1. 경매절차에서 분명히 현출된 임차권
대법원 1987. 1. 20. 선고, 86다카1852 판결

▌판시사항

당초 은행직원이 행한 임대차조사에서는 임차인이 임대차 사실을 숨겼지만 경매절차에서는 임대차 관계를 분명히 현출하였다면, 매수인(동 은행)에 대하여 임차보증금과의 동시이행 항변을 이유로 명도를 거부할 수 있는지 여부(적극)

▌판결요지

은행직원이 근저당권실행 경매절차와 아무 관련도 없는 담보건물에 대한 임대차조사에서 임차인이 그 임차사실을 숨겼다고 하더라도, 그 후 경매절차에서는 임대차 관계가 분명히 표명된 이상 동 은행이 매수가격을 결정함에 있어서 신뢰를 준 것이라고는 할 수 없는 것이므로, 위와 같이 일시 임대차관계를 숨긴 사실만 가지고서는 은행의 건물명도 청구에 대하여 임차인이 「주택 임대차 보호법」 제3조 소정의 임차권의 대항력에 기한 임차보증금 반환과의 동시이행항변을 하는 것이 신의성실의 원칙에 반하는 것이라고 볼 수 없다.

▌판결이유

원고는 위 각 부동산을 담보로 하여 위 장은주에게 수차에 걸쳐 사업자금을 대출하던 중 1984. 7. 3 원고의 직원인 소외 김명현이 이 사건 각 건물 및 그 대지에 대한 담보가치를 파악하기 위하여 임대차조사를 하러 나갔는데, 이때 이 사건 건물에 거주하고 있던 피고는 자신과 위 정성호 간의 임대차 사실이 밝혀질 경우, 이 사

건 건물에 대한 임대차보증금액 상당의 담보가치가 감소되어 그 후 추가로 대출을 받는데 어려움이 있을 것을 예상하고, 피고의 임대차 사실은 숨기고서 위 임대차 사실이 없다는 내용의 서류(갑 제4호 증)에 서명 · 날인을 한 사실, 그 후인 같은 해 11. 1.경 원고는 위 근저당권의 피담보채무가 변제되지 않았음을 이유로 이 사건 건물 및 그 대지와 위 부곡동 26의 18 토지에 대한 임의경매신청을 하여 경매에 이르게 되었고, 경매법원은 위 각 부동산에 대한 시가감정 결과에 따라 최저경매가격을 합계 금 67,613,600원으로 정하였는데, 위 경매절차에서의 임대차조사보고서에는 임차보증금 20,000,000원인 피고의 임대차 사실이 기재되어 있었지만, 원고는 앞서 본 같은 해 7. 3. 설시한 원고의 임대차조사에서 피고가 자신의 임대차 사실이 없다고 확인해 준 것을 신뢰하고, 경매기일에 위 각 부동산 전부에 대하여 경매가격을 금 67,613,600원으로 신고하여 경락 받은 사실이 인정되므로, 이에 의하면 원고의 담보물 현황조사에 있어서, 담보물의 담보가치 평가에 따라 추가대출 규모가 정하여지고, 차후 담보권이 실행될 경우 피고의 임차보증금 반환채권의 대항력 여부가 경매가격 결정에 중요한 영향을 미친다는 것을 충분히 예상할 수 있음에도 불구하고, 앞서 본 바와 같은 서류(갑 제4호 증)에 서명 · 날인을 하면서까지 원고로 하여금 임차보증금의 반환 염려 없는 담보물을 확보하고 있음을 전제로 하여 그 담보가치에 따른 대출규모를 정하게 하고, 원고 자신이 위 각 건물을 경락 받음에 있어서도 위 임대차를 고려하지 않고 경매가격을 결정하게끔 신뢰를 준 피고가 그 스스로 이와 배치되는 주장을 하면서, 임차보증금의 반환을 구함은 신의성실의 원칙에 위배되는 행위라고 인정함이 상당하다고 할 것이므로, 결국 위 임차보증금 반환채권이 있음을 전제로 한 피고의 동시이행항변은 받아들일 수 없다고 판단하고 있다.

원심이 확정한 사실관계와 기록에 의하면, 이 사건 건물에 대한 임의경매신청사건에 있어서 집행관이 작성한 임대차조사보고서(을 제3호 증)에 의하면, 이 사건 건물에는 피고가 임차보증금 20,000,000원에 무기한으로 입주하고 있는 사실이 조사보고되어 있는 이상, 원고는 위 경매절차에서 원고의 근저당권에 대항할 수 있는 피고의 임차권이 있다는 사실을 알고 있었다고 할 것이고, 한편 피고가 원고의 직원이 이 사건 경매절차와는 아무런 관련도 없이 행한 이 사건 건물에 대한 임대차조사에서 피고가 임대차 사실을 숨겼다 하여도 이 사건 경매절차에서는 이를 분명히 한 이상 원고로 하여금 경매가격을 결정하게끔 신뢰를 준 것이라고는 할 수 없다 할 것이므로, 위와 같이 일시 임대차관계를 숨긴 사실만 가지고서 피고의 이 사건 동시이행의 항변이 신의성실의 원칙에 반하는 것이라고 볼 수는 없다 할 것이다.

원심이 위와 같이 피고의 이 사건 건물에 대한 임대차보증금의 반환을 구하는 주장이 신의성실 원칙에 반하는 것이라고 판시한 것은 결국 신의성실의 원칙에 관한 법리를 오해한 위법이 있다고 할 것이므로 이 점에 관한 논지는 이유 있다.

2. 적법하게 양도 · 전대된 임차권

대법원 1988. 4. 25. 선고, 87다카2509 판결

판시사항

인수대항력을 갖춘 주택임차인이 그 임차권을 적법하게 양도 · 전대한 경우라면, 양수인 및 전차인은 전 임차인 및 전대인이 갖고 있던 대항력을 그대로 승계하는지 여부(적극)

판결요지

「주택 임대차 보호법」 제3조 제1항에 의한 대항력을 갖춘 주택임차인이 임대인의 동의를 얻어 적법하게 임차권을 양도하거나 전대한 경우, 양수인이나 전차인이 임차인의 주민등록 퇴거일로부터 「주민등록법」 상 전입신고기간 내에 전입신고를 마치고 주택을 인도받아 점유를 계속하고 있다면, 비록 위 임차권의 양도나 전대에 의하여 임차권의 공시방법인 점유와 주민등록이 변경되었다고 하더라도 원래의 임차인이 갖는 임차권의 대항력은 소멸되지 아니하고 동일성을 유지한 채 존속한다고 보아야 한다.

따라서 주택의 임차인이 제3자에게 전대한 이후에도 그의 임차권의 대항력이 소멸되지 아니하고 그대로 존속하고 있다면, 임차인은 그의 임차권의 대항력을 취득한 후에 경료된 근저당권의 실행으로 소유권을 취득하게 된 자에 대하여 임대차보증금 반환청구권에 기한 동시이행항변권을 행사하여 그 반환을 받을 때까지는 위 주택을 적법하게 점유할 권리를 갖게 되는 것이고, 그로부터 위 주택을 전차한 제3자 또한 그의 동시이행항변권을 원용하여 위 임차인이 보증금을 반환 받을 때까지 위 주택을 적법하게 점유 · 사용할 권리를 갖게 된다.

▌판결이유

「주택 임대차 보호법」 제3조 제1항에 의한 임차권의 대항력은 그 공시방법인 점유와 주민등록의 계속을 그 존속요건으로 하고 있는데(당원 1987. 2. 24. 선고 86다카1695 판결 참조) 임대인의 동의가 있는 양수인이나 전차인은 그 점유와 주민등록으로 원래의 임차권에 대한 공시방법에 갈음할 수 있어 그 임대차 자체에 대한 공시방법은 계속된다고 보지 못할 바 아니고, 또 위와 같이 공시방법의 변경에 따른 대항력의 존속을 인정한다고 하여 이미 원래의 임대차에 의한 대항을 받고 있는 제3자에게 그 이상의 불이익을 주는 것이 아닌 반면에, 위와 같이 해석하는 것이 임차인으로 하여금 양도나 전대에 의한 임차보증금 등의 회수를 용이하게 할 수 있어 주택임차인의 주거생활 안정을 보호하려고 하는 「주택 임대차 보호법」 취지에도 부합하는 것이기 때문이다.

따라서 원심이 위 그 증거에 의하여 판시 주택에 관하여 「주택 임대차 보호법」에 의한 대항력을 갖추고 있던 임차인인 소외 정현도가 임대인인 소외 현성호의 동의를 얻어 그 주택을 피고에게 판시와 같은 내용으로 전대하여, 전차인인 피고가 위 정현도의 퇴거 이전에 주민등록 전입신고를 마치고 주택을 인도받아 점유를 계속해 오고 있는 사실을 확정한 다음, 위 정현도의 전대에 따른 주민등록의 퇴거와 점유의 이전에도 불구하고 그 대항력이 전대 이후에도 존속되고 있다고 판단한 것은 정당하고, 거기에 주장한 바와 같은 채증법칙을 위배하였거나 「주택 임대차 보호법」 상의 임차권의 대항력에 관한 법리를 오해한 위법이 있다고 할 수 없다.

이와 같이 이 사건 주택의 임차인인 위 정현도가 이를 피고에게 전대한 이후에도 그의 임차권의 대항력이 소멸되지 아니하고 그대로 존속하고 있다면, 위 정현도는 그의 임차권의 대항력을 취득한 후에 경료된 근저당권의 실행으로 소유권을 취득하게 된 원고에 대하여 임대차보증금 반환청구권에 기한 동시이행항변권을 행사하여 그 반환을 받을 때까지는 위 주택을 적법하게 점유할 권리를 갖게 되는 것이고, 따라서 그로부터 위 주택을 전차한 피고 또한 그의 동시이행항변권을 원용하여 위 정현도가 보증금의 반환을 받을 때까지 위 주택을 적법하게 점유 사용할 권리를 갖게 된다고 할 것이므로, 원심이 이와 같은 취지에서 피고의 위 주택 명도의무와 위 정현도의 보증금반환청구권이 동시이행관계에 있는 것으로 판단한 것은 정당하고, 거기에 주장하는 바와 같은 주택임대차 및 전대차관계에 있어서의 동시이행에 관한 법리나 전차인의 건물 명도의무에 관한 법리를 오해한 위법이 있다고 할 수 없다.

3. 전대인이 소유권을 취득한 경우 기존 전차권
대법원 2001. 1. 30. 선고, 2000다58026, 58033 판결

▌판시사항

전차인이 전대인으로부터 아파트를 임차하여 전입신고를 마치고 거주하던 중, 전대인이 임대인으로부터 위 아파트를 분양받아 자기 명의로 소유권이전등기를 경료하면서 즉시 근저당권을 설정한 경우라도, 임차권으로 전환된 전차인의 전차권은 매수인에게 인수되는지 여부(적극)

▌판결요지

갑이 병 회사 소유 임대아파트의 임차인인 을로부터 아파트를 전차하여 전입신고를 마치고 거주하던 중, 을이 병 회사로부터 위 아파트를 분양받아 자기 명의로 소유권이전등기를 경료한 후 근저당권을 설정한 사안에서, 비록 전대인인 을이 갑과 위 전대차계약을 체결한 이후에, 그리고 갑이 위 전입신고를 한 이후에 위 아파트에 대한 소유권을 취득하였다고 하더라도, 주민등록상 전입신고를 한 날로부터 소유자 아닌 갑이 거주하는 것으로 나타나 있어서 제3자들이 보기에는 갑의 주민등록이 소유권이 아닌 임차권을 매개로 하는 점유라는 것을 인식할 수 있었으므로, 위 주민등록은 갑이 전입신고를 마친 날로부터 임대차를 공시하는 기능을 수행하고 있었다고 할 것이고, 따라서 갑은 전대인 을 명의로의 소유권이전등기가 경료되는 즉시 대항력을 취득하였다고 보아야 한다.

4. 잔대금불입 후 대항력을 상실한 인수대항력 있는 임차권
대법원 1993. 12. 7. 선고, 93다36615 판결

▌판시사항

주택의 매수인이 매각잔대금을 불입함으로써 임대차보증금 반환채무를 부담하게 된 이후 인수대항력 있는 임차인이 주민등록을 옮긴 경우라면 여전히 매수인의

인수부담은 계속되는지 여부(적극)

▌판결요지

주택 임차인이 제3자에 대하여 대항력을 구비한 후에 임차주택의 소유권이 양도된 경우에는 그 양수인이 임대인의 지위를 승계하게 되므로, 임대인의 임차보증금 반환채무도 양수인에게 이전되는 것이고, 이와 같이 양수인이 임차보증금 반환채무를 부담하게 된 이후라면 임차인이 그 주민등록을 다른 곳으로 옮겼다고 하여도 이미 발생한 임차보증금 반환채무가 소멸되는 것은 아니다.

5. 인수대상 임차권자의 배당 부족액

대법원 2001. 3. 23. 선고, 2000다30165 판결

▌판시사항

대항력과 우선변제권을 겸하고 있는 임차인이 보증금 전액을 배당받지 못한 경우 그 잔액에 대하여 매수인에게 동시이행항변으로 대항할 수 있는지 여부(적극)[7)]

▌판결요지

「주택 임대차 보호법」 상의 대항력과 우선변제권 두 가지 권리를 겸하고 있는 임차인이 먼저 우선변제권을 선택하여 임차주택에 대하여 진행되고 있는 경매절차에서 보증금 전액에 대하여 배당요구를 하였으나, 그 순위에 따른 배당이 실시될 경우 보증금 전액을 배당받을 수 없었던 때에는 보증금 중 경매절차에서 배당받을 수 있었던 금액을 공제한 잔액에 관하여 경락인에게 대항하여 이를 반환받을 때까지 임대차관계의 존속을 주장할 수 있는 바, 여기서 경락인에게 대항할 수 있는 보증금

---

7) 「주택 임대차 보호법」 상의 대항력과 우선변제권 두 가지 권리를 인정하고 있는 취지가 보증금을 반환받을 수 있도록 보장하기 위한 데에 있는 점, 경매절차의 안정성, 경매 이해관계인들의 예측가능성 등을 아울러 고려하여 볼 때, 두 가지 권리를 겸하고 있는 임차인이 먼저 우선변제권을 선택하여 임차주택에 대하여 진행되고 있는 경매절차에서 보증금 전액에 대하여 배당요구를 하였다고 하더라도, 그 순위에 따른 배당이 실시될 경우 보증금 전액을 배당받을 수 없었던 때에는 보증금 중 경매절차에서 배당받을 수 있었던 금액을 공제한 잔액에 관하여 경락인에게 대항하여 이를 반환받을 때까지 임대차관계의 존속을 주장할 수 있다고 봄이 상당하며, 이 경우 임차인의 배당요구에 의하여 임대차는 해지되어 종료되고, 다만 같은 법 제4조 제2항에 의하여 임차인이 보증금 잔액을 반환받을 때까지 임대차관계가 존속하는 것으로 의제될 뿐이므로, 경락인은 같은 법 제3조 제2항에 의하여 임대차가 종료된 상태에서의 임대인의 지위를 승계하게 된다(대법원 1997. 8. 22. 선고, 96다53628 판결).

잔액은 보증금 중 경매절차에서 올바른 배당순위에 따른 배당이 실시될 경우 배당액을 공제한 나머지 금액을 의미하는 것이지, 임차인이 배당절차에서 현실로 배당받은 금액을 공제한 나머지 금액을 의미하는 것은 아니라 할 것이고, 따라서 임차인이 배당받을 수 있었던 금액이 현실로 배당받은 금액보다 많은 경우에는 임차인이 그 차액에 관하여는 과다 배당받은 후순위 배당채권자를 상대로 부당이득의 반환을 구하는 것은 별론으로 하고 경락인을 상대로 그 반환을 구할 수는 없다 할 것이다.[8)]

❚ 판결이유

「주택 임대차 보호법」상의 대항력과 우선변제권의 두 가지 권리를 겸유하고 있는 임차인이 먼저 우선변제권을 선택하여 임차주택에 대하여 진행되고 있는 경매절차에서 보증금 전액에 대하여 배당요구를 하였으나 그 순위에 따른 배당이 실시될 경우 보증금 전액을 배당받을 수 없었던 때에는 보증금 중 경매절차에서 배당받을 수 있었던 금액을 공제한 잔액에 관하여 경락인에게 대항하여 이를 반환받을 때까지 임대차관계의 존속을 주장할 수 있는바(대법원 1997. 8. 22. 선고 96다53628 판결, 1998. 7. 10. 선고 98다15545 판결 참조), 여기서 경락인에게 대항할 수 있는 보증금 잔액은 보증금 중 경매절차에서 올바른 배당순위에 따른 배당이 실시될 경우의 배당액을 공제한 나머지 금액을 의미하는 것이지, 임차인이 배당절차에서 현실로 배당받은 금액을 공제한 나머지 금액을 의미하는 것은 아니라 할 것이다.

따라서 임차인이 배당받을 수 있었던 금액이 현실로 배당받은 금액보다 많은 경우에는 임차인이 그 차액에 관하여는 과다 배당받은 후순위 배당채권자를 상대로 부당이득 반환을 구하는 것은 별론으로 하고 경락인을 상대로 그 반환을 구할 수는 없다고 할 것이다.

그렇다면 원심으로서는 위 법리에 따라 피고가 이 사건 경매절차에서 올바른 순위에 의하여 배당받을 수 있었던 금액이 얼마인지를 심리하여 확정한 다음, 그 금액

8) 대항력과 우선변제권을 겸유하고 있는 임차인이 배당요구를 하였으나 보증금 전액을 배당받지 못하였다면 임차인은 임차보증금 중 배당받지 못한 금액을 반환받을 때까지 그 부분에 관하여는 임대차관계의 존속을 주장할 수 있으나 그 나머지 보증금 부분에 대하여는 이를 주장할 수 없으므로, 임차인이 그의 배당요구로 임대차계약이 해지되어 종료된 다음에도 계쟁 임대부분 전부를 사용 · 수익하고 있어 그로 인한 실질적 이익을 얻고 있다면, 그 임대 부분의 적정한 임료 상당액 중 임대차관계가 존속되는 것으로 보는 배당받지 못한 금액에 해당하는 부분을 제외한 나머지 부분에 대하여는 부당이득을 얻고 있다고 할 것이어서 이를 반환하여야 한다(대법원 1998. 7. 10. 선고, 98다15545 판결).

을 보증금에서 공제하고 잔액이 있을 경우에는 그 잔액의 지급과 상환으로 위 (가)부분의 명도를 명하여야 할 것인데도, 이와 달리 앞서 본 바와 같이 판단한 것은 「주택 임대차 보호법」 상의 대항력과 우선변제권에 관한 법리를 오해한 나머지 심리를 다하지 아니한 잘못을 저지른 것이라 아니할 수 없으며, 이는 판결결과에 영향을 미쳤음이 명백하다. 이 점을 지적하는 원고의 상고이유 주장은 이유 있다.

6. 전 경매절차에서 배당받지 못한 임차인의 보증금 잔액

대법원 2006. 2. 10. 선고, 2005다21166 판결

판시사항

대항력과 우선변제권을 겸하고 있는 임차인이 임대인을 상대로 보증금반환청구 소송을 제기하여 승소판결을 받고 그 확정판결에 기하여 강제경매를 신청하였으나 그 경매절차에서 보증금의 전액을 배당받지 못한 경우라면, 새로운 소유자에 대하여 실시되는 경매절차의 매수인이 동 금액을 인수해야 되는지 여부(적극)

판결요지

「주택 임대차 보호법」 상의 대항력과 우선변제권 두 가지 권리를 함께 가지고 있는 임차인이 우선변제권을 선택하여 제1경매절차에서 보증금 전액에 대하여 배당요구를 하였으나 보증금 전액을 배당받을 수 없었던 때에는 경락인에게 대항하여 이를 반환받을 때까지 임대차관계의 존속을 주장할 수 있을 뿐이고, 임차인의 우선변제권은 경락으로 인하여 소멸하는 것이므로 제2경매절차에서 우선변제권에 의한 배당을 받을 수 없는 바, 이는 근저당권자가 신청한 1차 임의경매절차에서 확정일자 있는 임대차계약서를 첨부하거나 임차권등기명령을 받아 임차권등기를 하였음을 근거로 하여 배당요구를 하는 방법으로 우선변제권을 행사한 때뿐만 아니라, 임대인을 상대로 보증금반환청구 소송을 제기하여 승소판결을 받은 뒤 그 확정판결에 기하여 1차로 강제경매를 신청한 경우에도 마찬가지이다.[9]

9) 새로운 매수인에 대하여 실행하는 경매절차에서 인수대상 임차인의 보증금 인수가 문제되는 것은 1차 경매절차에서 임차인이 직접 강제경매를 신청한 경우가 대부분일 것이다. 다만 후순위 채권자가 경매를 신청한 경우로써 인수대항력 있는 임차인의 보증금이 전액 배당되지 못하고 그 잔액이 매수인에게 승계될 수 있는 사정은 소액보증금 임차인으로서 확정일자를 받지 못한 자가 배당신청을 한 경우에 발생할 수 있다.

▌판결이유

원고는 1999. 1. 21. 법률 제5641호로 「주택 임대차 보호법」이 개정되면서 제3조의5(경매에 의한 임차권의 소멸)의 "임차권은 임차주택에 대하여 「민사소송법」에 의한 경매가 행하여진 경우에는 그 임차주택의 경락에 의하여 소멸한다. 다만, 보증금이 전액 변제되지 아니한 대항력이 있는 임차권은 그러하지 아니하다."는 규정이 신설된 것과 관련하여, 위 소멸하지 아니하는 임차권의 내용에는 대항력뿐만 아니라 우선변제권도 포함되고, 따라서 일부라도 보증금을 변제받지 못하는 경우의 임차인은 보증금을 전액 반환받을 때까지 완전한 임차권을 보유한다는 것을 상고이유로 내세우고 있다.

그러나 보증금이 전액 변제되지 아니한 대항력 있는 임차권은 소멸하지 아니한다는 내용의 위 단서를 신설한 입법취지가 위 법 제4조 제2항의 해석에 관한 종전의 대법원 판례(대법원 1997. 8. 22. 선고 96다53628 판결 등)를 명문화하는 데에 있는 점 등으로 보아, "임대차가 종료된 경우에도 임차인이 보증금을 반환받을 때까지 임대차관계는 존속하는 것으로 본다."라고 규정한 같은 법 제4조 제2항과 동일한 취지를, 경락에 의한 임차권 소멸의 경우와 관련하여 주의적 · 보완적으로 다시 규정한 것으로 보아야 한다. 그러므로 위 소멸하지 아니하는 임차권의 내용에는 대항력뿐만 아니라 우선변제권도 당연히 포함되는 것으로는 볼 수 없다.

같은 취지의 원심의 판단은 정당하고, 거기에 상고이유의 주장과 같이 판결결과에 영향을 미친 법리오해 등의 위법이 있다고 할 수 없다.

7. 인수되는 가처분의 본안 승소 임차보증금

대법원 1988. 4. 25. 선고, 87다카458 판결

▌판시사항

임차인이 임차권을 피보전권리로 한 처분금지 가처분등기를 한 후 본안 승소 확정판결을 받았으나 임차권 등기를 경료하지 아니한 경우라도, 매수인은 승소한 가처분권자의 임차보증금을 인수하게 되는지 여부(적극)

▌판결요지

임차인이 부동산에 대한 임대차계약을 체결하고 임차권을 피보전권리로 한 처분금지 가처분등기를 집행(기입)한 후에 강제경매신청에 의한 경매개시결정이 이루어지고 그 경매결과 제3자가 부동산을 경락받았다고 하더라도, 임차인이 임차권설정등기에 대한 이행청구의 본안 승소판결을 받아 그 판결이 확정되었다면 임차권설정등기를 경료하였는지 여부에 관계없이 선행된 가처분등기와 위 확정판결에 기하여 경락인은 가처분권리자의 권리보전과 상용되지 아니하는 범위내에서만 그 권리를 취득한 것으로 확정된다고 할 것이고, 따라서 임차인은 임차인의 지위를 포괄 승계한 경락인에 대하여 임차보증금에 대한 반환을 청구할 수 있다.

▌판결이유

원고의 피고에 대한 임차권 해지를 원인으로 한 임차보증금반환청구에 관하여, 임차인인 원고가 이 사건 임차목적물을 포함한 전체 건물을 경락에 의하여 승계 취득한 피고에 대하여 전 임대인에게 지급한 임차보증금반환청구를 할 수 있으려면 임차보증금에 관한 사항이 임대차의 내용으로 등기되어 있어야 하는데, 원고는 소외 백화점을 상대로 한 임차권설정등기청구의 본안판결을 받음에 있어 임차목적물, 월 차임액, 차임지급시기, 존속기간에 관한 사항만 임대차의 내용으로 하였을 뿐 임차보증금의 약정유무 및 금액에 관한 사항은 이를 임대차의 내용으로 하지 않았기 때문에 위 판결에 터잡은 임차권 설정등기의 내용에서도 임차보증금에 관한 사항이 누락되어 있으므로, 임차목적물을 양수한 피고에 대하여는 임차보증금반환청구를 할 수 없다고 판단하여 원고의 그 부분 청구를 배척하였다.

살피건대, 임차인이 부동산에 대한 임대차계약을 체결하고 임차권을 피보전권리로 한 처분금지 가처분등기를 집행(기입)한 후에 강제경매신청에 의한 경매개시결정이 이루어지고 그 경매결과 제3자가 부동산을 경락받았다고 하더라도 임차인이 임차권설정등기 이행청구의 본안 승소판결을 받아 그 판결이 확정되면 임차권설정등기를 경료하였는지 여부에 관계없이 선행된 가처분등기와 위 확정판결에 기하여 그 경락인은 가처분권리자의 권리보전과 상용되지 아니하는 범위내에서 그 권리를 취득하는 것으로 확정된다고 할 것이고(당원 1984. 4. 16자, 84마7 결정 참조), 따라서 임차인은 임대인의 지위를 포괄 승계한 경락인에 대하여 임차보증금의 반환을 청구할 수 있다고 할 것이다.

8. 적법하게 배당 철회된 인수대항력 있는 임차권
대법원 2002. 11. 8. 선고, 2001다51725 판결

판시사항

「주택 임대차 보호법」 상의 대항력과 우선변제권 두 가지 권리를 겸하고 있는 임차인이 배당요구를 하였다가 배당요구종기일전에 배당요구를 철회한 경우라면 매수인이 보증금을 인수하게 되는지 여부(적극)[10)]

판결요지

「주택 임대차 보호법」 상의 대항력과 우선변제권 두 가지 권리를 겸하고 있는 임차인이 임차주택에 대하여 진행되고 있는 경매절차에서 먼저 우선변제권을 주장하여 보증금 전액에 대하여 배당요구를 하였으나, 그 후 경매법원의 계약서 제출요구를 받고 다시 제출한 배당요구신청서에 확정일자가 없다고 명백히 밝혔고, 이에 경매법원이 임차권자가 우선변제권 행사를 포기한 것으로 보고 종전의 낙찰을 불허가한 다음 물건명세서에 위와 같은 사실을 기재하여 신경매를 진행한 결과 낙찰허가결정이 확정되었다면, 우선변제권을 포기한 것으로 처리된 위 임차인은 낙찰대금에서 그 보증금을 우선변제 받을 수 없고(임차보증금의 우선변제청구권이 인정되는 주택임차인이라도 낙찰기일 전에 적법한 배당요구를 하지 아니한 이상 그가 적법한 배당요구를 한 경우에 배당받을 수 있었던 금액 상당의 금원이 후순위채권자에게 배당되었다고 하여 이를 법률상 원인 없는 것이라고 할 수도 없다), 위와 같이 진행된 경매절차에서 낙찰 받은 낙찰자는 임대인의 지위를 승계하여 임차인의 보증금을 인수하게 된다.

---

10) 인수대항력 있는 임차권이 승계되는 사정은 배당신청 후 배당요구종기일전에 배당신청을 철회한 경우뿐만 아니라 배당신청이 부적법한 경우(배당요구종기일 이후의 배당신청 등), 배당참가 자격이 없는 경우(소액임차인이 아닌 경우, 소액임차인 아닌 자로서 확정일자가 없는 경우 등)에도 인수대상 임차권은 존재하게 된다.

9. 잔대금 납부전 매수인과 체결한 임차권
대법원 2002. 11. 8. 선고, 2002다38361, 38378 판결

▌판시사항

대금미납 상태인 매수인이 명도대상인 임차인과 새로운 임대차계약을 체결한 후 매각대금을 납부한 경우라면, 추후 매수인에 대하여 실행되는 경매절차에서 동 임차권은 인수대상이 되는지 여부(적극)

▌판결요지

매수인이 대항력 없는 종전 임차인과의 사이에 새로 임대차계약을 체결하고 낙찰대금을 납부한 경우, 종전 임차인의 주민등록은 매수인의 소유권취득 이전부터 매수인과 종전 임차인 사이의 임대차관계를 공시하는 기능을 수행하고 있었으므로, 종전 임차인은 당해 부동산에 대하여 매수인이 매각대금을 납부함으로써 소유권을 취득하는 즉시 인수 대항력 있는 임차권자로서의 지위를 취득하게 된다.

▌판결이유

원심이 적법하게 확정한 기초 사실관계에 의하면, 김말순이 이 사건 부동산에 대한 낙찰대금을 납부하기 이전부터 이 사건 주택에 관하여 주민등록상 소유자 아닌 원고가 거주하는 것으로 나타나 있어서 제3자들이 보기에 원고의 주민등록이 소유권 아닌 임차권을 매개로 하는 점유라는 것을 인식할 수 있었으므로, 위 주민등록은 김말순의 소유권취득 이전부터 김말순과 원고 사이의 임대차 관계를 공시하는 기능을 수행하고 있었다고 할 것이고, 따라서 원고는 이 사건 부동산에 관하여 김말순이 낙찰대금을 납부하여 소유권을 취득하는 즉시 위 임차권의 대항력을 취득하였다고 할 것인바(대법원 2001. 1. 30. 선고 2000다58026, 58033 판결 참조), 위 2차 경매절차의 기초가 된 한신금고 명의의 이 사건 근저당권 설정등기는 원고의 위 대항력 취득 이후에 경료 되었으므로, 원고는 위 임차권으로서 위 경매절차에서의 낙찰인 및 그 승계인에게도 대항할 수 있다 할 것이다.

10. 말소기준권리에 앞선 전세권
대법원 1989. 7. 11. 선고, 88다카21029 판결

판시사항
말소기준권리에 앞서 설정된 전세권이라면 용익기간이 만료된 경우라도 인수대상이 되는 것인지 여부(한정적극)

판결요지
전세권의 법정갱신(「민법」 제312조 제4항)은 법률의 규정에 의한 부동산의 물권변동이므로 전세권의 갱신등기는 필요하지 않으므로, 전세권자는 그 등기 없이도 제3자에 대하여 그 권리를 주장할 수 있다.

판결이유
건물의 전세권설정자가 전세권의 존속기간 만료전 6월부터 1월까지 사이에 전세권자에 대하여 갱신거절 통지 또는 조건을 변경하지 아니하면 갱신하지 아니한다는 뜻의 통지를 하지 아니한 경우에는 그 기간이 만료되는 때에 전 전세권과 동일한 조건(다만 전세권의 존속기간은 그 정함이 없는 것으로 봄)으로 다시 전세권을 설정한 것으로 보는 것이고(「민법」 제312조 제4항), 이는 법률의 규정에 의한 부동산에 관한 물권변동으로 보아야 할 것이므로 전세권이 법정 갱신된 경우에는 전세권 갱신에 관한 등기를 필요로 하지 아니하고, 전세권자는 그 등기 없이도 전세권설정자나 그 목적물을 취득한 제3자에 대하여 그 권리를 주장할 수 있는 것이다.

11. 본안 제소기간이 도과한 인수대상 가처분
대법원 2004. 4. 9. 선고, 2002다58389 판결

판시사항
구 「민사소송법」 상 부동산에 대한 처분금지가처분 집행 후 10년이 지난 후에 가처분채권자가 본안소송을 제기하여 승소판결을 받은 경우라도, 가처분집행 후 이루어진 타인 명의의 소유권이전등기에 대하여도 가처분채권자가 가처분에 기한 효력을 주장할 수 있는지 여부(적극)

▌판결요지

구「민사소송법」(2002. 1. 26. 법률 제6626호로 전문 개정되기 전의 것) 제715조에 의하여 가처분에도 준용되는 같은 법 제706조 제2항은 보전처분을 집행한 때부터 10년이 경과할 때까지 채권자가 본안의 소를 제기하지 않을 경우에는 채무자가 보전처분 취소소송을 제기하여 그 취소를 구할 수 있다는 것에 불과하고, 보전처분 집행 후 10년간 본안소송이 제기되지 아니하였다고 하여 보전처분 취소판결 없이도 보전처분의 효력이 당연히 소멸되거나, 보전처분 취소판결이 확정된 때 보전처분 집행시로부터 10년이 경과된 시점에 소급하여 보전처분의 효력을 소멸하게 하는 것으로 볼 수는 없으므로, 그 가처분의 피보전권리가 소멸되었음에도 불구하고 가처분이 취소되지 않고 있음을 이용하여 다른 동종의 권리로 그 가처분을 유용하였다는 등의 특별한 사정이 없는 한, 그 가처분에 반하는 권리를 취득한 제3자는 가처분권자에게 대항할 수 없다고 해석할 수밖에 없으며, 이러한 법리는 본안소송이 제기된 시점이나 소유권이전등기가 된 시점이 가처분 집행 후 10년이 경과한 후라 하여도 달리 볼 것은 아니다.

12. 전소유자에 대한 가압류

대법원 2007. 4. 13. 선고, 2005다8682 판결

▌판시사항

가압류등기 후 소유권이 이전되고 신소유자의 채권자가 경매를 신청한 경우라면, 전소유자의 가압류 피보전채권액은 인수대상이 되는지 여부(한정적극)

▌판결요지

부동산에 대한 선순위 가압류등기 후 가압류목적물의 소유권이 제3자에게 이전되고 그 후 제3취득자의 채권자가 경매를 신청하여 매각이 된 경우, 가압류채권자는 그 매각절차에서 당해 가압류목적물의 매각대금 중 가압류결정 당시의 청구금액을 한도로 배당을 받을 수 있고, 이 경우 종전 소유자를 채무자로 한 가압류등기는 말소촉탁 대상이 될 수 있다.

그러나 경우에 따라서는 집행법원이 종전 소유자를 채무자로 하는 가압류등기의

부담을 매수인이 인수하는 것을 전제로 하여 위 가압류채권자를 배당절차에서 배제하고 매각절차를 진행시킬 수도 있으며, 이와 같이 매수인이 위 가압류등기의 부담을 인수하는 것을 전제로 매각절차를 진행시킨 경우에는 위 가압류의 효력이 소멸하지 아니하므로 집행법원의 말소촉탁이 될 수 없다. 따라서 종전 소유자를 채무자로 하는 가압류등기가 이루어진 부동산에 대하여 매각절차가 진행되었다는 사정만으로는 위 가압류 효력이 소멸하였다고 단정할 수는 없고, 구체적인 매각절차를 살펴 집행법원이 위 가압류등기의 부담을 매수인이 인수하는 것을 전제로 하여 매각절차를 진행하였는가의 여부에 따라 위 가압류의 소멸여부를 판단하여야 한다.

13. 전소유자의 세금체납에 따른 압류채권
대법원 1992. 2. 12. 선고, 91마584 결정

판시사항

경매목적물인 연립주택 부지에 국세압류등기가 기입된 후 연립주택을 준공하여 보존등기를 경료하면서 건물등기부에 그 부지에 대한 소유권 대지권등기가 기입되고 토지등기부에 대지권등기가 되었다는 취지의 기재가 기입된 경우라면, 선행 등기된 국세압류등기는 매수인이 인수하게 되는지 여부(적극)

판결요지

경매목적물인 연립주택의 부지에 먼저 토지 소유자에 대한 체납처분의 집행으로 세무서장의 국세압류등기가 기입되고 그 후에 연립주택을 준공하여 그 보존등기를 경료하면서 건물등기부에 그 부지인 토지 소유권에 대하여 대지권등기가 기입되고 부지인 토지등기부에는 대지권등기가 되었다는 취지의 기재가 기입된 경우, 채권자가 그 연립주택을 압류 경매하는 데 있어서 선행된 국세압류등기는 경락인이 인수하는 부담이 되는 것일 뿐 그 등기가 있다고 하여 경락을 허가할 수 없는 것이 아니다.[11]

---

11) 유사한 사례로 볼 수 있는 저당권과 관련된 사안에서는 다른 입장을 취하고 있는데, 이는 명문규정이 있음을 근거로 하고 있는 것으로 보이는 바 "대지권 성립 전에 토지에만 존재하던 저당권"과 관련된 사안에서는 원칙상 토지에 존재하는 저당권도 소멸되는 것으로 해석하고 있는데, 그 요지는 다음과 같다. "구「민사소송법」(2002. 1. 26. 법률 제6626호로 전문 개정되기 전의 것) 제608조 제2항 및 현행「민사집행법」제91조 제2항에 의하면 매각부동산 위의 모든 저당권은 경락으로 인하여 소멸한다고 규정되어 있으므로, 집합건물의 전

Ⅳ. 말소기준권리 변동과 효과

1. 말소기준 저당권 소멸 효과
대법원 2003. 4. 25. 선고, 2002다70075 판결

▌판시사항

잔대금 지급전에 말소기준이 되는 근저당권이 소멸한 경우라면, 후순위 임차인의 대항력이 그대로 유지될 수 있는지 여부(적극)

▌판결요지

부동산 경매절차에 있어서「주택 임대차 보호법」제3조에서 정한 대항요건을 갖춘 임차권보다 선순위의 근저당권이 있는 경우에는, 낙찰로 인하여 선순위 근저당권이 소멸하면 그보다 후순위에 속한 임차권도 선순위 근저당권이 확보한 담보가치 보장을 위하여 그 대항력을 상실하는 것이지만, 낙찰로 인하여 근저당권이 소멸하고 매수인이 소유권을 취득하게 되는 시점인 매각대금 지급기일 이전에 선순위 근저당권이 다른 사유로 소멸한 경우라면 동 임차권은 소멸되지 아니한다.

2. 채무자가 말소기준권리를 소멸시킨 경우의 효과
대법원 2003. 4. 25. 선고, 2002다70075 판결

▌판시사항

채무자가 선순위 근저당권을 소멸시켜 후순위 임차인의 대항력을 존속시키고도 이를 매수인에게 고지하지 아니함으로써 매수인이 대항력 있는 임차권의 존재를 알지 못한 채 매각잔대금을 납부한 경우라면, 채무자는「민법」제578조 제3항 소정의 손해배상 책임을 부담하게 되는지 여부(적극)

유부분과 함께 그 대지사용권인 토지의 공유지분이 일체로서 경락되고 그 대금이 완납되면, 설사 대지권 성립 전부터 토지만에 관하여 별도등기로 설정되어 있던 근저당권이라 할지라도 경매과정에서 이를 존속시켜 경락인이 인수하게 된다는 취지의 특별매각조건이 정하여져 있지 않은 이상 위 토지 공유지분 범위 내에서는 매각부동산 위의 저당권에 해당하여 소멸하게 된다."고 한다(대법원 2008. 3. 13. 선고, 2005다15048 판결).

▌판결요지

선순위 근저당권의 존재로 후순위 임차권이 소멸하는 것으로 알고 부동산을 낙찰 받았으나, 그 후 채무자가 후순위 임차권의 대항력을 존속시킬 목적으로 선순위 근저당권의 피담보채무를 모두 변제하고 근저당권을 소멸시키고도 이 점에 대하여 낙찰자에게 아무런 고지도 하지 않아 매수인이 대항력 있는 임차권이 존속하는 사정을 알지 못한 채 대금지급기일에 낙찰대금을 지급하였다면, 채무자는「민법」제578조 제3항에 의하여 매수인이 입게 된 손해를 배상할 책임이 있다.

3. 대위변제로 말소기준권리가 소멸된 경우의 효과

대법원 1998. 8. 24. 선고, 98마1031 결정

▌판시사항

매각잔대금 납부 이전에 후순위 권리자가 말소기준권리를 소멸시킨 경우, 말소권리에 해당하던 임차권 등도 인수대상이 될 수 있는지 여부(적극)

▌결정요지

담보권실행을 위한 부동산 경매절차에서,「주택 임대차 보호법」제3조에서 정한 대항요건을 갖춘 임차권보다 선순위의 근저당권이 있는 경우, 낙찰로 인하여 선순위 근저당권이 소멸하면 그보다 후순위의 임차권도 선순위 근저당권이 확보한 담보가치의 보장을 위하여 그 대항력을 상실하는 것이지만, 낙찰로 인하여 근저당권이 소멸하고 낙찰인이 소유권을 취득하게 되는 시점인 낙찰대금지급기일 이전에 선순위 근저당권이 다른 사유로 소멸한 경우에는, 대항력 있는 임차권의 존재로 인하여 담보가치의 손상을 받을 선순위 근저당권이 없게 되므로 임차권의 대항력이 소멸하지 아니한다.

▌결정이유

기록에 의하면, 이 사건 부동산에 관하여 채권최고액 금 3,750,000원의 선순위 근저당권이 설정되고, 다음에 대항요건을 갖춘 임차보증금 금 50,000,000원의 임차권이 존속하고 있으며, 그 후에 채권최고액 금 45,000,000원의 후순위 근저당권이

설정된 다음, 후순위 근저당권자의 신청에 의하여 개시된 부동산 입찰절차에서 재항고인이 1998. 3. 5. 낙찰허가결정을 선고받아 대금지급기일이 1998. 3. 26.로 지정되었는데, 그 이전인 1998. 3. 24. 선순위 근저당권이 그 설정등기의 말소로 소멸하였음을 알 수 있는 바, 이와 같은 경우라면 앞에서 본 법리에 따라 재항고인으로서는 선순위 근저당권의 소멸로 인하여 낙찰부동산이 대항력 있는 임차권의 부담을 지게 되었음을 이유로 낙찰허가결정의 취소를 구할 수 있다고 보아야 할 것이다.

4. 피담보채무가 소멸된 담보가등기 인수 효과

대법원 1997. 10. 24. 선고, 97다29097 판결

▌판시사항

담보가등기권자의 피담보채무가 소멸하였음에도 불구하고 가등기에 기한 본등기를 실행함으로써 후순위인 매수인의 소유권이전등기가 직권 말소된 경우라면, 매수인은 소유권에 기한 방해배제청구로서 직접 가등기 및 그 본등기에 대한 말소등기를 청구할 수 있는지 여부(적극)

▌판결요지

어떤 부동산에 관하여 채권담보를 위한 가등기가 경료된 후에 매매에 의하여 그 소유권을 취득한 제3자가 채무원리금을 변제함으로써 피담보채무가 전부 소멸하였음에도 불구하고 등기부상 가등기가 그대로 남아 있음을 이용하여 가등기 명의자가 가등기에 기한 소유권이전 본등기를 경료하고 나아가 타인 명의로 가등기까지 경료하였다고 하더라도 피담보채무 소멸 후의 위 담보가등기는 원인무효이고, 위 가등기에 기하여 경료된 본등기 및 타인 명의의 가등기도 원인무효이며, 나아가 위 가등기에 기한 본등기가 경료됨으로써 등기공무원이 직권으로 한 가등기 후의 위 제3자 명의의 소유권 이전등기에 대한 말소등기 역시 원인무효로써 위 제3자는 여전히 소유권자로서의 지위를 잃지 않으므로, 위 제3자로서는 위 말소등기의 회복여부에 관계없이 소유권에 기한 방해배제청구로서 직접 등기명의자를 상대로 원인무효인 위 각 가등기 및 가등기에 기한 본등기의 말소를 청구하여 그 등기가 말소되면 등기공무원이 다시 직권으로 말소된 위 제3자 명의의 소유권이전등기에 대한 회복등기를 할 수 있다.

제 3 장

주택임대차 관련

I. 적법한 계약요건

1. 무허가 · 미등기건물에 대한 임대차계약
대법원 2007. 6. 21. 선고, 2004다26133 전원합의체 판결

▌판시사항

미등기 또는 무허가 건물에 대하여 체결한 임대차계약도 「주택 임대차 보호법」상 보호대상이 되는지 여부(적극)

▌판결요지

「주택 임대차 보호법」은 주택의 임대차에 관하여 「민법」에 대한 특례를 규정함으로써 국민의 주거생활 안정을 보장함을 목적으로 하고 있고, 주택의 전부 또는 일부의 임대차에 관하여 적용된다고 규정하고 있을 뿐 임차주택이 관할 관청의 허가를 받은 건물인지, 등기를 마친 건물인지 아닌지를 구별하고 있지 아니하므로, 국민의 주거생활의 용도로 사용되는 주택에 해당하는 이상 비록 그 건물에 관하여 아직 등기를 마치지 아니하였거나 등기가 이루어질 수 없는 사정이 있다 하더라도 다른 특별한 규정이 없는 한 동 법의 적용대상이 된다.

▌판결이유

「주택 임대차 보호법」은 주택의 임대차에 관하여 「민법」에 대한 특례를 규정함으로써 국민의 주거생활 안정을 보장함을 목적으로 하고 있고(제1조), 주택의 전부 또는 일부의 임대차에 관하여 적용된다고 규정하고 있을 뿐 임차주택이 관할 관청의 허가를 받은 건물인지, 등기를 마친 건물인지 아닌지를 구별하고 있지는 아니하

므로(제2조), 어느 건물이 국민의 주거생활의 용도로 사용되는 주택에 해당하는 이상 비록 그 건물에 관하여 아직 등기를 마치지 아니하였거나 등기가 이루어질 수 없는 사정이 있다고 하더라도 다른 특별한 규정이 없는 한 같은 법의 적용대상이 된다고 해석함이 상당하다(미등기 무허가 건물의 양수인에 대한 대항력을 인정한 대법원 1987. 3. 24. 선고 86다카164 판결 참조).

그런데 대항요건 및 확정일자를 갖춘 임차인과 소액임차인에게 우선변제권을 인정한 같은 법 제3조의2 및 제8조가 미등기 주택을 달리 취급하는 특별한 규정을 두고 있지 아니하므로, 위에서 본 대항요건 및 확정일자를 갖춘 임차인과 소액임차인의 임차주택 대지에 대한 우선변제권에 관한 법리는 임차주택이 미등기인 경우에도 그대로 적용된다고 보아야 할 것이다.

이와 달리 임차주택의 등기여부에 따라 그 우선변제권의 인정여부를 달리 해석하는 것은 합리적 이유나 근거 없이 그 적용대상을 축소하거나 제한하는 것이 되어 부당하고, 「민법」과 달리 임차권의 등기 없이도 대항력과 우선변제권을 인정하는 같은 법의 취지에 비추어 타당하지 아니하다. 다만, 소액임차인의 우선변제권에 관한 같은 법 제8조 제1항이 그 후문에서 "이 경우 임차인은 주택에 대한 경매신청의 등기 전에 대항요건을 갖추어야 한다."고 규정하고 있으나, 이는 소액보증금을 배당받을 목적으로 배당절차에 임박하여 가장 임차인을 급조하는 등의 폐단을 방지하기 위하여 소액임차인의 대항요건 구비시기를 제한하는 취지이지, 반드시 임차주택과 대지를 함께 경매하여 임차주택 자체에 경매신청의 등기가 되어야 한다거나 임차주택에 경매신청의 등기가 가능한 경우로 제한하는 취지는 아니라 할 것이다.

대지에 대한 경매신청의 등기 전에 위 대항요건을 갖추도록 하면 입법취지를 충분히 달성할 수 있으므로, 위 규정이 미등기 주택의 경우에 소액임차인의 대지에 관한 우선변제권을 배제하는 규정에 해당한다고 볼 수 없다.

2. 기존채권을 보증금으로 한 임대차계약
대법원 2002. 1. 8. 선고, 2001다47535 판결

판시사항

기존 채권을 보증금에 대신하는 것으로 하여 체결한 임대차계약도 적법한 것으

로 인정되는지 여부(적극)

▌판결요지

주택임차인이 대항력을 갖추고 있는지 여부는 「주택 임대차 보호법」 제3조 제1항에서 정한 요건, 즉 임대차계약의 성립, 주택의 인도, 주민등록의 요건을 갖추었는지 여부에 의하여 결정되는 것이므로, 당해 임대차계약이 통정허위표시에 의한 계약이어서 무효라는 등의 특별한 사정이 있는 경우에는 별론으로 하고, 임대차계약 당사자가 기존 채권을 임대차보증금으로 전환하여 임대차계약을 체결하였다는 사정만으로 임차인이 같은 법 제3조 제1항 소정의 대항력을 갖추지 못하였다고 볼 수는 없다.

▌판결이유

주택임차인이 대항력을 갖추고 있는지 여부는, 법 제3조 제1항에서 정한 요건, 즉 임대차계약의 성립, 주택의 인도, 주민등록의 요건을 갖추었는지 여부에 의하여 결정되는 것이므로, 당해 임대차계약이 통정허위표시에 의한 계약이어서 무효라는 등의 특별한 사정이 있는 경우는 별론으로 하고, 임대차계약 당사자가 기존 채권을 임대차보증금으로 전환하여 임대차계약을 체결하였다는 사정만으로 임차인이 법 제3조 제1항 소정의 대항력을 갖추지 못한다고 볼 수는 없다.

원심은 대법원 2001. 5. 8. 선고, 2001다14733 판결을 원용하고 있으나, 이 판결은 임대차계약의 주된 목적이 주택을 사용 · 수익하려는 데 있는 것이 아니고 소액임차인으로 보호받아 법 제8조 제1항 소정의 최우선변제권을 행사함으로써 기존채권을 회수하려는 데에 있는 경우에는 법상의 소액임차인으로서 보호받을 수 없다는 법리를 선언한 판결이므로 이 사건에 원용할 만한 판례가 아니다. 그럼에도 불구하고, 원심은 이와 다른 견해에서, 피고는 법상의 보호대상인 임차인이 아니라고 판단하였으므로 이에는 분명 법 제3조 제1항 소정의 대항력에 관한 법리를 오해한 위법이 있다고 할 것이다. 이 점을 지적하는 상고이유 주장은 정당하다.

3. 명의신탁자와 체결한 임대차계약

대법원 1999. 4. 23. 선고, 98다49753 판결

▌판시사항

임차인이 명의신탁자와 계약을 체결한 경우라도 적법한 임대차계약을 한 것으로 인정될 수 있는지 여부(적극)

▌판결요지

「주택 임대차 보호법」이 적용되는 임대차는 반드시 임차인과 주택 소유자인 임대인과의 사이에 임대차계약이 체결된 경우에만 한정된다고 할 수는 없고, 주택의 소유자는 아니지만 주택에 관하여 적법하게 임대차계약을 체결할 수 있는 권한(적법한 임대권한)을 가진 명의신탁자와의 사이에 임대차계약이 체결된 경우에도 포함된다고 할 것이고, 이 경우 임차인은 등기부상 주택의 소유자인 명의수탁자에 대한 관계에서도 적법한 임대차임을 주장할 수 있는 반면, 명의수탁자는 임차인에 대하여 자기가 그 주택의 소유자임을 내세워 명도를 구할 수 없다.

따라서 주택의 명의신탁자가 임대차계약을 체결한 후 명의수탁자가 명의신탁자로부터 당해 주택을 임대할 권리를 포함하여 주택에 대한 처분권한을 종국적으로 이전받는 경우라도, 임차인이 주택의 인도와 주민등록을 마친 이상 명의수탁자는 「주택 임대차 보호법」 제3조 제2항의 규정에 의하여 임차인과의 관계에서 그 주택의 양수인으로서 임대인의 지위를 승계하였다고 보아야 한다.

▌판결이유

원심이 확정한 사실관계에 의하면, 신상민이 이 사건 건물을 신축하여 그 소유권을 원시취득한 후, 원고는 1995. 2. 18. 이 사건 건물에 대한 소유권 보존등기를 경료함으로써 신상민으로부터 그 소유명의를 신탁 받았다가 1998. 6. 9. 조정절차를 통하여 신상민으로부터 원고 명의로 등기되어 있는 이 사건 건물에 대하여 원고의 소유임을 확인받는 방법에 의하여 종국적으로 그 처분권한을 이전받음으로써 피고와의 관계에서 신상민의 임대인의 지위를 승계하였다고 할 것이니, 원심이 설시한 판단에 적절하지 못한 부분이 있기는 하나 결국 원고를 이 사건 건물에 대한 「주택

임대차 보호법」 상의 양수인으로 인정한 조치는 옳다고 여겨지고, 거기에 상고이유의 주장과 같은 법리오해의 위법이 있다고 할 수 없다.

4. 양도담보권설정자와 체결한 임대차계약
대법원 2001. 12. 11. 선고, 2001다40213 판결

▌판시사항

부동산이 양도담보로 제공된 경우로써 목적 부동산을 설정자가 계속 점유하고 있는 경우라면, 양도담보권설정자와 체결한 임대차계약도 유효한 것인지 여부(한정적극)[12)]

▌판결요지

일반적으로 부동산을 채권담보 목적으로 양도한 경우에는 특별한 사정이 없는 한 목적 부동산에 대한 사용 · 수익권은 채무자인 양도담보권설정자에게 있는 것이므로 설정자와 양도담보권자 사이에 양도담보권자가 목적물을 사용 · 수익하기로 하는 약정이 없는 이상 목적 부동산을 임대할 권한은 양도담보권설정자에게 있다.

5. 잔금 미불입 상태의 매수인과 맺은 임대차계약
대법원 2002. 11. 8. 선고, 2002다38361,38378 판결

▌판시사항

인수대항력 없는 임차인이 경매절차상 매각대금을 완납하기 전인 매수인과 체결한 임대차계약도 유효한 것으로 볼 수 있는지 여부(한정적극)

▌판결요지

경매절차에서 낙찰인이, 주민등록은 되어 있으나 대항력이 없는 종전 임차인과의 사이에 새로 임대차계약을 체결하고 낙찰대금을 납부한 경우, 종전 임차인의 주민등록은 낙찰인의 소유권취득 이전부터 낙찰인과 종전 임차인 사이의 임대차관계

---

12) 동 판례의 입장은 양도담보의 법적성질을 신탁적 양도설에 입각하고 있을 때만 가능한 것이다. 따라서 양도담보도 담보권에 불과하다는 담보물권설 입장에서 본다면 특별한 사정이 없으면 당연히 양도담보권설정자가 그 목적물의 소유권자로서 여전히 임대할 수 있는 지위를 갖게 된다.

를 공시하는 기능을 수행하고 있었으므로, 종전 임차인은 당해 부동산에 관하여 낙찰인이 낙찰대금을 납부하여 소유권을 취득하는 즉시 대항력 있는 임차권을 취득하게 된다.

▌판결이유

이 사건 부동산은 원래 송선섭의 소유로서, 1995. 7. 31. 농업협동조합중앙회(이하 '농협중앙회'라 한다) 명의로 제1순위 근저당권설정등기가 경료되었는데, 원고(반소피고, 이하 '원고'라고만 한다)는 그 이전인 1994. 3. 19. 송선섭으로부터 이 사건 주택부분을 임대차보증금 3,500만원을 지급하고 임차하여 현재까지 이 사건 주택 부분에 거주하면서 이를 점유하고 있으나, 임대차계약서상의 확정일자는 1994. 10. 10. 마쳤고, 전입신고는 위 근저당권설정 이후인 1996. 7. 3. 비로소 마쳤다.

그러던 중 위 농협중앙회의 신청에 의해 1997. 2. 21. 서울지방법원 동부지원 97타경3860호로 부동산 임의경매절차(이하 '1차 경매절차'라 한다)가 개시되었고, 송선섭의 장모인 김말순은 위 1차 경매절차에서 1997. 7. 28. 이 사건 부동산을 낙찰받아 1997. 10. 9. 그 대금을 완납하고, 1997. 10. 10. 그 명의로 소유권이전등기를 마친 후 같은 날 이 사건 부동산에 대해 채무자 김말순, 채권최고액 금 156,000,000원, 근저당권자 주식회사 한신상호신용금고(이하 '한신금고'라 한다)로 하는 근저당권 설정등기(이하 '이 사건 근저당권설정등기'라 한다)를 마쳤다.

이 사건 부동산에 관하여 한신금고의 신청에 의하여 1999. 1. 11. 같은 법원 99타경1059호로 부동산 임의경매절차(이하 '2차 경매절차'라 한다)가 개시되었고, 정홍자는 위 2차 경매절차에서 이 사건 부동산을 낙찰 받아 2000. 5. 18. 대금을 완납하고 그 명의의 소유권이전등기를 마쳤고, 피고(반소원고, 이하 '피고'라고만 한다) 참가인에게 순차 소유권이전등기가 경료 되었다.

원심이 적법하게 확정한 기초 사실관계에 의하면, 김말순이 이 사건 부동산에 대한 낙찰대금을 납부하기 이전부터 이 사건 주택에 관하여 주민등록상 소유자 아닌 원고가 거주하는 것으로 나타나 있어서 제3자들이 보기에 원고의 주민등록이 소유권 아닌 임차권을 매개로 하는 점유라는 것을 인식할 수 있었으므로 위 주민등록은 김말순의 소유권취득 이전부터 김말순과 원고 사이의 임대차 관계를 공시하는 기능을 수행하고 있었다고 할 것이고, 따라서 원고는 이 사건 부동산에 관하여 김말순이 낙찰대금을 납부하여 소유권을 취득하는 즉시 위 임차권의 대항력을 취득하였다고 할 것인바(대법원 2001. 1. 30. 선고, 2000다58026, 58033 판결 참조), 위 2차 경매절차의 기초가 된 한신금고 명의의 이 사건 근저당권 설정등기는 원고의 위 대항력 취득 이후에 경료 되었으므로 원고는 위 임차권으로서 위 경매절차에서의 낙찰인 및 그 승계인에게 대항할 수 있다고 할 것이다.

6. 소유권 상실 전의 임대인과 체결한 임대차계약
대법원 2003. 8. 22. 선고, 2003다12717 판결

▌판시사항

매매계약 해제로 인하여 소유권을 상실하기 전에 동 임대인과 임대차계약을 체결한 임차인이 그 계약이 해제되기 전에 「주택 임대차 보호법」 상 대항요건을 갖춘 경우라면, 소유권을 회복한 제3자에 대해서도 적법한 임차인임을 주장할 수 있는지 여부(적극)

▌판결요지

소유권을 취득하였다가 계약해제로 인하여 소유권을 상실하게 된 자로부터 그 계약이 해제되기 전에 주택을 임차 받아 주택의 인도와 주민등록을 마침으로써 「주택 임대차 보호법」 제3조 제1항의 대항요건을 갖춘 임차인은 「민법」 제548조 제1항 단서의 규정에 따라 계약해제로 인하여 권리를 침해받지 않는 제3자에 해당하므로, 임대인의 임대권원의 바탕이 되는 계약의 해제에도 불구하고 자신의 임차권을 새로운 소유자에게 대항할 수 있고, 이 경우 계약해제로 소유권을 회복한 제3자는 「주택 임대차 보호법」 제3조 제2항에 따라 임대인의 지위를 승계한다.

7. 일부 지분권자와 체결한 임대차계약
대법원 1962. 4. 4. 선고, 62다1 판결

▌판시사항

공유 가옥에 대하여 다른 공유자와의 결의 없이 일부 지분권자와 체결한 임대차계약도 유효한 것으로 되는지 여부(한정소극)

판결요지

임대행위와 같은 관리행위에 있어서 공유자 지분의 과반수가 되지 못하는 공유자가 체결한 임대차계약은 적어도 다른 1/2 지분권자에 대해서는 무효인 계약임이 자명하다 할 것이고, 이에 따라 다른 공유자는 공유물 보존행위로써 임차인에게 그 명도청구를 할 수 있다.

판결이유

생각하건대 공유자가 공유물을 타인에게 임대하는 것과 같은 행위는 공유물의 관리행위라 할 것이고, 공유자의 한 사람이 불법점유자에 대하여 명도나 인도를 청구하는 것은 공유물의 보존행위라 할 것이며, 공유물의 관리행위는 공유자의 지분의 과반수로써 결정함이 「민법」 제265조(구 「민법」 제252조)의 규정에 의하여 분명하다고 할 것이다.

이 사건에 있어서 원심의 판결이유에 의하면 원심은 이 사건 가옥이 원고와 소외 신택근의 각각 1/2 지분을 가진 공유물로 인정하면서 공유자의 한 사람인 소외인이 원고와의 결의 없이 피고들에게 임대하였다 하더라도 이는 공유자의 내부관계의 규율에 위반함에 불과하고 소외인의 피고들에 대한 임대차계약은 무효가 아니라고 판시 하였으나, 앞에서 설명한 바와 같이 임대차와 같은 관리행위에 있어서 공유자 지분의 과반수가 되지 못하는 소외 신택근의 피고들에 대한 임대계약은 적어도 1/2 지분권자인 원고에 대하여서는 무효인 계약임이 자명하다고 할 것이고, 원고가 공유자로서 하는 명도청구는 공유물의 보존행위라 할 것인바, 원심이 이와 반대의 견해로써 소외 신택근의 피고들에 대한 임대차 계약을 무효가 아니라고 판시하고 원고의 명도청구가 보존행위가 아니라고 판시(타 공유자에게 불이익을 초래할 염려가 있거나 또는 긴급을 요하지 아니하는 행위는 보존행위라고 할 수 없다는 주석을 붙이기는 하였다)한 것은 공유물의 관리 · 보존에 관한 법리를 오해한 위법이 있어 파기를 면치 못할 것이다.

8. 채무초과 상태의 임대인과 체결한 임대차계약
대법원 2005. 5. 13. 선고, 2003다50771 판결

❙ 판시사항

유일한 주택을 가진 임대인이 채무초과 상태인 경우라도 그 소유주택에 대하여 소액보증금 최우선변제 대상인 임대차계약을 체결할 수 있는지 여부(한정소극)

❙ 판결요지

「주택 임대차 보호법」 제8조의 소액보증금 최우선변제권은 임차목적 주택에 대하여 저당권에 의하여 담보된 채권, 조세 등에 우선하여 변제받을 수 있는 일종의 법정 담보물권을 부여한 것이므로, 채무자가 채무초과 상태에서 채무자 소유의 유일한 주택에 대하여 위 법조 소정의 임차권을 설정해 준 행위는 채무초과 상태에서의 담보제공 행위로서 채무자의 총재산의 감소를 초래하는 행위가 되는 것이고, 따라서 그 임차권 설정행위는 사해행위로써 취소의 대상이 된다.

그리고 「주택 임대차 보호법」 제8조의 소액보증금 최우선변제권 보호대상인 임차권을 설정해 준 행위가 사해행위인 경우, 채무자인 임대인의 악의는 추정되는 것이고, 수익자인 임차인의 악의 또한 추정된다고 할 것이나, 다만 위 법조 소정의 요건을 갖춘 임차인에 대하여 선행의 담보권자 등에 우선하여 소액보증금을 회수할 수 있도록 한 입법취지에 비추어 보면, 위 법조 소정의 임차권을 취득하는 자는 자신의 보증금 회수에 대하여 상당한 신뢰를 갖게 되고, 따라서 임대인의 채무초과 상태 여부를 비롯하여 자신의 임대차계약이 사해행위가 되는지에 대하여 통상적인 거래행위 때보다는 주의를 덜 기울이게 될 것이므로, 수익자인 임차인의 선의를 판단함에 있어서는 실제로 보증금이 지급되었는지, 그 보증금의 액수는 적정한 지, 등기부상 다수의 권리제한 관계가 있어서 임대인의 채무초과 상태를 의심할 만한 사정이 있었는데도 굳이 임대차계약을 체결할 사정이 있었는지, 임대인과 친인척 관계 등의 특별한 관계는 없는지 등에 대하여 종합적으로 고려하여 논리와 경험칙을 통하여 합리적으로 판단하여야 한다.

▌판결이유

기록에 의하면, 이 사건 주택은 방이 두 개인데, 채무자는 그 처인 김명자, 1984년생인 딸 윤수진, 1987년생인 아들 윤동규와 함께 이 사건 아파트에 거주하고 있으며, 한편 피고는 1977년생의 여자인 바, 그렇다면 채무자는 피고에게 방 하나를 임대해 주고 자신의 가족 4명이 방 하나를 사용하였다는 것이고, 또한 성년의 여자인 피고도 위와 같은 아파트에 금 1,500만 원이나 되는 보증금을 지급하고 임대차계약을 체결하였다는 것인데, 이는 경험칙상 이례적인 것으로 보이는 점, 피고가 이 사건 임대차계약을 체결할 때 이미 이 사건 아파트에는 여러 건의 근저당권과 가압류등기 및 체납처분이 되어 있었으며, 피고도 이 사건 임대차계약을 체결할 때 여러 건의 근저당권이 설정되어 있다는 것을 알았으면서도 소액보증금의 보호한도인 금 1,200만 원을 넘는 금원을 지급한 점, 피고는 자신의 보증금이 「주택 임대차 보호법」 제8조에 의하여 전액 보호되므로 다수의 근저당권에도 불구하고 임대차계약을 체결하였다고 주장하나, 이 사건 임대차계약 체결시인 2000. 11.에는 소액보증금의 보호범위가 금 3,000만 원 이하의 임차인 중 금 1,200만 원 한도였고, 2001. 9. 15.부터 비로소 금 4,000만 원 이하의 임차인 중 금 1,600만 원 한도까지 확대되었으므로, 이 사건 임대차계약서 작성일자인 2000. 11. 18.에는 자신의 보증금 1,500만 원 전액이 보호될 것이라는 신뢰를 가질 근거가 없는 점, 피고는 자신이 2000. 12.에 점유를 취득하였다고 주장하였으나 경매법원의 명을 받은 집행관이 2001. 9. 24. 이 사건 아파트의 현황을 조사할 때 채무자는 피고의 보증금이 금 1,200만 원이고 점유개시일자가 2000. 10.이라고 하여, 피고가 주장하는 임대차계약일로부터 불과 10개월이 지난 후인데도 피고가 점유를 개시한 때가 가을인지, 겨울인지, 보증금이 얼마인지조차 정확히 진술하지 못한 점, 다른 한편 위 김광곤은 채무자의 처남(처인 김명자의 오빠)으로서, 위 김광곤 명의의 근저당권은 원고가 제기한 사해행위취소 소송의 결과 사해행위로서 말소되었으며, 피고는 자신이 근무하던 직장의 사람을 통하여 이 사건 아파트를 소개받았다고 진술하여 마치 이 사건 임대차계약 전에는 채무자나 그 처인 김명자를 몰랐던 것처럼 주장하고 있으나, 피고는 채무자의 처와 친척관계가 있는 것으로 보이는 점 등 경험칙상 피고가 진정한 임차인인지에 대하여 의심의 여지가 있고, 이러한 사정하에서는 수익자인 피고의 악의에 대한 추정이 번복되었다고 보기는 어렵다 할 것이다.

9. 기존 채권을 담보할 목적으로 체결한 임대차계약
대법원 2007. 12. 13. 선고, 2007다55088 판결

▌판시사항

계약의 주된 목적이 주택을 사용 · 수익하려는 것이 아니고 대항력 있는 임차인으로 보호받아 기존 채권을 회수할 목적으로만 체결한 임대차계약이라도 유효한 것으로 인정될 수 있는지 여부(소극)

▌판결요지

채권자가 채무자 소유 주택에 관하여 채무자와 임대차계약을 체결하고 전입신고를 마친 다음 그곳에 거주하여 형식적으로 주택임차인으로서의 대항력을 취득한 외관을 갖추었다고 하더라도 임대차계약의 주된 목적이 주택을 사용 수익하려는 것에 있는 것이 아니고, 실제적으로는 대항력 있는 임차인으로 보호받아 후순위권리자 기타 채권자보다 우선하여 채권을 회수하려는 것에 있었던 경우에는 그러한 임차인에게는 「주택 임대차 보호법」이 정하고 있는 대항력을 인정할 수 없다.

▌판결이유

「주택 임대차 보호법」(이하 '법'이라 한다)의 입법목적은 주거용 건물에 관하여 「민법」에 대한 특례를 규정함으로써 국민의 주거생활의 안정을 보장하려는 것이고(제1조), 법 제3조 제1항에서 임대차는 그 등기가 없는 경우에도 임차인이 주택의 인도와 주민등록을 마친 때에는 그 익일부터 제3자에 대하여 효력이 생기고, 여기에 더하여 법 제3조의2 제2항에서 제3조 제1항의 대항요건과 임대차계약서상의 확정일자를 갖춘 임차인에게 경매나 공매시 후순위권리자 기타 채권자보다 우선하여 변제를 받을 수 있도록 한 것은, 사회적 약자인 임차인을 보호하려는 사회보장적 고려에서 나온 것으로서 「민법」의 일반규정에 대한 예외규정인 바, 그러한 입법목적과 제도의 취지 등을 고려할 때, 채권자가 채무자 소유의 주택에 관하여 채무자와 임대차계약을 체결하고 전입신고를 마친 다음 그곳에 거주하여 형식적으로 주택임대차로서의 대항력을 취득한 외관을 갖추었다고 하더라도 임대차계약의 주된 목적이 주택을 사용 수익하려는 것에 있는 것이 아니고, 실제적으로는 대항력 있는 임차인으

로 보호받아 후순위권리자 기타 채권자보다 우선하여 채권을 회수하려는 것에 있었던 경우에는 그러한 임차인에게 「주택 임대차 보호법」이 정하고 있는 대항력을 부여할 수 없다(대법원 2001. 5. 8. 선고 2001다14733 판결, 대법원 2003. 7. 22. 선고 2003다21445 판결 등 참조).

기록에 의하면, 원고는 소외 1의 형인 소외 2의 딸로서 원고의 부모인 소외 2, 3이 소외 1에게 대여한 돈 중 일부인 금 5,000만 원을 이 사건 임대차보증금으로 대체하기로 하고 이 사건 임대차계약을 체결한 사실, 소외 1은 동우빌라 건축으로 인해 이 사건 임대차계약 당시 경제적으로 매우 어려운 상황에 있었던 사실, 동우빌라에 관한 강제경매절차에서 이 사건 빌라는 2003. 11. 1. 기준으로 토지를 제외한 건물의 시가가 금 5,600만 원에 불과한 것으로 감정 평가된 사실, 원고의 어머니 소외 3도 소외 1에 대한 나머지 대여금채권 금 1억 500만 원을 임대차보증금으로 대체하기로 하고 2002. 2. 2. 동우빌라 202호에 관하여 임대차계약을 체결하고 남편인 소외 2와 함께 전입신고를 마쳤고, 소외 1의 누나인 소외 4 역시 소외 1에 대한 대여금채권 금 1억 3,000만 원을 임대차보증금으로 대체하기로 하고 2002. 9. 12. 동우빌라 302호에 관하여 임대차계약을 체결하고 전입신고를 마쳤는데, 동우빌라에 관한 강제경매절차에서 2003. 11. 1. 기준으로 토지를 제외한 202호 건물의 시가가 금 1억 3,000만 원, 302호 건물의 시가가 금 9,500만 원에 불과한 것으로 감정 평가된 사실을 알 수 있는 바, 원고는 비록 소외 2, 3의 소외 1에 대한 대여금채권을 임대차보증금으로 대체하고 이 사건 빌라를 인도받아 주민등록을 마치고 거주함으로써 「주택 임대차 보호법」 제3조 제1항에서 정한 요건을 형식상 갖추었으나, 원고와 소외 1과의 관계, 원고 부모의 소외 1에 대한 대여금채권을 임대차보증금으로 대체한 점, 원고 이외에도 원고의 어머니와 소외 1의 누나가 원고와 같은 방법으로 임대차계약을 체결한 점, 이 사건 빌라의 시가와 이 사건 임대차보증금의 액수 등에 비추어 보면, 원고가 이 사건 임대차계약을 체결한 것이 이 사건 빌라의 사용, 수익을 목적으로 하였다기보다는 대항력 있는 임차인으로 보호받아 소외 2, 3의 소외 1에 대한 대여금채권을 우선 변제받으려는 것이 주된 목적이 아니었는가 하는 의심이 들기에 충분하다.

10. 임차인이 체결한 새로운 임대차계약
대법원 2002. 6. 28. 선고, 2002다23482 판결

판시사항
임대차계약이 종료된 후 또는 임대차 계약기간 중에 새로운 임대차계약(재계약)을 체결한 경우에도 기존 임대차계약의 효력은 그대로 유지되는지 여부(소극)

판결요지
임대인이 임대차계약기간 중에 임차인에게 인상된 임대차보증금 및 차임을 납부한 후 새로운 임대차계약을 체결하되, 만약 이를 납부하지 아니하면 기존의 임대차계약을 해지하고 명도절차를 진행하겠다고 통지한 경우라면, 그 통지는 결국 원고와 피고 사이에 「주택 임대차 보호법」 제6조 제1항에서 정한 임대차계약의 묵시적 갱신이 이루어질 여지가 없게 되었다고 할 것이므로 기존의 임대차계약은 기간만료로 소멸된 것으로 보아야 한다.

판결이유
원심이 확정한 사실관계 및 기록에 의하면, 원고는 피고가 위 1999. 7.경의 통지에 따른 인상된 임대차보증금과 차임을 납부하지 아니하자 2000. 1. 3. 피고에게 같은 달 7.까지 인상된 임대차보증금 및 차임을 납부한 후 새로운 임대차계약을 체결하되 만약 이를 납부하지 아니하면 위 임대차계약을 해지하고 이 사건 아파트의 명도절차를 진행하겠다고 통지한 사실이 인정되는 바, 위와 같은 통지의 문언 및 원고가 그와 같은 통지를 하게 된 동기와 경위, 위 통지에 의하여 달성하려는 목적, 그리고 이 사건 아파트 임대차계약의 해지 및 명도절차 착수는, 피고와의 위 아파트 임대차계약의 갱신을 하지 아니함을 전제로 한다는 점 등을 고려할 때, 위 통지는 기존의 임대차계약 기간 중의 계약해지를 의미하는 외에 장차 이 사건 아파트에 대한 기존의 임대차계약상의 임대차보증금과 차임을 인상하는 것으로 그 계약조건을 변경하지 않으면 계약을 갱신하지 않겠다는 의사표시까지 포함된 것으로 해석하여야 할 것이고, 한편 「주택 임대차 보호법」 제7조에서 "약정한 차임 또는 보증금이 임차주택에 관한 조세 · 공과금 기타 부담의 증감이나 경제사정의 변동으로 인하여 상당

하지 아니하게 된 때에는 당사자는 장래에 대하여 그 증감을 청구할 수 있다. 그러나 증액의 경우에는 대통령령이 정하는 기준에 따른 비율을 초과하지 못한다."고 정하고 있기는 하나, 위 규정은 임대차계약의 존속중 당사자 일방이 약정한 차임 등의 증감을 청구한 때에 한하여 적용되고, 임대차계약이 종료된 후 재계약을 하거나 또는 임대차계약 종료 전이라도 당사자의 합의로 차임 등이 증액된 경우에는 적용되지 않는다고 할 것이므로(대법원 1993. 12. 7. 선고 93다30532 판결 참조), 위 통지 당시 그 임대차보증금 및 차임 인상분의 적정 여부는 원고의 이 사건 임대차계약 갱신거절의 의사표시 효력과는 아무런 관계가 없다고 할 것이다.

결국, 원고가 피고에게 그와 같은 내용의 통지를 한 이상 원고와 피고 사이에 「주택 임대차 보호법」 제6조 제1항에서 정한 임대차계약의 묵시적 갱신이 이루어질 여지는 없게 되었다고 할 것임에도 불구하고, 원심은 채증법칙에 위배하여 사실을 오인하였거나 주택임대차 계약의 묵시적 갱신에 관한 법리를 오해한 나머지 원고와 피고 사이에 이 사건 아파트에 관한 임대차계약이 묵시적으로 갱신되었다고 잘못 판단하였다고 할 것이고, 이는 판결 결과에 영향을 미쳤다고 할 것이다.

11. 별도 작성된 전세권설정계약서의 효력
대법원 2002. 11. 8. 선고, 2001다51725 판결

판시사항

주택 임대차계약을 체결한 임차인이 자신의 지위를 강화하기 위한 방편으로 따로 전세권등기도 한 경우, 동 전세권설정계약서도 임대차계약서로 볼 수 있는지 여부(적극)

판결요지

주택에 관하여 임대차계약을 체결한 임차인이 자신의 지위를 강화하기 위한 방편으로 따로 전세권설정계약서를 작성하고 전세권설정등기를 한 경우, 따로 작성된 전세권설정계약서가 원래의 임대차계약서와 계약일자가 다르다고 하여도 계약당사자, 계약목적물 및 보증금액(전세금액) 등에 비추어 동일성을 인정할 수 있다면 그 전세권설정계약서 또한 원래의 임대차계약에 관한 증서로 볼 수 있고, 등기필증에 찍

힌 등기관의 접수인은 첨부된 등기원인계약서에 대하여 「민법」 부칙 제3조 제4항 후단에 의한 확정일자에 해당한다고 할 것이므로, 위와 같은 전세권설정계약서가 첨부된 등기필증에 등기관의 접수인이 찍혀 있다면 그 원래의 임대차에 관한 계약증서에 확정일자가 있는 것으로 보아야 할 것이고, 이 경우 원래의 임대차는 대지 및 건물 전부에 관한 것이나 사정에 의하여 전세권설정계약서는 건물에 관하여만 작성되고 전세권등기도 건물에만 마쳤다고 하더라도 전세금액이 임대차 보증금액과 동일한 금액으로 기재된 이상 대지 및 건물 전부에 관한 임대차계약증서에 확정일자가 있는 것으로 봄이 상당하다.

12. 주소표시가 불비한 임대차계약서의 효력

대법원 1999. 6. 11. 선고, 99다7992 판결

▎판시사항

확정일자를 받은 임대차계약서에 임대차 목적물을 표시하면서 지번 · 구조 · 용도만 기재하고 아파트의 명칭과 그 전유부분의 동 · 호수의 기재를 누락한 경우라도 이에 날인된 확정일자를 유효한 것으로 볼 수 있는지 여부(적극)

▎판결요지

「주택 임대차 보호법」 제3조의2 제2항에 의하면, 주택임차인은 같은 법 제3조 제1항에 규정된 대항요건과 임대차계약서상에 확정일자를 갖춘 경우에는 경매절차 등에서 보증금을 우선변제 받을 수 있고, 여기서 확정일자의 요건을 규정한 것은 임대인과 임차인 사이의 담합으로 임차보증금 액수를 사후에 변경하는 것을 방지하고자 하는 취지일 뿐, 대항요건으로 규정된 주민등록과 같이 당해 임대차의 존재사실을 제3자에게 공시하고자 하는 것은 아니므로, 확정일자를 받은 임대차계약서가 당사자 사이에 체결된 당해 임대차계약에 관한 것으로서 진정하게 작성된 이상, 위와 같이 임대차계약서에 임대차 목적물을 표시하면서 아파트의 명칭과 그 전유부분의 동 · 호수 기재를 누락하였다는 사유만으로는 「주택 임대차 보호법」 제3조의2 제2항에 규정된 확정일자의 요건을 갖추지 못하였다고 볼 수 없다.

판결이유

기록과 원심판결이 인용한 제1심 판결이유에 의하면, 피고는 1992. 10. 2. 소외 장옥순과 사이에 장옥순 소유의 이 사건 부동산에 관하여 임차보증금 2,200만 원, 임차기간 1992. 10. 11.부터 12개월로 정하여 임대차계약을 체결하고, 1993. 4. 25. 전입신고를 마친 후 이 사건 부동산에 거주하여 오던 중, 1993. 10. 2. 장옥순과 사이에 임차보증금을 금 2,500만 원으로 증액하고, 기간을 1995. 10. 1.까지로 연장한 다음 1993. 12. 16. 임대차계약서에 확정일자를 받았는데, 그 임대차계약서에는 아파트인 이 사건 부동산의 지번, 구조, 용도만 기재되어 있을 뿐, 아파트의 명칭과 전유부분의 동·호수의 기재가 누락되어 있음을 알 수 있다.

그런데 「주택 임대차 보호법」 제3조의2 제2항에 의하면, 주택임차인은 같은 법 제3조 제1항에 규정된 대항요건과 임대차계약서상에 확정일자를 갖춘 경우에는 경매절차 등에서 보증금을 우선하여 변제받을 수 있고, 여기서 확정일자의 요건을 규정한 것은 임대인과 임차인 사이의 담합으로 임차보증금의 액수를 사후에 변경하는 것을 방지하고자 하는 취지일 뿐, 대항요건으로 규정된 주민등록과 같이 당해 임대차의 존재 사실을 제3자에게 공시하고자 하는 것은 아니므로, 확정일자를 받은 임대차계약서가 당사자 사이에 체결된 당해 임대차계약에 관한 것으로서 진정하게 작성된 이상, 위와 같이 임대차계약서에 임대차 목적물을 표시하면서 아파트의 명칭과 그 전유부분의 동·호수의 기재를 누락하였다는 사유만으로는 「주택 임대차 보호법」 제3조의2 제2항에 규정된 확정일자 요건을 갖추지 못하였다고 볼 수는 없다.

원심이 같은 취지에서 제1심 판결이유를 인용하여, 이 사건 임대차계약서에는 아파트인 이 사건 부동산의 명칭과 동·호수가 기재되어 있지 않아 「주택 임대차 보호법」 소정의 확정일자를 갖춘 임차인에 해당하지 아니한다는 원고의 주장을 배척한 것은 정당하고, 거기에 상고이유에서 주장하는 바와 같은 「주택 임대차 보호법」에 관한 법리 오해의 위법이 있다고 할 수 없다.

Ⅱ. 적법한 주민등록 요건

1. 다가구주택에 대한 전입신고
대법원 1998. 1. 23. 선고, 97다47828 판결

▌판시사항

다가구주택 임차인이 전입신고를 하면서 실제 거주하는 호수와 다르게 전입신고를 한 경우에도 유효한 것으로 인정되는지 여부(적극)

▌판결요지

다가구용 단독주택은 「건축법」이나 「주택건설 촉진법」상 이를 공동주택으로 볼 근거가 없어 단독주택으로 보아야 하는 이상, 「주민등록법 시행령」 제5조 제5항에 따라 임차인이 위 건물의 일부나 전부를 임차하여 전입신고를 하는 경우 지번만 기재하는 것으로 충분하고, 나아가 위 건물 거주자의 편의상 구분하여 놓은 호수까지 기재할 의무나 필요가 있다고 할 수 없으며, 임차인이 실제로 위 건물의 어느 부분을 임차하여 거주하고 있는지 여부에 대한 조사는 단독주택의 경우와 마찬가지로 위 건물에 담보권 등을 설정하려는 이해관계인의 책임 하에 이루어져야 하므로, 임차인이 위 건물의 지번으로 전입신고를 한 이상 일반 사회통념상 그 주민등록으로 위 건물에 임차인이 주소 또는 거소를 가진 자로 등록되어 있는지를 인식할 수 있어 임대차의 공시방법으로 유효하고, 그 임차인이 위 건물 중 종전에 임차하고 있던 부분에서 다른 부분으로 옮기면서 그 옮긴 부분으로 다시 전입신고를 하였다고 하더라도 달리 볼 것은 아니다.

2. 수 필지가 있는 경우의 전입신고
대법원 2001. 4. 24. 선고, 2000다44799 판결

▌판시사항

임차 주택이 소재하는 부지가 같은 담장 안에 수 필지가 있는 경우라면 반드시

건물이 존재하는 지번으로 전입신고를 하여야 하는지 여부(적극)

판결요지

「주택 임대차 보호법」 제3조 제1항에서 주택의 인도와 더불어 임대차의 대항력 발생 요건으로 규정하고 있는 주민등록은 거래의 안전을 위하여 임대차의 존재를 제3자가 명백히 인식할 수 있게 하는 공시방법으로 마련된 것이라고 볼 것이므로, 주민등록이 어떤 임대차를 공시하는 효력이 있는가의 여부는 일반사회 통념상 그 주민등록으로써 임차인이 당해 임대차 건물에 주소 또는 거소를 가진 자로 등록되어 있음을 인식할 수 있는지 여부에 따라 결정된다.

따라서 임차주택의 부지를 비롯한 세 필의 토지가 같은 담장 안에 있고 그 지상에 임차주택 이외에는 다른 건물이 건립되어 있지 않다고 하더라도 임차인이 임차주택의 부지가 아닌 인접한 다른 토지의 지번으로 주민등록을 마쳤더라도 유효한 공시방법으로 볼 수 없다.

판결이유

「주택 임대차 보호법」 제3조 제1항에서 주택의 인도와 더불어 임대차의 대항력 발생요건으로 규정하고 있는 주민등록은 거래의 안전을 위하여 임대차의 존재를 제3자가 명백히 인식할 수 있게 하는 공시방법으로 마련된 것이라고 볼 것이므로 주민등록이 어떤 임대차를 공시하는 효력이 있는가의 여부는 일반사회의 통념상 그 주민등록으로써 임차인이 당해 임대차 건물에 주소 또는 거소를 가진 자로 등록되어 있음을 인식할 수 있는지 여부에 따라 결정된다고 할 것이다(대법원 1997. 11. 14. 선고 97다29530 판결, 1998. 1. 23. 선고 97다47828 판결 등 참조).

원심은, 피고가 임차한 주택의 부지가 '서울 종로구 숭인동 313의 1 대 168.6㎡' 인 사실, 위 토지가 주차장으로 사용되고 있는 '서울 종로구 숭인동 312의 2 대 558㎡' 및 '서울 종로구 숭인동 313의 24 대 15.5㎡'와 인접하여 있고, 위 세 필의 토지가 같은 담장 안에 위치하여 있으며, 그 지상에는 위 건물 이외의 다른 건물이 건립되어 있지 아니한 사실, 피고가 '위 312의 2'로 주민등록을 마친 사실을 각 인정한 후, '위 312의 2'라는 지번은 피고가 임차한 주택의 부지인 '위 313의 1' 토지와 인접하기는 하지만 이와 명백히 구별되는 별개의 부동산을 표상하고 있으므로 일반사회의 통념상 제3자가 피고를 주민등록상 '위 313의 1'에 소재한 건물에 주소 또는 거소를 가진 자로 등록되어 있다고 인식할 수 있다고 보기 어렵다는 이유로 피고가 '위 313의 1'에 소재한 임차주택에 「주택 임대차 보호법」 제3조 제1항 소정의 유효한 공시방법인 주민등록을 마쳤다고 볼 수 없다고 판단하였는바, 거기에 상고이유와 같이 채증법칙을 위반하여 사실을 오인하였거나 심리를 다하지 아니하였거나 임차권의 대항력에 관한 법리를 오해한 위법이 있다고 할 수 없다.

3. 대장 지번에 기한 전입신고
대법원 2001. 12. 27. 선고, 2001다63216 판결

▌판시사항

주택에 대한 보존등기가 이루어진 후 토지분할 등으로 인하여 대장상 지번이 등기부상 지번과 서로 상이하게 된 경우, 토지대장 및 건축물대장상의 지번에 따라 주민등록을 한 경우라면 유효한 것으로 볼 것인지 여부(적극)

▌판결요지

주택의 인도와 주민등록이라는 임대차의 공시방법은 어디까지나 등기라는 원칙적인 공시방법에 갈음하여 마련된 것이고, 제3자는 주택의 표시에 관한 사항과 주택에 관한 권리관계에 관한 사항을 통상 등기부에 의존하여 파악하고 있으므로, 임대차 공시방법으로서의 주민등록이 등기부상의 주택 현황과 일치하지 않는다면 원칙적으로 유효한 공시방법이라고 할 수 없으나, 다만 주택의 소유권보존등기가 이루어진 후 토지의 분할 등으로 인하여 지적도, 토지대장, 건축물대장 등의 주택의 지번 표시가 분할 후의 지번으로 등재되어 있으나 등기부에는 여전히 분할 전의 지번으로 등재되어 있는 경우, 임차인이 주민등록을 함에 있어 토지대장 및 건축물대장에 일치하게 주택의 지번과 동 · 호수를 표시하였다면 설사 그것이 등기부의 기재와 다르다고 하여도 일반 사회통념상 임차인이 그 지번에 주소를 가진 것으로 제3자가 인식할 수 있다고 봄이 상당하므로 유효한 임대차의 공시방법이 된다.

판결이유

원심이, 1981. 4. 4. 이 사건 아파트의 소유권 보존등기 당시 등기부상 지번은 대구 북구 복현동 산 33이었으나, 1988. 12. 27. 같은 동 산 33과 산 33-2로 분할되어 이 사건 아파트의 등기부상 지번은 산 33-2로 변경되어 그 지번이 현재까지 계속 등기부에 등재되어 있는 사실, 그러나 임야대장상으로는 1988. 7. 30. 복현동 산 33이 같은 동 산 33과 산 33-2로 분할됨과 동시에 이 사건 아파트가 위치한 산 33-2는 같은 날 100-1로 등록전환되어 산 33-2는 말소된 사실, 건축물관리대장에도 이 사건 아파트의 지번이 복현동 100-1로 기재되어 있을 뿐만 아니라 지적도상 산 33-2라는 지번은 더 이상 존재하지 않고 100-1로 표시되어 있는 사실을 인정한 다음, 이에 의하면 원고가 1996. 6. 27. 이 사건 아파트에 전입을 함에 있어 이 사건 아파트의 지번을 건축물관리대장상의 복현동 100-1 소라아파트 비이동 105호로 신고하여 한 주민등록은 이 사건 아파트에 관한 임대차의 유효한 공시방법이라고 판단한 것은 앞서 본 법리에 따른 것으로 정당하고, 거기에 상고이유로 주장하는 바와 같은 주민등록에 관한 법리오해의 위법이 있다고 할 수 없다.

4. 집합건축물대장에 따른 전입신고

대법원 2002. 5. 10. 선고, 2002다1796 판결

판시사항

집합건축물대장과 동 건물등기부의 표제부 기재가 서로 상이한 경우 집합건축물대장에 따라 전입 신고한 경우라면 유효한 것으로 볼 수 있는지 여부(적극)

판결요지

임차인이 집합건축물대장의 작성과 소유권 보존등기가 경료되기 전에 연립주택의 1층 101호를 임차하여 현관문 표시대로 호수를 101호로 전입신고 하였고, 그 후 작성된 집합건축물대장상에도 호수가 101호로 기재되었으나 등기부에는 제1층 제101호로 등재된 경우라도, 실제 건물의 현황과 정확히 일치되는 주민등록 전입신고를 하였고, 그 후 작성된 집합건축물대장의 기재 또한 현황과 같으므로 임차인의 주민등록은 임대차 공시방법으로써 유효하다.

▌판결이유

원심판결 이유에 의하면, 원심은 피고가 1997. 1.경 소외 최홍섭과의 사이에 수원시 권선구 호매실동 453-31 소재 다세대주택 1층 101호(이하 '이 사건 주택'이라 한다)를 임대차보증금 22,000,000원, 임대차 기간 1997. 1. 26.부터 1998. 1. 25.까지로 정하여 피고가 임차하기로 하는 임대차계약을 체결하여, 그 무렵 위 보증금을 지급하고 이 사건 주택에 입주한 후 1997. 2. 4. '경기도 수원시 권선구 호매실동 453의 31(21/5) 원영빌라 4-101'로 주민등록 전입신고를 마친 사실, 한편 주식회사 협신상호신용금고는 이 사건 주택을 포함한 다세대주택 전체에 관하여 1998. 7. 18. 인천지방법원 부천지원 접수 제113139호로 설정된 제1순위 근저당권에 기하여 수원지방법원에 경매신청을 하였고, 이에 위 법원은 1999. 10. 27. 위 법원 99타경120863호로 경매개시결정을 한 후 경매절차를 진행하였는데, 원고가 이 사건 주택을 낙찰 받아 2001. 4. 24. 원고 명의로 소유권이전등기를 경료한 사실, 이 사건 다세대주택은 지층 및 지상 4층으로 구성되어 각 호수마다 전유부분 등기가 되어 있으며, 이 사건 주택은 지상 1층 101호인데 등기부에는 '제1층 제101호'로, 집합건축물대장에는 '101'로, 건물 현관문에는 '101'로 각 표기되어 있고, 이 사건 다세대주택 지하층에도 101호가 있는데, 이는 등기부에는 '제 지하층 제101호'로, 집합건축물대장에는 'B 101'로, 건물 현관문에는 'B 01'로 각 표기되어 있는 사실을 인정한 다음, 이 사건 주택은 이 사건 다세대주택 중의 1층 101호로서, 따로 지층에 101호가 존재하고 있음에도 지층과 1층을 구분하지 않고 '101호'로 표시한 피고의 주민등록은 그 임대차의 공시방법으로 유효하다고 할 수 없다고 판단하였다.

그러나 「주택 임대차 보호법」 제3조 제1항에서 주택의 인도와 더불어 대항력의 요건으로 규정하고 있는 주민등록은 거래의 안전을 위하여 임대차의 존재를 제3자가 명백히 인식할 수 있게 하는 공시방법으로 마련된 것이라고 볼 것이므로, 주민등록이 어떤 임대차를 공시하는 효력이 있는가의 여부는 일반 사회통념상 그 주민등록으로 당해 임대차 건물에 임차인이 주소 또는 거소를 가진 자로 등록되어 있는지를 인식할 수 있는가의 여부에 따라 결정된다고 할 것인바(대법원 1999. 5. 25. 선고 99다8322 판결 참조), 원심이 판시한 바와 같이 피고가 집합건축물대장이 작성되거나 소유권보존등기가 경료되기 전에 이 사건 주택인 1층 101호를 임차하여 현관문상의 표시대로 호수를 '101'호로 전입신고를 하였고, 그 후에 작성된 집합건축물대장상에도 역시 호수가 현황대로 '101'호로 기재되었으나 등기부에는 '제1층'의 기재가 추가되어 '제1층 제101호'로 등재된 경우라면, 피고는 실제 건물의 현황과 정확히 일치되게 주민등록 전입신고를 하였고, 그 후 작성된 집합건축물대장의 기재 또한 현황과 같으므로 일반 사회통념상 그 주민등록으로 당해 임대차 건물에 임차인이 주소 또는 거소를 가진 자로 등록되어 있다는 것을 충분히 인식할 수 있다고 할 것이어서, 등기부와 같이 '제1층'이라는 기재를 하지 않았다고 하더라도 피고의 위 주민등록은 위 임대차의 공시방법으로써 유효하다고 봄이 상당하다.

그럼에도 불구하고, 이와 달리 판단한 원심판결에는 「주택 임대차 보호법」 상의 주민등록에 관한 법리를 오해하여 판결에 영향을 미친 위법이 있다고 할 것이다.

5. 등기된 구분건물에 집합건축물대장이 없는 경우의 전입신고

대법원 2002. 3. 15. 선고, 2001다80204 판결

판시사항

다가구용 단독주택에 「집합건물의 소유 및 관리에 관한 법률」에 의하여 구분건물로서의 구분등기가 경료되었음에도 소관청이 집합건축물관리대장을 작성하지 않은 경우라면, 위 건물의 일부나 전부에 대한 임차인은 해당 지번으로만 전입신고 한 경우라도 적법한 것인지 여부(적극)

판결요지

원래 단독주택으로 건축허가를 받아 건축되고, 건축물관리대장에도 구분소유가 불가능한 건물로 등재된 이른바 다가구용 단독주택에 관하여 나중에 「집합건물의 소유 및 관리에 관한 법률」에 의하여 구분건물로의 구분등기가 경료 되었음에도 불구하고, 소관청이 종전에 단독주택으로 등록한 일반건축물관리대장을 그대로 둔 채 집합건축물관리대장을 작성하지 않은 경우에는, 「주민등록법 시행령」 제5조 제5항에 따라 임차인이 위 건물의 일부나 전부를 임차하여 전입신고를 하는 경우 지번만 기재하는 것으로 충분하고, 나아가 그 전유부분 표시까지 기재할 의무나 필요가 있다고 할 수는 없으며, 임차인이 실제로 위 건물의 어느 부분을 임차하여 거주하고 있는지 여부의 조사는 단독주택의 경우와 마찬가지로 위 건물에 담보권 등을 설정

하려는 이해관계인의 책임 하에 이루어져야 할 것이므로, 임차인이 위 건물의 지번으로 전입신고를 한 이상 일반 사회통념상 그 주민등록으로 위 건물에 임차인이 주소 또는 거소를 가진 자로 등록되어 있는지 인식할 수 있는 경우에 해당한다고 할 것이고, 따라서 임대차의 공시방법으로써 유효하다.

판결이유

기록에 의하면, 원심이 확정한 바와 같이 부산 동래구 칠산동 1-114 대지에는 이 사건 주택 외에 지하 1층, 지상 4층의 다세대 주택이 건립되어 있는데, 이 사건 주택과 위 다세대 주택 모두에 대하여 1993. 7. 30.자로 소외 고성태 앞으로 소유권보존등기가 마쳐지면서, 각 등기부 표제부의 표시가 이 사건 주택에 대하여는 '부산 동래구 칠산동 1-114 칠산빌라 102동 101호'로, 위 다세대 주택의 각 구분소유 부분에 대하여는 '위 같은 지번 칠산빌라 에이동 101호', '위 같은 지번 칠산빌라 에이동 102호' 등으로 기재된 사실을 인정할 수 있고, 한편 이 사건 주택에 관하여 1993. 8. 5.자로 소재지란에 '부산 동래구 칠산동 1-114', 명칭 또는 번호란에 '칠산빌라 102동 101호'로, 전유부분의 면적 및 용도란에 '1층 37.84㎡, 2층 39.87㎡, 단독주택'으로 각 기재된 집합건축물대장이 작성되어 있는 사실을 엿볼 수 있다.

그런데 「주택 임대차 보호법」 제3조 제1항에서 주택의 인도와 더불어 대항력의 요건으로 규정하고 있는 주민등록은 거래의 안전을 위하여 임대차의 존재를 제3자가 명백히 인식할 수 있게 하는 공시방법으로 마련된 것이므로, 주민등록이 어떤 임대차를 공시하는 효력이 있는가의 여부는 일반 사회통념상 그 주민등록으로 당해 임대차 건물에 임차인이 주소 또는 거소를 가진 자로 등록되어 있는지를 인식할 수 있는가의 여부에 따라 결정된다 할 것인 바, 원래 단독주택으로 건축허가를 받아 건축되고, 건축물관리대장에도 구분소유가 불가능한 건물로 등재된 이른바 다가구용 단독주택에 관하여 나중에 「집합건물의 소유 및 관리에 관한 법률」에 의하여 구분건물로의 구분등기가 경료 되었음에도 불구하고, 소관청이 종전에 단독주택으로 등록한 일반건축물관리대장을 그대로 둔 채 집합건축물관리대장을 작성하지 않은 경우에는, 「주민등록법 시행령」 제9조 제3항에 따라 임차인이 위 건물의 일부나 전부를 임차하여 전입신고를 하는 경우라면 지번만 기재하는 것으로 충분하고, 나아가 그 전유부분의 표시까지 기재할 의무나 필요가 있다고 할 수 없으며, 임차인이 실제로 위 건물의 어느 부분을 임차하여 거주하고 있는지 여부에 대한 조사는 단독주택의 경우와 마찬가지로 위 건물에 담보권 등을 설정하려는 이해관계인의 책임 하에 이루어져야 할 것이므로, 임차인이 위 건물의 지번으로 전입신고를 한 이상 일반 사회 통념상 그 주민등록으로도 위 건물에 위 임차인이 주소 또는 거소를 가진 자로 등록되어 있는지를 인식할 수 있는 경우에 해당된다고 할 것이고, 따라서 임대차의 공시방법으로써 유효하다(대법원 1999. 5. 25. 선고 99다8322 판결 참조).

6. 단독주택에 집합건축물대장이 작성된 경우의 전입신고
대법원 2002. 3. 15. 선고, 2001다80204 판결

판시사항
단독주택에 대하여 집합건축물관리대장이 작성되어 있는 경우라면 지번뿐만 아니라 동 · 호수까지도 특정하여 전입신고를 하여야 되는지 여부(적극)

판결요지
하나의 대지 위에 단독주택과 다세대 주택이 함께 건립되어 있고, 등기부상으로 단독주택과 다세대 주택의 각 구분소유 부분에 대하여 지번은 동일하나 그 동 · 호수가 달리 표시되어 있고, 나아가 위 단독주택에 대하여는 위 등기부와 같은 지번과 동 · 호수로 표시된 집합건축물관리대장까지 작성된 경우라면, 위 단독주택의 임차인이라도 그 지번 외에 등기부와 집합건축물관리대장상의 동 · 호수까지 일치하게 전입신고를 마쳐야만 그 임대차의 유효한 공시방법을 갖추었다고 할 것이다.

판결이유
이 사건과 같이 하나의 대지 위에 단독주택과 다세대 주택이 함께 건립되어 있고, 등기부상으로는 단독주택과 다세대 주택의 각 구분소유 부분에 대하여 지번은 동일하나 그 동 · 호수가 달리 표시되어 있으며, 나아가 위 단독주택에 대하여 위 등기부와 같은 지번과 동 · 호수로 표시된 집합건축물관리대장까지 작성된 경우라면, 위 단독주택의 임차인은 그 지번 외에 등기부와 집합건축물관리대장상의 동 · 호수까지도 전입신고를 마쳐야만 그 임대차의 유효한 공시방법을 갖추었다고 할 것이다.

그렇다면 원고가 이 사건 주택을 임차하여 인도받고 주민등록 전입신고를 한 지

번 및 동 · 호수는 이 사건 주택의 지번과는 일치하나, 등기부와 집합건축물관리대장상의 위 주택의 동 · 호수와는 다르므로 원고의 위 주민등록은 임대차의 공시방법으로서 효력이 없다고 봄이 상당할 것임에도, 원심은 「주택 임대차 보호법」 상의 임차인의 대항력에 관한 법리를 오해하여 원고가 이 사건 주택에 대하여 한 전입신고를 그 임대차의 공시방법으로서 유효하다고 잘못 판단한 위법이 있다고 할 것이고, 이러한 위법은 판결 결과에 영향을 미쳤음이 분명하므로 이를 지적하는 상고이유의 주장은 이유 있다.

7. 전대차한 경우의 적법한 전입신고

대법원 2001. 1. 19. 선고, 2000다55645 판결

판시사항

임차인이 전입신고를 하지 않고 임차권을 전부 전대한 경우라면 직접점유자인 전차인이 주민등록 전입신고를 한 경우에만 임차인에 대한 적법한 주민등록이 된 것으로 보는지 여부(적극)

판결요지

「주택 임대차 보호법」 제3조 제1항 소정의 대항력은 임차인이 당해 주택에 거주하면서 이를 직접 점유하는 경우뿐만 아니라 타인의 점유를 매개로 하여 이를 간접점유하는 경우에도 인정될 수 있을 것이나, 이 경우 당해 주택에 실제로 거주하지 아니하는 간접점유자인 임차인은 주민등록의 대상이 되는 "당해 주택에 주소 또는 거소를 가진 자"(「주민등록법」 제6조 제1항)가 아니어서 그 자의 주민등록은 「주민등록법」 소정의 적법한 주민등록이라 할 수 없고, 따라서 간접점유자에 불과한 임차인 자신의 주민등록으로는 대항력의 요건을 적법하게 갖추었다고 할 수 없으며, 임차인과의 점유매개 관계에 기하여 당해 주택에서 실제 거주하는 직접점유자가 자신의 주민등록을 마친 경우에 한하여 비로소 그 임차인의 임대차가 제3자에 대하여 적법하게 대항력을 취득할 수 있다.

▌판결이유

이 사건에 관하여 보건데, 원심판결 이유에 의하면 이 사건 건물 중 2층 202호의 임차인인 원고는 그 임차부분을 직접 점유하지 않고 동생인 김주화로 하여금 이를 점유하게 함으로써 이 사건 임차부분을 간접 점유하여 왔다는 것이므로, 임차인인 원고가 제3자에 대하여 대항력을 취득하기 위하여서는 이 사건 임차부분을 직접 점유하고 있는 김주화가 자신의 주민등록을 마쳐야 한다고 할 것이다.

그런데 원심이 인정한 사실관계에 의하더라도 김주화는 이 사건 건물의 소재지로 주민등록을 이전하지 않고 자신의 종전 주민등록을 그대로 유지하여 왔다는 것이므로 원고의 임대차는 「주택 임대차 보호법」 제3조 제1항 소정의 대항요건을 갖추지 못하였다고 할 것이다. 그럼에도 불구하고 원심은 대항력의 요건이 되는 주민등록에 간접점유자인 임차인 자신의 주민등록도 포함된다는 전제하에, 원고의 주민등록과 김주화의 입주가 모두 마쳐진 다음날인 1998. 4. 16.에 원고가 「주택 임대차 보호법」 제3조 제1항의 대항요건을 갖추었다고 판단하고 말았으니, 원심판결에는 「주택 임대차 보호법」 제3조 제1항 소정의 대항력의 요건에 관하여 법리를 오해한 위법이 있다고 할 것이고, 이러한 위법은 판결 결과에 영향을 미쳤음이 분명하다. 상고이유 중 이 점을 지적하는 부분은 이유 있다.

8. 가족을 타인의 동거인으로 한 전입신고

대법원 1988. 6. 14. 선고, 87다카3093,3094 판결

▌판시사항

임차인이 그의 배우자나 자녀를 독립세대로 전입신고 하지 않고, 타인의 동거인으로 전입시킨 경우라도 적법한 전입신고가 될 수 있는지 여부(적극)

▌판결요지

「주택 임대차 보호법」 제3조 제1항에서 규정하고 있는 주민등록이라는 대항요건은 임차인 본인뿐만 아니라 그 배우자나 자녀 등 가족의 주민등록을 포함하고, 가족을 타인의 동거인으로 전입한 경우라도 유효하다.

판결이유

원심판결 이유에 의하면, 원심은 그 채택한 증거를 종합하여, 피고(반소원고, 이하 피고라고 한다)는 1981. 12. 5 이 사건 건물의 원 소유자인 소외 홍성원과 이 사건 건물 중 피고 점유부분에 관하여 임차보증금은 금 6,000,000원으로 하고, 기간은 정함이 없이 임대차계약을 체결하고 피고의 처, 자녀, 동생 등 가족과 함께 입주하였으나 피고 자신의 주민등록은 사업상의 필요에 의하여 다른 곳에 그대로 둔 채 피고의 동생인 소외 이남기를 세대주로 하고 피고의 처인 소외 김말례와 자녀인 소외 김종태, 김선희를 그의 동거가족으로 하여 1981. 12. 17.자로 이 사건 건물의 소재지에 주민등록 전입신고를 마쳤다가 1982. 10. 12.자로 피고 자신의 주민등록까지도 위 주소지에 전입신고를 마친 다음 1983. 11. 7.자로 피고를 세대주로 하여 피고의 처, 자녀와 함께 새로운 독립세대를 구성하는 것으로 주민등록을 정리한 사실을 인정하고 있다. 기록에 의하여 살펴보면 원심의 위와 같은 사실인정은 수긍이 가고 그 거친 채증의 과정에 소론과 같은 채증법칙 위배의 위법이 있다고 할 수 없다.

한편 「주택 임대차 보호법」 제3조 제1항에서 규정하고 있는 주민등록이라는 대항요건은 임차인 본인뿐 아니라 그 배우자나 자녀 등 가족의 주민등록을 포함한다고 보아야 할 것이다(당원 1987. 10. 26. 선고 87다카14 판결 참조). 같은 견해에서 원심이 피고가 이 사건 건물에 입주하고 점유보조자인 피고의 가족이 주민등록을 마침으로써 그 임차권의 대항력을 취득하였다고 판단한 조처는 정당하고 거기에 소론과 같이 「주택 임대차 보호법」의 해석을 그르치고 점유보조자에 관한 법리를 오해한 위법이 있다고 할 수 없다.

9. 실제 건물명칭으로 한 전입신고

대법원 2003. 6. 10. 선고, 2002다59351 판결

판시사항

등기부상 '에이(A)동' 이라고 표시된 연립주택에 전입하면서 사실상 건물의 명칭인 '가동'이라고 신고한 경우 그 전입신고가 유효한 것으로 볼 수 있는지 여부(한정적극)

▌판결요지

등기부상 건물의 표제부에 '에이(A)동'이라고 기재되어 있는 연립주택 임차인이 전입신고를 함에 있어 주소지를 '가동'으로 신고하였으나 주소지 대지 위에는 2개 동의 연립주택 외에는 다른 건물이 전혀 없고, 그 2개 동도 층당 세대수가 한 동은 4세대씩, 다른 동은 6세대씩으로서 크기가 달라 외관상 혼동의 여지가 없으며, 실제 건물 외벽에는 '가동', '나동'으로 표기되어 사회생활상 그렇게 호칭되어 온 경우, 사회통념상 '가동', '나동', '에이동', '비동'은 표시 순서에 따라 각각 같은 건물을 의미하는 것이라고 인식될 여지가 있고, 더욱이 경매기록에서 경매목적물의 표시가 '에이동'과 '가동'으로 병기되어 있었던 이상, 경매가 진행되면서 낙찰인을 포함하여 입찰에 참가하고자 한 사람들로서도 위 임대차를 대항력 있는 임대차로 인식하는 데 아무런 어려움이 없었을 것이므로 임차인의 주민등록은 임대차의 공시방법으로써 유효하다.

▌판결이유

기록에 의하면, 이 사건 부동산에 대한 등기부의 표제부에는 건물의 소재지번 · 건물명칭 및 번호가 '서울 강서구 등촌동 515-3 제 에이동'으로, 건물내역이 '벽돌조 슬래브 위 시멘트 기와지붕 2층 연립주택, 에이동 1층 345.12㎡, 2층 345.12㎡, 지하실 236.03㎡'로, 전유부분의 내역이 '제2층 203호, 벽돌조 57.52㎡'로, 대지권의 목적인 토지가 '서울 강서구 등촌동 515-3 대 1,424.9㎡'로 각 표시되어 있으며, 이 토지 위에는 위에서 본 2개 동의 연립주택 외에는 다른 건물이 전혀 없고 그 2개 동도 한 층당 세대수가 한 동은 4개 세대씩이고, 다른 동은 6개 세대씩으로서 크기가 달라서 외관상 혼동의 여지도 없음을 알 수 있는 바, 같은 지번의 토지 위에 있는 두 동의 연립주택이 '에이', '비'동 또는 '가', '나'동 등으로 불리는 경우, 일반 사회통념상 이는 그 표시순서에 따라 각각 같은 건물을 의미하는 것이라고 인식될 여지가 있는데다가, 위와 같은 이 사건 부동산의 등기부상의 건물내역과 대지권의 목적인 토지의 지번 표시 및 면적 등의 현황을 피고들의 위 주민등록 주소와 비교하여 볼 때, 통상적인 주의력을 가진 사람이라면 어렵지 않게 위 주민등록상의 '가동 203호'가 이 사건 부동산인 등기부상의 '에이동 203호'를 의미함을 인식할 수 있다고 봄이 상당하다.

그리고 위와 같은 피고들의 주민등록 전입신고 및 입주가 있은 후 같은 이 사건 부동산에 대하여 근저당권을 취득하고자 한 위 은행이 목적물인 주택에 대항력 있는 임차인이 있는지 여부를 조사하는 과정에서도 능히 등기부상 '에이동'으로 표시된 이 사건 부동산에 피고들이 '가동'으로 기재된 주민등록을 하고 입주 중임을 인식하는 데 별다른 지장이 없었다고 여겨지고, 더욱이 경매가 진행되면서 원고를 포함하여 입찰에 참가하고자 한 사람들로서도, 경매기록에서 경매목적물의 표시가 '에이동'과 '가동'으로 병기되고 있었음이 기록상 분명한 이상, 피고들의 임대차를 대항력 있는 임대차로 인식하는 데 아무런 어려움이 없었다고 하지 않을 수 없다.

그럼에도 불구하고, 원심이 위 주민등록상의 동수 표시와 이 사건 부동산 등기부상의 동수 표시가 형식적으로 일치하지 않다는 점만으로 위 주민등록이 이 사건 임대차의 공시방법으로 유효하지 않다고 판단한 데에는 심리미진 또는 「주택 임대차 보호법」 상의 임대차 공시방법에 대한 법리를 오해한 위법이 있고, 이 점을 지적하는 상고이유의 주장은 이유 있다.

10. 미준공 상태의 주택에 대한 전입신고
대법원 2003. 5. 16. 선고, 2003다10940 판결

판시사항

미준공 상태인 공동주택을 임차한 임차인의 주소가 임차 당시에는 주택 현황과 일치하였으나 그 후 보존등기 과정에서 주택의 표시가 달라진 경우 기존 주민등록은 유효한 것으로 인정될 수 있는지 여부(소극)

판결요지

건축 중인 주택에 대한 소유권 보존등기가 경료되기 전에 그 일부를 임차하여 주민등록을 마친 임차인의 주민등록상 기재 주소가 그 당시 주택의 현황과 일치한다고 하더라도 그 후 사정변경으로 등기부 등의 주택의 표시가 달라졌다면('다동 302호'가 등기부 등에는 '제 비(B)동 302호') 특별한 사정이 없는 한 달라진 주택의 표시를 전제로 등기부상 이해관계를 가지게 된 제3자로서는 당초의 주민등록에 의하여 당해 주택에 임차인이 주소 또는 거소를 가진 자로 등록되어 있다고 인식하기 어렵다

고 할 것이므로, 그 주민등록은 제3자에 대한 관계에서 유효한 임대차의 공시방법이 될 수 없다고 할 것이며, 이러한 이치는 입찰절차에서 이해관계인 등이 잘못된 임차인의 주민등록상 주소가 건축물관리대장 및 등기부상의 주소를 지칭하는 것을 알고 있었다고 하더라도 마찬가지이다.

▌판결이유

관련 증거들을 기록과 대조하여 검토하여 보면, 이 부분에서 원심이 한 사실인정은 정당하다고 할 것이나, 위와 같은 법리에 비추어 볼 때 원심이 인정한 사정들을 모두 참작한다고 하더라도 이 사건 건물의 등기부상의 동·호수 표시인 '제 비(B)동 3층 302호'와 불일치한 위 '다동 302호'로 된 피고의 주민등록은 일반 사회통념상 그로써 당해 임대차 건물에 피고가 주소 또는 거소를 가진 자로 등록되어 있는지를 인식할 수 있다고 보이지 아니하므로, 위 주민등록은 임대차의 공시방법으로서 유효하다고 할 수 없고, 원심 판시와 같이 근저당권자인 주식회사 국민은행이나 낙찰자인 원고가 잘못된 주민등록상의 주소인 '다동 302호'가 등기부 등의 주소인 '제 비(B)동 302호'를 지칭하는 것으로 알고 있었다거나, 알 수 있었다고 하더라도 그와 같은 판단에 장애를 가져오는 것은 아니라고 할 것이다.

그러함에도 원심이 그 판시와 같은 사정을 들어 피고의 주민등록이 임대차의 공시방법으로서 유효하다고 판단하여 이에 관한 피고의 항변을 인용한 데에는 주민등록의 「주택 임대차 보호법」 상의 공시방법으로서의 효력에 관한 법리를 오해한 위법이 있다고 할 것이고, 이러한 위법은 판결 결과에 영향을 미쳤음이 분명하다.

11. 분할된 각 지번에 건물이 존재할 경우 기존 전입신고 효력

대법원 2000. 4. 21. 선고, 2000다1549,1556 판결

▌판시사항

전입신고 후 당초 지번이 분할된 경우로써 새로운 지번에 임차 건물이 존재하고 당초 지번에도 별동의 건물이 있는 경우라도 기존 임차인의 전입신고가 유효한 것으로 인정될 수 있는지 여부(소극)

▌판결요지

원래 건물의 대지는 송현동 2007-10이었으나, 1990. 4. 6. 2007-10, 2007-47로 각 분할되어 건물의 지번도 1991. 3. 21. 송현동 2007-47로 변경되었고, 분할 후 송현동 2007-10 대지 위에는 임차 건물과 다른 별도의 2층 주택이 있었던 사실, 이에 따라 1990. 10. 30.자 및 1996. 10. 30.자의 각 갱신된 임대차계약서에는 송현동 2007-47로 표시되었다면 기존 주민등록은 적법한 전입신고로써 효력이 없다.

▌판결이유

원심판결 이유에 의하면, 원심은 그 내세운 증거들에 의하여 피고(반소원고, 이하 '피고'라고만 한다)가 1987. 11. 1. 대구 달서구 송현동 2007의 47에 위치한 2층 주택인 이 사건 건물 중 1층을 당시 소유자인 소외 이항기로부터 임차하여 전입신고를 마쳤는데, 그 임대차보증금은 원래 금 6,500,000원이었다가 1989. 11. 1.에 금 13,000,000원, 1990. 10. 30.에 금 22,500,000원, 1996. 10. 30.에 금 30,000,000원으로 각 증액된 사실, 이 사건 건물의 대지는 원래 송현동 2007의 10 대 290.8㎡이었으나, 1990. 4. 6. 송현동 2007의 10 대 140.3㎡와 2007의 47 대 150.5㎡로 분할되어 이 사건 건물의 지번도 1991. 3. 21. 송현동 2007의 47로 변경되었고, 분할 후 송현동 2007의 10 대지 위에는 이 사건 건물과는 별도의 2층 주택이 있었던 사실, 이에 따라 피고와 전 소유자인 이항기 사이에 체결된 1990. 10. 30.자 및 1996. 10. 30.자의 각 임대차계약서에도 이 사건 건물의 지번이 송현동 2007의 47로 표시되었던 사실, 그 후 원고(반소피고, 이하 '원고'라고만 한다)는 1997. 7. 5. 경매개시결정의 기입등기가 마쳐진 강제경매절차에서 이 사건 건물을 낙찰 받아 1998. 8. 25. 원고 명의로 소유권이전등기를 하였고, 피고의 주민등록상 주소는 위 기입등기 후인 1998. 2. 3.에야 비로소 송현동 2007의 10에서 2007의 47로 변경된 사실을 인정한 다음, 피고는 임대차 목적물인 이 사건 건물 중 1층에 관하여 유효한 공시방법인 주민등록을 갖추었다고 볼 수 없어 위 임차권으로써 원고에게 대항할 수 없다고 판단하였는바, 기록과 앞서 본 법리에 비추어 살펴보면 이러한 원심의 사실인정과 판단은 옳다고 여겨지고, 거기에 상고이유의 주장과 같은 채증법칙 위배로 인한 사실오인이나 심리미진 또는 대항력 요건에 관한 법리를 오해한 위법이 있다고 할 수 없다.

12. 실제 지번 및 등기부 지번과 다른 전입신고
대법원 2000. 6. 9. 선고, 2000다8069 판결

▌판시사항

실제 지번인 '산 53-6' 또는 등기부상 지번인 '산 53'과도 일치하지 않은 '53-6'으로 전입 신고한 경우라도 적법한 전입신고로 볼 수 있는지 여부(소극)

▌판결요지

실제 지번인 '산 53의 6'이나, 등기부상 지번인 '산 53'과도 일치하지 아니한 '53의 6'으로 전입 신고한 주민등록으로는 「주택 임대차 보호법」 제3조 제1항 소정의 대항요건으로서 유효하지 아니하다.

▌판결이유

원심이 확정한 사실관계에서 나타난 사정을 모두 참작하더라도, 이 사건 건물의 실제 지번인 '파주시 금촌동 산 53의 6'이나, 등기부상 지번인 '파주시 금촌동 산 53'과 일치하지 아니한 '파주시 금촌동 53의 6'에 등재된 피고의 주민등록으로는 피고가 이 사건 건물 소재지에 주소를 가진 자로 등록되었다고 제3자가 인식할 수 없다고 하여야 할 것이므로, 파주시 금촌동 53의 6에 등재된 주민등록은 피고의 임대차의 공시방법으로 유효한 것이라고 볼 수 없고, 이 사건 건물의 양수인인 원고가 이 사건 건물의 실제 지번과 등기부상 지번이 다르다는 것을 알고 있었다거나 피고가 이 사건 건물의 실제 지번을 주소지로 주민등록 전입신고를 하려고 의도하였다는 등의 주관적인 사정은 위와 같은 주민등록이 피고의 임대차 공시방법으로써 유효한 것인지의 여부를 판단하는 데 아무런 영향이 없다고 할 것이다.

13. 공동주택에 대한 전입신고
대법원 2000. 4. 7. 선고, 99다66212 판결

▌판시사항

신축중인 연립주택 중 1세대를 임차한 자가 호수를 기재하지 않은 채 그 부지의 지번으로 전입신고를 하였다가 건축물관리대장이 작성되자 호수도 기재하여 주소

정정신고를 한 경우 기존 전입신고가 유효한 것으로 인정될 수 있는지 여부(소극)

판결요지

신축중인 연립주택 중 1세대를 임차한 자가 주민등록 전입신고를 함에 있어서 호수를 기재하지 않은 채 그 연립주택 부지의 지번만으로 전입신고를 하였다가, 그 후 위 연립주택에 관하여 준공검사가 이루어지면서 건축물관리대장이 작성되자 호수를 기재하여 주소 정정신고를 하였다면, 임차인의 최초 전입신고에 따른 주민등록으로는 일반 사회통념상 임차권자가 세대별로 구분되어 있는 위 연립주택의 특정 호수에 주소를 가진 자로 등록되었다고 제3자가 인식할 수 없을 것이므로, 그 주민등록은 위 임대차의 공시방법으로서 유효한 것이라고 볼 수 없다.

판결이유

원심이 적법하게 확정한 사실관계에 의하면, 원고는 1995. 12. 11. 용인시 구성면 상하리 164의 1 지상에 신축중인 지상 4층의 연립주택 중 4층 402호를 임차하여 주민등록 전입신고를 함에 있어서 주민등록지의 주소를 '용인시 구성면 상하리 164의 1(6/4) 4층 402호'로 하지 않고, 위 연립주택 부지의 지번인 '용인시 구성면 상하리 164의 1(6/4)'로만 기재하여 전입신고를 하였다가, 그 후 1996. 6. 28. 위 연립주택에 관하여 준공검사가 이루어지면서 건축물관리대장이 작성되자 원고는 같은 해 7. 5. 위 주택의 주소를 '용인시 구성면 상하리 164의 1(6/4) 연립주택 402호'로 정정신고하였다는 것인 바, 그렇다면 원고의 1995. 12. 11.자 전입신고에 따른 위와 같은 주민등록으로는 일반 사회통념상 임차권자인 원고가 세대별로 구분되어 있는 위 연립주택의 4층 402호에 주소를 가진 자로 등록되었다고 제3자가 인식할 수 없을 것이므로, 위 주민등록을 위 임대차의 공시방법으로서 유효한 것이라고 볼 수 없고, 위 전입신고 당시 건축물대장이 아직 작성되어 있지 아니하였다 하여 달리 볼 것은 아니라 할 것이므로, 같은 취지의 원심판단은 정당하고 거기에 상고이유에서 주장하는 바와 같은 「주택 임대차 보호법」 상의 대항력에 관한 법리오해의 위법이 있다고 할 수 없다.

14. 지번이 변경된 경우 기존 주민등록 효력
대법원 1999. 12. 7. 선고, 99다44762, 44779 판결

▌판시사항
다가구 주택의 일부를 임차하고 임대차계약 당시 지번과 동일하게 전입신고를 한 경우로써 그 후 토지분할 등의 사정으로 지번이 변경된 경우라도 「주택 임대차 보호법」 제3조 제1항 소정의 주민등록으로써 유효한 지 여부(적극)

▌판결요지
건축물관리대장 및 등기부가 작성되기 전이라도 주택 임차인이 주민등록 전입신고를 할 당시 그 전입신고 내용이 실제 건물인 다가구주택의 소재지 지번과 정확히 일치하는 경우라면, 그 후 토지분할 등의 사정으로 지번이 변경되었다고 하더라도 「주택 임대차 보호법」 제3조 제1항 소정의 주민등록으로써 유효하다.

▌판결이유
원심판결 이유에 의하면, 소외 윤이철은 소외 김한수 소유인 화성군 태안읍 안녕리 37의 86 대 397㎡ 지상에 지하 1층, 지상 4층의 다세대주택(하나빌라 A동)과 지하 1층, 지상 3층의 근린생활시설 및 다가구주택(하나빌라 B동)을 건축하였는데, 피고 유민자는 1995. 8. 20. 하나빌라 B동 301호를 임차보증금 2,500만 원에 임차하고, 1995. 8. 23. 전입 주소를 경기 화성군 태안읍 안녕리 37의 86 하나빌라 B동 301호로 하여 전입신고를 마친 사실, 김한수는 1995. 9. 14. 위 안녕리 37의 86 대 397㎡ 중 하나빌라 B동 부지 103㎡를 분할하여(분할된 토지의 지번 : 37의 175) 윤이철 명의의 소유권이전등기를 경료하여 주고, 윤이철은 1995. 10. 6. 하나빌라 B동 건물의 소재지를 화성군 태안읍 안녕리 37의 175로 하여 건물에 대한 소유권보존등기를 경료하였으며, 1995. 10. 6. 제1번 근저당권, 1996. 2. 2. 제2번 근저당권이 각 설정된 사실, 근저당권의 실행으로 임의경매절차가 진행되어 1997. 11. 11. 원고가 위 하나빌라 B동 건물을 낙찰 받고 대금을 지급하여 소유권을 취득한 사실을 인정할 수 있다.

「주택 임대차 보호법」 제3조 제1항에서 주택의 인도와 더불어 대항력의 요건으

로 규정하고 있는 주민등록은 거래의 안전을 위하여 임대차의 존재를 제3자가 명백히 인식할 수 있게 하는 공시방법으로 마련된 것이라고 볼 것이므로, 주민등록이 어떤 임대차를 공시하는 효력이 있는가의 여부는 일반 사회통념상 그 주민등록으로 당해 임대차 건물에 임차인이 주소 또는 거소를 가진 자로 등록되어 있는지를 인식할 수 있는가의 여부에 따라 결정된다고 할 것이고(대법원 1999. 5. 25. 선고 99다8322 판결), 그 판단은 임차인이 전입신고를 한 당시의 지번을 기준으로 일반 사회통념에 따라서 하여야 할 것인 바, 위 인정사실에 의하면 피고 유민자가 하나빌라 B동 301호를 임차하여 경기 화성군 태안읍 안녕리 37의 86 하나빌라 B동 301호로 전입신고를 할 당시를 기준으로 하여 보면, 비록 건축물관리대장 및 등기부가 작성되기 이전이지만 그 전입신고 내용이 실제 건물의 소재지 지번과 정확히 일치하여 일반 사회통념상 그 주민등록으로 당해 임대차 건물에 임차인이 주소 또는 거소를 가진 자로 등록되어 있다는 것을 충분히 인식할 수 있었으므로, 그 무렵 피고 유민자는 「주택임대차 보호법」 제3조 제1항에 의하여 대항력을 취득하였다고 할 것이고, 그 이후 토지분할 등의 사정으로 지번이 변경되었다고 하여도 이미 취득한 대항력을 상실한다고 할 수 없음은 분명하다.

15. 등기부의 표제부와 다른 전입신고의 유효사례
대법원 2002. 6. 14. 선고, 2002다15467 판결

판시사항

다세대 주택 임차인이 등기부상 층·호수와 불일치하는 주소지로 전입신고를 하였더라도 사회통념상 주민등록상의 층·호수가 등기부의 층·호수를 의미하는 것으로 인식될 수 있다면 유효한 전입신고가 될 수도 있는지 여부(적극)

판결요지

별층에 해당할 만한 건물 부분이 위 건물내역 상 지하층 외에는 없고, 그 지하층이 1개의 구분소유 부분으로 이루어져 있는 경우, 동 지하층을 주소지로 한 다른 주민등록자가 없는 경우 통상적인 주의력을 가진 사람이라면 어렵지 않게 위 주민등록상의 '별층 101호'가 등기부상의 '지하층 01호'를 의미한다고 인식할 수 있을 것인

바, 일반 사회통념상 위 주민등록으로 해당 구분소유 부분에 임차인이 주소 또는 거소를 가진 자로 등록되어 있다고 인식할 수 있다고 봄이 상당하다고 할 것이다.

▌판결이유

기록에 의하면, 등기부상 이 사건 다세대 주택의 건물내역이 '1층, 2층, 3층, 각 72.96㎡, 지층 69.54㎡의 철근콘크리트조 평슬래브지붕 3층 다세대주택'으로 표시되어 있고, 집합건축물대장상에는 이 사건 구분소유 부분이 '인천 강화군 강화읍 관청리 140-11 나나빌라 라동 B 01호'로 표시되어 있는 사실, 위 '나나빌라'는 가동, 나동, 다동, 라동의 4개의 독립된 동이 하나의 단지를 이루고 있으나, 위 관청리 140-11 토지 위에는 지상 3층, 지하 1층의 라동 건물(이 사건 다세대주택)만 존재하고, 각 층이 1개의 구분소유 부분으로 이루어져 있는 사실을 엿볼 수 있으며, 원심이 인정한 피고의 최초 주민등록 주소는 '위 관청리 140-11, 나나빌라 라동 별층 101호'로 해석된다고 할 것이다.

위와 같은 이 사건 다세대 주택의 등기부상의 건물내역과 피고의 최초 주민등록 주소를 비교하여 볼 때, 위 주민등록상의 별층에 해당할 만한 건물부분이 위 건물내역 상 지하층 외에는 없고 그 지하층이 1개의 구분소유 부분으로 이루어져 있으므로, 이 사건 다세대 주택에 실제로 옥상층 등 별층에 해당할 만한 부분이 있지 아니하고 위 지하층을 주소지로 한 다른 주민등록자가 없는 한, 통상적인 주의력을 가진 사람이라면 어렵지 않게 위 주민등록상의 '별층 101호'가 등기부상의 '지하층 01호'를 의미한다고 인식할 수 있을 것으로 여겨지는 바, 그렇다면 일반 사회통념상 피고의 위 주민등록으로 이 사건 구분소유 부분에 피고가 주소 또는 거소를 가진 자로 등록되어 있다고 인식할 수 있다고 봄이 상당하다 할 것이다.

그러므로 원심으로서는 이 사건 다세대 주택에 지하층 외에 별층으로 인식될 수 있는 옥상층 등의 부분이 있는지 여부, 이 사건 지하층을 주소지로 한 주민등록자가 있는지 여부를 심리하여 피고의 위 주민등록에 피고 주장의 임대차의 공시효력이 있는지 여부를 가려 보았어야 함에도 불구하고, 위 주민등록상의 층·호수가 등기부상의 그것과 불일치한다는 점만으로 위 주민등록이 피고가 주장하는 임대차의 공시방법으로서 유효하지 않다고 단정하여 피고의 위 항변을 배척하고 말았으니, 거기에는 심리미진, 「주택 임대차 보호법」 상의 임대차 공시방법에 대한 법리를 오해한 위법이 있다고 할 것이고, 이러한 위법은 판결 결과에 영향을 미쳤음이 분명하므로 이를 지적하는 상고이유의 주장은 이유 있다.

Ⅲ. 적법한 점유이전 요건

1. 임차인의 점유취득 요건
대법원 2003. 2. 11. 선고, 2000다66454 판결

판시사항

물건에 대한 현실의 인도가 있다 하려면 물건에 대한 임대인의 사실상의 지배가 그 동일성을 유지한 채 완전히 임차인에게 이전됨으로써 임차인이 목적물에 대한 지배를 확고하게 취득할 수 있어야 하는지 여부(적극)

판결요지

물건의 인도가 이루어졌는지 여부는 사회관념상 목적물에 대한 양도인의 사실상 지배인 점유가 그 동일성을 유지하면서 양수인의 지배로 이전되었다고 평가할 수 있는지 여부에 달려 있는 것인 바, 현실의 인도가 있었다고 하려면 양도인의 물건에 대한 사실상의 지배가 그 동일성을 유지한 채 양수인에게 완전히 이전됨으로써 양수인은 목적물에 대한 지배를 계속적으로 확고하게 취득하여야 하고, 양도인은 그 물건에 대한 점유를 완전히 종결하여야 한다.

2. 점유이전 여부에 대한 판단기준
대법원 1992.11.10. 선고, 92다37710 판결

판시사항

임차인이 점유를 취득하였다고 보기 위해서는 사회관념상 객관적으로 점유를 취득하였다고 볼 수 있는 상태인지 여부를 기준으로 합목적적으로 판단하게 되는지 여부(적극)

❙ 판결요지

물건에 대한 점유란 사회관념상 어떤 사람의 사실적 지배에 있다고 보이는 객관적인 관계를 말하는 것으로서, 사실상 지배가 있다고 하기 위해서는 반드시 물건을 물리적, 현실적으로 지배하는 것만을 의미하는 것이 아니고, 물건과 사람과의 시간적, 공간적 관계와 본권관계, 타인 지배 가능성 등을 고려하여 사회관념에 따라 합목적적으로 판단하여야 한다.

3. 점유개정에 따른 매도인의 직접점유 취득요건

대법원 2000. 2. 11. 선고, 99다59306 판결

❙ 판시사항

매도인이 거주하던 주택을 양도한 후 매수인과 새로운 임대차계약을 체결한 경우, 주택을 기 점유하고 있는 매도인의 점유요건 발생일(매수인의 명의로 소유권이전등기가 된 다음날)

❙ 판결요지

갑이 주택에 관하여 소유권이전등기를 경료하고 주민등록 전입신고까지 마친 다음 처와 함께 거주하다가 을에게 매도함과 동시에 그로부터 이를 다시 임차하여 계속 거주하기로 약정하고, 임차인을 갑의 처로 하는 임대차계약을 체결한 후 을 명의로의 소유권이전등기가 경료된 경우, 제3자로서는 주택에 관하여 갑으로부터 을 앞으로의 소유권이전등기가 경료되기 전에는 갑의 처 주민등록이 소유권 아닌 임차권을 매개로 하는 점유라는 것을 인식하기 어려웠다 할 것이므로, 갑의 처의 주민등록은 주택에 관하여 을 명의의 소유권이전등기가 경료되기 전에는 주택임대차의 대항력 인정요건이 되는 적법한 공시방법으로서의 효력은 없고, 을 명의의 소유권이전등기가 경료된 날에야 비로소 「주택 임대차 보호법」 제3조 제1항에 의하여 갑의 처와 을 사이의 임대차를 공시하는 유효한 공시방법이 된다고 할 것이며, 따라서 을 명의로의 소유권 이전등기일의 익일부터 임차인으로서의 대항력을 갖게 된다.

Ⅳ. 임차권의 효력 등

1. 대지만 매각된 경우 임차인의 권리
대법원 2007. 6. 21. 선고, 2004다26133 전원합의체 판결

판시사항

주택 임대차계약 체결 당시 임대인의 소유였던 대지가 타인에게 양도되어 임차주택과 대지의 소유자가 각 달라진 경우, 대지에 대해서만 먼저 경매가 진행된 경우에도 임차인이 대지의 환가대금으로부터 최우선변제권 및 우선변제권을 행사할 수 있는지 여부(적극)

판결요지

대항요건 및 확정일자를 갖춘 임차인과 소액임차인은 임차주택과 그 대지가 함께 경매될 경우뿐만 아니라 임차주택과는 별도로 그 대지만 경매될 경우에도 그 대지의 환가대금에 대하여 우선변제권을 행사할 수 있고, 이와 같은 우선변제권은 이른바 법정 담보물권의 성격을 갖는 것으로서 임대차 성립시의 임차 목적물인 임차주택 및 대지의 가액을 기초로 임차인을 보호하고자 인정되는 것이므로, 임대차 성립 당시 임대인의 소유였던 대지가 타인에게 양도되어 임차주택과 그 대지의 소유자가 서로 달라지게 된 경우에도 마찬가지이다.

판결이유

「주택 임대차 보호법」(이하 '같은 법'이라 한다) 제3조의2 제2항은, 제3조 제1항의 대항요건과 임대차계약 증서상의 확정일자를 갖춘 임차인에 대하여 「민사집행법」에 의한 경매 또는 「국세징수법」에 의한 공매시 그 환가대금에서 후순위권리자 기타 채권자보다 우선하여 보증금을 변제 받을 권리가 있다고 규정하면서, 그 환가대금에는 주택뿐 아니라 대지의 환가대금도 포함된다고 규정하고 있고, 같은 법 제8조 제1항은, 대항요건을 갖춘 임차인에 대하여 보증금 중 일정액(이하 '소액보증금'이라 한다)에 관하여 다른 담보물권자보다 우선하여 변제 받을 권리를 인정하는 한편, 같은

조 제3항은 우선변제 받을 임차인(이하 '소액임차인'이라 한다)과 소액보증금의 범위와 기준을 대통령령으로 정하도록 위임하면서 소액보증금의 범위와 기준은 주택뿐 아니라 대지를 포함한 가액의 2분의 1의 범위 안에서 정하도록 규정하고 있다.

따라서 대항요건 및 확정일자를 갖춘 임차인과 소액임차인은 임차주택과 그 대지가 함께 경매될 경우뿐만 아니라 임차주택과 별도로 그 대지만이 경매될 경우에도 그 대지의 환가대금에 대하여 우선변제권을 행사할 수 있고(대법원 1996. 6. 14. 선고 96다7595 판결, 1999. 7. 23. 선고 99다25532 판결 등 참조), 이와 같은 우선변제권은 이른바 법정 담보물권의 성격을 갖는 것으로서 임대차 성립시의 임차 목적물인 임차주택 및 대지의 가액을 기초로 임차인을 보호하고자 인정되는 것이므로, 임대차 성립 당시 임대인의 소유였던 대지가 타인에게 양도되어 임차주택과 대지의 소유자가 서로 달라지게 된 경우에도 마찬가지라 할 것이다.

2. 대지만 취득한 자의 주택양수인 여부
대법원 1998. 4. 10. 선고, 98다3276 판결

▌판시사항

임차주택의 대지만 매수한 자도「주택 임대차 보호법」제3조 제2항 소정의 "임차주택의 양수인"에 해당할 수 있는지 여부(소극)

▌판결요지

「주택 임대차 보호법」제3조 제2항에서 말하는 임대인의 지위를 승계한 것으로 보는 임차주택의 양수인이라 함은 같은 법 제1조 및 제2조의 규정 내용에 비추어 보면 임대차의 목적이 된 주거용 건물의 양수인을 의미하고, 같은 법 제3조의2 제1항이 같은 법에서 정한 대항요건을 갖춘 임차인에게 경매 또는 공매에 의한 임차주택의 대지의 환가대금에서 후순위 권리자들보다 보증금을 우선변제 받을 권리를 인정하였다고 하더라도, 그 대지만 경락받은 자를 위에서 말하는 임차주택의 양수인이라고는 할 수 없다.

3. 무허가 · 미등기건물 임차인의 대지에 대한 권리
대법원 2007. 6. 21. 선고, 2004다26133 전원합의체 판결

판시사항

미등기주택 임차인도 그 주택의 대지에 대한 환가대금으로부터 「주택 임대차 보호법」 상 최우선변제권 및 우선변제권으로 보호될 수 있는지 여부(적극)

판결요지

대항요건 및 확정일자를 갖춘 임차인과 소액임차인에게 우선변제권을 인정한 「주택 임대차 보호법」 제3조의2 및 제8조가 미등기 주택을 달리 취급하는 특별한 규정을 두고 있지 아니하므로, 대항요건 및 확정일자를 갖춘 임차인과 소액임차인의 임차주택 대지에 대한 우선변제권에 관한 법리는 임차주택이 미등기인 경우에도 그대로 적용된다. 이와 달리 임차주택의 등기 여부에 따라 그 우선변제권의 인정 여부를 달리 해석하는 것은 합리적 이유나 근거 없이 그 적용대상을 축소하거나 제한하는 것이 되어 부당하고, 「민법」과 달리 임차권의 등기 없이도 대항력과 우선변제권을 인정하는 같은 법의 취지에 비추어 타당하지 아니하다.

판결이유

「주택 임대차 보호법」은 주택의 임대차에 관하여 「민법」에 대한 특례를 규정함으로써 국민의 주거생활 안정을 보장함을 목적으로 하고 있고(제1조), 주택의 전부 또는 일부의 임대차에 관하여 적용된다고 규정하고 있을 뿐 임차주택이 관할 관청의 허가를 받은 건물인지, 등기를 마친 건물인지 아닌지를 구별하고 있지 아니하므로(제2조), 어느 건물이 국민의 주거생활의 용도로 사용되는 주택에 해당하는 이상 비록 그 건물에 관하여 아직 등기를 마치지 아니하였거나 등기가 이루어질 수 없는 사정이 있다 하더라도 다른 특별한 규정이 없는 한 같은 법의 적용대상이 된다고 해석함이 상당하다(미등기 · 무허가 건물의 양수인에 대한 대항력을 인정한 대법원 1987. 3. 24. 선고 86다카164 판결 참조).

그런데 대항요건 및 확정일자를 갖춘 임차인과 소액임차인에게 우선변제권을 인정한 같은 법 제3조의2 및 제8조가 미등기 주택을 달리 취급하는 특별한 규정을 두

고 있지 아니하므로, 위에서 본 대항요건 및 확정일자를 갖춘 임차인과 소액임차인의 임차주택 대지에 대한 우선변제권에 관한 법리는 임차주택이 미등기인 경우에도 그대로 적용된다고 보아야 할 것이다. 이와 달리 임차주택의 등기 여부에 따라 그 우선변제권의 인정 여부를 달리 해석하는 것은 합리적 이유나 근거 없이 그 적용대상을 축소하거나 제한하는 것이 되어 부당하고, 「민법」과 달리 임차권의 등기 없이도 대항력과 우선변제권을 인정하는 같은 법의 취지에 비추어 타당하지 아니하다.

다만, 소액임차인의 우선변제권에 관한 같은 법 제8조 제1항이 그 후문에서 "이 경우 임차인은 주택에 대한 경매신청의 등기 전에 대항요건을 갖추어야 한다."고 규정하고 있으나, 이는 소액보증금을 배당받을 목적으로 배당절차에 임박하여 가장 임차인을 급조하는 등의 폐단을 방지하기 위하여 소액임차인의 대항요건 구비시기를 제한하는 취지이지, 반드시 임차주택과 대지를 함께 경매하여 임차주택 자체에 경매신청의 등기가 되어야 한다거나 임차주택에 경매신청의 등기가 가능한 경우로 제한하는 취지는 아니라 할 것이다. 대지에 대한 경매신청의 등기 전에 위 대항요건을 갖추도록 하면 입법취지를 충분히 달성할 수 있으므로, 위 규정이 미등기 주택의 경우에 소액임차인의 대지에 관한 우선변제권을 배제하는 규정에 해당한다고 볼 수 없다.

같은 취지에서 원심이, 이 사건 미등기 다세대 주택의 임차인인 원고들은 피고가 이 사건 대지에 대한 근저당권을 설정받기 전에 대항요건 및 확정일자를 갖추었으므로, 피고의 근저당권에 기하여 신청된 이 사건 대지에 관한 경매절차에서 원고들이 그 대지의 환가대금으로부터 피고의 채권에 우선하여 보증금을 배당받을 수 있다고 판단한 것은 정당하고, 거기에 상고이유에서 주장하는 바와 같은 대항요건 및 확정일자를 갖춘 임차인의 우선변제권 행사요건에 관한 법리오해의 위법은 없다.

4. 주민등록이 직권 말소된 경우의 효력
대법원 2002. 10. 11. 선고, 2002다20957 판결

▌판시사항

주민등록이 직권 말소된 경우라면 임차인은 「주택 임대차 보호법」 상의 대항력을 상실하게 되는지 여부(한정적극)

▌판결요지

주택임차인의 의사에 의하지 아니하고 「주민등록법」 및 동법시행령에 따라 시장·군수 또는 구청장의 직권조치로 주민등록이 말소된 경우에도 원칙적으로 그 대항력은 상실된다고 할 것이지만, 「주민등록법」 상의 직권말소제도는 거주관계 등 인구의 동태를 상시로 명확히 파악하여 주민생활 편익을 증진시키고 행정사무의 적정한 처리를 도모하기 위한 것이고, 「주택 임대차 보호법」에서 주민등록을 대항력의 요건으로 규정하고 있는 것은 거래의 안전을 위하여 임대차의 존재를 제3자가 명백히 인식할 수 있게 하기 위한 것으로서 그 취지가 다르므로, 직권말소 후 동법 소정의 이의절차에 따라 그 말소된 주민등록이 회복되거나 동법시행령 제29조에 의하여 재등록이 이루어짐으로써 주택임차인에게 주민등록을 유지할 의사가 있었다는 것이 명백히 드러난 경우에는 소급하여 그 대항력이 유지된다고 할 것이고, 다만 그 직권말소가 「주민등록법」 소정의 이의절차에 의하여 회복된 것이 아닌 경우에는 직권말소 후 재등록이 이루어지기 이전에 주민등록이 없는 것으로 믿고 그 주택에 관하여 새로운 이해관계를 맺은 선의의 제3자에 대하여는 임차인은 대항력의 유지를 주장할 수 없다고 봄이 상당하다.

5. 제3자에 의한 주민등록 이전 효력

대법원 2000. 9. 29. 선고, 2000다37012 판결

▌판시사항

임차인의 의사에 의하지 않고, 그 책임을 물을 만한 사정도 없는 경우로써 제3자가 무단히 임차인의 주민등록을 이전한 경우에도 기존 임차인의 대항력이 상실되는지 여부(소극)

▌판결요지

주민등록이 주택임차인의 의사에 의하지 않고 제3자에 의하여 임의로 이전되었고, 그와 같이 주민등록이 잘못 이전된 데 대하여 주택임차인에게 책임을 물을 만한 사유도 없는 경우라면, 주택임차인이 이미 취득한 대항력은 그 주민등록의 이전에도 불구하고 그대로 유지된다.

6. 공무원이 잘못 기재한 전입신고 효력
대법원 1991. 8. 13. 선고, 91다18118 판결

▍판시사항
임차인은 해당 지번으로 정확히 전입신고를 하였으나 담당공무원이 착오로 지번을 잘못 기재한 경우라도 임차인의 대항력은 그대로 인정되는지 여부(적극)

▍판결요지
임차인이 주민등록 전입신고를 올바르게(즉 임차 건물 소재지 지번으로) 하였다면 이로써 그 임대차는 대항력이 생기는 것이므로, 설사 담당 공무원이 착오로 주민등록표상에 신거주지 지번을 다소 틀리게(안양동 545의 5를 안양동 545의 2로) 기재한 경우라도 그 대항력을 취득하는데 아무런 문제가 없다.

7. 세대주만 주민등록을 타에 이전한 경우의 효력
대법원 1996. 1. 26. 선고, 95다30338 판결

▍판시사항
대항력을 갖춘 임차인이 가족의 주민등록은 그대로 둔 채 본인의 주민등록을 다른 곳으로 옮긴 경우라도 기존 대항력은 그대로 유지되는지 여부(적극)

▍판결요지
입주 및 주민등록을 마친 주택 임차인이 가족의 주민등록은 그대로 둔 채 임차인의 주민등록만 일시 다른 곳으로 옮긴 경우라면 기존의 대항력은 상실되지 아니한다. 이는 「주택 임대차 보호법」 제3조 제1항에서 규정하고 있는 주민등록이라는 대항요건은 임차인 본인뿐만 아니라 그 배우자나 자녀 등 가족의 주민등록도 포함되기 때문이다.

▍판결이유
「주택 임대차 보호법」 제3조 제1항에서 규정하고 있는 주민등록이라는 대항요건은 임차인 본인뿐만 아니라 그 배우자나 자녀 등 가족의 주민등록을 포함한다고 할

것이고(대법원 1995. 6. 5. 선고, 94마2134 결정 참조), 또한 임차인이 그 가족과 함께 그 주택에 대한 점유를 계속하고 있으면서 그 가족의 주민등록은 그대로 둔 채 임차인만 주민등록을 일시 다른 곳으로 옮긴 경우라면 전체적으로나 종국적으로 주민등록의 이탈이라고 볼 수 없는 만큼 임대차의 제3자에 대한 대항력은 상실하지 아니한다고 할 것이다(대법원 1989. 1. 17. 선고, 88다카143 결정 참조).

살피건대, 원심이 배척하지 아니한 을 제3호 증의 1, 2, 3(각 주민등록표 초본)의 각 기재에 의하면 피고는 1992. 2. 17.자로 그의 아들인 소외 이휘원과 함께 이 사건 임차주택의 주소지에 주민등록신고를 마쳤고, 피고의 어머니인 소외 감복출은 같은 해 3. 16.자로 주민등록 신고를 마친 사실, 피고는 1993. 4. 1.자로 주민등록을 경기 성남시 분당구 수내동 34로 일시 퇴거하였다가, 그 해 10. 25. 다시 위 임차주택의 주소지로 전입신고를 한 사실은 있으나, 위 이휘원과 감복출은 위 주민등록의 주소지를 변경한 바 없이 계속하여 이 사건 임차주택의 주소지에 주민등록이 되어 있는 사실을 엿볼 수 있는 바, 만일 이와 같은 사실이 인정된다면 위에서 본 바와 같이 피고가 「주택 임대차 보호법」 제3조 소정의 대항력을 갖추지 아니하였다고 단정할 수는 없다고 보여짐에도 불구하고, 원심이 그 판시와 같이 피고의 주민등록만을 기준으로 하여 원고에게 대항할 수 없다고 판단하였음은 필경 심리를 다하지 아니하였거나 채증법칙을 위배하여 사실을 오인한 위법 또는 「주택 임대차 보호법」 제3조 소정의 '대항력'에 관한 법리를 오해한 나머지 판결에 영향을 미친 위법을 저질렀다고 아니할 수 없으니, 이 점을 지적하는 상고 주장은 이유 있다 할 것이다.

8. 임차인의 가족만 전입한 경우의 효력

대법원 1995. 6. 5. 선고, 94마2134 결정

판시사항

임차인이 자신의 주민등록은 이전하지 않고 배우자나 자녀의 주민등록만 이전한 경우에도 「주택 임대차 보호법」 상 대항요건인 적법한 주민등록 전입신고 요건을 갖춘 것으로 인정되는지 여부(적극)

▌결정요지

「주택 임대차 보호법」 상의 대항요건인 주민등록은 임차인 본인뿐 아니라 그 배우자나 자녀 등 가족의 주민등록을 포함한다(당원 1988. 6. 14. 선고 87다카3093, 3094 판결, 1987. 10. 26. 선고 87다카14 판결 등 참조). 따라서 임대차계약을 한 임차인 본인이 직접 전입신고를 하지 않았더라도 그 가족이 전입신고를 한 경우라면 임차인에 대한 적법한 전입신고가 있는 것으로 인정된다.

9. 인수 대항력 있는 임차권의 양도 · 전대 효력
대법원 1988. 4. 25. 선고, 87다카2509 판결

▌판시사항

인수 대항력을 갖춘 주택임차인이 임차권을 적법하게 양도 또는 전대한 경우라면 임차인이 갖고 있던 기존 대항력은 양수인과 전차인에게 그대로 승계되는지 여부(적극)

▌판결요지

「주택 임대차 보호법」 제3조 제1항에 의한 대항력을 갖춘 주택임차인이 임대인의 동의를 얻어 적법하게 임차권을 양도하거나 전대한 경우, 양수인이나 전차인이 임차인의 주민등록 퇴거일로부터 「주민등록법」 상 전입신고기간 내에 전입신고를 마치고 주택을 인도받아 점유를 계속하고 있다면, 비록 위 임차권의 양도나 전대에 의하여 임차권의 공시방법인 점유와 주민등록이 변경되었다고 하더라도 원래 임차인이 갖고 있던 임차권의 대항력은 소멸되지 아니하고 그 동일성을 유지한 채 존속한다고 보아야 한다.

이로 인하여 주택의 임차인이 제3자에게 전대한 이후에도 그의 임차권이 대항력을 상실하지 않고 그대로 존속하고 있다면, 임차인은 그의 임차권이 대항력을 취득한 후에 경료된 근저당권의 실행으로 소유권을 취득하게 된 자에 대하여 임차보증금 반환청구권에 기한 동시이행항변권을 행사하여 그 반환을 받을 때까지는 주택을 적법하게 점유할 권리를 갖게 되고, 따라서 그로부터 위 주택을 전차한 제3자 또한 그의 동시이행항변권을 원용하여 위 임차인이 보증금을 반환 받을 때까지 위 주택

을 적법하게 점유·사용할 권리를 갖게 된다.

10. 우선변제권 행사에 필요한 대항력 유지 기한
대법원 2007. 6. 14. 선고, 2007다17475 판결

판시사항
「주택 임대차 보호법」상 말소대상 임차인이 그 순위에 따른 우선변제권을 행사하기 위하여 기존 대항력을 유지해야 하는 종기일(배당요구종기일까지)

판결요지
「주택 임대차 보호법」 제8조에서 임차인에게 같은 법 제3조 제1항 소정의 주택의 인도와 주민등록을 요건으로 명시하여, 그 보증금 중 일정액의 한도 내에서는 등기된 담보물권자에게도 우선하여 변제받을 권리를 부여하고 있는 점, 위 임차인은 배당요구 방법으로 우선변제권을 행사하는 점, 배당요구시까지만 위 요건을 구비하면 족하다고 한다면 동일한 임차주택에 대하여 「주택 임대차 보호법」 제8조 소정의 임차인 이외에 같은 법 제3조의2 소정의 임차인이 출현하여 배당요구를 하는 등 경매절차상 다른 이해관계인들에게 피해를 입힐 수도 있는 점 등에 비추어 볼 때, 공시방법이 없는 주택임대차에 있어서 주택의 인도와 주민등록이라는 우선변제 요건은 그 우선변제권 취득시에만 구비하면 족한 것이 아니고, 「민사집행법」상 배당요구종기일로 정해진 날까지는 계속 존속하고 있어야 한다.

11. 전세권 등기필증의 접수인과 확정일자 효력
대법원 2002. 11. 8. 선고, 2001다51725 판결

판시사항
주택에 관하여 임대차계약을 체결한 임차인이 따로 전세권설정계약서를 작성하고 전세권설정등기를 한 경우, 전세권 등기필증에 찍힌 접수인을 「주택 임대차 보호법」 소정의 확정일자로 볼 수 있는지 여부(적극)

판결요지

주택에 관하여 임대차계약을 체결한 임차인이 자신의 지위를 강화하기 위한 방편으로 따로 전세권설정계약서를 작성하고 전세권설정등기를 한 경우, 따로 작성된 전세권설정계약서가 원래의 임대차계약서와 계약일자가 다르다고 하여도 계약당사자, 계약목적물 및 보증금액(전세금액) 등에 비추어 동일성을 인정할 수 있다면 그 전세권설정계약서 또한 원래의 임대차계약에 관한 증서로 볼 수 있고, 등기필증에 찍힌 등기관의 접수인은 첨부된 등기원인 계약서에 대하여 「민법」 부칙 제3조 제4항 후단에 의한 확정일자에 해당한다고 할 것이므로, 위와 같은 전세권설정계약서가 첨부된 등기필증에 등기관의 접수인이 찍혀 있다면 그 원래의 임대차에 관한 계약증서에 확정일자가 있는 것으로 보아야 할 것이고, 이 경우 원래의 임대차는 대지 및 건물 전부에 관한 것이나 사정에 의하여 전세권설정계약서는 건물에 관하여만 작성되고 전세권등기도 건물에 관하여만 마쳐졌다고 하더라도, 전세금액이 임대차보증금액과 동일한 금액으로 기재된 이상 대지 및 건물 전부에 관한 임대차의 계약증서에 확정일자가 있는 것으로 봄이 상당하다.

12. 점유개정과 매도인의 주민등록 효력발생일
대법원 1999. 4. 23. 선고, 98다32939 판결

판시사항

주민등록을 한 소유자가 주택을 매도한 후에도 계속 거주할 경우 임차인의 주민등록으로써 인정될 수 있는 효력발생 요건일(매수인 명의로의 소유권이전등기가 경료된 다음날 0시)

판결요지

갑이 1988. 8. 30. 당해 주택에 관하여 자기 명의로 소유권이전등기를 경료하고 같은 해 10. 1. 그 주민등록 전입신고까지 마친 후 이에 거주하다가, 1993. 10. 23. 그 주택을 을에게 매도함과 동시에 그로부터 이를 다시 임차하되 매매잔금 지급기일인 1993. 12. 23.부터는 주택의 거주관계를 바꾸어 갑이 임차인의 자격으로 이에 거주하는 것으로 약정하고 계속하여 거주해 왔으나, 위 매매에 따른 을 명의의 소유

권이전등기는 1994. 3. 9.에야 비로소 경료된 경우, 제3자로서는 그 주택에 관하여 갑으로부터 을 앞으로 소유권이전등기가 경료되기 전에는 갑의 주민등록이 소유권 아닌 임차권을 매개로 하는 점유라는 것을 인식하기 어려웠다고 할 것이므로, 갑의 주민등록은 그 주택에 관하여 을 명의의 소유권이전등기가 경료된 1994. 3. 9. 이전에는 주택임대차의 대항력 인정요건이 되는 적법한 공시방법으로서의 효력이 없고, 그 이후에야 비로소 갑과 을 사이의 임대차를 공시하는 유효한 공시방법이 된다.

제 4 장

상가임대차 관련

Ⅰ. 상가 임차인의 대항력 요건

1. 사업자등록 여부에 대한 판단 기준
대법원 2008. 9. 25. 선고, 2008다44238 판결

▍판시사항

「상가건물 임대차 보호법」 제3조 제1항에서 규정하고 있는 '사업자등록'으로써 당해 상가건물에 대한 임대차를 공시하는 효력이 인정되기 위한 요건

▍판결요지

「상가건물 임대차 보호법」 제3조 제1항에서 건물의 인도와 더불어 대항력의 요건으로 규정하고 있는 사업자등록은 거래의 안전을 위하여 임차권의 존재를 제3자가 명백히 인식할 수 있게 하는 공시방법으로서 마련된 것이므로, 사업자등록이 어떤 임대차를 공시하는 효력이 있는지 여부는 일반 사회통념상 그 사업자등록으로 당해 임대차 건물에 사업장을 임차한 사업자가 존재하고 있다고 인식할 수 있는지 여부에 따라 판단하여야 한다.

2. 사업자등록 존속기간 종기
대법원 2006. 1. 13. 선고, 2005다64002 판결

▍판시사항

상가건물 임차인이 임대차보증금 반환채권에 대하여 「상가건물 임대차 보호법」 상의 대항력 또는 우선변제권을 유지하기 위해 사업자등록을 존속시켜야 하는 종기일(배당요구종기일까지)

▌판결요지

상가건물의 임차인이 임대차보증금 반환채권에 대하여 「상가건물 임대차 보호법」 제3조 제1항 소정의 대항력 또는 같은 법 제5조 제2항 소정의 우선변제권을 가지려면 임대차의 목적인 상가건물의 인도 및 「부가가치세법」 등에 의한 사업자등록을 구비하고, 관할 세무서장으로부터 확정일자를 받아야 하며, 그 중 사업자등록은 대항력 또는 우선변제권의 취득요건일 뿐만 아니라 존속요건이기도 하므로, 배당요구 종기까지는 계속 존속하고 있어야 한다.

3. 임차인이 전대한 경우의 사업자등록 요건
대법원 2006. 1. 13. 선고, 2005다64002 판결

▌판시사항

상가건물 임차인이 임대인의 동의를 얻어 당해 상가를 전대한 경우 「상가건물 임대차 보호법」 상 대항력과 우선변제권을 취득하기 위한 요건인 사업자등록을 해야 하는 주체(전차인)

▌판결요지

「부가가치세법」 제5조 제4항, 제5항의 규정 취지에 비추어 보면, 상가건물을 임차하고 사업자등록을 마친 사업자가 임차 건물을 전대 등을 한 경우 임차인이 「상가건물 임대차 보호법」 상의 대항력과 우선변제권을 취득하기 위해서는 건물을 직접 점유하면서 사업을 운영하게 될 전차인이 그의 명의로 사업자등록을 한 경우이어야 한다.

4. 상가 일부만 임차한 경우의 사업자등록 요건
대법원 2008. 9. 25. 선고, 2008다44238 판결

▌판시사항

상가건물의 일부를 임차한 경우 「상가건물 임대차 보호법」 상 대항력을 인정받을 수 있는 적법한 사업자등록이 되기 위한 요건(해당 점유부분을 표시한 도면을 첨부하여야 함)

판결요지

「상가건물 임대차 보호법」 제4조와 그 시행령 제3조 및 「부가가치세법」 제5조와 그 시행령 제7조(「소득세법」 및 「법인세법」 상의 사업자등록에 준용)에 의하면, 건물의 임대차에 이해관계가 있는 자는 건물의 소재지 관할 세무서장에게 임대차와 사업자등록에 관한 사항의 열람 또는 제공을 요청할 수 있고, 사업자가 사업장을 임차한 경우에는 사업자등록신청서에 임대차계약서 사본을 첨부하도록 하여 임대차에 관한 사항의 열람 또는 제공은 첨부한 임대차계약서 기재에 의하도록 하고 있으므로, 사업자등록신청서에 첨부한 임대차계약서상의 임대차 목적물 소재지가 당해 상가건물에 대한 등기부상의 표시와 불일치하는 경우에는 특별한 사정이 없는 한 그 사업자등록은 제3자에 대한 관계에서 유효한 임대차의 공시방법이 될 수 없다.

또한 위 각 법령의 규정에 의하면, 사업자가 상가건물의 일부분을 임차하는 경우에는 사업자등록신청서에 해당 부분의 도면을 첨부하여야 하고, 이해관계인은 임대차의 목적이 건물의 일부분인 경우 그 부분 도면의 열람 또는 제공을 요청할 수 있도록 하고 있으므로, 건물의 일부분을 임차한 경우 그 사업자등록이 제3자에 대한 관계에서 유효한 임대차의 공시방법이 되기 위해서는 사업자등록 신청시 그 임차부분을 표시한 도면도 첨부하여야 한다.

판결이유

원심판결 이유 및 기록에 의하면, 원고는 집합건물로서 '안산시 단원구 고잔동 (지번, 빌딩 이름 생략) 3층 304호' 등 3층 304호 내지 310호, 4층 401호 내지 410호, 5층 501호 내지 510호로 구분 등기되어 사우나시설로 사용 중인 이 사건 각 부동산에서 음료 등의 판매업을 할 목적으로 2003. 8. 4. 소외인과 사이에 임대차계약서상 임대차 목적물을 '위 (빌딩 이름 생략) (○○○사우나) 3-5층 8.3평'으로 표시하여 임대차계약을 체결한 사실, 원고는 2003. 9. 23. 해당 부분의 도면 첨부는 생략한 채, 위 임대차계약서만을 첨부하여 「부가가치세법」 상의 사업자등록을 한 뒤(사업자등록증상 사업장 소재지도 '위 (빌딩 이름 생략) 3-5층'으로 되어 있다) 2003. 11. 15.경 소외인에게 임대차보증금의 지급을 완료하고 이 사건 각 부동산 중 3 내지 5층의 각 일부 면적 합계 8.3평을 매점이나 음료 자동판매기 설치장소로 점유하면서 음료 등의 판매업을 영위해 온 사실을 알 수 있다.

그렇다면 원고는 이 사건 각 부동산의 일부분을 임차하였다고 할 것이지만, 사업자등록신청서에 첨부한 임대차계약서상의 임대차 목적물 소재지가 이 사건 각 부동산에 대한 등기부상의 표시와 불일치 할 뿐더러 상가건물의 일부분만을 임차하였으면서도 사업자등록신청을 함에 있어 해당 부분에 대한 도면조차 첨부하지 아니하였으니 앞서 본 법리에 비추어 원고가 한 사업자등록은 이 사건 각 부동산에 관한 근저당권자인 피고에 대한 관계에서는 유효한 임대차의 공시방법이 될 수 없다.

원심이 원고가 이 사건 각 부동산의 일부분을 임차한 것이 아니라 단지 음료 등 판매업의 영업권만을 임차하였다고 보아 이 사건 임대차에 관하여 「상가건물 임대차 보호법」이 적용되지 않는다고 판단한 것은 잘못이라 할 것이나, 부가적으로 원고의 사업자등록이 「상가건물 임대차 보호법」 상 유효한 임대차의 공시방법이 될 수 없다고 판단하여 결국 원고의 청구를 배척한 조치는 옳고, 거기에 상고이유의 주장과 같은 「상가건물 임대차 보호법」 상 대항력에 관한 법리오해의 위법이 있다고 할 수 없다.

Ⅱ. 상가건물 임차권의 효력 등

1. 폐업신고 후 대항요건을 다시 갖춘 경우의 효력

대법원 2006. 10. 13. 선고, 2006다56299 판결

판시사항

폐업신고를 한 사업자가 다시 같은 장소에서 동일한 상호 및 사업자등록번호로 재등록을 한 경우라면 기존 취득한 대항력과 우선변제권이 그대로 유지되는지 여부 (소극)

판결요지

상가건물 임차인이 「상가건물 임대차 보호법」 상 대항력 또는 우선변제권을 가지고 있다가 폐업신고를 한 후에 다시 같은 상호 및 등록번호로 사업자등록을 한 경우라도 기존의 「상가건물 임대차 보호법」 상의 대항력 및 우선변제권은 인정되지 않는다.

▌판결이유

상가건물 임차인이 임대차보증금 반환채권에 대하여 「상가건물 임대차 보호법」 제3조 제1항 소정의 대항력 또는 같은 법 제5조 제2항 소정의 우선변제권을 가지려면 임대차의 목적인 상가건물의 인도 및 「부가가치세법」 등에 의한 사업자등록을 구비하고, 관할 세무서장으로부터 확정일자를 받아야 하며, 그 중 사업자등록은 대항력 또는 우선변제권의 취득요건일 뿐만 아니라 존속요건이기도 하므로, 배당요구종기일까지 존속하고 있어야 하는 것이며, 상가건물을 임차하고 사업자등록을 마친 사업자가 폐업한 경우에는 그 사업자등록은 「상가건물 임대차 보호법」이 상가임대차의 공시방법으로 요구하는 적법한 사업자등록이라고 볼 수 없으므로(대법원 2006. 1. 13. 선고 2005다64002 판결 참조), 그 사업자가 폐업신고를 하였다가 다시 같은 상호 및 등록번호로 사업자등록을 하였다고 하더라도 「상가건물 임대차 보호법」 상의 대항력 및 우선변제권이 그대로 존속한다고 할 수 없다.

2. 사업자등록 후 영업 미개시와 폐업시 효과
대법원 2006. 1. 13. 선고, 2005다64002 판결

▌판시사항

상가건물 임차인이 사업자등록을 한 경우라면 사업을 개시하지 않았거나 사실상 폐업한 경우에도 동법의 보호대상이 될 수 있는지 여부(소극)

▌판결요지

「부가가치세법」 제5조 제4항, 제5항의 규정 취지에 비추어 보면, 상가건물을 임차하고 사업자등록을 마친 사업자가 임차 건물을 전대 등을 함으로써 당해 사업을 개시하지 않았거나 사실상 폐업한 경우에는 그 사업자등록은 「부가가치세법」 및 「상가건물 임대차 보호법」이 상가임대차의 공시방법으로써 요구하는 적법한 사업자등록이라고 볼 수 없으므로 동법의 보호를 받을 수 없다.

3. 우선변제권 행사를 위한 대항력 유지 기한
대법원 2006. 1. 13. 선고, 2005다64002 판결

▎판시사항

대항력을 갖춘 상가건물 임차인이 최우선 또는 우선변제권에 기하여 배당에 참가할 수 있기 위하여 대항력을 유지하고 있어야 하는 종기일(배당요구종기일까지)

▎판결요지

상가건물 임차인이 임대차보증금 반환채권에 대하여 「상가건물 임대차 보호법」 제3조 제1항 소정의 대항력 또는 같은 법 제5조 제2항 소정의 우선변제권을 가지려면 임대차의 목적인 상가건물의 인도 및 「부가가치세법」 등에 의한 사업자등록을 구비하고 관할 세무서장으로부터 확정일자를 받아야 하며, 그 중 사업자등록은 대항력 또는 우선변제권의 취득요건일 뿐만 아니라 존속요건이기도 하므로, 배당요구종기일까지는 계속 존속하고 있어야 한다.

제 3 편

지상권 관련 판례

제1장 약정지상권
제2장 법정지상권
제3장 관습법상 지상권
제4장 분묘기지권

제 1 장

약정지상권

Ⅰ. 약정지상권 일반

1. 신축 건물의 소유권 귀속
대법원 2003. 12. 18. 선고, 98다43601 전원합의체 판결

▎판시사항

건축공사 도급계약에 있어서 신축 건물에 대한 소유권 귀속관계

▎판결요지

일반적으로 자기의 노력과 재료를 들여 건물을 건축한 사람이 그 건물의 소유권을 원시취득 하는 것이지만, 도급계약에 있어서는 수급인이 자기의 노력과 재료를 들여 건물을 완성하더라도 도급인과 수급인 사이에 도급인 명의로 건축허가를 받아 소유권보존등기를 하기로 하는 등 완성된 건물의 소유권을 도급인에게 귀속시키기로 합의한 것으로 보일 경우에는 그 건물의 소유권은 도급인에게 원시적으로 귀속된다.

2. 견고한 건물 여부에 대한 판단 기준
대법원 1995. 7. 28. 선고, 95다9075, 9082(반소) 판결

▎판시사항

「민법」 제280조 제1항 제1호 소정의 견고한 건물인지 여부에 대한 판단 기준

▎판결요지

「민법」 제280조 제1항 제1호가 정하는 견고한 건물인지 여부는 그 건물이 갖는

물리 · 화학적 외력, 화재에 대한 저항력 또는 건물 해체의 난이도 등을 종합하여 판단하여야 한다.

▎판결이유

「민법」 제280조 제1항 제1호가 정하는 견고한 건물인가의 여부는 그 건물이 갖는 물리 · 화학적 외력, 화재에 대한 저항력 또는 건물 해체의 난이도 등을 종합하여 판단하여야 하는 바(대법원 1988. 4. 12. 선고 87다카2404 판결 참조), 기록에 의하면 원심이 이 사건 건물들은 견고한 지반 위에 시멘트 블럭으로 벽체를 쌓은 뒤 기와 또는 스레트로 지붕을 만든 농촌주택으로서 상당 기간의 내구력을 지니고 있어 용이하게 해체할 수 없는 것이므로 「민법」 제280조 제1항 제1호에서 정한 건물에 해당한다고 판단한 조치는 옳고, 거기에 상고이유와 같은 증거 없이 사실을 인정한 위법이 있다고 할 수 없다.

3. 약정지상권 규정의 법정 · 관습법상 지상권에의 준용

대법원 1993. 6. 29. 선고, 93다10781 판결

▎판시사항

약정지상권에 관한 규정이 법정지상권 또는 관습법상 지상권에도 그대로 준용될 수 있는지 여부(적극)

▎판결요지

관습상의 법정지상권에 대하여는 다른 특별한 사정이 없는 한 「민법」 상 지상권에 관한 규정을 준용하여야 할 것이므로 지상권자가 2년분 이상의 지료를 지급하지 아니하였다면 관습상 법정지상권도 「민법」 제287조에 따른 지상권 소멸청구 의사표시에 의하여 소멸한다.

▎판결이유

관습상의 법정지상권에 대하여는 다른 특별한 사정이 없는 한 「민법」의 지상권에 관한 규정을 준용하여야 한다고 해석할 것이므로(당원 1968. 8. 30. 선고 68다1029 판결 참조), 원심이 이와 같은 견해에 터잡아 피고가 2년분 이상의 지료를 지급하지

아니하였음을 이유로 한 이 사건 토지에 대한 피고의 관습상의 법정지상권은 원고의 피고에 대한 「민법」 제287조에 따른 지상권 소멸청구의 의사표시에 의하여 소멸하였다고 판단한 것은 정당하고, 「민법」 제287조가 당사자 간의 지상권설정계약에 의하여 지상권이 설정된 경우에만 적용될 수 있다는 논지는 받아들일 수 없다.

4. 공작물의 종류가 미정인 경우와 존속기간
대법원 1988. 4. 12. 선고, 87다카2404 판결

▌판시사항

존속기간도 정하지 아니하고 소유할 공작물의 종류와 구조도 객관적으로 정하지 않은 경우라면 그 존속기간은 15년으로 볼 것인지 여부(적극)

▌판결요지

「민법」 제281조 제2항은 당사자가 지상권설정 합의를 함에 있어서 다만 그 존속기간을 정하지 아니하고 지상권을 설정할 토지상에 소유한 공작물의 종류와 구조가 객관적으로 확정되지 않을 경우에 한하여 적용이 있는 것이므로, 비록 무허가 또는 미등기 건물이라도 그 건물의 종류와 구조가 확정되어 있는 경우에는 적용될 것이 아니고, 이러한 경우에는 「민법」 제281조 제1항에 의하여 존속기간을 정하여야 한다.

5. 기존 건물에 대한 지상권 설정과 존속기간
대법원 1996. 3. 22. 선고, 95다49318 판결

▌판시사항

기존 건물의 사용을 목적으로 설정하는 지상권인 경우, 최단 존속기간에 관한 「민법」 제280조 제1항 제1호가 적용될 수 있는지 여부(소극)

▌판결요지

「민법」 제280조 제1항 제1호가 석조 · 석회조 · 연와조 또는 이와 비슷한 견고한 건물이나 수목의 소유를 목적으로 하는 지상권의 경우 그 존속기간은 30년보다 단축할 수 없다고 규정하고 있음에 비추어 볼 때, 같은 법조 소정의 최단 존속기간에

관한 규정은 지상권자가 그 소유 건물 등을 건축하거나 수목을 식재하여 토지를 이용할 목적으로 지상권을 설정할 경우에만 적용이 있다.

▌판결이유

지상권은 타인의 토지에서 건물 기타의 공작물이나 수목을 소유하는 것을 본질적인 내용으로 하는 것이 아니라, 타인의 토지를 사용하는 것을 본질적 내용으로 하고 있으므로 지상권 설정계약 당시 건물 기타 공작물이나 수목이 없더라도 지상권은 유효하게 성립할 수 있고, 또한 기존의 건물 기타의 공작물이나 수목이 멸실되더라도 존속기간이 만료되지 않는 한 지상권이 소멸되지 아니하는 것은 소론이 지적하는 바와 같으나, 「민법」 제280조 제1항 제1호가 석조 · 석회조 · 연와조 또는 이와 비슷한 견고한 건물이나 수목의 소유를 목적으로 하는 지상권의 경우 그 존속기간은 30년보다 단축할 수 없다고 규정하고 있음에 비추어 볼 때, 위 법조 소정의 최단 존속기간에 관한 규정은 지상권자가 그 소유 건물 등을 건축하거나 수목을 식재하여 토지를 이용할 목적으로 지상권을 설정한 경우에만 그 적용이 있다고 할 것이다.

원심판결 이유를 기록에 의하여 살펴보면, 원심이 이 사건 지상권은 그 존속기간이 15년으로 약정되었고, 지상권설정자인 원고 소유의 건물들을 사용할 목적으로 한 것으로서 연와조 건물의 최단 존속기간을 30년으로 정한 「민법」 제280조 제1항 제1호의 규정이 적용되지 아니하므로 그 기간이 만료되었다고 한 조치는 모두 정당한 것으로 수긍이 가고, 거기에 소론과 같은 채증법칙 위반으로 인한 사실오인이나 지상권에 관한 법리를 오해한 위법이 없다.

6. 지상권에 대한 묵시의 갱신

대법원 1995. 4. 11. 선고, 94다39925 판결

▌판시사항

지상권도 그 용익기간이 만료된 경우라면 묵시의 갱신이 인정되는지 여부(소극)

▌판결요지

지상권자도 기간만료 시 그 갱신청구는 할 수 있으나 묵시의 갱신은 인정되지 않으므로, 단순히 지료지급을 계속한 사실만으로는 지상권에 대한 갱신계약이 이루

어진 것으로 볼 수는 없다.

▌판결이유

피고가 소론과 같이 관습법상 법정지상권 소멸 후에 지료를 지급하여 왔더라도, 지상권에 있어서는 임대차나 전세권에 있어서와는 달리 묵시적 갱신이 인정되고 있지 않으므로(「민법」 제312조 제4항, 제639조 참조), 원심판결이 그 설시에 있어 다소 미흡한 점은 있으나 피고가 법정지상권의 묵시적 갱신을 주장할 수 없다고 한 결론에 있어서는 정당하다.

또한 논지는 피고가 원고들에게 지상권 소멸 후에 소론과 같이 지료를 납부하여 온 행위를 지상권 취득자를 대리하여 또는 피고 자신의 권리에 기하여 토지 소유자인 원고들과의 사이에 지상권갱신계약을 체결한 것으로 보아야 한다는 것이나, 지상권갱신에 대한 합의 없이 지료(대지사용료)를 지급한 것만으로는 지상권 갱신계약을 체결한 것으로 볼 수 없으므로 논지는 채택할 수 없다.

Ⅱ. 약정지상권 효력 등

1. 약정지료에 대한 미등기 효력

대법원 1996. 4. 26. 선고, 95다52864 판결

▌판시사항

약정한 지료를 등기하지 않은 경우라도, 토지소유자는 구 지상권자의 지료연체 사실을 이유로 지상권 양수인에게 이를 주장할 수 있는지 여부(소극)

▌판결요지

지료액 또는 그 지급시기 등 지료에 관한 약정은 이를 등기하여야만 제3자에게 대항할 수 있으므로, 지료의 등기를 하지 않은 이상 토지소유자는 구 지상권자의 지료연체 사실을 이유로 지상권을 이전 받은 자에게 대항하지 못한다.

2. 용익기간 중 자생한 수목의 귀속
대법원 1966. 10. 4. 선고, 66다985 판결

판시사항
죽목 소유 목적으로 지상권을 설정한 경우라도 동 설정기간 내 그 지상에 자생한 입목의 소유권은 지상권자에게 귀속되는 것인지 여부(적극)

판결요지
지상권 존속기간 안에 본건 임야 위에 자연적으로 나서 자란 수목들은 특별한 사정이 없는 한 죽목 소유를 목적으로 하는 지상권자의 소유에 귀속되는 것으로 보는 것이 상당하다.

판결이유
구 「민법」 제265조에 의하여 지상권의 내용을 보면 지상권이라 함은 남의 토지 위에 공작물이나 죽목을 소유하기 위하여 그 토지를 사용하는 권리라 하였다. 그렇다면 이 사건에서 문제되고 있는 일부 임야(원심은 제1호 임야라고 약칭하고 있다)위에 설정된 지상권의 목적이 '죽목의 소유'로 되어 있다고 할지라도 그 취지는 반드시 논지가 말하는 것처럼 대나무 소유만을 목적으로 하는 취지라고는 보기 어렵다. 그리고 본건 지상권의 존속기간 안에, 본건 임야 위에 자연적으로 나서 자란 입목들은 특별한 사정이 없는 한, 죽목 소유를 목적으로 하는 지상권자의 소유에 귀속되는 것으로 보는 것이 상당하다고 할 것이다.

3. 전 점유자의 점유기간과 양수인의 원용
대법원 1997. 1. 21. 선고, 96다40080 판결

판시사항
동일인 소유에 속한 토지와 그 지상 건물 중 건물만 양수한 자나 그 승계인이, 토지와 건물을 함께 소유하고 있던 전 소유자의 점유기간도 토지에 대한 시효취득의 기초가 되는 점유로써 합산하여 주장할 수 있는지 여부(소극)

▌판결요지

점유가 순차로 승계된 경우 취득시효의 완성을 주장하는 자는 자기의 점유만을 주장하거나 자기의 점유와 그 이전 점유자의 점유를 아울러 주장할 것인지의 여부를 임의로 선택할 수 있으나, 당초 동일인 소유에 속하던 토지와 그 지상 건물 중 어느 하나의 소유권이 다른 사람에게 이전됨으로써 그 소유자가 다르게 된 경우에는 토지와 건물이 동일인의 소유에 속하고 있던 기간 동안의 토지 소유자의 자기 소유 토지에 대한 점유는 취득시효의 기초가 되는 점유가 될 수 없고, 토지와 건물의 소유자가 다르게 된 때로부터 비로소 취득시효의 기초로서의 점유가 개시되는 것으로 보아야 하므로, 동일인 소유에 속하던 토지와 그 지상 건물 중 건물만을 양수하여 점유하는 자나 그로부터 이를 순차 양수하여 점유하고 있는 자가 그 토지를 시효취득함에 있어서는 토지와 건물의 소유자가 다르게 된 이후의 건물 소유자의 그 토지에 대한 점유만 주장할 수 있을 뿐, 토지 및 건물을 같이 소유하고 있던 전 소유자의 점유까지 함께 주장할 수는 없다.

4. 건물 소유권이전과 지상권의 부종성

대법원 1996. 4. 26. 선고, 95다52864 판결

▌판시사항

건물에 대한 저당권의 효력은 그 건물의 소유를 목적으로 하는 지상권에도 당연히 미치는지 여부 및 그 건물이 양도될 경우에는 지상권도 수반되는지 여부(적극)

▌판결요지

저당권의 효력이 저당 부동산에 부합된 물건과 종물에 미친다는 「민법」 제358조 본문을 유추하여 보면 건물에 대한 저당권의 효력은 그 건물의 종된 권리인 건물의 소유를 목적으로 하는 지상권에도 미치게 되므로, 건물에 대한 저당권이 실행되어 경락인이 그 건물의 소유권을 취득하였다면 경락 후 건물을 철거한다는 등의 매각조건하에서 경매되었다는 등 특별한 사정이 없는 한, 경락인은 건물의 소유를 위한 지상권도 「민법」 제187조의 규정에 따라 등기 없이 당연히 취득하게 되고, 한편 이 경우 경락인이 건물을 제3자에게 양도한 때에는, 특별한 사정이 없는 한 「민법」 제

100조 제2항의 유추적용에 의하여 건물과 함께 종된 권리인 지상권도 양도하기로 한 것으로 봄이 상당하다.

5. 지료연체로 인한 지상권 소멸과 지상물매수청구권
대법원 1993. 6. 29. 선고, 93다10781 판결

판시사항
지료연체를 이유로 지상권 소멸청구를 당한 자라도 그 지상물에 대한 매수청구권을 행사할 수 있는지 여부(소극)

판결요지
「민법」 제283조 제2항 소정의 지상물매수청구권은 지상권이 존속기간 만료로 인하여 소멸하는 때에 지상권자에게 갱신청구권이 있어 그 갱신청구를 하였으나 지상권설정자가 계약갱신을 원하지 아니할 경우에 행사할 수 있는 권리이므로, 지상권자의 지료연체를 이유로 토지소유자가 그 지상권소멸청구를 하여 이에 터잡아 지상권이 소멸되는 경우에는 동 매수청구권이 인정되지 않는다.

판결이유
「민법」 제283조 제2항 소정의 지상물매수청구권은 지상권이 존속기간 만료로 인하여 소멸하는 때에 지상권자에게 갱신청구권이 있어 그 갱신청구를 하였으나 지상권설정자가 계약 갱신을 원하지 아니할 경우 행사할 수 있는 권리이므로, 원심이 이와 같은 견해에 터잡아 이 사건의 경우에서와 같이 지상권자인 피고의 지료연체를 이유로 토지소유자가 그 지상권소멸청구를 하여 이에 터잡아 지상권이 소멸된 경우에는 매수청구권이 인정되지 않는다는 이유로 피고의 지상물매수청구 주장을 배척한 조처는 옳고(당원 1972. 12. 26. 선고 72다2013 판결; 같은 날 선고 72다2085 판결 각 참조), 거기에 지상물매수청구권에 관한 법리를 오해한 위법이 있다고 할 수 없다.

6. 특수설비 등에 대한 부속물매수청구권

대법원 2002. 11. 13. 선고, 2002다46003, 46027, 46010 판결

판시사항

지상권자의 부속물매수청구 대상이 되는 것에는 지상권자의 특수용도나 그 고유 사업을 위하여 설치한 것도 포함되는지 여부(소극)

판결요지

「민법」 제643조가 규정하는 매수청구 대상이 되는 건물에는 임차인이 임차 토지 상에 그 건물을 소유하면서 그 필요에 따라 설치한 것으로서 건물로부터 용이하게 분리될 수 없고 그 건물을 사용하는 데 객관적인 편익을 주는 부속물이나 부속시설 등은 포함되는 것이지만, 이와 달리 임차인이 자신의 특수한 용도나 사업을 위하여 설치한 물건이나 시설물은 이에 해당하지 않는다.

판결이유

건물의 소유를 목적으로 한 토지임대차 계약기간이 만료됨에 따라 지상건물 소유자가 임대인에 대하여 「민법」 제643조에 규정된 매수청구권을 행사한 경우, 그 건물의 매수가격은 건물 자체의 가격 외에 건물의 위치, 주변 토지의 여러 사정 등을 종합적으로 고려하여 매수청구권 행사 당시 건물이 현재하는 대로의 상태에서 평가된 시가를 말하는 것이다(대법원 1987. 6. 23. 선고 87다카390 판결 참조).

「민법」 제643조가 규정하는 매수청구의 대상이 되는 건물에는 임차인이 임차 토지상에 그 건물을 소유하면서 필요에 따라 설치한 것으로서 건물로부터 용이하게 분리될 수 없고 그 건물을 사용하는 데 객관적인 편익을 주는 부속물이나 부속시설 등이 포함되는 것이지만, 이와 달리 임차인이 자신의 특수한 용도나 사업을 위하여 설치한 물건이나 시설은 이에 해당하지 않는다고 보아야 한다.

제 2 장

법정지상권

Ⅰ. 법정지상권 일반

1. 법정지상권의 존속기간
대법원 1992. 6. 9. 선고, 92다4857 판결

판시사항

법정지상권이 성립되는 경우라면 지상 건물이 멸실한 경우에도 법정지상권은 소멸하지 않고 약정지상권과 같이 최단 존속기간 동안에는 계속하여 용익권이 보장되는 것인지 여부(적극)

판결요지

법정지상권도 성립 후 그 존속기간은 그 지상 목적물의 종류에 따라 규정하고 있는 「민법」 제280조 제1항 소정의 각 기간으로 봄이 상당하고, 분묘기지권과 같이 그 지상 건물이 존속하는 동안에만 법정지상권이 존속하는 것이라고는 할 수 없다.

판결이유

법정지상권의 존속기간은 성립 후 그 지상 목적물의 종류에 따라 규정하고 있는 「민법」 제280조 제1항 소정의 각 기간으로 봄이 상당하고, 분묘기지권과 같이 그 지상에 건립된 건물이 존속하는 동안에만 법정지상권도 존속하는 것이라고는 할 수 없으므로, 같은 취지로 판단한 원심판결은 정당하고 거기에 소론이 주장하는 바와 같은 법정지상권의 존속기간에 관한 법리를 오해한 위법이 없으므로 논지는 이유 없다.

2. 법정지상권 발생 배제특약의 효력
대법원 1988. 10. 25. 선고, 87다카1564 판결

▌판시사항
법정지상권 성립을 배제키로 하는 당사자 간의 특약도 유효한 것인지 여부(소극)

▌판결요지
「민법」 제366조는 가치권과 이용권의 조절을 위한 공익상의 이유로 지상권 설정을 강제하는 것이므로 저당권설정시 당사자 간의 특약으로 저당목적물인 토지에 대하여 그 지상 건물을 위한 법정지상권 성립을 배제키로 하는 약정을 하였더라도 그 특약은 효력이 없다.

3. 법정지상권부 건물을 위한 토지의 용익범위
대법원 1991. 4. 26. 선고, 90다19985 판결

▌판시사항
「민법」 제366조 소정의 법정지상권이 성립할 경우 법정지상권의 용익범위는 건물의 이용에 필요한 토지부분에만 한정되는지 여부(적극)

▌판결요지
「민법」 제366조 소정의 법정지상권이 성립하려면 저당권설정 당시 저당권의 목적이 되는 토지 위에 건물이 존재하여야 하고, 저당권 설정 당시 건물이 존재한 이상 그 이후 건물을 개축·증축하는 경우에는 물론, 건물이 멸실되거나 철거된 후 재축·신축하는 경우에도 법정지상권이 성립하며, 이 경우 법정지상권의 내용인 존속기간·범위 등은 구 건물을 기준으로 그 이용에 일반적으로 필요한 범위 내로 제한된다.

▌판결이유
살피건대, 「민법」 제366조 소정의 법정지상권이 성립하려면 저당권설정 당시 저당권의 목적이 되는 토지 위에 건물이 존재하여야 하는 것이고, 저당권설정 당시 건

물이 존재한 이상 그 이후 건물을 개축 · 증축하는 경우는 물론이고, 건물이 멸실되거나 철거된 후 재축 · 신축하는 경우에도 법정지상권이 성립한다고 할 것이며, 이 경우의 법정지상권의 내용인 존속기간 · 범위 등은 구건물을 기준으로 하여 그 이용에 일반적으로 필요한 범위 내로 제한된다고 할 것이다(대법원 1990. 7. 10. 선고 90다카6399 판결(공1990,1691) 참조).

이 사건 근저당권설정 당시 이 사건 대지상에 위 구건물이 존재하였음이 명백한 이 사건에서 피고들은 새로이 건축한 이 사건 건물을 위한 법정지상권 성립을 주장할 수 있고, 다만 그 범위는 구건물의 유지 및 사용을 위하여 필요하였던 범위내의 대지부분에 한정된다고 할 것이므로, 원심으로서는 이 사건 대지 위에 성립되는 법정지상권의 범위를 확정한 후 이 사건 건물의 철거 여부와 그 범위를 확정하고 그에 따른 지료나 손해금의 지급을 명하여야 함에도 불구하고 법정지상권 성립을 부인하고, 이 사건 건물의 철거와 대지의 인도 및 임료상당의 손해금의 지급을 명하였음은 위와 같은 법리를 오해한 위법을 범하였다고 하겠다. 이 점을 지적하는 논지는 이유 있다.

4. 법정지상권이 발생할 건물 양수인의 지위

대법원 1991. 5. 28. 선고, 91다6658 판결

판시사항

건물소유자가 법정지상권을 취득하기 전에 건물을 양도한 경우라면 건물 양수인은 양도인 및 그로부터 토지를 매수한 대지소유자에 대하여 차례로 지상권설정등기 및 그 이전등기의 절차이행도 구할 수 있는지 여부(적극)

판결요지

건물소유자가 건물의 소유를 위한 법정지상권을 취득하기에 앞서 건물을 양도한 경우에는 특별한 사정이 없는 한 건물과 함께 장차 취득하게 될 법정지상권도 같이 양도하기로 하였다고 볼 것이므로, 양수인은 채권자대위 법리에 따라 양도인 및 그로부터 이 사건 토지를 매수한 대지소유자에 대하여 차례로 지상권설정등기 및 그 이전등기절차의 이행을 구할 수 있다.

▍판결이유

건물소유자가 건물의 소유를 위한 법정지상권을 취득하기에 앞서 건물을 양도한 경우에는 특별한 사정이 없는 한 건물과 함께 장차 취득하게 될 법정지상권도 함께 양도하기로 하였다고 보지 못할 바 아니므로, 피고는 채권자대위 법리에 따라 위 이의정, 조영아 및 그로부터 이 사건 토지를 매수한 원고에 대하여 차례로 지상권설정 등기 및 그 이전등기 절차의 이행을 구할 수 있다고 할 것이고, 이와 같이 법정지상권을 취득할 지위에 있는 피고에 대하여 원고가 이 사건 건물의 철거를 구하는 것은 지상권의 부담을 용인하고 지상권설정 등기절차를 이행할 의무가 있는 자가 그 권리자를 상대로 한 것이어서 신의성실의 원칙상 허용될 수 없다고 할 것이다(당원 1985. 4. 9. 선고 85다카1131 판결 참조).

5. 법정지상권의 처분성

대법원 1980. 9. 9. 선고, 78다52 판결

▍판시사항

법정지상권도 건물의 소유권과 분리하여 별도로 처분할 수 있는지 여부(적극)

▍판결요지

「민법」 제366조 소정의 법정지상권은 건물의 소유에 부속되는 종속적인 권리가 아니라 독립된 법률상의 물권이므로, 건물의 소유자가 건물과 지상권 중 한쪽만을 처분하는 것도 가능하다. 따라서 건물과 함께 미등기 상태인 법정지상권을 가지고 있는 사람이 건물을 제3자에게 처분하고 그 명의의 소유권 이전등기를 경료하면서도 법정지상권의 처분에 따른 이전등기 등을 하지 아니하였다면 그 법정지상권은 의연히 원래의 법정지상권자에게 유보되어 있는 것으로 보아야 한다.

▍판결이유

「민법」 제366조 소정의 법정지상권은 토지와 그 토지상의 건물이 같은 사람의 소유에 속하였다가 그 중의 하나가 경매 등으로 인하여 다른 사람의 소유에 속하게 된 경우 그 건물의 유지 · 존립을 위하여 특별히 인정된 권리이기는 하지만, 그렇다고 하여 위 법정지상권이 건물의 소유에 부속되는 종속적인 권리가 되는 것이 아니라 하나의 독립된 법률상의 물권으로서의 성격을 지니고 있는 것이기 때문에 건물의 소유자가 건물과 지상권 중 하나만을 처분하는 것도 가능할 것이다 .

그러나 건물과 함께 미등기인 법정지상권을 가지고 있는 사람이 건물을 타인에게 처분하여 그 타인에게 건물에 관한 소유권이전등기를 경료하였더라도 이로써 그 법정지상권이 소멸되는 것은 아니고, 법정지상권의 처분에 따른 이전등기나 그 밖에 법정지상권의 이전 사유가 수반되지 않았다면 그 법정지상권은 의연히 당초의 법정지상권자에게 유보되어 있는 것으로 보아야 할 것이다.

6. 법정지상권자의 등기청구 시효

대법원 1976. 11. 6. 선고, 76다148 전원합의체 판결

판시사항

법정지상권자가 가지고 있는 동 지상권에 대한 등기청구권도 소멸시효에 걸리는 것인지 여부(소극)

판결요지

시효제도의 존재이유에 비추어 부동산 매수인이 그 목적물을 인도 받아 이를 사용 · 수익하고 있는 경우에는 그 매수인을 권리 위에 잠자는 것으로 볼 수 없고, 또 매도인 명의로 등기가 남아 있는 상태와 매수인이 인도받아 이를 사용 · 수익하고 있는 상태를 비교하면 매도인 명의로 잔존하고 있는 등기를 보호하기 보다는 매수인의 사용 · 수익상태를 더 보호하여야 할 것이므로, 매수인의 등기청구권은 다른 채권과는 달리 소멸시효에 걸리지 않는다고 해석함이 타당하다(다수의견).

판결이유

시효제도는 일정기간 계속된 사회질서를 유지하고 시간의 경과로 인하여 곤란하게 되는 증거 · 보전으로부터의 구제 내지 자기 권리를 행사하지 않고 소위 권리위에 잠자는 자는 법적보호에서 이를 제외하기 위하여 규정된 제도라 할 것인 바, 토지나 건물 등 부동산을 매수한 자가 아직 자기명의로 그 소유권이전등기를 경료하지 못하였으나, 그 매매 목적물의 인도(명도)를 받아 이를 사용 · 수익하고 있는 경우

에는 물권변동에 있어서 형식주의를 취하는 우리 법제상으로 보아 매수인에게 법률상의 소유권은 이전된 것이 아니므로, 매수인의 등기청구권은 채권적청구권에 불과하여 소멸시효제도의 일반원칙에 따르면 매매목적물을 인도받은 매수인의 등기청구권도 소멸시효에 걸린다고 할 것이지만, 부동산 매매에 있어서 거래 당사자의 채권채무의 내용은 다른 경우와 달라서 목적물의 인도와 등기이전이라는 두 가지 형태로 나누어져 있어서 비록 부동산거래의 공시방법을 여행시킬 목적으로 규정된 법률상으로는 등기이전이 물권변동의 요건일 뿐 목적물의 인도는 그 요건이 아니라 할 것이니, 매매 목적물은 부동산 자체이고 등기는 다만 부동산의 거래상황을 공시하기 위한 등기법상의 절차에 불과하므로, 부동산 매수인이 그 목적물을 인도받아 이를 사용 · 수익하고 있는 경우에는 위 시효제도의 존재이유에 비추어 보아 그 매수인을 권리 위에 잠자는 것으로 볼 수도 없고, 또 매도인의 명의로 등기가 남아있는 상태와 매수인이 인도받아 이를 사용 · 수익하고 있는 상태를 비교하면 매도인 명의로 잔존하고 있는 등기를 보호하기 보다는 매수인의 사용 · 수익상태를 더욱 보호하여야 할 것이며, 만일 이러한 경우의 등기청구권도 다른 일반채권과 동일하게 소멸시효에 걸린다면 매도인의 등기 이전의무가 소멸되는데 그치는 것이 아니고, 더 나아가 매도하여 기히 매수인에게 인도까지 완료한 매매목적물이 매도인에게 환원되어야 하는 결과가 되어, 비록 그 책임이 매수인의 등기청구권 행사의 태만에 있다고 할지라도 우리나라 부동산 거래의 현 실정에 비추어 심히 불합리하다고 아니할 수 없다.

따라서 부동산을 매수한 자가 그 목적물을 인도받은 경우에는 그 매수인의 등기청구권은 다른 채권과는 달리 소멸시효에 걸리지 않는다고 해석함이 타당하다.

7. 법정지상권에 대한 등기청구
대법원 1992. 7. 14. 선고, 92다527 판결

▌판시사항

법정지상권부 건물을 승계 취득한 자는 법정지상권자를 대위하여 종전 토지소유자 등에 대하여 법정지상권 설정등기 및 이전등기를 대위하여 청구할 수 있는지 여부(적극)

▌판결요지

「민법」 제358조 본문은 "저당권의 효력은 저당 부동산에 부합된 물건과 종물에 미친다."고 규정하고 있는 바, 이 규정은 저당 부동산에 종된 권리에도 유추 적용되어 건물에 대한 저당권의 효력은 그 건물의 소유를 목적으로 하는 지상권에도 미친다고 보아야 할 것이다. 따라서 건물에 대한 저당권이 실행되어 경락인이 그 건물의 소유권을 취득하였다면 경락 후 건물을 철거한다는 등의 매각조건하에서 경매되었다는 등 특별한 사정이 없는 한, 그 건물 소유를 위한 지상권도 「민법」 제187조의 규정에 따라 등기 없이 당연히 경락인이 취득하고, 따라서 경락인은 종전 지상권자를 상대로 지상권 이전등기절차의 이행을 구할 수 있다.

만약 경락인이 건물을 다시 제3자에게 양도한 때에는 특별한 사정이 없는 한 「민법」 제100조 제2항의 유추적용에 따라 건물과 함께 종된 권리인 지상권도 양도하기로 한 것으로 봄이 상당하다고 할 것이니, 위 건물 양수인은 그 지상권 이전등기청구권을 보전하기 위하여 경락인을 대위하여 종전 지상권자에 대하여 지상권 이전등기절차의 이행을 구할 수 있다.

Ⅱ. 법정지상권 성립 사안

1. 토지저당권 설정시 건축 중인 건물
대법원 1987. 4. 28. 선고, 86다카2856 판결

▌판시사항

저당권설정 당시 저당목적물인 토지상에 건물을 축조하고 있었다면 동 건물을 위한 법정지상권도 성립되는지 여부(적극)

▌판결요지

「민법」 제365조는 저당권설정자가 저당권을 설정한 후 저당목적물인 토지상에 건물을 축조함으로써 저당권의 실행이 곤란하여지거나 저당목적물의 담보가치 하락을 방지하고자 함에 그 규정취지가 있다고 할 것이므로, 저당권설정 당시 건물의

존재가 예측되고 또한 당시 사회경제적 관점에서 그 가치의 유지를 도모할 정도로 건물의 축조가 진행되어 있는 경우에는 위 규정은 적용되지 아니한다.

▌판결이유

원심 판결이유에 의하면, 원심은 천안시 원성동 195의 17 대지에 관하여 소외 정태복 등 앞으로 근저당권 설정등기가 경료 될 당시에 이 사건 신축부분은 그 외벽과 2층 슬라브공사가 마쳐진 사실을 인정한 다음, 위 신축부분은 위 법조에서 규정하는 토지를 목적으로 저당권을 설정한 후 그 설정자가 그 토지에 건물을 축조한 때에 해당한다고 볼 수 없어 위 정태복 등은 이 사건 신축부분에 대하여 경매청구를 할 수 없다고 판시하고 있는 바, 이는 위 견해에 따른 것으로서 정당하고 거기에 소론과 같은 위법사유가 있다고 할 수 없으므로 논지는 이유 없다.

원심 판결이유에 의하면, 원심은 기존 건물에 대한 근저당권의 효력이 이 사건 신축부분에는 미치지 아니하므로 이 사건 신축부분의 소유권은 여전히 원고에게 있다고 판시하고 있는 바, 위 판단 또한 정당하므로 논지는 이유 없다.

2. 토지저당권 설정시 건축 중인 건물로서 대금 납부시까지 건물 요건을 갖춘 경우

대법원 2004. 2. 13. 선고, 2003다29043 판결

▌판시사항

토지에 저당권설정 당시 토지 소유자에 의하여 그 지상에 건축 중이었던 경우라면 건물의 규모, 종류가 외형상 예상할 수 있는 정도까지 건축이 진전되어 있었고, 그 후 경매절차에서 매수인이 매각대금을 다 낼 때까지 최소한 기둥과 지붕 그리고 주벽이 이루어지는 등 건물의 요건을 갖춘 경우라면 법정지상권이 성립되는지 여부 (적극)

▌판결요지

「민법」 제366조의 법정지상권은 저당권설정 당시 동일인의 소유에 속하던 토지와 건물이 경매로 인하여 양자의 소유자가 다르게 된 때 건물 소유자를 위하여 발생하는 것으로서, 토지에 관하여 저당권이 설정될 당시 토지 소유자에 의하여 그 지상에 건물을 건축 중이었던 경우 그것이 사회 관념상 독립된 건물로 볼 수 있는 정도까지는 이르지 않았다 하더라도 건물의 규모, 종류가 외형상 예상할 수 있는 정도까지 건축이 진전되어 있었고, 그 후 경매절차에서 매수인이 매각대금을 다 낼 때까지는 최소한 기둥과 지붕 그리고 주벽이 이루어지는 등 독립된 부동산으로서 건물의 요건을 갖추었다면 법정지상권이 성립된다(대법원 1992. 6. 12. 선고 92다7221 판결, 2003. 5. 30. 선고 2002다21585 판결, 2003. 5. 30. 선고 2002다21592, 21608 판결, 2003. 9. 23. 선고 2003다26518 판결 등 참조).

3. 일부 구분건물이 건물 요건을 갖춘 경우
대법원 2001. 1. 16. 선고, 2000다51872 판결

▌판시사항

집합건물의 경우 일부 구분건물이 독립된 건물로서의 요건을 갖추었다면 전체적으로는 미완성 상태라도 그 구분건물만을 위한 법정지상권도 성립되는지 여부(적극)

▌판결요지

경락 당시 지하 1, 2층 및 지상 1층까지의 콘크리트골조 및 기둥, 천장(슬라브)공사가 완료되어 있고, 지상 1층의 전면(남쪽)에서 보아 좌측(서쪽) 벽과 뒷면(북쪽) 벽 그리고 내부 엘리베이터 벽체가 완성되었다면 최소한 지붕과 기둥 그리고 주벽이 이루어졌다고 할 것이어서 미완성 상태의 독립된 건물(원래 지상 7층 건물로 설계되어 있으나, 지상 1층만으로도 구분소유권의 대상이 될 수 있는 구조임이 분명하다)로서의 요건을 갖추었으므로 법정지상권이 성립된다.

▌판결이유

독립된 부동산으로서의 건물이라고 하기 위해서는 최소한 기둥과 지붕 그리고 주벽이 이루어지면 된다고 할 것인바(대법원 1996. 6. 14. 선고 94다53006 판결), 원심이 배척하지 아니한 갑 제8호 증의 1 내지 24, 을 제11호 증의 1 내지 19(각 사진)의 각 영상과 제1심 증인 박혁근의 증언을 종합하면, 이 사건 공작물은 위 경락 당시 지하 1, 2층 및 지상 1층까지의 콘크리트골조 및 기둥, 천장(슬라브)공사가 완료되어

있고, 지상 1층의 전면(남쪽)에서 보아 좌측(서쪽) 벽과 뒷면(북쪽) 벽 그리고 내부 엘리베이터 벽체가 완성된 사실을 인정할 수 있으므로, 이 사건 공작물은 최소한 지붕과 기둥 그리고 주벽이 이루어졌다고 할 것이어서 미완성 상태의 독립된 건물(원래 지상 7층 건물로 설계되어 있으나, 지상 1층만으로도 구분소유권의 대상이 될 수 있는 구조임이 분명하다)로서의 요건을 갖추었다고 할 것이다.

그럼에도 불구하고 이 사건 공작물에는 주벽이 완성되어 있지 아니하였고 공사 진척도가 20~30%에 불과하여 독립된 건물로 보기 어렵다는 이유를 들어 위와 같이 판단한 원심은 채증법칙을 위배하여 사실을 오인하는 한편, 독립된 건물에 관한 법리를 오해한 위법을 범하였다고 할 것이므로 이 점을 지적하는 상고주장은 이유 있다.

4. 지하층이 구분건물 요건을 갖춘 경우

대법원 2003. 5. 30. 선고, 2002다21592, 21608 판결

판시사항

신축중인 구분건물의 지상층 부분은 골조공사만 진행되었을 뿐이라도 지하층 부분은 독립된 건물로서의 요건을 갖추었다면 동 부분만을 위한 법정지상권도 성립되는지 여부(적극)

판결요지

신축 건물이 경락대금 납부 당시 이미 지하 1층부터 지하 3층까지 기둥, 주벽 및 천장 슬라브 공사가 완료된 상태이었을 뿐만 아니라 지하 1층 일부 점포가 일반에 분양되기까지 하였다면, 비록 토지가 경락될 당시 신축 건물의 지상층 부분이 골조공사만 이루어진 채 벽이나 지붕 등이 설치된 바 없다 하더라도 지하층 부분만으로도 구분소유권의 대상이 될 수 있는 구조라는 점에서, 신축 건물은 경락 당시 미완성 상태이기는 하지만 독립된 건물로서의 요건을 갖추었기에 법정지상권이 성립된다.

판결이유

이 사건의 경우 신축 건물의 지하 1층 가운데 일부만이 판매시설일 뿐 나머지 지하 1층과 지하 2, 3층은 그 용도가 모두 주차장 또는 기계실로서 완성된 건물을 위한 보조적 · 부수적 구조물에 불과하고, 나아가 지상 부분은 단순히 에이치 빔을 조

립한 상태로서 벽체, 바닥 및 천장 등이 완성되지 아니하여 물리적으로도 건물로서의 구조와 형태를 갖추지 못하였으므로 신축 건물은 사회관념상 독립한 거래의 객체로 보기에는 부족하다는 이유로, 동성건설을 대위하여 법정지상권 취득을 원인으로 한 지상권설정 등기절차의 이행을 구하는 원고의 본소 청구를 배척하는 한편, 이 사건 토지의 불법점유를 원인으로 한 임료상당의 손해배상을 구하는 피고의 반소청구를 인용하였다. 그러나 독립된 부동산으로서의 건물이라고 하기 위해서는 최소한 기둥과 지붕 그리고 주벽이 이루어지면 된다고 할 것이다(대법원 2001. 1. 16. 선고 2000다51872 판결 참조).

기록에 의하면, 신축 건물은 경락대금 납부 당시 이미 지하 1층부터 지하 3층까지 기둥, 주벽 및 천장 슬라브 공사가 완료된 상태이었을 뿐만 아니라 지하 1층의 일부 점포가 일반에 분양되기까지 한 사정을 엿볼 수 있는바, 비록 피고 등이 경락을 원인으로 이 사건 토지의 소유권을 취득할 당시 신축 건물의 지상층 부분이 골조공사만 이루어진 채 벽이나 지붕 등이 설치된 바 없다 하더라도, 지하층 부분만으로도 구분소유권의 대상이 될 수 있는 구조라는 점에서 신축 건물은 경락 당시 미완성 상태이기는 하지만 독립된 건물로서의 요건을 갖추었다고 봄이 상당하다.

그럼에도 불구하고, 신축 건물이 독립된 건물로서의 구조와 형태를 갖추지 못하였다는 이유를 들어 위와 같이 판단한 원심판결에는 독립된 건물에 관한 법리를 오해한 위법이 있고, 이는 판결에 영향을 미쳤음이 분명하다.

5. 건평이 5평에 불과한 건물
대법원 1964. 9. 22. 선고, 63아62 판결

▌판시사항

건평이 5평에 불과한 경우라도 「민법」 제366조 소정의 법정지상권이 성립되는 건물이 될 수 있는지 여부(적극)

▌판결요지

법정지상권이 성립되는 지상 건물은 반드시 등기된 것임을 요하지 않고, 건평이 5평에 지나지 않더라도 그 성립에는 아무런 문제가 없다.

▌판결이유

「민법」 366조는 저당물의 경매로 인하여 토지와 그 지상건물이 다른 소유자에게 속한 경우 토지소유자는 건물소유자에 대하여 지상권을 설정한 것으로 보는 것인바, 이 경우에 있어서 그 지상건물은 반드시 등기를 거친 것임을 필요로 하지 아니하며 또 그 건물은 건물로서의 요소를 갖추고 있는 이상 무허가 건물이고 건평이 5평에 지나지 아니한다고 하여도 법정지상권 성립에는 아무런 장애도 될 수 없다 할 것이니, 이와 반대의 견해를 전제로 하여 원판결을 비난하는 논지는 채용할 수 없다.

6. 토지의 구분소유자가 각 건축한 건물

대법원 2004. 6. 11. 선고, 2004다13533 판결

▌판시사항

구분소유적 공유관계에 있는 토지 공유자들이 그 토지 위에 각자 독자적으로 별개의 건물을 소유하면서 그 토지의 전부에 저당권을 설정하였다가 그 저당권의 실행으로 토지와 건물의 소유자가 각 달라진 경우에도 법정지상권이 성립되는지 여부 (적극)

▌판결요지

공유로 등기된 토지의 소유관계가 구분소유적 공유관계에 있는 경우에는 공유자 중 1인이 소유하고 있는 건물과 그 대지는 다른 공유자와의 내부관계에 있어서는 그 공유자의 단독소유로 되었다고 할 것이므로, 건물을 단독으로 소유하고 있는 공유자가 그 건물 또는 토지지분에 대하여 저당권을 설정하였다가 그 후 저당권 실행으로 소유자가 각 달라지게 되면 건물 소유자는 그 건물의 소유를 위한 법정지상권을 취득하게 되며, 이는 구분소유적 공유관계에 있는 토지의 공유자들이 그 토지 위에 각자 독자적으로 별개의 건물을 소유하면서 그 토지 전체에 대하여 저당권을 설정하였다가 그 저당권의 실행으로 토지와 건물의 소유자가 달라지게 된 경우에도 마찬가지라 할 것이다.

판결이유

공유로 등기된 토지의 소유관계가 구분소유적 공유관계에 있는 경우에는 공유자 중 1인이 소유하고 있는 건물과 그 대지는 다른 공유자와의 내부관계에 있어서는 그 공유자의 단독소유로 되었다고 할 것이므로, 건물을 소유하고 있는 공유자가 그 건물 또는 토지지분에 대하여 저당권을 설정하였다가 그 후 저당권의 실행으로 소유자가 달라지게 되면 건물 소유자는 그 건물의 소유를 위한 법정지상권을 취득하게 되며(대법원 1990. 6. 26. 선고 89다카24094 판결, 1997. 12. 26. 선고 96다34665 판결 참조), 이는 구분소유적 공유관계에 있는 토지의 공유자들이 그 토지 위에 각자 독자적으로 별개의 건물을 소유하면서 그 토지 전체에 대하여 저당권을 설정하였다가 그 저당권의 실행으로 토지와 건물의 소유자가 달라지게 된 경우에도 마찬가지라 할 것이다.

그런데 원심이 배척하지 않은 증거들인 을 5호 증의 1, 2, 갑 2호 증의 기재에 의하면, 피고 김정석, 장원철에게 이 사건 대지를 매도한 전소유자인 성영석은 "김정석과 장원철이 이 사건 대지를 둘로 분할하여 각자 집을 짓고 싶었지만 땅 넓이가 작아서 분할이 되지 않았기 때문에 공유로 소유권이전등기를 하였고, 두 채의 건물을 짓고 나면 분할이 된다는 얘기를 들었다."고 진술하고 있고, 이 사건의 당사자들인 피고 김정석, 장원철은 "함께 이 사건 대지를 산 이유는 각자가 집 한 채씩을 지어 살려고 하였기 때문인데, 땅을 사면서 북동쪽(위쪽)의 절반은 장원철이 갖고, 남서쪽(아래쪽)의 나머지 절반은 김정석이 가져서 각자 집을 짓기로 하였고, 이 사건 대지의 분할 경계선은 두 집의 측면선과 평행으로 선을 그어 각자 위 · 아래로 절반의 넓이가 되는 선으로 하기로 하였으며, 위 합의에 따라 두 사람이 각자 합의된 부분을 차지하여 1996. 11.경 건축허가를 받아 각자 건축에 들어갔다."고 진술하고 있으며, 이 사건 대지는 남북으로 길게 뻗은 모양을 하고 있는데 이 사건 제1주택은 그 북쪽에, 이 사건 제2주택은 그 남쪽에 각 위치하고 있어 위 각 건물을 기준으로 경계를 구분하기가 용이한 사실을 인정할 수 있는 바, 사실이 이와 같다면 피고 김정석, 장원철은 이 사건 각 주택이 위치한 부분을 중심으로 하여 이 사건 대지 중 각자의 지분에 해당하는 토지를 특정하여 구분소유하고 있었다고 봄이 상당하다.

원심의 채용 증거들인 1심 증인 김재복의 증언과 동두천시장에 대한 사실조회 결과에 의하면, 이 사건 각 주택의 공사는 위 근저당권 설정일인 1997. 5. 23. 이전인 1997. 4. 초순경에 1층 바닥의 기초공사(콘크리트 타설공사)까지 마쳐진 사실을 인정할 수 있고, 한편 원심이 배척하지 않은 증거들인 을 3호 증, 을 5호 증의 1의 각 기재와 원심 증인 노영도의 증언에 의하면, 이 사건 각 주택을 시공한 건축업자인 소외 노영도는 "1층 기초공사가 끝난 후 공사가 중단되지 않은 채 계속 진행되어 1997. 5. 말경에는 이 사건 각 주택의 벽체와 지붕공사가 완성되었다."는 취지로 진술하고 있고, 소외 성영석은 "1997. 음력 5. 15.(양력으로는 6. 19.임) 모친상을 당했는데, 그 때 조문객들이 이 사건 각 주택에서 잠을 잤고, 당시 이 사건 주택은 벽체와 지붕공사는 완성되었지만 바닥 장판과 도배공사는 하지 않은 상태였다."고 진술하고 있으므로, 이 사건 각 주택은 늦어도 1997. 6.경에는 벽체와 지붕공사가 완성되어 독립된 부동산으로서의 요건을 갖춘 것으로 인정할 수 있는 바, 사실이 이와 같다면 위 근저당권이 설정될 당시 이 사건 각 주택은 사회관념상 독립된 건물로 볼 수 있는 정도에 이르지는 않았더라도 1층 바닥의 기초공사(콘크리트 타설공사)가 완성되었으므로 "건물의 규모 · 종류가 외형상 예상할 수 있는 정도까지 건축이 진전되어 있는 경우"에 해당한다고 할 것이고, 그 후 약 2개월 만에 벽체와 지붕공사가 완성되어 독립된 건물로서의 요건을 갖추었다고 인정함이 상당하다.

사정이 이와 같다면, 피고 김정석과 피고 장원철은 구분소유적 공유관계에 있는 특정 토지의 소유자로서 각자 소유하는 특정 토지 위에 각자 독자적으로 별개의 건물을 소유하면서 그 토지 전체에 대하여 저당권을 설정하였다가 그 저당권의 실행으로 토지와 건물의 소유자가 달라지게 되었으므로, 앞서 본 법리에 따라 이 사건 각 주택의 원시취득자로서 소유자인 피고 장원철은 이 사건 제1주택의, 피고 김정석은 이 사건 제2주택의 각 소유를 위한 법정지상권을 취득하였고, 이 사건 제2주택의 양수인인 피고 안선례는 이 사건 제2주택이 미등기 건물이므로 직접 법정지상권을 취득하지는 못하지만 피고 김정석으로부터 이 사건 제2주택을 양수받을 당시 법정지상권도 함께 양수받았다면 법정지상권을 취득할 지위에 있는 자에 해당하므로 위 피고들에 대한 이 사건 주택의 철거 및 대지인도청구는 허용될 수 없다 할 것이고, 또한 피고 김정석은 이 사건 제2주택에 대한 법정지상권자 일뿐더러 피고 안선례의 승낙하에 이 사건 제2주택을 점유하고 있으므로 위 피고에 대한 퇴거청구도 허용될 수 없다 할 것이다.

7. 미등기 건물 양도 후 토지가 처분된 경우
대법원 1991. 5. 28. 선고, 91다6658 판결

판시사항
동일인 소유에 속한 토지와 지상건물 중 건물만 양수한 자가 미등기 건물인 관계로 소유권이전등기를 하지 못하고 있는 사이, 토지에 설정된 저당권이 실행되어 토지와 건물의 소유자가 각 달라진 경우에도 건물 양도인은 법정지상권을 취득할 수 있는지 여부(적극)

판결요지
동일인의 소유에 속하던 토지와 지상건물 중 건물만 양수한 자가 미등기 건물인 관계로 소유권이전등기를 경료하지 못하였다면 그 소유권은 여전히 건물 양도인에게 남아있다 할 것이고, 그러한 사이 토지 위에 설정된 저당권이 실행된 결과 토지와 건물의 소유자가 달라진 경우라면 건물의 양도인이 건물의 소유를 위한 법정지상권을 취득한다.

판결이유
이의정이 그 앞으로 등기된 토지 위에 건물을 신축하였고 피고가 그 주장과 같이 그로부터 미등기인 이 사건 건물을 양수하여 그 등기를 마치지 아니하였다면 그 건물의 소유권은 여전히 이의정에게 남아 있다 할 것이고, 만일 이 사건 토지에 관한 저당권설정 당시에도 그 토지와 건물이 모두 위 이의정의 소유로 되어 있었다면 그 토지가 위 조영아에게 경락되었을 때 위 이의정은 그 건물의 소유를 위한 법정지상권을 취득하였다고 볼 것이다.

8. 저당 토지상의 건물이 저당권실행 전에 양도된 경우
대법원 1999. 11. 23. 선고, 99다52602 판결

판시사항
토지에 저당권을 설정할 당시 그 토지와 지상 건물이 동일인 소유였다면, 토지의 저당권이 실행되기 전에 건물이 제3자에게 양도된 경우라도 동 건물 양수인은 법

정지상권을 취득하게 되는지 여부(적극)

▍판결요지

「민법」 제366조 소정의 법정지상권을 인정하는 법의 취지가 저당물의 경매로 인하여 토지와 그 지상 건물이 각기 다른 사람의 소유에 속하게 된 경우 건물이 철거되는 것과 같은 사회 경제적 손실을 방지하려는 공익상 이유에 근거하는 점, 저당권자로서는 저당권 설정 당시에 법정지상권의 부담을 예상하였을 것이고 또 저당권설정자는 저당권 설정 당시의 담보가치가 저당권이 실행될 때에도 최소한 그대로 유지되어 있으면 될 것이므로, 위와 같은 경우 법정지상권을 인정하더라도 저당권자 또는 저당권 설정자에게는 불측의 손해가 생기지 않는 반면, 법정지상권을 인정하지 않는다면 건물을 양수한 제3자는 건물을 철거하여야 하는 손해를 입게 되는 점 등에 비추어 보면, 토지에 저당권을 설정할 당시 지상에 건물이 존재하였고 그 양자가 동일 소유자에게 속하였다가 그 후 저당권의 실행으로 토지가 낙찰되기 전에 건물이 제3자에게 양도된 경우라도 건물을 양수한 제3자는 「민법」 제366조 소정의 법정지상권을 취득한다.

9. 기존 건물과 동일성이 인정되는 경우
대법원 1985. 5. 14. 선고, 85다카13 판결

▍판시사항

법정지상권 성립 당시 건물이 다소 멸실 또는 훼손되어 지붕 · 구조 등에 일부 변동이 있더라도 기존 법정지상권은 그대로 유지되는지 여부(적극)

▍판결요지

법정지상권이 성립하는 건물이 일부 증 · 개축되어 그 면적에 다소 증감이 있었다거나 지붕이나 구조에 일부 변동이 있는 경우라도 동 사실만으로는 건물의 동일성을 상실한다고 볼 수 없으므로 그 건물의 소유를 위한 법정지상권은 여전히 존속한다.

▌판결이유

법정지상권이 성립되는 기왕의 건물의 일부를 증 · 개축하여 그 면적에 다소의 증감이 있었다거나 지붕이나 구조에 일부 변동이 있는 사실만으로는 증 · 개축 전후의 건물이 동일성을 상실한다고 볼 수는 없으므로, 이러한 경우에는 그 건물의 소유를 위한 법정지상권은 여전히 존속한다고 할 것인 바, 원심이 확정한 바와 같이 1915년에 준공되어 건물대장에 기재된 건물이 목조스레트즙 우체국 사무소이고 그 건평이 61.12평방미터(18.52평)임에 대하여, 보존등기 당시의 건물은 목조초즙 단층 사무실 및 주택이고 건평이 16.88평이어서 양자 사이에 지붕이 다르고 구조, 평수에 다소 차이가 있음은 인정되나, 그와 같은 사실만으로는 위 보존등기 당시의 건물이 기왕의 우체국 건물이 멸실된 후 재축한 동일성을 상실한 별개의 건물이라고 단정할 수는 없으며 기록을 뒤져 보아도 양자가 별개의 건물이라고 인정할 자료가 없다.

그럼에도 위와 같은 건물에 나타난 다소간의 차이만으로 그 전후의 건물이 동일성 없는 독립한 별개의 건물이라 하여 판시 법정지상권이 소멸하였다는 취지의 원심판단은 필경 당사자가 소송에서 주장하지 아니한 사항을 판단하였거나 건물의 동일성에 관한 법리를 오해하고 채증법칙을 어겨 판결 결과에 영향을 미쳤다고 할 것이다.

10. 토지에 저당권 설정시 존재하던 건물을 신축 · 재축한 경우
대법원 2001. 3. 13. 선고 2000다48517, 48524, 48531 판결

▌판시사항

토지에만 단독으로 저당권을 설정할 당시 그 지상에 존재하던 건물을 재축 또는 신축함으로써 상호 동일성이 없어진 경우에도 민법 제366조 소정의 법정지상권이 성립될 수 있는지 여부(적극)

▌판결요지

민법 제366조 소정의 법정지상권이 성립하려면 저당권 설정 당시 저당권의 목적이 되는 토지 위에 건물이 존재하여야 하고, 저당권 설정 당시 존재하던 건물을 개축 · 증축한 경우는 물론 그 건물이 멸실되거나 철거된 후 재건축하거나 신축한 경

우에도 법정지상권은 성립되고, 신건물과 구건물 사이의 동일성이나 소유자가 동일할 것을 요하는 것은 아니다. 다만, 그 법정지상권의 내용인 존속기간 · 범위 등은 구건물을 기준으로 정하게 된다.[13)]

▌판결이유

민법 제366조 소정의 법정지상권이 성립하려면 저당권 설정 당시 저당권의 목적이 되는 토지 위에 건물이 존재하여야 하는데, 저당권 설정 당시의 건물을 그 후 개축 · 증축한 경우는 물론이고 그 건물이 멸실되거나 철거된 후 재건축 · 신축한 경우에도 법정지상권이 성립하며, 이 경우 신건물과 구건물 사이에 동일성이 있거나 소유자가 동일할 것을 요하는 것은 아니라 할 것이지만, 그 법정지상권의 내용인 존속기간 · 범위 등은 구건물을 기준으로 하여야 할 것이다(대법원 1993. 6. 25. 선고 92다20330 판결, 2000. 12. 12. 선고 2000다19007 판결 등 참조).

이 사건에서 보면 신한은행 명의의 근저당권 설정 당시 이 사건 토지에 한신규 소유의 구건물인 가옥이 존재하였으므로 원심으로서는 위 구건물의 구조 · 위치 · 면적 등을 심리하여 특정한 다음, 이를 기준으로 법정지상권의 존속기간과 구건물의 이용에 일반적으로 필요한 범위를 확정하여 위 항변의 당부를 판단하였어야 할 것이다.

이와 견해를 달리하여 신건물인 이 사건 건물의 구조와 면적, 위치 등을 기준으로 하여 이 사건 토지 전부에 관한 법정지상권의 존속기간과 범위를 인정한 원심의 판단에는 법정지상권의 내용에 관한 심리를 다하지 아니하였거나 그 법리를 오해한 위법이 있고, 이 점을 지적하는 상고이유의 주장은 이유 있다.

---

13) 본 판례는 "대법원 2003.12.18. 선고 98다43601 전원합의체 판결"로 일부 변경된 사정은 있으나 전원합의체 판결로 변경된 내용은 토지와 건물이 공동담보로 제공된 경우에 한정될 뿐, 토지에만 저당권이 설정된 경우에는 해당되지 않는다. 따라서 본 사례의 경우에는 토지에만 단독저당이 설정되고, 지상건물은 무허가 등으로 인하여 공동담보로 제공되지 않은 경우로써, 이러한 경우에는 토지저당권자가 건물을 위한 법정지상권을 용인하고 있었다고 볼 것이므로 향후 동 건물이 재축, 신축, 증축된 경우라도 건물을 위한 법정지상권이 인정되는 것으로 해석하고 있는 것이다. 다만 법정지상권의 효력은 저당권설정 시 존재하던 건물의 구조나 면적을 기준으로 하게 된다는 취지이다.

11. 인수대상 담보지상권이 소멸되는 경우
대법원 1991. 10. 11. 선고, 91다23462 판결

판시사항
저당권을 설정하면서 담보지상권도 동시에 설정한 경우, 동 지상권이 말소된다면 건물을 위한 법정지상권이 성립될 수 있는지 여부(적극)

판결요지
대지에 대하여 저당권을 설정할 당시 저당권자를 위하여 동시에 지상권을 설정하여 주었다고 하더라도 저당권 설정 당시 이미 그 대지상에 건물을 소유하고 있었고 그 건물에 관하여 이를 철거하기로 하는 등 특별한 사유가 없으면, 저당권 실행으로 인하여 그 지상권도 소멸하는 경우 건물을 위한 법정지상권이 발생한다.

판결이유
동일인 소유였던 토지와 그 지상 건물이 저당권의 실행으로 인하여 각기 그 소유자를 달리하게 된 경우 건물소유자는 「민법」 제366조에 의하여 그 건물부지 위에 건물의 사용 · 수익을 위한 지상권을 취득하게 되는 것인 바, 피고가 대지에 대하여 이 사건 저당권을 설정할 당시 저당권자를 위하여 동시에 지상권을 설정하여 주었다고 하더라도, 저당권설정 당시 이미 그 대지상에 이 사건 건물을 소유하고 있었고 그 건물에 관하여 이를 철거하기로 하는 등 특별한 사유가 없으며, 저당권 실행으로 그 지상권도 소멸한 이 사건에 있어서는 이 건물을 위한 법정지상권이 발생하지 않는다고 할 수는 없을 것이다(당원 1977. 7. 12. 선고 76다1078, 1079 판결 참조).

Ⅲ. 법정지상권 불성립 사안

1. 건물 요건을 갖추지 못한 공작물
대법원 2001. 1. 16. 선고, 2000다51872 판결

▎판시사항

건물의 요건을 갖추지 못하여 공작물에 불과한 경우라도 이를 위하여 법정지상권이 성립될 수 있는지 여부(소극)

▎판결요지

독립된 부동산으로서의 건물이라고 할 수 있는 기둥과 지붕 그리고 주벽이 이루어진 경우라면 비록 미완성 상태라도 토지와 건물의 소유자가 달라진 경우라면 건물을 위한 법정지상권이 성립되나, 건물의 요건을 갖추지 못한 단순한 공작물에 불과한 경우라면 법정지상권이 인정되지 않는다.

▎판결이유

독립된 부동산으로서의 건물이라고 하기 위해서는 최소한 기둥과 지붕 그리고 주벽이 이루어지면 된다고 할 것인바(대법원 1996. 6. 14. 선고 94다53006 판결), 원심이 배척하지 아니한 갑 제8호 증의 1 내지 24, 을 제11호 증의 1 내지 19(각 사진)의 각 영상과 제1심 증인 박혁근의 증언을 종합하면 이 사건 공작물은 위 경락 당시 지하 1, 2층 및 지상 1층까지의 콘크리트 골조 및 기둥, 천장(슬라브)공사가 완료되어 있고, 지상 1층의 전면(남쪽)에서 보아 좌측(서쪽)벽과 뒷면(북쪽)벽 그리고 내부 엘리베이터 벽체가 완성된 사실을 인정할 수 있으므로, 이 사건 공작물은 최소한 지붕과 기둥 그리고 주벽이 이루어졌다고 할 것이어서 미완성 상태의 독립된 건물(원래 지상 7층 건물로 설계되어 있으나, 지상 1층만으로도 구분소유권의 대상이 될 수 있는 구조임이 분명하다)로서의 요건을 갖추었다고 할 것이다.

그럼에도 불구하고 이 사건 공작물에는 주벽이 완성되어 있지 아니하였고 공사 진척도가 20~30%에 불과하여 독립된 건물로 보기 어렵다는 이유를 들어 위와 같이

판단한 원심은 채증법칙을 위배하여 사실을 오인하는 한편, 독립된 건물에 관한 법리를 오해한 위법을 범하였다고 할 것이므로 이 점을 지적하는 상고주장은 이유 있다.

2. 나대지에 저당권을 설정한 후 축조한 건물

대법원 1995. 12. 11. 선고, 95마1262 결정

판시사항

나대지에 저당권이 설정된 후 저당권설정자가 건물을 축조하고 경매로 토지와 그 건물의 소유자가 각 달라진 경우에도 동 건물을 위한 법정지상권이 성립될 수 있는지 여부(소극)

결정요지

건물이 없는 나대지에 저당권이 설정된 후 저당권설정자가 그 위에 건물을 건축하였다가 담보권 실행을 위한 경매절차에서 경매로 인하여 그 토지와 지상 건물이 그 소유자를 달리하였을 경우라면, 「민법」 제366조의 법정지상권이 인정되지 아니할 뿐만 아니라 관습상 법정지상권도 인정되지 아니한다.

3. 나대지의 저당권자가 건축에 동의한 경우

대법원 2003. 9. 5. 선고, 2003다26051 판결

판시사항

나대지에 근저당권을 설정한 자가 그 지상에 건물을 축조한 경우로써 동 건축에 저당권자가 동의한 경우라면 본건 건물을 위하여 「민법」 제366조의 법정지상권이 성립될 수 있는지 여부(소극)

판결요지

「민법」 제366조의 법정지상권은 저당권설정 당시부터 저당권의 목적인 토지 위에 건물이 존재할 경우에 한하여 인정되며, 토지에 관하여 저당권이 설정될 당시 그 지상에 토지 소유자에 의한 건축이 개시되기 이전이었다면, 건물이 없는 토지에 관하여 저당권이 설정될 당시 근저당권자가 토지 소유자에 의한 건축에 동의하였다고

하더라도, 그러한 사정은 주관적 사항이고 공시할 수도 없는 것이어서 토지를 낙찰받는 제3자로서는 알 수 없는 것이므로 그와 같은 사정을 들어 법정지상권 성립을 인정한다면 토지 소유권을 취득하려는 제3자의 법적 안정성을 해치게 되는 등 법률관계가 매우 불명확하게 되므로 법정지상권이 성립되지 않는다.

4. 토지와 공담된 건물이 철거된 후 신축된 경우
대법원 2003. 12. 18. 선고, 98다43601 전원합의체 판결

▌판시사항

동일인 소유에 속한 토지와 그 지상 건물에 공동저당권이 설정된 후 기존 건물을 철거하고 신축한 경우, 토지에 대한 저당권실행으로 토지와 신축건물의 소유자가 각 달라진 경우라도 「민법」 제366조 소정의 법정지상권이 성립되는지 여부(소극)[14)]

▌판결요지

[다수의견] 동일인 소유에 속한 토지 및 그 지상 건물에 관하여 공동저당권이 설정된 후 그 지상 건물이 철거되고 새로운 건물이 신축된 경우에는 그 신축건물의 소유자가 토지의 소유자와 동일하고 토지의 저당권자에게 신축건물에 관하여 토지의 저당권과 동일한 순위의 공동저당권을 설정해 주는 등 특별한 사정이 없는 한, 저당물의 경매로 인하여 토지와 그 신축건물이 다른 소유자에 속하게 되더라도 그 신축건물을 위한 법정지상권은 성립하지 않는다고 해석하여야 하는 바, 그 이유는 동일인의 소유에 속하는 토지 및 그 지상 건물에 관하여 공동저당권이 설정된 경우에는 (처음부터 지상 건물로 인하여 토지의 이용이 제한 받는 것을 용인하고 토지에 대하여만 저당권을 설정하여 법정지상권의 가치만큼 감소된 토지의 교환가치를 담보로 취득한 경우와는

14) 위의 경우와 달리 건물을 신축한 경우라도 법정지상권이 인정되는 경우가 있다. 즉 동일인 소유에 속한 토지와 그 지상 건물 중 토지에만 저당권을 설정한 후 그 건물이 철거되고 다시 신축된 경우라면 추후 그 토지에 대한 저당권 실행으로 토지와 신축건물의 소유자가 달라진 경우라도 동 건물을 위한 「민법」 제366조 소정의 법정지상권이 성립되는 것으로 본다. 이는 위 판례의 내용 중 [다수의견]에서 설시한 바와 같이 "처음부터 지상 건물로 인하여 토지의 이용이 제한 받는 것을 용인하고 토지에 대하여만 저당권을 설정하여 법정지상권의 가치만큼 감소된 토지의 교환가치를 담보로 취득한 경우"로 볼 수 있다는 취지이다. 이는 토지에 대한 저당권자가 지상권의 부담을 예상하고 그에 상응하는 결손분을 담보평가 시 감안하였을 것이므로 저당권자의 입장에서도 불측의 손해를 입을 염려가 없고, 건물의 소유자에 대한 보호 내지 그의 의사에도 부합되기 때문이다.

달리) 공동저당권자는 토지 및 건물 각각의 교환가치 전부를 담보로 취득한 것으로서, 저당권의 목적이 된 건물이 그대로 존속하는 이상은 건물을 위한 법정지상권이 성립해도 그로 인하여 토지의 교환가치에서 제외된 법정지상권 가액 상당 가치는 법정지상권이 성립하는 건물의 교환가치에서 되찾을 수 있어, 궁극적으로는 토지에 관하여 아무런 제한이 없는 나대지로서의 교환가치 전체를 실현시킬 수 있다고 기대하지만, 건물이 철거된 후 신축건물에 토지와 동 순위의 공동저당권이 설정되지 아니 하였는데도 그 신축건물을 위한 법정지상권이 성립한다고 해석하게 되면, 공동저당권자가 법정지상권이 성립하는 신축건물의 교환가치를 취득할 수 없게 되는 결과 법정지상권 가액 상당 가치는 되찾을 길이 막혀 위와 같이 당초 나대지로서의 토지의 교환가치 전체를 기대하여 담보를 취득한 공동저당권자에게 불측의 손해를 입게 하기 때문이다.

[다수의견 쪽 보충의견] 「민법」 제366조가 "저당물의 경매로 인하여 토지와 그 지상건물이 다른 소유자에게 속한 경우"라고 규정하여, 마치 경매 당시에 건물이 존재하기만 하면 법정지상권이 성립할 수 있는 것처럼 규정하고 있지만, 위 조문의 해석상 법정지상권이 성립하기 위하여 저당권설정 당시 토지상에 건물이 존재하여야 하고, 따라서 나대지에 저당권설정 후 설정자가 그 지상에 건물을 신축한 후 경매로 토지와 건물의 소유자가 달라진 경우에는 그 신축건물을 위한 법정지상권의 성립을 부정하는 것이 판례 · 통설인 바, 이는 이러한 경우에도 건물보호라는 공익적 요청을 고려하여 법정지상권 성립을 허용하면 당초 건물 없는 토지의 교환가치를 기대한 저당권자의 기대 내지 의사에 반하기 때문에 이러한 당사자의 의사를 고려한 것으로 볼 수 있고, 이를 미루어 보아 법정지상권제도가 당사자의 의사를 전혀 도외시한 채 건물보호라는 공익적 요청에 의한 것이라고만 할 수 없으며, 단독저당, 공동저당 어느 경우나 원칙적으로 저당권설정 당시 존재하던 건물이 헐린 후 재축된 신건물에 대하여는 물권법정주의 원칙상 법정지상권이 성립될 수는 없지만 예외적으로 그 성립을 인정하여도 저당권자의 의사 내지 기대에 반하지 아니하는 경우(단독저당이 여기에 해당한다)에 국한하여 건물보호를 위하여 법정지상권의 성립범위를 확장 해석하는 것은 법정지상권의 성립요건의 객관성이나 강제성과는 관련이 없다.

5. 토지에 저당권설정 시 건물명의가 신탁된 경우
대법원 2004. 2. 13. 선고, 2003다29043 판결

판시사항
토지에 저당권을 설정할 당시 건물의 등기명의가 타인에게 신탁된 경우라도 「민법」 제366조 소정의 법정지상권이 인정될 수 있는지 여부(소극)

판결요지
「민법」 제366조 소정의 법정지상권은 저당권 설정 당시 동일인 소유에 속하였던 토지와 그 지상 건물이 경매로 인하여 각기 그 소유자가 다르게 된 때 건물 소유자를 위하여 발생하는 것이므로, 토지와 그 지상 건물이 각기 소유자를 달리하고 있던 중 토지 또는 그 지상 건물만이 경매에 의하여 다른 사람에게 소유권이 이전된 경우에는 위 법조 소정의 법정지상권이 발생할 여지가 없으며, 또 건물의 등기부상 소유명의를 타인에게 신탁한 경우라면 신탁자는 제3자에게 그 건물이 자기의 소유임을 주장할 수 없고, 따라서 건물과 그 부지인 토지가 동일인의 소유임을 전제로 하는 법정지상권은 성립할 수 없다.

6. 대지와 미등기 건물을 취득한 후 대지만 매각된 경우
대법원 2002. 6. 20. 선고, 2002다9660 전원합의체 판결

판시사항
미등기 건물도 대지와 함께 매수하였으나 대지에 대해서만 소유권이전등기와 저당권을 설정한 경우로써, 동 토지의 저당권실행으로 대지와 미등기 건물의 소유자가 각 달라진 경우에도 미등기 건물을 위하여 「민법」 제366조 소정의 법정지상권이 성립될 수 있는지 여부(소극)

판결요지
「민법」 제366조의 법정지상권은 저당권 설정 당시 동일인 소유에 속하는 토지와 건물이 저당권 실행으로 인하여 각기 다른 사람의 소유에 속하게 된 경우 건물의 소유를 위하여 인정되는 것이므로, 미등기 건물을 그 대지와 함께 매수한 사람이 그

대지에 관하여만 소유권이전등기를 넘겨받고 건물에 대해서는 등기를 이전 받지 못하고 있던 중, 대지에 대하여만 설정된 저당권의 실행으로 대지가 매각됨으로써 다른 사람의 소유로 된 경우라면, 그 저당권 설정 당시 이미 대지와 건물은 각각 다른 사람의 소유에 속하고 있었으므로 동 미등기 건물을 위한 법정지상권이 성립될 여지가 없다.

7. 법정지상권이 성립된 건물이 동일성을 상실한 경우
대법원 1985. 5. 14. 선고, 85다카13 판결

판시사항

법정지상권이 성립될 당시의 건물이 멸실 또는 훼멸된 경우로써 신축하거나 동일성 없는 형태로 개축된 경우라도 법정지상권이 유지될 수 있는지 여부(소극)

판결요지

법정지상권 취득 당시의 건물이 멸실됨으로써 다시 신축하거나 새로운 건물로 개축함으로써 양 건물의 동일성이 상실된 경우라면 건물의 소유를 위한 기존 법정지상권은 소멸한다.[15)]

판결이유

법정지상권 취득 당시의 건물이 멸실되어 다시 신축하였거나 건물의 독립성을 인정할 수 없을 정도로 훼멸된 것을 독립된 새로운 건물로 개축하여 양 건물이 동일성을 상실한 경우에는 기왕의 건물 소유를 위한 법정지상권은 소멸하고, 새로운 건물을 위하여는 위 법정지상권은 더 이상 존속할 수 없다.

15) 법정지상권이 성립되는 건물이라도 신축 · 개축 등으로 동일성을 상실하면 법정지상권이 소멸되는 것으로 보는 위 판례와는 달리, 기존 법정지상권이 그대로 유지되고 다만 구 건물을 기준으로 법정지상권이 인정된다는 판례도 있다(p.206, 10. 참조).

Ⅳ. 법정지상권 효력 등

1. 법정지상권자의 지료지급 의무

대법원 1997. 12. 26. 선고, 96다34665 판결

판시사항

법정지상권자가 대지를 점유 · 사용함으로써 얻은 이득은 대지 소유자에게 부당이득으로써 반환해야 하는지 여부(적극)

판결요지

법정지상권자는 대지 소유자의 건물 철거나 대지 인도청구를 거부할 수는 있다 하더라도 그 대지의 점유 · 사용으로 인하여 얻은 이득은 부당이득으로써 대지 소유자에게 반환할 의무가 있다.

판결이유

법정지상권자라 할지라도 대지 소유자에게 지료를 지급할 의무는 있는 것이고, 법정지상권 있는 건물의 양수인으로서는 장차 법정지상권을 취득할 지위에 있어 대지 소유자의 건물 철거나 대지 인도청구를 거부할 수 있다 하더라도 그 대지를 점유 · 사용함으로 인하여 얻은 이득은 부당이득으로써 대지 소유자에게 반환할 의무가 있는 것이므로(대법원 1995. 9. 15. 선고 94다61144 판결 등 참조), 이 사건 건물을 경락에 의하여 취득한 피고 윤희국은 법정지상권을 그 등기 없이도 당연히 취득하는 것이지만 원고에게 지료 상당의 금원을 지급할 의무는 있고, 피고 최상식은 김종순과 피고 윤희국을 차례로 대위하여 원고에 대하여 법정지상권 설정등기 및 그 이전등기절차의 이행을 구할 수 있는 지위에 있어, 원고가 그에 대하여 이 사건 건물의 철거나 대지의 인도를 구하는 것은 신의칙상 허용되지는 않지만, 피고 최상식이 그 대지를 점유 · 사용함으로 인하여 얻은 이득은 부당이득으로서 원고에게 반환할 의무가 있다 할 것이다.

2. 법정지상권부 건물을 사실상 취득한 자의 지료지급 의무
대법원 1995. 9. 15. 선고, 94다61144 판결

판시사항
법정지상권부 건물 양수인으로서 장차 법정지상권을 취득할 지위에 있는 매수인도 대지의 사용으로 인하여 얻는 실질적 이득을 대지 소유자에게 부당이득으로써 반환해야 되는지 여부(적극)

판결요지
법정지상권이 있는 건물 양수인으로서 장차 법정지상권을 취득할 지위에 있어 대지소유자의 건물철거나 대지인도 청구를 거부할 수 있는 지위에 있는 자라 할지라도, 그 대지의 점거사용으로 얻은 실질적 이득은 이로 인하여 대지소유자에게 손해를 끼치는 한에 있어서는 부당이득으로서 이를 대지소유자에게 반환할 의무가 있다.

다만 법정지상권자가 지급할 지료를 정함에 있어서 법정지상권 설정 당시의 제반사정을 참작하여야 하나, 법정지상권이 설정된 건물이 건립되어 있음으로 인하여 토지의 소유권이 제한 받는 사정은 참작 · 평가하여서는 안된다.

3. 법정지상권에 따른 지료수준
대법원 1989. 8. 8. 선고, 88다카18504 판결

판시사항
법정지상권자의 대지사용에 따른 지료는 토지가격의 연 7%, 공법상 이용제한 사항에 대한 감가율은 산정지료의 30%로 평가한 것이 타당한 것으로 볼 수 있는지 여부(적극)

판결요지
법원은 법정지상권자가 지급할 지료를 정함에 있어 법정지상권 설정 당시의 제반사정을 참작하여야 하나, 법정지상권이 설정된 건물이 건립되어 있음으로 인하여 토지의 소유권이 제한 받는 사정은 참작 평가하여서는 안 되며, 지료는 토지가의 7%, 공법상 이용제한 사항에 대한 감가율을 지료의 30%로 한 것은 부당하지 않다.

▌판결이유

원심이 위와 같은 취지에서 이 사건 토지 위에 이 사건 건물이 건립되어 있지 않음을 전제로 이 사건 토지의 이용상황 및 위 법정지상권 설정 당시의 제반사정을 참작하여 평가한 제1심 감정인 우재영의 감정결과에 따라 지료를 정한 조치는 정당하고, 소론과 같이 이 사건 토지가 원고 취득 전부터 피고 소유 건물의 부지로만 사용되어 왔으며 법정지상권이 설정되어 있는 상태로 원고가 매수하였다는 사정을 참작하지 아니한 것이 잘못이라고 할 수는 없다.

또 원심이 채용한 위 감정인 우재영의 감정결과에 의하면 이 사건 토지가격을 감정기준일 현재 평당 금 360만 원으로 보고 그 임료를 토지가격의 7%로 평가하였으며, 건축이 불가능한 공법상의 제한을 그 토지가격의 30% 감가사유로 판단하고 있음은 소론과 같으나, 기록에 의하여 살펴보아도 이 사건 토지가격과 그에 따른 임료액의 평가가 부당하다고 볼만한 근거가 없고 또 건축이 불가능한 공법상의 제한을 30% 감가사유로 본 점은 소론이 원용하는 1심 감정인 한영희의 감정서에서도 건축 불능한 점과 법정지상권이 있는 점을 합쳐서 40% 감가사유로 평가한 점에 비추어 보아도 그다지 부당하다고 보여 지지 않는다.

4. 지료의 산정 방법

대법원 1975. 12. 23. 선고, 75다2066 판결

▌판시사항

법정지상권자가 대지소유자에게 지급해야 할 대가는 나대지를 전제로 평가한 지료 상당액 인지 여부(적극)

▌판결요지

자기 소유 건물을 위하여 그 기지에 법정지상권을 취득한 경우 어떠한 제한이나 하자도 없이 타인의 토지를 직접적으로 완전하게 사용하고 있다고 할 수 있고, 이 경우에 토지 소유자에게 지급해야 할 지료는 아무런 제한 없이 토지를 사용함으로써 얻는 이익에 상당하는 대가이며, 건물이 건립되어 있는 것을 전제로 한 임료상당 금액은 아니다.

▌판결이유

사건에서처럼 임의경매에 의하여 자기 소유(피고)의 건물을 위하여 그 기지 소유자인 원고의 대지위에 법정지상권을 취득하였으면 피고는 그 사용에 있어서 어떠한 제한이나 하자도 없는 원고 소유의 토지를 직접적으로 완전하게 사용하고 있다고 할 수 있고, 그 건물을 위하여 건물이 건립되어 있는 상태의 원고 소유 토지를 이용하고 있는 것은 아닌 것이다. 따라서 이 경우 피고가 원고에게 지급하여야 할 지료는 아무런 제한 없이 원고 소유 토지를 사용함으로써 얻는 이익에 상당하는 대가가 되어야 마땅할 것이요, 결코 건물이 건립되어 있는 것을 전제로 한 임료상당금액이 되어서는 안된다고 할 것이다.

5. 지료 미확정과 법정지상권 소멸청구권

대법원 1996. 4. 26. 선고, 95다52864 판결

▌판시사항

법정지상권에 따른 지료가 결정되지 않았더라도, 2년분 이상의 지료 미지급 사유가 있으면 토지소유자가 지상권 소멸을 청구할 수 있는지 여부(소극)

▌판결요지

「민법」 제366조 단서 규정에 의하여 법정지상권의 경우 그 지료는 당사자의 협의나 법원에 의하여 결정하도록 되어 있는데, 당사자 사이에 지료에 관한 협의가 있었다거나 법원에 의하여 지료가 결정되었다는 아무런 입증이 없고 법정지상권에 관한 지료가 결정된 바 없다면, 법정지상권자가 지료를 지급하지 않았다고 하더라도 지료지급을 지체한 것으로 볼 수 없으므로 법정지상권자가 2년 이상의 지료를 지급하지 아니하였음을 이유로 하는 토지소유자의 법정지상권 소멸청구는 이유가 없다.

6. 판결로 지료가 결정된 경우와 법정지상권 소멸청구

대법원 1993. 3. 12. 선고, 92다44749 판결

▌판시사항

법정지상권에 대한 지료액수가 판결로 정해진 경우로써, 지체된 지료가 판결확

정 전후에 걸쳐 2년분 이상이라면 토지소유자가 지상권소멸청구를 할 수 있는지 여부(적극)

▌판결요지

법정지상권이 성립되고 지료액수가 판결에 의하여 정해진 경우 지상권자가 판결확정 후 지료청구를 받고도 책임 있는 사유로 상당한 기간 동안 지료지급을 지체한 때에는, 지체된 지료가 판결확정 전후에 걸쳐 2년분 이상일 경우라도 토지소유자는 「민법」 제287조에 의하여 지상권의 소멸을 청구할 수 있다.

▌판결이유

법정지상권이 성립되고 그 지료액수가 판결에 의하여 정해진 경우, 지상권자가 그 판결확정 후 지료의 청구를 받고도 그 책임 있는 사유로 상당한 기간 동안 지료의 지급을 지체한 때에는, 그 지체된 지료가 판결확정 전후에 걸쳐 2년분 이상일 경우에도 토지소유자는 「민법」 제287조에 의하여 지상권의 소멸을 청구할 수 있다 할 것이고, 위 판결확정일로부터 2년 이상 지료의 지급을 지체하여야만 지상권에 대한 소멸청구를 할 수 있는 것은 아니라고 할 것이다.

7. 지료 결정과 제3자에 대한 효력

대법원 2001. 3. 13. 선고, 99다17142 판결

▌판시사항

결정된 지료가 제3자에게도 효력을 발생하기 위해서는 약정지료에 대한 등기나 판결로써 확정되어야 하는지 여부(적극)

▌판결요지

법정지상권의 경우 당사자 사이에 지료에 관한 협의가 있었다거나 법원에 의하여 지료가 결정되었다는 아무런 입증이 없다면, 법정지상권자가 지료를 지급하지 않았다 하더라도 지료지급을 지체한 것으로 볼 수 없으므로 법정지상권자가 2년 이상의 지료를 지급하지 아니하였음을 이유로 하는 토지소유자의 지상권 소멸청구는 이유가 없고, 지료액 또는 그 지급시기 등 지료에 관한 약정은 이를 등기하여야만

제3자에게 대항할 수 있는 것이며, 법원에 의한 지료결정은 당사자의 지료결정청구에 의하여 형식적 형성소송인 지료결정 판결로 이루어져야만 제3자에게도 그 효력이 미친다.

8. 지료연체와 토지소유자의 소멸청구
대법원 2001. 3. 13. 선고, 99다17142 판결

판시사항

2년 이상의 지료 연체를 이유로 지상권소멸을 청구할 경우, 토지 소유자는 종전 소유자에 대한 연체기간도 합산하여 주장할 수 있는지 여부(소극)

판결요지

「민법」 제287조가 토지소유자에게 지상권소멸청구권을 부여하고 있는 이유는 지상권은 성질상 그 존속기간 동안은 당연히 존속하는 것을 원칙으로 하는 것이나, 지상권자가 2년 이상 지료를 연체하는 때에는 토지소유자로 하여금 지상권의 소멸을 청구할 수 있도록 함으로써 토지소유자의 이익을 보호하려는 취지에서 나온 것이라고 할 것이므로, 지상권자가 그 권리의 목적이 된 토지의 특정한 소유자에 대하여 2년분 이상의 지료를 지불하지 아니한 경우, 그 특정 소유자는 그 선택에 따라 지상권의 소멸을 청구할 수는 있으나, 지상권자의 지료지급 연체가 토지소유권 양도 전후에 걸쳐 이루어진 경우라면 토지양수인에 대한 연체기간이 2년이 되지 않았다면 양수인은 지상권소멸청구를 할 수 없다.

판결이유

기록에 의하면, 위 판결은 그 주문에서 피고 이규웅, 박학년에 대하여 민국금고에게 금 29,742,710원을 지급할 것을 명하면서, 그 이유에서 1995. 4. 20.부터 1996. 5. 19.까지의 기간 동안의 지료를 산정하기 위한 선결문제로 1995. 4. 10.부터 1996. 3. 13.까지는 연 금 27,695,710원, 1996. 3. 14. 이후는 연 금 26,655,270원으로 지료를 결정한 사실이 인정되므로, 앞에서 본 법리에 비추어 볼 때, 위 판결 이유에서 정한 지료에 관한 결정은 원고들과 피고 박학년 사이에는 그 효력이 없다

고 할 것이어서, 법원에 의하여 제3자에게도 효력이 미치는 지료가 결정되었다고 할 수도 없고 달리 원·피고 사이에 지료에 관한 협의가 있었다는 주장·입증이 없으므로, 원고들은 위 박학년의 지료연체를 이유로 지상권소멸청구를 할 수 없다고 할 것이다.

또한 「민법」 제287조가 토지소유자에게 지상권소멸청구권을 부여하고 있는 이유는 지상권은 성질상 그 존속기간 동안은 당연히 존속하는 것을 원칙으로 하는 것이나, 지상권자가 2년 이상의 지료를 연체하는 때에는 토지소유자로 하여금 지상권의 소멸을 청구할 수 있도록 함으로써 토지소유자의 이익을 보호하려는 취지에서 나온 것이라고 할 것이므로, 지상권자가 그 권리의 목적이 된 토지의 특정한 소유자에 대하여 2년분 이상의 지료를 지불하지 아니한 경우 그 특정 소유자로 하여금 선택에 따라 지상권의 소멸을 청구할 수 있도록 한 것이라고 해석함이 상당하다.

그런데 기록에 의하면, 이 사건 법정지상권은 1995. 4. 19. 성립되었고, 원고들은 법정지상권 성립 당시의 이 사건 대지 소유자인 소외 민국금고로부터 이 사건 대지를 매수하여 1997. 6. 25. 그 소유권이전등기를 마쳤는데, 피고 박학년이 위 지상권 성립일로부터 2년 이상의 지료를 지급하지 아니하였음을 이유로 이 사건 1997. 12. 29.자 준비서면을 통하여 지상권소멸청구의 의사표시를 하여 1998. 1. 17. 위 피고에게 도달하였는바, 원고들이 위 피고에게 이 사건 지상권소멸청구를 한 때는 위 피고가 이 사건 대지의 소유권을 취득한 원고들에 대하여는 2년 이상의 지료를 연체하지 아니하였음이 역수상 명백하므로, 원고들의 위 지상권소멸청구는 부적법하다고 할 것이다.

9. 법정지상권에 대한 건물 양수인의 권리
대법원 1981. 9. 8. 선고, 80다2873 판결

▌판시사항

법정지상권부 건물이 양도된 경우 건물에 대한 소유권이전 등기만 경료되고 대지에 대해서는 법정지상권 이전등기를 하지 않은 경우라면 기존 법정지상권은 소멸되는지 여부(소극)

▌판결요지

저당물의 경매로 인하여 토지와 그 지상 건물이 소유자를 달리하게 되어 토지상에 법정지상권을 취득한 건물소유자가 법정지상권 설정등기를 경료함이 없이 건물을 양도하는 경우, 특별한 사정이 없는 한 건물과 함께 지상권도 양도하기로 하는 채권적 계약이 있었다고 할 것이므로, 지상권자는 지상권설정등기를 한 후 건물양수인에게 이의 양도등기 절차를 이행해 줄 의무가 있다. 따라서 건물 양수인은 건물 양도인을 순차 대위하여 토지 소유자에 대하여 건물소유자였던 법정지상권자에 대한 법정지상권 설정등기절차의 이행을 청구할 수 있다.

10. 기존 건물의 증 · 개축과 법정지상권 효력
대법원 1997. 1. 21. 선고, 96다40080 판결

▌판시사항

법정지상권이 성립되는 건물에 대하여 증 · 개축을 한 경우라도 기존 법정지상권의 효력은 그대로 유지되는지 여부(적극)

▌판결요지

「민법」 제366조 소정의 법정지상권이나 관습상의 법정지상권이 성립한 후 건물을 개축 또는 증축하는 경우에도 법정지상권은 유지된다. 다만 그 법정지상권의 범위는 구 건물을 기준으로 하여 그 건물의 유지 또는 사용을 위하여 일반적으로 필요한 범위 내의 대지 부분에 한정된다.

제 3 장

관습법상 지상권

I. 성립요건 등

1. 관습법상 지상권 성립요건
대법원 1966. 2. 22. 선고, 65다2223 판결

▌판시사항

토지와 건물이 동일인 소유에 속한 경우로써 일정한 요건을 갖추면 법정지상권에 해당하지 않는 경우라도 건물소유자를 위하여 관습법상 지상권이 성립되는지 여부(적극)

▌판결요지

관습법상 지상권은 ① 토지와 건물이 동일 소유자에게 속하였을 것, ② 토지 또는 건물이 매각 기타 원인으로 인하여 각 소유자가 달라질 것, ③ 건물을 철거한다는 당사자 간의 특약이 없을 것과 같은 3가지 요건을 갖추게 되면 당해 건물소유자는 토지소유자에 대하여 그 건물의 소유를 위한 관습법상 지상권을 취득하게 된다.

▌판결이유

당원이 판례로 삼은 관습상의 법정지상권에 관한 법리는 토지와 건물이 동일한 소유자에 속하였다가 건물 또는 토지가 매각 또는 기타 원인으로 인하여 양자의 소유자가 다르게 될 때에 특히 그 건물을 철거한다는 조건이 없는 이상 건물소유자는 토지소유자에 대하여 그 건물을 위한 관습상의 법정지상권을 취득한다는 것을 내용으로 하고 있는 바, 이 사건에 관하여 살펴보면 원고 소유인 이리시 중앙동 1가(지번생략) 대지 14평과 피고 소유의 전시 건물(계쟁부분 포함)은 원래 일본인 재산으로서 국가에 귀속되었으므로, 피고가 본건 계쟁 대지위에 있는 건물에 대하여 관습상의

법정지상권을 취득하려면 피고가 국가로부터 직접 본건 건물을 매수한 자일 것과, 그 건물 매수당시 계쟁 건물과 대지가 국가의 소유에 속하였을 것, 계쟁 건물 매매에 있어서 특히 건물을 철거할 특단의 합의가 있음이 입증되지 않았을 것을 요하는 바, 원심은 피고가 본건 건물 매수시에 본건 계쟁 토지와 건물이 아직 국가 소유에 속한 사실(적어도 국가 소유명의로 등기되어 있는 사실) 국가로 부터 직접 피고 앞으로 계쟁 건물의 소유권이전등기를 할 때에 국가와 피고 사이에 직접 불하계약이 이루어진 사실을 확정하였어야 함에도 불구하고(원심이 확정한 사실은 피고가 국가로부터 소외 윤판중에게 불하된 본건 건물을 윤판중으로부터 대금완납을 정지조건부로 매수하였다는 사실이나, 기록에 의하면 윤판중이가 불하를 받은 후에 위 건물을 피고에게 정지조건부로 매도한 사실을 인정할 만한 자료가 없고 귀속재산 매수인 명의를 다른 사람 명의를 빌려 불하계약을 할 수는 없는 터이므로, 국가로부터 피고에게 직접 소유권 이전 등기된 이유가 윤판중에 대한 불하계약을 적법하게 취소하고 피고에게 새로운 불하처분을 한 것인지 여부를 석명 심리하였어야 할 것이다), 원심은 위와 같은 사실에 대하여 심리함이 없이 만연히 위에서 설시한 바와 같은 이유로 피고가 본건 계쟁 대지위에 원시적으로 관습법상의 법정지상권을 취득한 것이라고 단정하였음은 이른바 관습상의 법정지상권 성립요건을 잘못 이해함으로써 심리를 다하지 아니하였거나 석명권 행사를 게을리 한 위법이 있다고 할 것이다.

2. 토지와 건물에 대한 동일인 소유시점
대법원 1995. 7. 28. 선고, 95다9075, 9082(반소) 판결

판시사항

관습법상 지상권 성립요건으로서의 토지와 건물의 동일인 소유요건은 어느 하나가 처분될 때에만 충족되면 족한 것인지 여부(적극)

판결요지

관습법상 법정지상권이 성립되기 위해서는 토지와 건물 중 어느 하나가 처분될 당시 토지와 그 지상 건물이 동일인의 소유에 속하였으면 족하고 원시적으로 동일인 소유였을 필요는 없다.

3. 강제경매와 동일인 소유시점
대법원 1970. 9. 29. 선고, 70다1454 판결

▌판시사항

강제경매를 원인으로 관습법상 지상권이 성립될 경우라면 매각잔대금 불입시에만 토지와 건물의 소유자가 동일하면 되는 것인지 여부(적극)

▌판결요지

강제경매로 인하여 관습상의 법정지상권이 성립되기 위해서는 경락 당시에 토지와 그 지상 건물이 소유자를 같이하고 있으면 족하고 경락에 이르는 기간 중에 계속하여 소유자를 같이하고 있음을 요하는 것은 아니다.

▌판결이유

강제경매로 인한 경우 그 강제경매를 위한 압류가 있은 때로부터(또는 그 압류에 선행한 가압류가 있는 경우에는 그 가압류가 있은 때로부터) 경락에 이르는 기간 중 계속하여 그 토지 및 건물이 소유자를 같이하고 있었음을 요하는 것은 아니다. 원판결 이유에 의하면, 원심은 이 사건 대지는 소외 구삼준의 강제경매신청에 의하여 경매가 실시되었는데 경락당시 위 대지와 그 지상의 이 사건 건물은 모두 피고의 소유였으나, 위 경매실시로 대지는 경락자인 원고의 소유가 되어 현재에 이르며, 건물은 여전히 피고가 소유하고 있다는 사실을 인정하고 있다. 그렇다면 특단의 사유가 없는 한 위 건물의 소유자인 피고는 원고 소유의 대지 위에 관습상의 법정지상권을 취득하고 있다고 봄이 상당하다 할 것이다.

그럼에도 불구하고 원심은 위 구삼준이 강제경매에 앞서 대지를 가압류한 당시의 위 대지의 소유자는 소외 이명순이었고 그 당시의 그 지상 건물의 소유자는 소외 최병식이여서 대지와 그 지상건물의 소유자는 각각 다른 사람에게 속해 있다가 위 가압류 이후 대지와 건물의 소유권이 전전 이전되어 경락 당시에는 위 인정과 같이 그 소유권이 모두 동일인(피고)에게 속하고 있었다는 사실을 인정할 수 있다고 설시하면서', 강제경매의 경우에는 경매 목적물에 대한 압류가 효력을 발생하는 때 또는 이 사건의 경우와 같이 강제경매에 앞선 가압류집행이 있은 경우에는 그 가압류집

행이 있은 때에 대지와 건물의 소유자가 동일인에게 속해 있다가 경락으로 인하여 소유자가 각각 달라지는 경우에만 관습상의 법정지상권이 발생하는 것이라는 견해를 취하고 있으며, 따라서 위 가압류 당시 이 사건 대지와 건물의 소유자가 동일인이 아니었던 이 사건에 있어서는 원고 소유의 대지 위에 건물의 소유자인 피고의 관습상의 법정지상권이 성립할 수 없다고 판시하고, 피고는 위 건물을 그 대지상에 보유함으로써 원고의 대지를 불법점유하고 있다는 취지의 원고의 청구를 받아드렸는 바, 원 판결의 이와 같은 판시는 이미 본 바 강제경매로 인한 관습상의 법정지상권 성립에 관한 법리를 오해한 것이어서 그릇된 것임을 면치 못할 것이다.

4. 무허가 · 미등기 건물에 대한 관습법상 지상권
대법원 1988. 4. 12. 선고, 87다카2404 판결

▍판시사항
무허가 또는 미등기 건물인 경우에도 관습법상 지상권으로 보호될 수 있는지 여부(적극)

▍판결요지
동일인 소유에 속하였던 토지와 건물이 매매, 증여, 강제경매, 「국세징수법」에 의한 공매 등으로 인하여 그 소유권자를 달리하게 된 경우라도 그 건물을 철거한다는 특약이 없는 한 건물소유자는 그 건물의 소유를 위하여 그 부지에 관하여 관습상의 법정지상권을 취득하는 것이고, 그 건물은 건물로서의 요건을 갖추고 있는 이상 무허가 건물이거나 미등기 건물이거나를 가리지 않는다.

5. 수목 소유를 위한 관습법상 지상권
대법원 1969. 8. 26. 선고, 69다291 판결

▍판시사항
타인 소유 임야 위에 생립하고 있는 수목을 매수한 경우, 동 수목 소유를 위한 관습법상 지상권이 성립될 수 있는지 여부(소극)

판결요지

타인 소유 임야 위에 생립한 임목을 매수한 사실만으로는 지상권 취득요건을 갖추었다고 할 수 없으므로 동 임목을 위한 관습법상 지상권은 성립되지 않는다.

판결이유

원고의 상고이유를 살피건대, 원 판결이 지상권은 토지의 사용을 위하여 지상권자와 토지 소유자 사이에 지상권 설정계약을 맺음으로써 취득하는 것이고, 타인 소유의 임야 위에 생립한 임목을 매수한 사실 만으로는 지상권 취득 요건을 갖추었다고 할 수 없을 것인 바, 이 사건에 있어서 원고와 피고와의 사이에 이 사건 임야의 사용을 위한 지상권 설정계약이 맺어졌다고 인정할 만한 아무런 증거도 없을 뿐 아니라, "지상에 생립한 임목을 매수하는 경우 매도인은 매수인을 위하여 당연히 지상권 설정등기를 하여야 된다는 관습"도 찾아 볼 수 없으므로, 원고의 이 사건 청구가 이유 없다고 판단하였음은 정당하다.

6. 관습법상 지상권에 대한 승계취득
대법원 1970. 6. 30. 선고, 70다809 판결

판시사항

관습법상 지상권을 원시취득자로부터 승계 취득한 경우, 지상권에 대한 이전등기를 하지 않았다면 동 지상권을 취득할 수 없게 되는지 여부(적극)

판결요지

관습법에 의한 법정지상권을 취득한 자라도 등기를 하지 않으면 처분할 수 없고, 동 지상권을 원시취득한 자로부터 사실상 승계 취득한 자라도 그 이전등기를 필하지 않았다면 동 권리를 취득한 것이 아니다.

판결이유

본건 대지와 건물은 원래 소외 변순옥의 소유였는데 변순옥이 위 건물을 소외 신용기에게 매도함으로써 신용기가 위 대지상에 취득하였던 관습상의 지상권을 피고가 1963. 3. 5. 위 건물을 소외 신용기로부터 매수함으로써 법정지상권을 승계 취

득하였다고 함에 있을 뿐, 소외 신용기가 그 지상권 등기를 마치지 않고 처분하여 피고 또한 그 지상권등기를 마치지 못하고 있음을 자인하고 있고, 특별한 사정이 보이지 않는 본건에 있어서 피고의 위 지상권 승계취득 주장은 이유가 없고, 또 기록을 정사하여도 판결에 의한 법정지상권을 취득하였다고 볼 수 없으므로 원심이 이와 같은 취지에 입각하여 한 판단은 정당하고, 원 판결에는 논지가 지적하는 법리오해의 위법은 없으므로 원심의 정당한 조처를 비난하는 논지는 그 어느 것이나 받아들일 수 없다.

Ⅱ. 관습법상 지상권 성립 사안

1. 토지와 건물 중 건물만 매도한 경우
대법원 1997. 1. 21. 선고, 96다40080 판결

▌판시사항

매수인 의사에 따라 건물만 매도한 경우에도 동 건물을 위한 관습법상 지상권이 인정되는지 여부(적극)

▌판결요지

토지와 건물이 같은 소유자에게 속하였다가 그 건물 또는 토지가 매매 기타의 원인으로 인하여 양자의 소유자가 다르게 된 때, 그 건물을 철거한다는 조건이 없는 이상 건물소유자는 토지소유자에 대하여 그 건물을 위한 관습상의 법정지상권을 취득하는 것이고, 자기의 의사에 의하여 건물의 소유권만 취득하였다고 하여 관습상의 법정지상권을 취득할 수 없는 것도 아니다.

2. 토지 또는 건물소유자가 증여로 각 바뀐 경우
대법원 1963. 5. 9. 선고, 63아11 판결

▌판시사항

동일인 소유에 속한 토지와 건물이 증여로 인하여 그 소유자가 각 달라진 경우

에도 관습법상 지상권이 성립되는지 여부(적극)

▌판결요지

동일인의 소유에 속한 대지와 건물이 증여에 의하여 각각 소유자를 달리한 경우에도 건물철거에 관한 합의가 없는 한 건물 소유자는 위 대지 위에 관습법상의 지상권을 취득한다.

▌판결이유

상고이유 제2점의 요지는 원심은 동일인 소유에 속하는 토지와 가옥이 적법한 원인행위(예컨대 증여, 매매, 강제경매)로 인하여 각기 소유자를 달리한 경우에도 그 소유권이전에 관하여 특히 그 가옥을 철거할 합의가 없는 한 가옥 소유자는 그 권리에 기인하여 그 철거를 강요할 수 없는 것이 일반적인 관습이라고 판단하였으나, 이것은 1916. 9. 29. 조선고등법원의 판례로서, 그 판례는 매매 또는 강제경매의 경우에 한하여 그러한 결론이 나오는 것이고 증여의 경우는 포함되지 않는다는 것이다. 그러나 판시와 같은 관습은 매매 또는 강제경매의 경우뿐만 아니라 증여의 경우에도 해당된다고 해석하는 것이 타당하다고 할 것이다.

3. 대물변제로 건물만 취득한 경우

대법원 1992. 4. 10. 선고, 91다45356, 91다45363 판결

▌판시사항

공사대금채권을 담보하기 위하여 구분건물에 가등기를 경료하였다가 대지지분을 제외한 구분건물만 대물변제조로 본등기를 한 경우에도 그 대지에 대하여 관습법상 지상권을 취득하게 되는지 여부(적극)

▌판결요지

원래 갑이 대지와 그 지상 건물을 함께 소유하고 있었는데, 을이 위 건물 일부에 관하여 공사대금 채권담보를 위한 가등기를 경료하였다가 그 대물변제조로 위 건물부분의 소유권을 양도받은 경우, 달리 특별한 사정이 없는 한 을은 위 건물부분의 점유 사용에 필요한 범위 내에서 갑 소유의 위 대지에 대하여 관습상의 법정지상권

을 취득한다.

4. 불하처분으로 토지와 건물소유자가 달라진 경우
대법원 1986. 9. 9. 선고, 85다카2275 판결

▌판시사항

「귀속재산 처리법」 상 불하처분으로 인하여 동일 소유자에게 속한 토지와 건물의 소유자가 각 달라진 경우에도 관습법상 지상권이 성립되는지 여부(적극)

▌판결요지

「귀속재산 처리법」 상의 불하처분이 행정행위라 하더라도 그 실질은 매매이며 매매에 의하여 동일 소유자에 속한 토지와 건물의 소유자가 다르게 된 경우에도 관습에 의한 법정지상권이 성립함은 물론 그 존속기간은 「민법」의 규정에 따라야 한다.

▌판결이유

「귀속재산 처리법」 상의 불하처분이 행정행위라 하더라도 그 실질은 매매이며 매매에 의하여 동일 소유자에 속한 토지와 건물의 소유자가 다르게 된 경우에는 관습에 의한 법정지상권이 성립함은 물론 그 존속기간은 「민법」의 규정에 따라야 할 것이니 그 주장이 이유 없음은 물론, 나아가 이와 같은 주장은 결국 피고가 원고 소유의 대지를 점유할 권원이 없음을 스스로 내세우는 것 밖에 되지 못하여 적법한 상고이유가 되지 아니한다.

5. 강제경매로 토지와 건물소유자가 달라진 경우
대법원 1970. 9. 29. 선고, 70다1454 판결

▌판시사항

강제경매로 토지와 그 지상 건물의 소유자가 달라진 경우, 매각당시에만 토지와 건물의 소유자가 동일하다면 관습법상 지상권이 성립되는지 여부(적극)

▌판결요지

강제경매로 인하여 관습상의 법정지상권이 성립되기 위해서는 경락 당시 토지와 그 지상건물이 소유자를 같이하고 있으면 족하고, 강제경매를 위한 압류 또는 본압류에 앞선 가압류가 있을 때로부터 계속하여 소유자를 같이하고 있음을 요하는 것은 아니다.

▌판결이유

동일한 소유자에 속하는 토지와 그 토지 위의 건물이 매매에 의하여 각기 그 소유자를 달리하게 된 경우에는 특히 그 건물을 철거한다는 조건이 없는 한, 그 건물의 소유자는 그 토지 위에 건물을 위한 관습상의 법정지상권을 취득하는 것이고, 이러한 관습은 동일한 소유자에 속하던 토지 및 그 토지 위의 건물이 강제경매에 의하여 각기 그 소유자를 달리하게 된 경우에도 존재하는 것이다. 강제경매로 인한 경우에는 그 강제경매를 위한 압류가 있은 때로부터(또는 그 압류에 선행한 가압류가 있은 경우에는 그 가압류가 있은 때로부터) 경락에 이르는 기간 중 계속하여 그 토지 및 건물이 소유자를 같이하고 있었음을 요하는 것은 아니다.

원판결 이유에 의하면, 원심은 이 사건 대지는 소외 구삼준의 강제경매신청에 의하여 경매가 실시되었는데 그 경락당시 위 대지와 그 지상의 이 사건 건물은 모두 피고의 소유였으나, 위 경매실시로 대지는 경락자인 원고의 소유가 되어 현재에 이르며, 건물은 여전히 피고가 소유하고 있다는 사실을 인정하고 있다. 그렇다면 특단의 사유가 없는 한 위 건물의 소유자인 피고는 원고 소유의 대지 위에 관습상의 법정지상권을 취득하고 있다고 봄이 상당하다고 할 것이다.

6. 공매로 토지와 건물소유자가 달라진 경우

대법원 1967. 11. 28. 선고, 67다1831 판결

▌판시사항

동일인 소유에 속한 토지와 건물이 「국세징수법」 상 공매로 인하여 각각 소유자가 달라진 경우에도 건물을 위한 관습법상 지상권이 성립되는지 여부(적극)

▌판결요지

동일인 소유였던 대지와 지상 건물이 공매로 인하여 다른 소유자에게 속한 경우 건물소유자는 그 대지위에 지상권을 취득한다고 할 것인 바, 그 지상권자는 그 대지의 소유자가 변경되었을 경우라도 그 지상권등기 없이도 대지의 신소유자에 대하여 지상권을 주장할 수 있다.

▌판결이유

원판결에 의하여 확정된 사실에 의하면 본건 대지와 그 지상 건물이 원래 모두 피고 김명옥의 소유이었던 것을 국가가 「국세징수법」에 따라 공매한 결과 본건 대지는 1962. 12. 20.에 국가에 낙찰되어 1963. 1. 8.에 그 취득등기가 되고, 그 지상의 본건 건물은 1963. 1. 14.에 소외 박상일에게 낙찰되어 1963. 2. 12.에 그 취득등기가 되고, 이어서 본건 토지는 피고 동립산업이 1965. 3. 27. 국가로부터 매수하고, 본건 건물은 원고 김동환이가 1963. 2. 13. 소외 박상일로부터 매수하여 각각 그 취득등기를 마쳤다는 것으로서, 이와 같이 피고 김명옥의 소유이었던 대지와 그 지상 건물이 공매에 의하여 대지는 국가의 소유가 되고 건물은 여전히 피고 김명옥의 소유로 남아 있을 경우에는, 원판결 판단과 같이 건물소유자인 피고 김명옥은 그 대지위에 지상권을 취득한다고 할 것인 바, 지상권자는 그 대지의 소유자가 변경되었을 때 지상권의 등기가 없어도 대지의 신소유자에 대하여 지상권을 주장할 수 있다(본원 1965. 9. 23 선고 65다1222 판결 참조).

7. 양도담보권 실행으로 토지와 건물소유자가 달라진 경우

대법원 1991. 6. 28. 선고, 90다16214 판결

▌판시사항

양도담보권 실행으로 동일인 소유에 속한 토지와 건물 소유자가 각 달라진 경우에도 건물을 위한 관습법상 지상권이 성립되는지 여부(적극)

▌판결요지

동일인 소유에 속한 토지와 건물 중 토지에 대하여만 양도담보권 실행으로 각

소유자가 달라진 경우에도 건물을 위한 관습법상 지상권이 성립한다.

▌판결이유

원심은 이 사건 토지와 건물이 소외 윤희보 소유였다가 그 중 위 토지에 관하여 양도담보권 실행으로 1972. 8. 8. 소외 우정희, 이의선 명의로 소유권이전등기가 경료된 사실을 인정한 다음, 이 사건 토지와 건물이 소유자를 달리하게 됨으로써 위 윤희보는 위 건물을 위하여 관습에 의한 법정지상권을 취득하였고, 피고들은 1987. 5. 22. 위 건물에 대한 경락을 받아 소유권이전등기를 경료하였으므로 경매시에 경락 후 위 건물을 철거하는 등의 매각조건 아래 경매되었다는 등 특별한 사정이 없는 한 피고들은 위 건물의 경락취득과 함께 위 지상권도 당연히 취득하였다고 할 것이니, 피고들은 위 지상권으로써 이 사건 토지에 대한 소유권을 전득한 원고에게 대항할 수 있다고 판단하였다.

원심의 위와 같은 사실인정과 판단은 정당하고 소론과 같은 채증법칙 위배나 심리미진 또는 관습에 의한 법정지상권의 승계취득 등에 관한 법리오해의 위법이 있다고 할 수 없다.

8. 구분소유한 환지예정지에 건물이 존재하는 경우

대법원 1997. 12. 26. 선고, 96다34665 판결

▌판시사항

종전 토지 공유자들이 환지예정지를 특정 구분 소유하고 있는 상태에서 그 중 1인이 그 구분소유 토지부분을 타인에게 이전등기 해 줄 당시 그 지상에 매도인이 건축하던 완성 단계의 건물이 있었던 경우 동 건물을 위하여도 환지예정지에 관습법상 지상권을 취득하게 되는지 여부(적극)

▌판결요지

종전 토지의 공유자들이 합의하에 환지예정지를 특정하여 구분 소유하고 있는 상태에서 그 중 1인인 갑이 환지예정지 중 그 소유 토지부분을 을에게 양도하고 지분소유권 이전등기를 경료하였는데, 그 당시 지상에는 갑이 건축 중인 건물의 외형이 모두 완성되고 일부 내부공사 등 마무리 공사만 남겨 둔 상태였던 경우, 공유자

들 사이의 합의에 의하여 각각 환지예정지를 구분 소유하기로 한 이상 다른 공유자들은 그 내부관계에서 갑이 소유하기로 한 환지예정지에 관한 한 종전 토지의 공유지분에 기한 사용·수익권을 포기하고, 갑의 처분행위로 인하여 갑이나 제3자가 종전 토지에 관한 법정지상권에 기하여 당해 환지예정지를 사용·수익하는 것까지도 용인하였다고 볼 수 있으므로, 갑은 그 건물의 소유를 위하여 을 등의 공유인 종전 토지에 대하여 관습법상의 법정지상권을 갖는다.

▌판결이유

토지의 공유자 중의 1인이 공유토지 위에 건물을 소유하고 있다가 토지의 공유지분만을 양도한 경우에는 당해 토지에 관하여 건물의 소유를 위한 관습법상의 법정지상권은 인정되지 않는다는 것이 이 법원의 확립된 판례이나(대법원 1993. 4. 13. 선고 92다55756 판결 등 참조), 이는 그와 같은 경우에 관습법상 법정지상권을 인정한다면 마치 토지 공유자의 1인으로 하여금 다른 공유자의 지분에 대하여서까지 지상권 설정의 처분행위를 허용하는 셈이 되어 부당하다는 취지인 바, 이 사건의 경우에는 공유자들 사이의 합의에 의하여 각각 환지예정지를 구분 소유하기로 한 이상 다른 공유자들은 그 내부관계에서 김종순이 소유하기로 한 환지예정지에 관한 한 종전 토지의 공유지분에 기한 사용·수익권을 포기하고, 김종순의 처분행위로 인하여 김종순이나 제3자가 종전 토지에 관한 법정지상권에 기하여 당해 환지예정지를 사용·수익하는 것까지도 용인하였다고 볼 수 있으므로, 위와 같이 이 사건 건물의 소유를 위하여 종전 토지에 관한 관습법상의 법정지상권을 인정한다고 하여 종전의 대법원 판결에 저촉된다고 할 수 없다.

9. 구분 공유지상에 축조된 건물
대법원 1990. 6. 26. 선고, 89다카24094 판결

▌판시사항

1필지의 대지를 구분소유한 공유자가 자기 몫의 대지 위에만 건물을 신축하여 점유하던 중 그 토지지분이 매각된 경우라도 동 건물을 위한 관습법상 지상권이 성립되는지 여부(적극)

▌판결요지

원고와 피고가 1필지의 대지를 공동으로 매수하여 같은 평수로 사실상 분할한 다음 각자 자기 돈으로 자기 몫의 대지 위에 건물을 신축하여 점유하여 왔다면 비록 위 대지가 등기부상으로는 원 · 피고 사이의 공유로 되어 있다 하더라도 그 대지의 소유관계는 처음부터 구분소유적 공유관계에 있었다고 할 것이고, 따라서 피고 소유의 건물과 그 대지는 원고와의 내부관계에 있어서는 피고의 단독소유로 되었다고 할 것이므로, 피고는 그 후 이 사건 대지의 피고 지분만을 경락 취득한 원고에 대하여 그 소유 위 건물을 위한 관습상의 법정지상권을 취득하였다고 할 것이다(이 사건 대지에 관하여 이미 위 경락 전에 소외 갑 앞으로 소유권이전등기가 되어 있었다고 하더라도 위 경락은 가압류에 의한 강제경매에 의하여 이루어졌고, 위 갑 명의의 등기는 위 가압류 후에 이루어진 것이 분명하므로 위 경락에 의하여 말소될 운명에 있는 갑의 등기를 들어 피고의 소유권을 부정할 수는 없으므로 경락 당시에 대지와 그 지상 건물의 소유자가 동일인이 아니라고 할 수 없다).

10. 토지만 매도하면서 기존 건물 철거 후 특약부로 신축한 건물

대법원 1999. 12. 10. 선고, 98다58467 판결

▌판시사항

토지와 건물 소유자가 토지만 타인에게 증여한 후 구 건물은 철거하되 그 지상에 자기 이름으로 다시 건물을 신축하기로 합의한 경우라면 신축 건물을 위해서도 관습법상 지상권이 인정되는지 여부(적극)

▌판결요지

토지와 건물 소유자가 토지만을 타인에게 증여한 후 구 건물은 철거하되 그 지상에 자신의 이름으로 건물을 다시 신축하기로 합의한 경우, 그 건물철거 합의는 건물 소유자가 토지의 계속 사용을 그만 두고자 하는 내용의 합의로 볼 수 없으므로 새로운 건물을 위한 관습상의 법정지상권 발생을 배제하는 효력으로 볼 수 없다.

판결이유

이와 같이 건물 철거 합의가 관습상의 법정지상권 발생의 소극적 요건이 되는 이유는 그러한 합의가 없을 때라야 토지와 건물의 소유자가 달라진 후에도 건물 소유자로 하여금 그 건물의 소유를 위하여 토지를 계속 사용케 하려는 묵시적 합의가 있는 것으로 볼 수 있다는 데 있고, 한편 관습상의 법정지상권은 타인의 토지 위에 건물을 소유하는 것을 본질적 내용으로 하는 권리가 아니라, 건물의 소유를 위하여 타인의 토지를 사용하는 것을 본질적 내용으로 하는 권리여서, 위에서 말하는 '묵시적 합의'라는 당사자의 추정의사는 건물의 소유를 위하여 "토지를 계속 사용한다."는 데 중점이 있는 의사라 할 것이므로, 건물 철거 합의에 위와 같은 묵시적 합의를 깨뜨리는 효력, 즉 관습상의 법정지상권 발생을 배제하는 효력을 인정할 수 있기 위해서는, 단지 형식적으로 건물을 철거한다는 내용만이 아니라 건물을 철거함으로써 토지의 계속 사용을 그만 두고자 하는 당사자의 의사가 그 합의에 의하여 인정될 수 있어야 할 것이다.

그런데 원심판결 이유에 의하면, 소외 배명인은 이 사건 건물을 철거함으로써 토지의 계속 사용을 그만 두고자 했던 것이 아니라, 건물을 철거하기는 하되 그 지상에 자신의 이름으로 건물을 다시 신축하기로 하였음을 알 수 있다. 따라서 배명인과 원고 사이에 이 사건 건물을 철거하기로 하는 합의가 있었다고 하더라도, 그러한 합의는 어디까지나 배명인이 토지를 계속 사용하는 것을 전제로 하는 합의에 지나지 아니할 뿐 토지의 계속 사용을 그만 두고자 하는 내용의 합의로는 볼 수 없으므로 거기에 관습상의 법정지상권 발생을 배제하는 효력을 인정할 수는 없다 할 것이다.

그럼에도 불구하고 원심은 배명인과 원고 사이에 이 사건 건물을 철거하여 원고로 하여금 건물에 의하여 방해받지 아니하는 대지소유권을 보유하게 하려는 합의, 즉 관습상의 법정지상권의 발생을 배제하는 효력이 있는 합의가 있었다고 판단하여, 배명인이 이 사건 건물을 위하여 이 사건 대지를 사용할 관습법상의 법정지상권을 취득하였음을 내세운 피고의 항변을 배척하고 말았으니, 원심판결에는 이 사건 건물 철거와 관련한 당사자의 의사에 관하여 심리를 충분히 하지 않았거나, 관습상의 법정지상권의 성립에 관한 법리를 오해한 위법이 있다 할 것이다. 상고이유 중 이 점을 지적하는 부분은 이유 있다.

11. 단독소유 토지상에 있는 공유 건물
대법원 1977. 7. 26. 선고, 76다388 판결

▌판시사항

대지를 단독으로 소유한 자가 그 지상 건물은 타인과 공유하면서 토지만 매도한 경우라면 건물 공유자들을 위하여 관습법상 지상권이 성립되는지 여부(적극)

▌판결요지

대지의 소유자가 그 지상의 건물은 타인과 공유하면서 그 단독소유에 속한 대지만 건물을 철거한다는 조건 없이 타에 매도한 경우라면 건물공유자들은 각기 그 건물을 위하여 대지 전부에 대하여 관습법에 의한 법정지상권을 취득한다.

▌판결이유

위 사실에 의거하여 살펴보면 1968. 5. 13. 당시에 본건 건물은 위 이유형(지분 7/10)과 원고(지분 3/10)의 공유였고 그 부지인 본건 대지들은 위 이유형의 단독 소유였는데, 1968. 5. 13.에 본건 대지들의 소유권이 위 이유형으로부터 피고 앞으로 이전되고, 후에 본건 건물에 대한 위 이유형의 지분(7/10)권도 동 이유형으로 부터 본건 건물의 다른 지분권자인 원고에게 이전되어 본건 건물이 원고의 단독소유가 되었다가 그 후에 다시 본건 건물의 7/10지분권이 원고로부터 위 소외 김재열에게 이전된 것이 본건의 사실관계가 되는 것으로 보아야 할 것인 바, 여기서 '본건 대지들'의 소유권이 위 이유형으로부터 피고 앞으로 이전된 1968. 5. 13. 당시의 법률관계를 살펴보면 '본건 건물'의 공유자의 한 사람인 위 이유형이가 그의 단독소유인 '본건 대지들' (본건 건물의 부지)을 피고에게 매각하여 '본건 대지들'의 소유권이 위 이유형으로부터 피고 앞으로 이전됨으로써 그 순간, '본건 대지들'의 지상건물인 '본건 건물'의 공유자인 위 이유형과 원고는 각 '본건 건물'을 위하여 '본건 대지들' 전부에 대하여 관습에 의한 법정지상권을 취득한 것으로 보아야 할 것이다.

왜냐하면 위의 경우에 특히 '본건 건물'을 철거한다는 조건이 없는 한(기록상 그와 같은 조건이 있음을 엿볼 수 없다) '본건 건물'의 지분권자의 한 사람인 위 이유형에게 그 부지에 대하여서 한 소유권 변동행위는 자기의 이익, 즉 '본건 건물'에 대한

자기의 지분권을 위하여 법정지상권을 취득한 것 일뿐만 아니라, '본건 건물'의 다른 공유권자인 원고의 이익 즉 원고의 건물지분권을 위하여서도 법정지상권을 취득한 것으로 보아야 할 것이며, 또 '본건 대지들'을 매수하여 그 소유권을 취득한 피고도 '본건 건물'의 공유자인 위 이유형을 위하여 법정지상권을 수인하지 않으면 안되는 것과 마찬가지로, '본건 건물'의 다른 공유자인 원고를 위하여서도 법정지상권을 수인하지 않으면 안되는 것으로 보아야 하고, 이러한 법률관계는 '본건 대지들'의 소유권이 위 이유형으로부터 피고에게 이전된 1968. 5. 13. 당시를 기준으로 성립하는 것이라고 할 것인 바, 그 후에 본건 건물에 대한 위 이유형의 지분권(7/10)이 원고에게 이전되어 '본건 건물'이 원고의 단독소유로 되었다가 다시 '본건 건물'의 일부 지분권(7/10)이 소외 김재열에게 이전되었다고 하여 위 법률관계와 이론을 달리할 수는 없는 것이라고 할 것이다.

12. 공유토지 분할시 건물이 존재한 경우
대법원 1974. 2. 12. 선고, 73다353 판결

판시사항

공유지에 존재하는 1인 또는 수인의 소유에 속한 건물이 존재할 경우, 공유토지가 분할로 인하여 각각 그 소유자가 달라진 경우에도 법정지상권이 성립되는지 여부(적극)

판결요지

공유지상에 공유자 1인 또는 수인의 소유에 속한 건물이 있을 경우 위 공유지의 분할로 그 대지와 지상의 건물소유자가 달라진 때에는 다른 특별사정이 없는 한 건물소유자는 그 분할된 토지상에 건물을 위한 관습법상의 법정지상권을 취득한다.

판결이유

공유 대지위에 공유자 1인 또는 수인 소유의 건물이 있을 때 공유자들이 그 공유대지를 분할하여 각기 단독소유로 귀속케 한 결과 그 대지와 그 지상 건물의 소유자를 달리하게 될 경우에는 다른 특별한 사정이 없다면 건물소유자는 그 건물 부지상

에 그 건물을 위하여 관습상의 지상권을 취득한다고 봄이 상당하므로(대법원 1967. 11. 14. 선고, 67다1105 판결 참조) 원심이 확정한 바와 같이 서울 성북구 동서문동 1가 55의 1 대지 28평과, 같은 곳 55의 2 대지 28평은 본시 일필의 토지로서 원 · 피고의 공유였으며 그 지상에 피고 소유인 이 사건 건물이 서 있었는데 원 · 피고는 공유토지를 분할하여 1971. 10. 26.자로 55의 1 대지는 피고의, 55의 2 대지는 원고의 각 단독소유로 등기절차를 마쳤으며, 그 결과 피고 소유 건물이 원고 소유의 55의 2 대지상에 일부 위치하게 되었다면 피고의 위 건물부분을 철거한다는 등 특별한 사정이 없는 한 피고는 위 건물을 위하여 그 부지 및 그 건물의 유지 및 사용에 필요한 범위내의 인접 토지에 관습에 의한 지상권을 취득한다고 할 것인 바, 반대의 견해로 지상권이 발생할 수 없다 하여 피고의 동 항변을 배척한 원심판결은 관습상의 지상권에 관한 법리를 오해한 위법을 범하였다고 아니할 수 없으니, 이 점을 지적하는 논지는 이유 있다.

13. 환매조건부로 일괄 양도한 후 건물만 환매한 경우
대법원 1981. 4 .14. 선고, 80다2637 판결

판시사항

토지와 건물을 전부 환매특약부로 매도한 후 채무자가 건물에 대해서만 환매권을 행사한 경우라도 동 건물을 위한 관습법상 지상권이 성립되는지 여부(적극)

판결요지

토지와 건물을 전부 환매특약부로 매도한 후, 환매권자가 건물에 대해서만 소유권을 이전받은 경우에도 건물을 위한 관습법상 법정지상권이 성립된다.

판결이유

살피건대, 토지 및 그 지상 건물이 동일인의 소유로 있다가 매매 등 행위로 인하여 그 건물과 토지가 소유자를 달리하게 되는 경우 특단의 사정이 없는 한 건물소유자는 관습상의 법정지상권을 취득한다고 할 것이며, 이러한 이론은 금전소비대차로 인한 채무를 담보하기 위하여 채무자가 그 건물만을 채권자에게 환매특약부로 매도하는 형식으로 그 소유권이전등기를 경료한 후 그 채권자가 그 토지 소유권까지 취

득함으로써 그 토지 및 그 지상 건물의 소유권을 모두 취득하게 된 경우에 있어서 그 채권자로부터 채무를 완제하고 다시 그 건물을 환매하여 그 소유권을 취득하는 경우에도 적용된다고 함은 위 원판시와 같다 할 것인 바, 기록에 의하면 피고는 위 원판시와 같이 원고에 대한 그 건물에 관한 소유권이전등기 말소청구의 소에서 승소판결이 확정된 바는 있지만 현재 이전등기가 말소되지 아니하여 그 등기가 피고에게 회복되지 아니하고 있는 상태에 있으므로, 피고는 아직 관습상의 법정지상권을 취득하지 못하였다고 할 것이나 원고는 피고에 대하여 그 건물에 관한 소유권을 말소하여 줄 의무가 있고, 피고는 그 말소등기를 함으로써 법정지상권을 취득할 지위에 있다고 할 것이어서 이런 경우에는 원고는 피고에 대하여 신의성실의 원칙상 그 건물의 철거를 구할 수 없다 할 것이니, 그렇다면 원판결은 위와 같이 그 표현에 있어 미흡한 점은 있으나 원심이 원고의 피고에 대한 본건 청구를 배척한 조치는 그 결론에 있어 정당하고 거기에 소론과 같이 관습상의 법정지상권 법리를 오해함으로써 판결결과에 영향을 미친 위법이 있다고 할 수 없으므로 논지는 이유 없다.

Ⅲ. 관습법상 지상권 불성립 사안

1 토지와 일괄 매각된 미등기 건물

대법원 2002. 6. 20. 선고, 2002다9660 전원합의체 판결

판시사항

미등기 건물을 대지와 함께 일괄 양도하였으나 대지에 대해서만 매수인 앞으로 소유권이전등기를 경료한 경우라도 매도인을 위하여 미등기 건물에 관습법상 지상권이 성립될 수 있는지 여부(소극)

판결요지

관습상의 법정지상권은 동일인 소유에 속한 토지와 그 지상 건물이 매매 기타 원인으로 인하여 각각 소유자를 달리하게 되었으나 그 건물을 철거한다는 등의 특약이 없으면 건물 소유자로 하여금 토지를 계속 사용하게 하려는 것이 당사자의 의사라고 보아 인정되는 것이므로, 토지의 점유 · 사용에 관하여 당사자 사이에 약정

이 있는 것으로 볼 수 있거나 토지 소유자가 건물의 처분권까지도 함께 취득한 경우에는 관습상의 법정지상권을 인정할 까닭이 없다고 할 것이어서, 미등기 건물을 그 대지와 함께 매도하였다면 비록 매수인에게 그 대지에 관하여만 소유권 이전등기가 경료되고 건물에 대하여는 등기가 경료되지 아니하여 대지와 건물이 형식적으로 그 소유 명의가 달라지게 되었다고 하더라도 매도인에게는 관습상의 법정지상권을 인정할 이유가 없다.

2. 토지 지분과 미등기 건물을 일괄 매수한 후 토지만 양도한 경우

대법원 1992. 4. 10. 선고, 91다40610 판결

▌판시사항

토지 지분과 미등기 건물을 일괄 매도하면서 토지 지분에 대해서는 소유권이전등기를 마쳤으나 건물에 대해서는 이전등기를 하지 못하고 있던 중, 매수인이 제3자에게 토지의 지분권에 대하여 소유권 이전등기를 경료해 준 경우, 당초 미등기 건물을 사실상 양도한 자 및 매수한 후 다시 양도하는 자를 위하여 그 건물에 관습법상 지상권이 성립되는지 여부(소극)

▌판결요지

갑이 토지의 1/2 지분 및 그 지상 건물을 소유하던 중, 을에 대한 차용금채무를 담보하기 위하여 동인 앞으로 그 전부에 관하여 소유권이전 등기절차를 이행함과 동시에 위 건물을 명도하기로 하는 제소전 화해를 하고, 위 토지 지분에 관하여는 소유권 이전등기가 마쳐졌으나, 위 건물은 무허가 건물이었기 때문에 그 등기를 못하고 있다가, 그 후 을의 위 토지 지분에 관하여만 병과 정 명의의 소유권 이전등기가 순차로 경료되었다면, 병이나 정이 위 토지 지분을 취득할 당시 토지와 건물이 동일인의 소유에 속하지도 아니하였고, 또한 갑으로서는 을에게 건물의 소유권을 양도하고 이를 명도 할 것까지 약정한 이상 병과 정에 대하여 관습상의 법정지상권을 주장할 수 없다.[16)]

16) 토지의 공유지분권자가 다른 지분권자의 동의를 받아 그 지상에 건물을 축조한 경우로써 토지지분권자와 건물의 소유자가 각 달라진 경우라도 건물을 위한 법정지상권이 인정되지 않는다. 만약 이러한 경우에도 그 건물의 소유를 위한 법정지상권의 성립을 인정하게 되면 이는 마치 토지공유자의 1인으로 하여금 다른 공유자

판결이유

원심판결 이유에 의하면, 원심은 원고와 소외 신탁인의 공유인 이 사건 토지 위에 피고들 보조참가인(이하 참가인이라고만 한다) 소유의 이 사건 건물이 건립되어 있는데, 피고들이 그 일부씩을 참가인으로부터 임차하여 점유하고 있는 사실, 참가인이 이 사건 토지의 1/2 지분 및 그 지상의 이 사건 건물을 1982. 2. 1. 소외 정강채에 대한 차용금채무를 담보하기 위하여 동인 앞으로 그 전부에 관하여 소유권 이전등기절차를 이행함과 동시에 이 사건 건물을 명도하기로 하는 제소전 화해를 하고, 위 토지 지분에 관하여는 소유권이전등기가 마쳐졌으나, 이 사건 건물은 무허가 건물이었기 때문에 아직까지 그 등기를 못하고 있으며, 그 후 이 사건 토지 지분에 관하여 소외 최점륙과 원고 명의의 소유권 이전등기가 순차로 경료된 사실을 인정하였는바, 관습상 법정지상권은 동일인의 소유이던 토지와 그 지상 건물이 매매 기타 적법한 원인행위로 인하여 각기 그 소유자를 달리하는 경우에 발생하는 것인 바, 소외 최점륙이나 원고가 이 사건 토지지분을 취득할 당시 이 사건 토지와 건물이 동일인 소유에 속하지 아니하였음은 위에서 본 바와 같고, 또한 참가인으로서는 소외 정강채에게 이 사건 건물의 소유권을 양도하고 이를 명도 할 것까지 약정한 이상 소외 최점륙과 원고에 대하여 이 사건 건물을 소유하기 위하여 이 사건 토지를 사용할 것을 주장할 처지에 있지도 아니하다고 보아야 할 것이므로, 논지 역시 이유 없다.

3. 토지와 미등기 건물을 일괄 양수한 후 대지만 양도한 경우
대법원 1998. 4. 24. 선고, 98다4798 판결

판시사항

미등기 건물을 대지와 함께 양수한 자가 대지에 대해서만 소유권이전등기를 경료한 상태에서 경매로 대지만 처분된 경우에도 미등기 건물의 사실상 소유자인 채무자에게 관습법상 지상권이 성립되는지 여부(소극)

의 지분에 대하여서까지도 지상권을 설정하는 처분행위를 허용하는 셈이 되기 때문이라고 한다(대법원 2004. 6. 11. 선고, 2004다13533 판결, 대법원 1993. 4. 13. 선고, 92다55756 판결). 따라서 동 판례의 경우 토지지분권자가 축조한 건물은 관습법상 지상권 문제는 발생하지 않고, 단지 미등기건물의 특수성과 관련된 것일 뿐이라 할 것이다.

▌판결요지

미등기 건물을 그 대지와 함께 양수한 사람이 그 대지에 관하여서만 소유권이전등기를 넘겨받고 건물에 대하여는 등기를 이전받지 못하고 있는 상태에서 그 대지가 경매되어 소유자가 달라진 경우에는, 미등기 건물의 양수인은 미등기 건물을 처분할 수 있는 권리는 있을지언정 소유권은 가지고 있지 아니하므로 대지와 건물이 동일인 소유에 속한 것이라고는 볼 수 없어 법정지상권이 발생할 수 없다.

▌판결이유

원심판결 이유에 의하면, 원심은 소외 박헌수가 이 사건 각 토지 중 그 판시 지상에 이 사건 기존 건물 2동을 신축하여 소유권보존등기를 마치지 아니한 채 사용하여 왔고, 피고가 소외 곽병호를 거쳐 이 사건 각 토지와 기존 건물을 매수하여 이 사건 각 토지에 관하여만 그 소유권이전등기를 마치고, 기존 건물에 관하여는 그 등기를 마치지 아니하고 미등기 건물인 채로 사용하여 온 사실, 그 후 원고가 이 사건 각 토지를 경락받아 그 소유권이전등기를 마친 사실을 인정한 다음, 건물에 관한 사실상의 처분권이 토지 소유자에게 존재하는 경우에도 형평의 원칙상 관습법상의 법정지상권을 인정하여야 한다는 전제하에서 피고가 이 사건 기존 건물에 관한 사실상의 처분권을 가지고 있거나, 위 박헌수로부터 위 곽병호에게 기존 건물이 매도되었을 때에 이미 기존 건물을 위한 관습법상의 법정지상권이 성립하여 그 지상권이 부착된 기존 건물을 피고가 매수한 것이므로 이 사건 기존 건물에 관하여 관습법상의 법정지상권이 존속한다는 이유로 이 사건 각 토지를 점유할 권원이 있다는 피고의 주장을 그 판시와 같이 배척하였는바, 이를 위에서 본 법리와 기록에 비추어 살펴보면 옳다고 여겨지고, 거기에 상고이유 주장과 같은 관습법상의 법정지상권에 관한 법리오해나 이유모순의 위법이 있다고 할 수 없다.

4. 철거를 예상하면서 축조한 건물

대법원 1994. 12. 22. 선고, 94다41072, 94다41089(반소) 판결

▌판시사항

장차 철거될 것임을 예상하면서도 토지소유자가 건축한 경우라도 관습법상 지상

권이 성립될 수 있는지 여부(소극)

▌판결요지

토지와 건물이 동일인의 소유였다가 매매 기타의 원인으로 그 소유자가 달라지게 된 경우에는 특히 그 건물을 철거한다는 특약이 없는 이상 건물소유자는 토지소유자에 대하여 관습상의 법정지상권을 취득하게 되는 것이나, 토지소유자가 건물을 건축할 당시 이미 토지를 타에 매도하여 그 소유권을 이전하여 줄 의무를 부담하고 있었다면 토지의 매수인이 건축행위를 승낙하지 않는 이상 그 건물은 장차 철거되어야 할 운명에 처하게 될 것이고, 토지소유자가 이를 예상하면서도 건물을 건축하였다면 그 건물을 위한 관습상의 법정지상권은 생기지 않는다.

▌판결이유

피고가 이 사건 건물을 신축할 당시에는 토지 및 건물이 모두 피고의 소유이었으나 한편 위 신축 이전에 피고는 이 사건 토지에 관한 분양권을 매도하였고 위 분양권이 전전 양도되어 원고가 이를 취득하였다는 사실을 알면서도 건물을 신축한 것이므로 피고는 이 사건 토지의 소유권이 원고에게 이전되면 건물이 철거될 것임을 예상하였다고 할 것이어서 이러한 경우에는 그 건물을 위한 관습상의 법정지상권이 생기지 않는다고 판단하였는바, 사실관계가 위와 같다면 원심의 조치는 옳고 거기에 소론과 같은 법정지상권에 관한 법리오해가 없다.

5. 기존 건물에 덧붙여진 천막 등 구조물

대법원 1998. 4. 24. 선고, 98다4798 판결

▌판시사항

기존 건물의 외벽에 덧 붙혀진 것으로써 철구조물에 천막을 두르고 있는 등의 시설물에 대해서도 관습법상 지상권이 성립될 수 있는지 여부(소극)

▌판결요지

기존 건물의 외벽에 덧붙여 지어진 것으로서 일부 벽돌로 된 벽이 있어도 대부분 철구조물에 천막으로 두르고, 천막으로 된 지붕도 거의 뜯겨져 있어 쉽게 해체

내지 이동할 수 있는 상태인 각 건물은 기존 건물과 거래상 독립한 경제적 효용을 가진 별개의 소유권의 객체로 된다고 보기 어려워 기존 건물에 부합되었다 할 것이므로, 위 시설물 등에는 관습법상 법정지상권이 성립되지 않는다.

▌판결이유

원심판결 이유에 의하면, 원심은, 이 사건 각 토지 중 원심판결 별지도면 표시 (가), (라), (마), (바), (사), (차) 부분 지상에 건립된 각 건물은 위 박헌수가 건립한 기존의 공장건물 및 자재창고 건물이 확장된 것이거나 통로 및 변소, 보일러실, 관리인의 숙소 등으로 사용되던 것으로서, 기존 건물과 동종의 구조로 그 이용상의 편의를 위하여 지어진 사실, 같은 도면 표시 (다), (아), (자) 부분 지상에 건립된 자재창고 및 통로는 기존 건물의 외벽에 덧붙여 지어진 것으로서 일부 벽돌로 된 벽이 있기는 하나 대부분 철구조물에 천막으로 두르고, 천막으로 된 지붕도 거의 뜯겨져 있어 쉽게 해체 내지 이동할 수 있는 상태에 있는 사실을 인정한 다음, 위 (가), (라), (마), (바), (사), (차) 부분 지상에 건립된 각 건물은 기존 건물과 거래상 독립한 경제적 효용을 가진 별개의 소유권의 객체로 된다고 보기 어려워 기존 건물에 부합되었다고 할 것이고, 위 (다), (아), (자) 부분 지상에 건립된 구조물은 독립된 건물로 인정하기 어렵다고 하여, 피고가 위 건물 등을 신축하여 원시 취득하였음을 근거로 하여 위 건물 등에 관하여 관습법상의 법정지상권이 성립되었다는 항변도 배척하였는바, 이를 기록과 대조하여 살펴보면 수긍이 가고, 거기에 건물에 관한 법리오해의 위법이 있다고 할 수 없다.

6. 철거 특약부 건물

대법원 1991. 8. 13. 선고, 91다16631 판결

▌판시사항

대지를 매도하면서 그 지상 건물은 매도인이 책임지고 철거하기로 약정한 경우라도 동 건물을 위한 관습법상 지상권이 인정될 수 있는지 여부(소극)

▌판결요지

토지와 그 지상 건물이 동일 소유자에게 속하였다가 토지 또는 건물이 매매 기

타 원인으로 인하여 양자의 소유자가 다르게 된 때에는 관습법상 지상권이 성립하지만 만약 그 건물을 철거하기로 하는 합의가 있었다는 등의 특별한 사정이 있는 경우에는 관습상의 지상권을 취득할 수 없다.

▍판결이유

원심이 확정한 사실에 의하면 이 사건 토지 중 3570분의 66.75지분과 그 지상의 이 사건 미등기 건물은 소외 재단법인 기독교대한감리회유지재단(이하 소외 재단이라고 한다)의 소유였는데, 소외 재단은 1977. 9. 26. 소외 윤태순에게 이 사건 대지를 매도하면서 위 윤태순이 이 사건 건물을 사용하게 될 경우에는 그 대금으로 금 200,000원을 지급하고, 위 윤태순이 이를 사용하지 않을 경우에는 소외 재단이 이를 철거하여 그 자재 등을 수거하기로 약정하였고, 그 후 1978. 7. 11. 위 윤태순이 원고에게 이 사건 대지를 전매하면서 이 사건 건물을 책임지고 철거하기로 약정하였으며, 이 사건 대지는 1979. 5. 2. 소외 재단으로부터 직접 원고 명의로 지분소유권이전등기가 되었고, 피고는 1983. 10. 14. 위 윤태순의 승낙 하에 소외 재단에게 이 사건 건물의 매매대금으로 금 200,000원을 지급하고 위 윤태순으로부터 매수하였다는 것인 바, 사실관계가 그와 같다면 피고는 이 사건 건물을 위하여 관습상의 법정지상권을 취득하지 못한다고 할 것이므로 이와 같은 취지의 원심판단은 정당하다.

7. 담보가등기 후 신축된 건물
대법원 1994. 11. 22. 선고, 94다5458 판결

▍판시사항

대지에 담보가등기가 경료되고 난 후 대지소유자가 그 지상에 건물을 신축한 경우로써 대지와 건물의 소유자가 각 달라진 경우에도 건물을 위한 관습법상 지상권이 성립될 수 있는지 여부(소극)[17]

---

17) 「가등기담보 등에 관한 법률」에서 규정된 담보가등기권자가 임의경매를 신청하게 되면 담보가등기권은 저당권으로 보게 되므로 건물소유자는 「민법」 제366조에 의한 법정지상권 성립여부가 문제될 뿐이다. 다만 본 판례 사안의 경우에는 담보가등기권자가 「가등기담보 등에 관한 법률」에서 정한 청산절차를 거쳐 담보목적 토지에 대한 본등기를 하는 경우에만 적용되는 것으로 경매절차를 통하여 토지를 취득하는 것과는 직접 관련이 없는 사안으로 볼 수 있다.

▌판결요지

원래 채권을 담보하기 위하여 나대지상에 가등기가 경료 되었고, 그 뒤 대지소유자가 그 지상에 건물을 신축하였는데, 그 후 그 가등기에 기한 본등기가 경료 되어 대지와 건물의 소유자가 달라지게 된 경우에도 관습상의 법정지상권을 인정하게 되면, 애초 대지에 채권담보를 위하여 가등기를 경료한 사람의 이익을 크게 해하게 되기 때문에 특별한 사정이 없는 한 건물을 위한 관습상의 법정지상권이 성립한다고 할 수 없다.

8. 토지 지분권자가 다른 지분권자의 동의로 신축한 건물

대법원 1993. 4. 13. 선고, 92다55756 판결

▌판시사항

토지공유자 중 한 사람이 다른 지분권자의 동의를 얻어 단독소유의 건물을 건축한 경우, 추후 해당 토지 지분권자와 건물의 소유자가 각 달라진 경우에도 동 건물을 위한 관습법상 지상권이 성립될 수 있는지 여부(소극)

▌판결요지

토지공유자의 한 사람이 다른 공유 지분권자의 과반수 동의를 얻어 건물을 건축한 후 토지와 건물의 소유자가 달라진 경우, 토지에 대하여 관습법상의 법정지상권이 성립되는 것으로 보게 되면 이는 토지공유자의 1인으로 하여금 자신의 지분을 제외한 다른 공유자의 지분에 대하여서까지 지상권을 설정하는 처분행위를 허용하는 셈이 되어 부당하므로 관습법상 지상권은 인정되지 않는다.

▌판결이유

논지는, 이 사건 제2토지의 공유자의 한 사람이던 피고 이대해가 다른 공유자의 지분 과반수의 동의를 얻어 이 사건 건물을 건축하였고, 원고들은 그 후 공유자 일부로부터 공유지분을 취득하여 공유물 분할방법으로 경매를 통하여 이 사건 토지 전부의 소유권을 취득한 것이므로, 이는 토지와 건물이 동일인 소유였다가 경매를 통하여 토지의 소유권만이 원고 등에게 속하게 된 경우에 해당하여 피고 이대해는

그 토지에 관습법상의 법정지상권을 취득하였다는 것이나, 이와 같은 경우 이 사건 토지 자체에 관하여 관습상의 법정지상권이 성립되는 것으로 보게 되면 이는 토지 공유자의 1인으로 하여금 자신의 지분을 제외한 다른 공유자의 지분에 대하여서까지 지상권설정의 처분행위를 허용하는 셈이 되어 부당하다고 할 것이므로 받아들일 수 없고(당원 1987. 6. 23. 선고 86다카2188 판결), 피고 이대해가 건축 당시 토지공유자의 과반수의 동의를 얻었다면 이는 공유물의 관리행위에 해당하여 피고 이대해에 대하여 한 사용승낙이나 사용대차는 적법할지 몰라도, 이로써 경락취득인인 원고들에게는 대항할 수 없다고 할 것이다. 따라서 논지는 이유가 없다.

9. 구분소유적 공유자가 다른 부분에 축조한 건물

대법원 1994. 1. 28. 선고, 93다49871 판결

판시사항

구분소유적 공유관계인 자가 자신이 점유할 수 있는 특정 구분소유 부분이 아닌 다른 곳에 건물을 신축한 경우에도 관습법상 지상권이 성립될 수 있는지 여부(소극)

판결요지

갑과 을이 대지를 각자 특정 매수하여 배타적으로 점유하여 왔으나 분필이 되어 있지 아니한 탓으로 그 특정부분에 상응하는 지분 소유권 이전등기만 경료하였다면 그 대지의 소유관계는 처음부터 구분소유적 공유관계에 있다고 할 것이고, 또한 구분소유적 공유관계에 있어서는 통상적인 공유관계와는 달리 당사자 내부에 있어서는 각자가 특정 매수한 부분은 각자 단독소유로 되었다 할 것이므로, 을은 위 대지 중 그가 매수하지 아니한 부분에 관하여는 갑에게 소유권을 주장할 수 없어 위 대지 중 을이 매수하지 아니한 부분 지상에 있는 을 소유 건물부분은 당초부터 건물과 토지의 소유자가 서로 다른 경우에 해당되어 그에 관하여는 관습상의 법정지상권이 성립될 여지가 없다.

판결이유

공유대지 위에 공유자 1인 또는 수인 소유의 건물이 있을 때 공유자들이 그 공유대지를 분할하여 각기 단독소유로 귀속케 한 결과 그 대지와 그 지상건물의 소유자

를 달리하게 될 경우에는 다른 특별한 사정이 없다면 건물소유자는 그 건물의 부지상에 그 건물을 위하여 관습상의 법정지상권을 취득하게 됨은(당원 1967. 11. 14. 선고 67다1105 판결, 1974. 2. 12. 선고 73다353 판결 각 참조) 소론과 같다.

그러나 원심이 적법하게 확정한 바와 같이 원고들과 피고는 분할 전 이 사건 대지를 그 판시와 같이 각자 특정 매수하여 배타적으로 점유하여 왔으나 분필이 되어 있지 아니한 탓으로 그 특정부분에 상응하는 지분 소유권 이전등기만 경료하였고, 피고는 그 판시와 같이 자신의 특정 매수부분 지상에 건물을 신축하면서 그 건물의 일부가 자신의 특정 매수부분을 넘어 원고들의 단독소유로 된 원심판시 이 사건 제1대지 일부를 침범하였으며, 그 후 원 · 피고들 사이에 분할 전 이 사건 토지를 각자의 특정소유 부분대로 분필함에 있어서 그 분필의 방법으로 협의에 의한 공유물 분할 형식을 취하여 그 판시와 같이 원심판시 이 사건 제1대지는 원고들의 공유로, 원심판시 이 사건 제2대지는 피고의 단독소유로 분필등기를 하였다면, 비록 분할 전 이 사건 대지가 등기부상으로는 원고들 및 피고의 공유로 되어 있다고 하더라도 그 대지의 소유관계는 처음부터 구분소유적 공유관계에 있었다 할 것이고, 또한 구분소유적 공유관계에 있어서는 통상적인 공유관계와는 달리 당사자 내부에 있어서는 각자가 특정 매수한 부분은 각자의 단독 소유로 되었다고 할 것이므로, 피고는 분할 전 이 사건 대지 중 그가 매수하지 아니한 부분에 관하여는 원고들에게 그 소유권을 주장할 수 없어 분할 전 이 사건 대지 중 피고가 매수하지 아니한 부분 지상에 있는 건물부분은 당초부터 건물과 토지의 소유자가 서로 다른 경우에 해당되어 그에 관하여는 관습상의 법정지상권이 성립될 여지가 없다고 할 것이다(당원 1990. 6. 26. 선고 89다카24094 판결 참조).

따라서 이와 같은 취지에서 관습상의 법정지상권이 인정될 수 없다고 한 원심의 조치는 정당한 것으로 수긍이 가고, 그 과정에 소론이 주장하는 바와 같은 관습상의 법정지상권에 관한 법리를 오해한 위법이 있다고 할 수 없다.

10. 기존등기가 원인무효로 말소되면서 토지와 건물소유자가 달라진 경우

대법원 1999. 3. 26. 선고, 98다64189 판결

판시사항

토지와 건물의 동일인에의 소유권 귀속이 원인무효임이 밝혀져 어느 하나의 등기가 말소됨으로써 각 소유자가 달라진 경우에도 관습법상 지상권이 성립되는지 여부(소극)

판결요지

관습상의 법정지상권의 성립요건인 해당 토지와 건물의 소유권의 동일인에의 귀속과 그 후의 각기 다른 사람에의 귀속은 법의 보호를 받을 수 있는 권리변동으로 인한 것이어야 하므로, 원래 동일인에게의 소유권 귀속이 원인무효로 이루어졌다가 그 뒤 그 원인무효임이 밝혀져 그 등기가 말소됨으로써 토지와 건물의 소유자가 달라지게 된 경우에는 관습상의 법정지상권은 허용될 수 없다.

판결이유

관습상의 법정지상권은 토지와 건물이 동일인에게 속하였다가 그 중 어느 하나가 일정한 원인으로 소유자를 달리하게 되는 경우 그 건물을 철거한다는 특약이 없으면 성립되는 것으로, 토지와 건물을 각기 독립한 부동산으로 취급하는 우리 법제에서 그 건물의 가치를 유지시키기 위한 필요에 의하여 관습법상 인정한 제도인 바, 토지소유권으로서는 그로 인하여 제한을 당하는 결과로 된다. 이와 같은 제도의 취지와 그 결과의 측면에서 볼 때 그 해당 토지와 건물의 소유권의 동일인에의 귀속과 그 후의 각기 다른 사람에의 귀속은 법의 보호를 받을 수 있는 권리변동으로 인한 것이어야 할 것이다.

따라서 원래 동일인에게의 소유권 귀속이 원인무효로 이루어졌다가 그 뒤 그 원인무효임이 밝혀져 그 등기가 말소됨으로써 토지와 건물의 소유자가 달라지게 된 이 사건과 같은 경우에는 관습상의 법정지상권이 허용될 수 없는 것이다.

11. 건물만 매수하면서 토지에 용익계약을 체결한 경우
대법원 1992. 10. 27. 선고, 92다3984 판결

▍판시사항

건물만 매수하면서 그 대지 사용을 위하여 임대차계약을 체결한 경우에도 여전히 관습법상 지상권이 성립되는지 여부(소극)

▍판결요지

건물만 매수하면서 그 대지에 임대차계약을 체결하였다면 위 건물매수로 인하여 취득하게 될 관습상의 법정지상권을 포기하였다고 볼 것이다.[18)]

▍판결이유

원심판결 이유에 의하면 원심은 이 사건 대지는 원래 소외 김만석의 소유로서 그가 이 사건 대지상에 건물 2동을 건축하였다가 1962년경 건물만 피고에게 매도하고 그 대지부분은 이를 임대하였고, 그 후 피고는 위 건물 2동을 증 · 개축하여 이 사건 건물로 만든 사실과, 위 김만석이 1970년경 사망 후 소외 김호진이 이 사건 대지를 상속하여 1979. 12. 12. 원고에게 이를 매도하였는데 원고는 이 사건 대지를 매수할 때 피고와 위 망 김만석, 김호진과의 사이의 위 임대차계약을 그대로 승계한 사실을 인정하고, 피고는 1962년경 위 각 건물 매수시 위 망 김만석과의 사이에 이 사건 대지에 관한 임대차계약을 체결함으로써 위 건물매수로 인하여 취득하게 될 관습상의 법정지상권을 포기하였다고 볼 것이라고 판시하였는바, 원심판결이 적시한 증거들을 기록과 대조하여 살펴보면 원심의 사실인정과 판단은 그대로 수긍할

---

18) 또 다른 판례로써 "대법원 1979. 6. 5. 선고, 79다572 판결"은 법정지상권을 취득할 수 있는 건물소유자가 동 권리를 포기한 경우라면 해당 건물을 승계 취득하는 자 역시 법정지상권을 취득할 수 없는 것으로 보고 있는 바 그 설시 이유를 보면 다음과 같다. "토지 및 건물의 원래 소유자인 위 박원호는 원고가 그 토지의 소유권을 취득한 1972. 7. 6.에 위 건물의 소유를 위한 관습상의 법정지상권을 취득하였다고 할 것이나, 동인은 위와 같이 위 건물에 대한 경락은 물론 그 강제경매개시결정이 있기 전인 1972. 8. 16. 원고와의 간에 위 건물의 소유를 위하여 위 토지에 대한 임대차계약을 체결하고 그 임차권을 취득하면서, 그 날로 위 관습상의 법정지상권은 포기하였다고 보아야 할 것이므로, 그 후인 1974. 4. 24. 위 건물을 경락받은 위 김원수가 그 경락과 동시에 위 박원호가 이미 포기하여 소멸한 위 법정지상권을 취득할 수는 없고 피고들도 이를 상속할 수 없다고 판단하고 있는바, 원심이 적법하게 인정한 위와 같은 사실관계 아래에서의 원심의 위와 같은 판단은 정당하고(당원 1968. 1. 31. 선고 67다2007 판결 참조, 당원 1975. 11. 25. 선고 75다170 판결은 본건에 적절한 것이 아니라 할 것이다) 거기에 소론과 같이 지상권의 포기에 관한 법리를 오해한 위법이 없으므로 논지는 이유 없다."

수 있으므로 관습상의 법정지상권에 의거하여 이 사건 대지를 점유 사용할 권한이 있다는 피고의 거듭된 주장은 이유가 없는 것이다.

Ⅳ. 관습법상 지상권 효력 등

1. 관습법상 지상권의 건물소유권에의 부종성
대법원 1995. 4. 11. 선고, 94다39925 판결

판시사항

관습법상 지상권부 건물인 경우 동 건물의 소유권만 취득하면 관습법상 지상권도 당연히 취득하게 되는지 여부(소극)

판결요지

관습법상 법정지상권이 붙은 건물의 소유자가 건물을 제3자에게 처분한 경우에는 법정지상권에 관한 등기를 경료하지 아니한 자로서는 건물의 소유권을 취득한 사실만 가지고는 법정지상권을 취득하였다고 할 수 없어 대지소유자에게는 지상권을 주장할 수 없으므로, 그 법정지상권은 여전히 당초 법정지상권자에게 유보되어 있다고 보아야 한다.

다만 법정지상권자가 건물을 제3자에게 양도하는 경우에는 특별한 사정이 없는 한 건물과 함께 법정지상권도 양도하기로 하는 채권적 계약이 있었다고 할 것이며, 양수인은 양도인을 순차 대위하여 토지소유자 및 건물의 전소유자에 대하여 법정지상권 설정등기 및 이전등기 절차이행을 구할 수 있고, 토지소유자는 건물소유자에 대하여 법정지상권 부담을 용인하고 그 설정등기 절차를 이행할 의무가 있다고 할 것이므로, 법정지상권이 붙은 건물의 양수인은 법정지상권에 대한 이전등기를 하지 않았다고 하더라도 토지소유자에 대한 관계에서는 적법하게 토지를 점유 사용할 수 있는 자라 할 것이고, 따라서 건물을 양도한 자라도 지상권갱신청구권은 행사할 수 있는 것이므로 건물 양수인은 법정지상권자인 양도인의 갱신청구권을 대위 행사할 수 있다고 보아야 할 것이다.

2. 토지소유자에 대한 건물 매수인의 대항력

대법원 1991. 6. 28. 선고, 90다16214 판결

▌판시사항

관습법상 지상권부 건물의 소유권을 취득한 매수인은 동 지상권에 대한 등기가 없더라도 당연히 토지 전득자에게도 대항할 수 있는지 여부(적극)

▌판결요지

관습법에 의한 법정지상권이 있는 건물의 매수인은, 경락 후 건물을 철거한다는 등의 매각조건하에서 경매되었다는 등 특별한 사정이 없는 한 건물의 경락취득과 함께 그 지상권도 당연히 취득하였다고 할 것이므로 그 지상권으로써 토지의 소유권을 전득한 자에 대해서도 대항할 수 있다.

▌판결이유

원심은 이 사건 토지와 건물이 소외 윤희보 소유였다가 그 중 위 토지에 관하여 양도담보권 실행으로 1972. 8. 8. 소외 우정희, 이의선 명의로 소유권이전등기가 경료된 사실을 인정한 다음, 이 사건 토지와 건물이 소유자를 달리하게 됨으로써 위 윤희보는 위 건물을 위하여 관습에 의한 법정지상권을 취득하였고, 피고들은 1987. 5. 22. 위 건물에 대한 경락을 받아 소유권이전등기를 경료하였으므로 경매시에 경락 후 위 건물을 철거하는 등의 매각조건 아래 경매되었다는 등 특별한 사정이 없는 한 피고들은 위 건물의 경락취득과 함께 위 지상권도 당연히 취득하였다고 할 것이니, 피고들은 위 지상권으로써 이 사건 토지에 대한 소유권을 전득한 원고에게 대항할 수 있다고 판단하였다.

원심의 위와 같은 사실인정과 판단은 정당하고 소론과 같은 채증법칙 위배나 심리미진 또는 관습에 의한 법정지상권의 승계취득 등에 관한 법리오해의 위법이 있다고 할 수 없다.

3. 건물양수인의 관습법상 지상권에 대한 등기청구권
대법원 1996. 3. 26. 선고, 95다45545, 45552, 45569 판결

▌판시사항

관습법상 지상권에 대한 등기가 경료되기 전에 건물이 양도된 경우, 건물 양수인은 양도인과 그 대지소유자에 대하여 관습법상 지상권을 이유로 설정등기 및 그 이전등기를 청구할 수 있는지 여부(적극)

▌판결요지

건물 소유자가 건물의 소유를 위한 법정지상권을 취득하기 전에 건물을 양도한 경우에도 특별한 사정이 없는 한 건물과 함께 장차 취득하게 될 법정지상권도 함께 양도하기로 하였다고 보지 못할 바 아니므로, 건물 양수인은 채권자대위의 법리에 따라 양도인 및 그로부터 토지를 매수한 대지소유자에 대하여 차례로 지상권설정등기 및 그 이전등기절차의 이행을 구할 수 있고, 법정지상권을 취득할 지위에 있는 건물 양수인에 대하여 대지 소유자가 건물의 철거를 구하는 것은 지상권의 부담을 용인하고 지상권설정 등기절차를 이행할 의무가 있는 자가 그 권리자를 상대로 한 것이어서 신의성실의 원칙상 허용될 수 없다.

4. 관습법상 지상권의 존속기간
대법원 1963. 5. 9. 선고, 63아11 판결

▌판시사항

관습법상 지상권이 성립되는 건물인 경우에도 이에 따른 존속기간은 건물의 견고성 여부에 따라 각 30년, 15년으로 설정된 것으로 보게 되는지 여부(적극)

▌판결요지

존속기간을 정하지 않은 지상권의 존속기간은 「민법」 제280조의 규정에 따라 그 건물의 견고성 여부에 의하여 30년, 15년, 5년의 존속기간으로 한다. 따라서 관습법상 지상권은 약정지상권과는 달리 관습법에 의하여 당연히 성립하는 것이므로 존속기간을 정할 수 있는 성질의 것이 아니므로, 기간을 정하지 않은 지상권에 해당하는

것이므로 「민법」 제280조에 따라 그 존속기간을 정하는 것이 타당하다.

5. 증축부분에 대한 법정지상권 효력

대법원 1995. 7. 28. 선고, 95다9075, 9082(반소) 판결

▌판시사항

관습법상 지상권이 성립되는 건물이라면 증축된 건물부분에 대해서도 법정지상권의 효력이 미칠 수 있는지 여부(적극)

▌판결요지

관습법상의 법정지상권이 성립된 토지에 대하여는 법정지상권자가 건물의 유지 및 사용에 필요한 범위를 벗어나지 않은 한 그 토지를 자유롭게 사용할 수 있는 것이므로, 법정지상권이 성립한 이후에 증축되었다고 하더라도, 그 건물이 관습법상 법정지상권자가 점유 · 사용할 수 있는 권한이 있는 토지 위에 축조되어 있는 이상 이를 철거할 의무는 없다.

▌판결이유

관습법상의 법정지상권이 성립된 토지에 대하여는 법정지상권자가 건물의 유지 및 사용에 필요한 범위를 벗어나지 아니하는 한 그 토지를 자유로이 사용할 수 있는 것이므로 원심이 위 도면표시 (ㄴ)부분 지상 건물이 법정지상권이 성립한 이후에 증축되었다고 하더라도 위 건물이 관습법상 법정지상권이 성립하여 원고들이 점유 · 사용할 권한이 있는 위 (가)부분 토지 위에 있는 이상 이를 철거할 의무가 없다고 판단한 것은 기록에 비추어 옳다고 여겨지고, 거기에 법정지상권에 관한 법리를 오해한 위법이 있다고 할 수 없다.

제 4 장

분묘기지권

I. 분묘기지권 성립 등

1. 분묘기지권 성립요건

대법원 1991. 10. 25. 선고, 91다18040 판결

▎판시사항

분묘기지권은 일정한 요건과 봉분 등으로 외형을 갖추고 있어야만 성립될 수 있는 것인지 여부(적극)

▎판결요지

분묘기지권이 성립하기 위해서는 봉분 등 외부에서 분묘의 존재를 인식할 수 있는 형태를 갖추고 있어야 하고, 평장되어 있거나 암장되어 있어 객관적으로 인식할 수 있는 외형을 갖추지 못한 경우에는 분묘기지권이 인정되지 아니한다.

▎판결이유

이상에서 본 바와 같이 원고의 청구는 이 사건 묘소에 대한 소유권 내지 관리권에 기하여 방해배제로서의 철거금지를 구하는 것이므로, 원심으로서는 우선 원고가 주장하는 이 사건 임야상의 시설물인 묘소가 원심 변론종결 당시 존재하는지 여부 그리고 묘소가 존재하는 경우 그 권리의 귀속관계를 심리하여 이 사건 청구의 당부를 가려야 함에도 불구하고, 이 사건 임야의 권리귀속 관계나 위 묘소의 분묘기지권에 대한 원고의 주장에 대하여만 심리 판단하고 그 증거가 없다는 이유로 원고의 청구를 배척하였는바, 이러한 처사는 적절치 못하나 앞에서 본 바와 같이 이 사건 묘소는 원심 변론 당시 이미 봉분 등 외형이 없어져 존재하지 아니하거나, 존재한다고 할지라도 이 사건 묘소에 대한 원고의 소유권 등 권리를 인정할 만한 증거가 보이지

아니하여 결국 원고의 청구는 이유 없는 것이 되므로 원심판결은 결과에 있어서 정당하다고 할 것이다.

2. 분묘기지권의 시효취득 요건인 평온 · 공연성의 의미
대법원 1996. 6. 14. 선고, 96다14036 판결

판시사항
분묘기지권을 시효취득하기 위하여 요구되는 평온한 점유 및 공연한 점유의 의미

판결요지
평온한 점유란 점유자가 점유를 취득 또는 보유하는데 있어서 법률상 용인될 수 없는 강포행위를 쓰지 않은 점유이고, 공연한 점유란 은비의 점유가 아닌 점유를 말한다.

판결이유
이 사건 기록을 검토하여 보면, 원심이 피고가 관리 수호하고 있는 이 사건 분묘는 피고의 증조모인 경주 최씨의 분묘로서, 피고의 증조모가 사망한 무렵인 1880년 내지 1890년경에 설치되었다고 봄이 상당하고, 그렇지 않다고 하더라도 적어도 소외 김삼만이 이 사건 분묘를 관리하여 온 1972년경에는 설치되었다고 할 것이며, 피고가 이 사건 분묘가 설치된 시점부터 현재까지 20년이 넘도록 평온 · 공연하게 위 분묘의 기지를 점유하여 왔으므로, 피고는 지상권 유사의 물권인 분묘기지권을 취득하였다고 판단하였음은 정당하다고 인정된다.

평온한 점유란 점유자가 점유를 취득 또는 보유하는데 있어 법률상 용인될 수 없는 강포행위를 쓰지 아니하는 점유이고, 공연한 점유란 은비의 점유가 아닌 점유를 말하는바(당원 1993. 5. 25. 선고 92다52764, 52771 판결 참조), 설사 원고의 주장과 같이 원고가 세워둔 경고판을 피고가 넘어뜨리고, 피고가 자신의 소재를 들어내지는 않았다고 하더라도 피고의 점유를 평온한 점유가 아니라고 할 수 없고, 또한 원고가 이 사건 분묘를 발견하였다는 1988년 이전에는 이 사건 분묘가 평장의 형태이었다고 볼 자료가 없어, 피고의 점유가 공연한 점유가 아니라고 할 수도 없다.

3. 분묘기지권의 시효취득 요건과 등기권리성
대법원 1996. 6. 14. 선고, 96다14036 판결

▌판시사항

분묘기지권을 시효로 취득한 경우라면 동 권리 취득을 원인으로 하여 등기를 신청할 수 있는지 여부(소극)

▌판결요지

타인 소유 토지에 소유자의 승낙 없이 분묘를 설치한 경우에는 20년간 평온·공연하게 그 분묘기지를 점유하면 지상권 유사 관습상의 물권인 분묘기지권을 시효로 취득하게 되는데, 이러한 분묘기지권은 봉분 등 외부에서 분묘의 존재를 인식할 수 있는 형태를 갖추고 있는 경우에 한하여 인정되고, 평장되어 있거나 암장되어 있어 객관적으로 인식할 수 있는 외형을 갖추고 있지 못한 경우에는 인정되지 않으므로, 이러한 특성상 분묘기지권은 등기 없이도 취득한다.

4. 분묘설치 승낙과 분묘기지권 성부
대법원 2000. 9. 26. 선고, 99다14006 판결

▌판시사항

토지 소유자가 분묘소유자에 대하여 분묘 설치를 승낙한 경우라면 그 분묘를 위한 분묘기지권이 성립되는 것인지 여부(적극)

▌판결요지

분묘 기지에 속한 토지가 분묘소유자의 것이 아닌 다른 사람의 소유인 경우, 그 토지 소유자가 분묘소유자에 대하여 분묘의 설치를 승낙한 때에는 그 분묘의 기지에 대하여 분묘소유자를 위한 지상권 유사 물권(분묘기지권)을 설정한 것으로 보아야 하므로, 이러한 경우에는 토지소유자는 그 분묘의 수호·관리에 필요한 상당한 범위 내에서 분묘의 기지가 된 토지 부분에 대한 소유권 행사가 제한될 수밖에 없다.

5. 토지 양도에 따른 분묘기지권 성부
대법원 1967. 10. 12. 선고, 67다1920 판결

▌판시사항
분묘가 설치된 토지를 양도할 경우로써 양도인 소유에 속한 분묘가 있는 경우라면 그 분묘를 위하여 즉시 분묘기지권이 성립되는지 여부(적극)

▌판결요지
자기소유 토지위에 분묘를 설치한 후 그 토지를 타에 양도한 경우에는 그 분묘가 평장되어 있어 외부에서 인식할 수 없는 경우를 제외하고는 당사자 간에 특별한 의사표시가 없으면 매도인은 그 분묘 소유를 위하여 매수자의 토지에 지상권 유사 물권을 취득한다.

▌판결이유
자기 소유 토지에 분묘를 설치하고 토지를 타에 양도하는 경우, 그 분묘가 평장된 것으로서 외부에서 인식할 수 없는 것인 경우를 제외하고는 당사자 간에 특별한 의사표시가 없으면(타인의 승낙을 얻어 그 소유 토지 내에 분묘를 설치하면 타인의 토지에 대하여 지상권 유사 물권을 취득하는 것에 준하여) 판 사람은 그 분묘를 소유하기 위하여 산 사람의 토지에 대하여 지상권 유사 물권을 취득한다고 해석함이 타당하다.

6. 위폐 · 유품 등의 매장과 분묘기지권 성부
대법원 1991. 10. 25. 선고, 91다18040 판결

▌판시사항
유골 · 유발 · 유해는 없고 위패 · 유품 등만 매장한 경우라도 이를 위하여 분묘기지권이 성립될 수 있는지 여부(소극)

▌판결요지
분묘란 그 내부에 사람의 유골, 유해, 유발 등 시신을 매장하여 사자를 안장한 장소를 말하므로, 위패와 유품 등이 매장되어 있을 뿐이라면 분묘라 할 수 없으므로

이들 위한 분묘기지권도 성립될 수 없다.

▌판결이유

기록에 의하면, 이 사건 묘소에는 구강서원이 철폐되면서 그 곳에 봉안되어 있던 정몽주와 이언적의 위패와 유품이 매장되어 있을 뿐 그 시신이 매장되어 있지는 아니한 점에 관하여 당사자 사이에 다툼이 없는 것으로 보이고, 객관적으로 분묘로 인식할 수 있는 외형도 구비되어 있지 아니하고 외견상 묘자리가 있었던 것으로 보일 정도에 지나지 아니한 상태인 것을 알 수 있다. 따라서 원심의 사실인정과 판단에는 소론과 같은 법리오해나 채증법칙 위배로 인한 사실오인의 위법이 있다고 할 수 없다.

7. 가묘에 대한 분묘기지권 성부

대법원 1976. 10. 26. 선고, 76다1359, 1360 판결

▌판시사항

시신이 안장되어 있지는 않고 장래 묘지로 사용할 목적으로 외형상 분묘 형태만 갖추고 있을 뿐인 것이라도 분묘기지권이 성립되는 객체가 될 수 있는지 여부(소극)

▌판결요지

현재 시신이 안장되어 있지 아니하고 장래 묘소로서 사용할 목적으로 외형상 분묘 형태만 갖추고 있을 뿐인 경우라면 실제 분묘라 할 수 없으니 그 소유를 위한 지상권 유사 물권이 생길 수 없다.

▌판결이유

별지도면 표시 제2묘소는 피고나 그의 처에 대한 장래 묘소로 정하여 설치한 것으로서 현재 그 분묘 내에 시신이 안장되어 있지도 아니하므로 이는 외형상 분묘의 형태만 갖추었을 뿐이지 실제 분묘라 할 수 없으니, 그 소유를 위하여 지상권 유사 물권이 생길 수 없다고 판단하고 있는 바, 위와 같은 사실인정을 위하여 거친 증거의 취사과정을 기록에 비추어 살펴보아도 정당하고 그와 같은 사실관계 아래에서 한 제1심의 위와 같은 판단은 정당하며 거기에 심리미진이나 사실과 증거를 그릇 판

단한 위법이 있다고 할 수 없다.

Ⅱ. 분묘기지권의 효력 등

1. 분묘기지권의 시효취득과 지료지급 의무
대법원 1995. 2. 28. 선고, 94다37912 판결

▍판시사항

분묘기지권을 시효로 취득한 경우 분묘기지권자가 토지소유자에 대하여 지료를 지급할 의무가 있는지 여부(소극)

▍판결요지

지상권에 있어서 지료의 지급은 그 요소가 아니어서 지료에 관한 약정이 없는 이상 지료의 지급을 구할 수 없는 점에 비추어 보면, 분묘기지권을 시효로 취득하는 경우에도 지료를 지급할 필요가 없다고 해석함이 상당하다.

▍판결이유

타인 소유의 토지에 소유자의 승낙 없이 분묘를 설치한 경우에는 20년간 평온, 공연하게 그 분묘의 기지를 점유함으로써 분묘기지권을 시효로 취득한다고 할 것이고(당원 1957. 10. 31. 선고 4291민상539 판결, 1959.11.5. 선고 4292민상130 판결, 1969. 1. 28. 선고 68다1927 판결 등 참조), 이 경우 그 취득시효 기간의 기산점은 당연히 분묘설치시라 할 것이므로, 원고가 이 사건 토지의 소유권을 취득한 날로부터 20년이 경과하지 않았으므로 취득시효가 완성되지 않았다는 주장은 그 자체로써 이유가 없다. 또한 분묘소유자가 분묘기지권을 시효취득한 결과 소유자가 피해를 입었다고 하여도 취득시효 완성을 부인할 근거도 없다. 따라서 논지는 이유 없다.

지상권에 있어서 지료의 지급은 그 요소가 아니어서 지료에 관한 약정이 없는 이상 지료의 지급을 구할 수 없는 점에 비추어 보면, 분묘기지권을 시효취득 하는 경우에도 지료를 지급할 필요가 없다고 해석함이 상당하다.

2. 단분 형태로의 합장 가능 여부
대법원 2001. 8. 21. 선고, 2001다28367 판결

판시사항
분묘기지권이 성립하는 기존 분묘에 합장하는 형식으로 단분 형태를 취한다면 새로운 분묘도 덧붙여 설치할 수 있는지 여부(소극)

판결요지
분묘기지권은 분묘를 수호하고 봉 · 제사하는 목적을 달성하는데 필요한 범위 내에서 타인의 토지를 사용할 수 있는 권리를 의미하는 것으로, 이 분묘기지권에는 그 효력이 미치는 지역의 범위 내라고 할지라도 기존 분묘 외에는 새로운 분묘를 신설할 권능은 포함되지 아니하는 것이므로, 부부 중 일방이 먼저 사망하여 이미 그 분묘가 설치되고 그 분묘기지권이 미치는 범위 내라 할지라도 그 후에 사망한 다른 일방을 단분 형태로도 합장하는 것은 허용되지 않는다.

3. 시효로 취득하는 분묘기지권의 내용
대법원 1969. 1. 28. 선고, 68다1927, 1928 판결

판시사항
타인 소유 토지에 소유자의 승낙 없이 분묘를 설치한 자가 시효로 분묘기지권을 취득할 경우, 이로 인하여 취득하게 되는 것은 토지에 대한 소유권인지 여부(소극)

판결요지
타인 소유 토지 위에 그 소유자의 승낙 없이 분묘를 설치한 자가 20년간 평온 · 공연하게 그 분묘의 기지를 점유한 때에는 그 점유자는 시효에 의하여 그 토지위에 지상권 유사 물권을 취득할 뿐, 토지에 대한 소유권을 취득하는 것은 아니다.

판결이유
살피건대 다른 사람의 소유 토지 위에 그 소유자의 승낙 없이 분묘를 설치한 자가 20년간 평온 · 공연히 그 분묘의 기지를 점유한 때에는 시효에 의하여 그 다른 소

유 토지 위에 지상권 유사 물권을 취득하고, 위와 같은 분묘의 설치가 있을 때에는 다른 특별한 사정이 없는 한 그 분묘의 기지에 대하여는 지상권 유사 물권만을 취득할 뿐, 그 분묘기지에 대한 소유권을 취득한 것은 아니라고 해석하여야 할 것이다.

4. 분묘기지권이 미치는 토지의 범위

대법원 1997. 3. 28. 선고, 97다3651, 3668 판결

▎판시사항

분묘기지권은 해당 분묘를 수호 · 봉사하는데 필요한 주위의 공지에도 당연히 미치는 것인지 여부(적극)

▎판결요지

분묘기지권은 분묘를 수호하고 봉 · 제사하는 목적을 달성하는데 필요한 범위 내에서 타인의 토지를 사용할 수 있는 권리를 의미하는 것으로, 분묘기지권은 분묘의 기지 자체뿐만 아니라 그 분묘의 설치 목적인 분묘의 수호 및 제사에 필요한 범위 내에서 분묘의 기지 주위의 공지를 포함한 지역에까지도 미치는 것이고, 그 확실한 범위는 각 구체적인 경우에 개별적으로 정하여야 한다.

5. 집단 분묘에 성립되는 분묘기지권의 범위

대법원 1994. 12. 23. 선고, 94다15530 판결

▎판시사항

동일한 종손이 소유 · 관리하는 분묘가 집단적으로 설치된 경우 그 분묘기지권이 인정되는 범위는 모든 분묘를 수호 · 봉사함에 필요한 범위 내라고 볼 것인지 여부(적극)

▎판결요지

동일 종손이 소유 · 관리하는 여러 기의 분묘가 집단적으로 설치된 경우 그 분묘기지권이 미치는 지역은 종손이 그 일단의 전 분묘를 보전 수호하며 묘 참배에 소요되는 범위를 참작하여 포괄적으로 정하는 것이 위 물권의 효력을 인정하는 관습의

취지라고 해석된다.

6. 분묘기지권 내에서의 이장 가능 여부
대법원 1994. 12. 23. 선고, 94다15530 판결

판시사항
분묘기지권의 효력이 미치는 범위 내에서 일부 분묘를 이장한 경우라도 기존 분묘기지권은 그대로 인정되는 것인지 여부(적극)

판결요지
집단된 모든 분묘의 수호 봉사를 위한 분묘기지권에 기하여 보전되어 오던 분묘들 가운데 일부가 그 분묘기지권이 미치는 범위 내에서 이장되었다면, 그 이장된 분묘를 위해서도 분묘기지권의 효력이 그대로 유지된다고 보아야 할 것이고, 다만 그 이장으로 인하여 더 이상 분묘수호와 봉제사에 필요 없게 된 부분이 생겨났다면 그 부분에는 분묘기지권이 소멸된다고 할 것이다.

7. 분묘기지권 내에서의 비석 등 설치권 여부
대법원 2000. 9. 26. 선고, 99다14006 판결

판시사항
후손들이 분묘기지권 범위내에서 비석 등을 설치한 경우, 토지 소유자가 소유권에 기한 방해배제청구로써 그 철거를 청구할 수 있는지 여부(소극)

판결요지
분묘의 부속시설인 비석 등 제구를 설치 · 관리할 권한은 분묘의 수호 · 관리권에 포함되어 원칙적으로 제사를 주재하는 자에게 있고, 따라서 만약 제사주재자가 아닌 다른 후손들이 비석 등 시설물을 설치하였고 그것이 제사주재자의 의사에 반하는 것이라고 하더라도, 제사주재자가 분묘의 수호 · 관리권에 기하여 그 철거를 구하는 것은 별론으로 하고, 그 시설물의 규모나 범위가 분묘기지권의 허용범위를 넘지 않는 것이라면 토지 소유자는 방해배제청구로서 그 철거를 구할 수 없다.

8. 법령에서 규정한 묘지면적과 분묘기지권의 범위
대법원 1994. 12. 23. 선고, 94다15530 판결

판시사항
분묘기지권 범위는 관련 법령에서 규정하고 있는 묘지면적 범위내에서만 인정되는 것으로 볼 것인지 여부(소극)

판결요지
분묘기지권은 분묘를 수호하고 봉제사하는 목적을 달성하는데 필요한 범위 내에서 타인의 토지를 사용할 수 있는 권리를 의미하는 것으로, 분묘기지권은 분묘의 기지 자체뿐만 아니라 그 분묘의 설치 목적인 분묘의 수호 및 제사에 필요한 범위 내에서 분묘의 기지 주위 공지를 포함한 지역에까지 미치는 것이고, 그 확실한 범위는 각 구체적인 경우에 개별적으로 정하여야 할 것이며, 「매장 및 묘지 등에 관한 법률」 제4조 제1항 후단 및 같은법 시행령 제2조 제2항의 규정이 분묘의 점유면적을 1기당 20㎡로 제한하고 있으나, 여기서 말하는 분묘의 점유면적이라 함은 분묘의 기지면적만을 가리키며 분묘의 수호 및 제사에 필요한 분묘기지 주위의 공지까지 포함한 묘지면적을 가리키는 것은 아니므로 분묘기지권의 범위가 위 법령이 규정한 제한면적 범위 내로 한정되는 것은 아니라 할 것이다.

9. 분묘기지권의 존속기간
대법원 1982. 1. 26. 선고, 81다1220 판결

판시사항
해당 분묘에 대한 수호 및 봉제사가 계속되는 한 분묘기지권은 존속되는 것으로 볼 것인지 여부(적극)

판결요지
분묘수호를 위한 유사지상권(분묘기지권)의 존속기간에 관하여는 「민법」의 지상권에 관한 규정에 따를 것이 아니라, 당사자 간에 약정이 있는 등 특별한 사정이 있으면 그에 따를 것이며, 그러한 사정이 없는 경우라면 권리자가 분묘의 수호와 봉사

를 계속하는 한 그 분묘가 존속하는 동안에는 분묘기지권도 존속한다고 해석함이 상당하다.

제 4 편

유치권 관련 판례

제 1 장

유치권 성립 여부

I. 유치권 성립요건 등

1. 점유의 의미와 판단기준
대법원 1996. 8. 23. 선고, 95다8713 판결

▍판시사항

유치물에 대한 점유 의미와 점유하고 있는지에 대한 판단 기준

▍판결요지

점유라 함은 물건이 사회통념상 그 사람의 사실적 지배에 속한다고 보여 지는 객관적인 관계에 있는 것을 말하고, 사실상의 지배가 있다고 하기 위해서는 반드시 물건을 물리적, 현실적으로 지배하는 것만을 의미하는 것이 아니고 물건과 사람과의 시간적, 공간적 관계와 본권관계, 타인지배 배제가능성 등을 고려하여 사회관념에 따라 합목적적으로 판단하여야 한다.

2. 유치권 성립요건인 점유의 형식
대법원 1996. 8. 23. 선고, 95다8713 판결

▍판시사항

공장 건물의 유치권자가 경비원으로 하여금 경비 · 수호토록 하고, 건물에 자물쇠를 채우고 출입을 통제하는 경우라면 유치권자로서의 점유에 해당하는 것으로 볼 수 있는지 여부(적극)

판결요지

공장 신축공사 잔대금 채권에 기한 공장건물의 유치권자가 공장건물의 소유 회사가 부도가 난 다음에 그 공장에 직원을 보내 그 정문 등에 유치권자가 공장을 유치·점유한다는 안내문을 게시하고 경비용역회사와 경비용역계약을 체결하여 용역경비원으로 하여금 주야 교대로 2인씩 그 공장에 대한 경비·수호를 하도록 하는 한편, 공장의 건물 등에 자물쇠를 채우고 공장 출입구 정면에 대형 컨테이너로 가로막아 차량은 물론 사람들의 공장 출입을 통제하기 시작하고 그 공장이 경락된 다음에도 유치권자의 직원 10여 명을 보내 그 공장 주변을 경비·수호하게 하였다면, 유치권자가 그 공장을 점유하고 있었다고 볼 여지가 충분하다.

3. 유치권에 대한 공시방법 요부

대법원 2005. 7. 29. 선고, 2005도685 판결

판시사항

공사비, 상·하차비, 보관료 및 공사를 중도 포기함으로써 입은 손해배상금 등을 지급받기 위하여 유치권을 행사할 경우 유치권의 존재를 공시할 필요가 있는 지 여부(소극)

판결요지

비록 피고인이 반환을 거부한 이 사건 물건이 장흥군 소유라 하더라도 피고인이 그 주장과 같은 공사 준비를 마쳐 남도건설에 대해 공사비 등의 채권을 가지고 있다면 피고인으로서는 그 지급을 받을 때까지 이 사건 물건에 대하여 유치권을 행사할 수 있는 것으로 보이고, 그와 같은 유치권을 행사하는 데 있어 특별히 이를 명시할 것을 요구하는 것은 아니며, 기록상 피고인이 위 공사를 포기할 당시 남도건설로부터 설계비용을 지급받은 외에 달리 위 공사비 등을 정산하였다는 자료가 없어 피고인이 남도건설에 대한 일정한 채권을 가지고 있다고 볼 여지가 충분하므로, 피고인의 위와 같은 이 사건 물건에 대한 반환거부의 이유 및 그 주관적인 의사 등을 종합하여 볼 때 피고인이 불법영득 의사를 가지고 이 사건 물건의 반환을 거부한 것이라고 단정할 수 없다 하겠다.

4. 유치권자의 불법점유에 대한 입증책임
대법원 1966. 6. 7. 선고, 66다600, 601 판결

▌판시사항

점유권자에 대한 선의, 평온, 공연성에 대한 추정규정이 유치권자에게도 준용될 수 있는지 여부(적극)

▌판결요지

어떠한 물건을 점유하는 자는 소유의 의사로 선의, 평온, 공연하게 점유한 것으로 추정될 뿐만 아니라, 점유자가 점유물에 대하여 행사하는 권리는 적법하게 보유하는 것으로 추정되므로, 점유물에 대한 유익비상환청구권을 기초로 하는 유치권의 주장을 배척하려면 적어도 그 점유가 불법행위로 인하여 개시되었거나 유익비 지출 당시 이를 점유할 권원이 없음을 알았거나 이를 알지 못함이 중대한 과실에 기인하였다고 인정할 만한 사유에 대하여 상대방 당사자가 주장 입증하여야 한다.

▌판결이유

원판결을 검토하면, 원심은 피고가 본건 임야를 점유하고 있는 사실을 확정하면서, 피고의 본건 임야 중 약 3,300평을 개간함에 지출한 유익비상환청구권을 전제로 한 본건 임야에 대한 유치권 항변에 대하여, 피고가 적법하게 본건 임야를 점유하는 것이라는 증거가 없다는 이유로 그 항변을 가볍게 배척하였다.

그러나 어떠한 물건을 점유하는 자는 소유의 의사로 선의, 평온 및 공연하게 점유한 것으로 추정될 뿐 아니라(「민법」 제197조 제1항 참조), 점유자가 점유물에 대하여 행사하는 권리는 적법하게 보유한 것으로 추정되는바(「민법」 제200조 참조)이므로, 원심이 특별한 반증 없이 피고의 본건 임야에 대한 점유가 적법하게 점유한 것이라는 증거가 없다는 이유로 피고의 위 항변을 배척하였음은, 위에서 설명한 점유권의 추정규정을 간과하고 법률해석을 잘못한 위법이 있을 뿐 아니라, 피고의 본건 임야에 대한 유익비상환청구권을 기초로 하는 유치권의 주장을 배척하려면, 적어도 피고의 본건 임야에 대한 점유가 불법행위로 인하여 개시되었거나, 유익비 지출당시 이를 점유할 권원이 없음을 알았거나, 이를 알지 못함이 중대한 과실에 기인하였다고 인

정할 만한 사유를 원고측의 주장 입증에 의하여 인정하였어야 할 것이었음에도 불구하고(본원 1955. 12. 15. 선고 4288민상136 판결 참조), 원심이 이러한 점에 대한 심리 판단 없이 피고의 유치권 항변을 배척하였음은 심리미진의 위법을 면치 못할 것이다.

5. 유치권자의 「민법」 제203조 제2항에 따른 유익비상환청구권
대법원 2003. 7. 25. 선고, 2001다64752 판결

판시사항

유치권이 성립되는 경우라도 동 유치권을 행사하지 않고 매수인에게 「민법」 제203조 제2항에 따른 유익비상환청구권을 별도로 행사할 수 있는지 여부(소극)

판결요지

「민법」 제203조 제2항에 의한 점유자의 회복자에 대한 유익비상환청구권은 점유자가 계약관계 등 적법하게 점유할 권리를 가지지 않아 소유자의 소유물반환청구에 응하여야 할 의무가 있는 경우에 성립되는 것으로, 이 경우 점유자는 그 비용을 지출할 당시의 소유자가 누구이었는지 관계없이 점유회복 당시의 소유자 즉 회복자에 대하여 비용상환청구권을 행사할 수 있는 것이나, 점유자가 유익비를 지출할 당시 계약관계 등 적법한 점유 권원을 가진 경우라면 그 지출비용의 상환에 관하여는 그 계약관계를 규율하는 법조항이나 법리 등이 적용되는 것이어서, 그 계약관계 등의 상대방에 대하여 해당 법조항이나 법리에 따른 비용상환청구권을 행사할 수 있을 뿐, 계약관계 등의 상대방이 아닌 점유회복 당시의 소유자에 대하여는 「민법」 제203조 제2항에 따른 지출비용의 상환을 청구할 수는 없다.

판결이유

「민법」 제203조 제2항에 의한 점유자의 회복자에 대한 유익비상환청구권은 점유자가 계약관계 등 적법하게 점유할 권리를 가지지 않아 소유자의 소유물 반환청구에 응하여야 할 의무가 있는 경우에 성립되는 것으로서, 이 경우 점유자는 그 비용을 지출할 당시의 소유자가 누구이었는지 관계없이 점유회복 당시의 소유자 즉 회복자에 대하여 비용상환청구권을 행사할 수 있는 것이나, 점유자가 유익비를 지출할 당시의 계약관계 등 적법한 점유의 권원을 가진 경우 그 지출비용의 상환에 관

하여는 그 계약관계를 규율하는 법조항이나 법리 등이 적용되는 것이어서, 점유자는 그 계약관계 등의 상대방에 대하여 해당 법조항이나 법리에 따른 비용상환청구권을 행사할 수 있을 뿐 계약관계 등의 상대방이 아닌 점유회복 당시의 소유자에 대하여 「민법」 제203조 제2항에 따른 지출비용의 상환을 구할 수는 없는 것이다.

이 사건에서 임차인인 원고는 임대차계약에 의하여 이 사건 건물을 적법하게 점유하고 있으면서 비용을 지출한 것이므로, 임대인인 소외 회사에 대하여 「민법」 제626조 제2항에 의한 임대차계약상의 유익비상환청구를 할 수 있을 뿐, 낙찰에 의하여 소유권을 취득한 피고에 대하여 이와는 별도로 「민법」 제203조 제2항에 의한 유익비 상환청구를 할 수는 없다고 보아야 할 것이며(다만, 원고가 피고의 목적물인도청구에 대하여 임대인에 대한 위 유익비상환청구권에 기한 유치권으로써 대항할 수 있을 것임은 별론으로 한다), 이러한 법리는 이 사건 시설에 관한 비용이 경매절차에서 감정평가가격에 포함되었는지 여부와 아무런 상관이 없다.

원심이 이 사건 시설 중 벽면로고, 광고 핀, 외벽간판, 신발장 설치비용을 제외한 나머지 시설들은 이 사건 건물에 부합되어 유익비상환청구의 대상이 된다는 취지로 판시하면서 그 시설들이 이 사건 근저당권에 기한 경매절차에서 감정평가가격에 포함되어 이를 기준으로 낙찰가격이 결정되었고 그 낙찰대금이 종국적으로 원고 자신의 채무를 변제한 결과로 된 이상 원고는 유익비 상환을 청구할 지위에 있지 않다고 판단한 것은, 그 설시에 있어서 부정확한 점이 있으나 결론적으로 정당하고, 거기에 「민법」 제203조 제2항에 의한 점유자의 유익비상환청구권에 관한 법리를 오해하여 판결에 영향을 미친 위법이 있다고 할 수 없다.

6. 유익비에 대한 산정방법
대법원 2002. 11. 22. 선고, 2001다40381 판결

▌판시사항

유익비 상환청구가 있을 경우에는 실제 지출한 비용과 현존하는 증가액을 모두 산정하여야 되는 것인지 여부(적극)

판결요지

유익비 상환청구에 관하여 「민법」 제203조 제2항은 점유자가 점유물을 개량하기 위하여 지출한 금액 기타 유익비에 관하여는 그 가액의 증가가 현존한 경우에 한하여 회복자의 선택에 좇아 그 지출금액이나 증가액의 상환을 청구할 수 있다고 규정하고 있고, 「민법」 제626조 제2항은 임차인이 유익비를 지출한 경우에는 임대인은 임대차 종료시에 그 가액의 증가가 현존한 때에 한하여 임차인의 지출한 금액이나 그 증가액을 상환하여야 한다고 규정하고 있으므로, 유익비 상환범위는 점유자 또는 임차인이 유익비로 지출한 비용과 현존하는 증가액 중 회복자 또는 임대인이 선택하는 바에 따라 정하여진다고 할 것이고, 따라서 유익비상환 의무자인 회복자 또는 임대인의 선택권을 위하여도 그 유익비는 실제로 지출한 비용과 현존하는 증가액을 모두 산정하여야 할 것이다.

판결이유

원심은 위와 같이 원고가 옹벽부분의 성토에 따른 유익비 상환을 청구할 수 있다고 하면서도 유익비의 범위에 관해서는, 원고가 피고로부터 이 사건 토지를 임대받은 후 이 사건 토지의 경계선에 옹벽을 설치하고 마당에 콘크리트 포장을 하는 등으로 형질 및 지목을 변경함으로써 이 사건 토지의 가치가 증가하여 금 461,004,000원 상당의 가액이 현존하고 있으므로 피고는 원고에게 이를 상환할 의무가 있다는 취지로 판단하였다.

그러나 원심의 위와 같은 조치는 아래와 같은 이유로 수긍하기 어렵다. 유익비 상환청구에 관하여 「민법」 제203조 제2항은 점유자가 점유물을 개량하기 위하여 지출한 금액 기타 유익비에 관하여는 그 가액의 증가가 현존한 경우에 한하여 회복자의 선택에 좇아 그 지출금액이나 증가액의 상환을 청구할 수 있다고 규정하고 있고, 「민법」 제626조 제2항은 임차인이 유익비를 지출한 경우에는 임대인은 임대차 종료시에 그 가액의 증가가 현존한 때에 한하여 임차인의 지출한 금액이나 그 증가액을 상환하여야 한다고 규정하고 있으므로, 유익비의 상환범위는 점유자 또는 임차인이 유익비로 지출한 비용과 현존하는 증가액 중 회복자 또는 임대인이 선택하는 바에 따라 정하여진다고 할 것이고, 따라서 유익비 상환 의무자인 회복자 또는 임대인의 선택권을 위하여 그 유익비는 실제로 지출한 비용과 현존하는 증가액을 모두 산정하여야 할 것이다(대법원 1987. 4. 14. 선고 86다카2342 판결 등 참조).

그럼에도 불구하고 원심은 옹벽부분의 성토에 따른 원고의 실제 지출비용에 대하여는 아무런 심리 · 판단을 하지 아니한 채 이 사건 토지 가치의 현존 증가액만을 산정하여 금 461,004,000원이 피고가 상환하여야 할 유익비에 해당한다고 판단하였는바, 이러한 원심판결에는 유익비 상환의무의 범위에 관한 법리를 오해하고 필요한 심리를 다하지 아니함으로써 판결 결과에 영향을 미친 위법이 있다고 하지 않을 수 없고, 이 점을 지적하는 상고이유의 주장은 정당하다.

7. 유치권의 불가분성 범위

대법원 2007. 9. 7. 선고, 2005다16942 판결

판시사항

「민법」 제321조에서 정한 유치권의 불가분성에 관한 규정은 유치물이 분할 가능하거나 수개인 경우에도 적용될 수 있는지 여부(적극)

판결요지

「민법」 제320조 제1항에서 "그 물건에 관하여 생긴 채권"은 유치권제도의 본래 취지인 공평의 원칙에 특별히 반하지 않는 한 채권이 목적물 자체로부터 발생한 경우는 물론이고 채권이 목적물의 반환청구권과 동일한 법률관계나 사실관계로부터 발생한 경우도 포함하고, 「민법」 제321조는 "유치권자는 채권 전부의 변제를 받을 때까지 유치물 전부에 대하여 그 권리를 행사할 수 있다."고 규정하고 있으므로, 유치물은 그 각 부분으로써 피담보채권 전부를 담보하며, 이와 같은 유치권의 불가분성은 그 목적물이 분할 가능하거나 수개의 물건인 경우에도 적용된다.

판결이유

「민법」 제320조 제1항은 "타인의 물건 또는 유가증권을 점유한 자는 그 물건이나 유가증권에 관하여 생긴 채권이 변제기에 있는 경우에는 변제를 받을 때까지 그 물건 또는 유가증권을 유치할 권리가 있다."라고 규정하고 있는 바, 여기서 "그 물건에 관하여 생긴 채권"이라 함은 위 유치권제도 본래의 취지인 공평의 원칙에 특별히 반하지 않는 한, 채권이 목적물 자체로부터 발생한 경우는 물론이고 채권이 목적

물의 반환청구권과 동일한 법률관계나 사실관계로부터 발생한 경우도 포함된다고 할 것이고, 한편 「민법」 제321조는 "유치권자는 채권 전부의 변제를 받을 때까지 유치물 전부에 대하여 그 권리를 행사할 수 있다."고 규정하고 있으므로, 유치물은 그 각 부분으로써 피담보채권의 전부를 담보한다고 할 것이며, 이와 같은 유치권의 불가분성은 그 목적물이 분할 가능하거나 수개의 물건인 경우에도 그대로 적용된다고 할 것이다.

Ⅱ. 유치권이 성립되는 사안

1. 수급인의 공사비 채권
대법원 1995. 9. 15. 선고, 95다16202, 95다16219 판결

▌판시사항

도급계약에서 수급인이 신축 건물에 대한 공사비를 완제 받지 못한 경우라면 이를 이유로 동 건물에 대하여 유치권을 행사할 수 있는지 여부(적극)

▌판결요지

건물의 신축공사를 한 수급인이 그 건물을 점유하고 있고 또 그 건물에 관하여 생긴 공사대금 채권이 있다면, 수급인은 그 채권을 변제받을 때까지 건물을 유치할 권리가 있다고 할 것이고, 이러한 유치권은 수급인이 점유를 상실하거나 피담보채무가 변제되는 등 특단의 사정이 없는 한 소멸되지 않는다.

▌판결이유

사실관계가 원심이 확정한 바와 같다면, 이 사건 각 건물의 도급계약에 있어서 그 판시와 같이 완성된 건물의 소유권을 도급인에게 귀속시키기로 하였다고 보아야 할 것이고, 수급인인 피고에게 이 사건 각 건물의 소유권이 귀속된다고는 볼 수 없다.

그러나 원심이 적법하게 인정하고 있는 바와 같이 피고가 현재 점유 중인 원심판결 별지 목록 1 기재 주택의 신축공사를 한 수급인으로서 위 건물에 관하여 생긴 공사금채권이 있다면, 피고는 그 채권을 변제받을 때까지 위 건물을 유치할 권리가

있다고 할 것이고, 이러한 유치권은 피고가 점유를 상실하거나 피담보채무가 변제되는 등 특단의 사정이 없는 한 소멸되지 아니하는 것이므로, 원심이 판시한대로 건물이 완공된 후인 1987. 5. 29.자 약정에 의하여 도급인이 피고에게 위 건물 등 이 사건 각 건물에 대한 처분권을 위임하여 그 분양대금에서 공사대금 등 건축과 관련한 일체의 비용을 지급받을 수 있는 권한을 부여했기 때문에, 피고가 위 건물 등을 매각처분하여 그 대금으로 공사대금을 지급받을 수 있게 되었다 하더라도 그러한 약정만으로는 피담보채권인 공사대금이 변제된 것이라고 볼 수 없고, 그 외에 기록을 살펴보아도 달리 위 공사대금 채권이나 유치권이 소멸되었다고 볼 만한 사유를 찾아 볼 수 없다. 그러하다면 피고는 그 공사대금 채권을 담보하는 의미에서 의연히 위 목록 1 기재 부동산에 대한 유치권을 가지고 있는 것으로 보아야 할 것이다.

그럼에도 불구하고 피고는 위 약정에 의해서 위 건물 등을 처분하여 그 대금으로 공사대금의 지급에 갈음하는 것은 별론으로 하고, 위 부동산에 대한 공사대금 채권을 전제로 유치권을 행사할 수 없다고 판시하여 피고의 유치권 항변을 배척하고 원고의 이 사건 건물명도 청구를 인용한 원심은 유치권에 관한 법리를 오해하여 판결에 영향을 미친 위법을 저지른 것이라 할 것이다. 이를 지적하는 논지는 이유 있다.

2. 하수급인의 미수령 공사비 채권

대법원 2005. 7. 29. 선고, 2005도685 판결

▌판시사항

하수급인도 자기의 공사비와 그 공사를 중도에 포기함으로써 입은 손해배상금 등을 이유로 유치권을 행사할 수 있는지 여부(적극)

▌판결요지

하수급인이 공사 준비에 필요한 철강 절단비용, 앵커볼트 매설비용, 브라켓 설치비용 등 각종 공사비와 상 · 하차비용, 보관료 등과 공사를 중도에 포기함으로써 입은 손해배상금 등을 수급인으로부터 지급받을 때까지 유치물에 대하여 유치권을 행사할 수 있고, 그와 같은 유치권을 행사함에는 특별히 이를 명시할 필요는 없다.

▌판결이유

관계 증거를 기록에 비추어 살펴보면, 장흥군이 2002. 12.경 남도건설에 장흥문화회관 신축공사를 도급하였고, 피고인은 2003. 1. 6.경 고소인 공소외 1의 소개로 남도건설로부터 위 신축공사 중 철골공사를 하도급 받으면서(주식회사 수연기공 명의로 계약을 체결하였다), 철골제작에 필요한 H형강은 장흥군이 조달청으로부터 구매하는 것을 납품받아 사용하기로 한 사실, 피고인은 2003. 2.경 샵드로잉(철골제작에 필요한 설계도면 작성)을 마치고 관급재료 발주서를 작성 · 제출하여 조달청으로부터 철골공사에 필요한 H형강 약 160t을 납품받은 사실, 그런데 피고인이 철강절단, 앵커볼트 매설 등 철골제작을 위한 기초작업을 하던 중 남도건설에 공사금액의 30%에 해당하는 선급금의 지급을 요구하였으나 남도건설에서 이를 거절한 일로 분쟁이 생겨 공사가 진척되지 못한 사실(피고인은 남도건설에서 현장소장이던 공소외 2에게 피고인에게 지급할 선급금 명목으로 금 1,600만 원을 지급하였는데 공소외 2가 이를 유용하였다고 주장하고 있다), 결국 남도건설이 공소외 1의 소개로 최동주에게 위 철골공사를 다시 하도급 하자 피고인은 위 철골공사를 포기하기로 하고 자신이 공급받은 H형강을 남도건설에 반환하기로 한 사실, 당시 피고인은 남도건설에 대하여 자신이 철골공사 준비를 위하여 지출한 각종 비용을 지급해 줄 것을 요구하였으나 설계비용 명목으로 금 250만 원을 지급받는 데에 그치자, 2003. 4. 9.경 공소외 1에게 조달청으로부터 공급받은 H형강을 반환하면서 자신이 기초작업을 하기 위해 따로 떼어 놓았던 25.058t의 H형강(원심판결의 25,058t은 오기임이 명백하다. 이하 '이 사건 물건'이라 한다)은 이를 반환대상에서 제외한 사실, 이에 공소외 1이 피고인에게 이 사건 물건도 반환해 줄 것을 요구하였으나 피고인이 이를 거절하자, 결국 공소외 1이 부족한 물량만큼의 H형강을 목우강재로부터 금 12,644,137원에 구입하여 남도건설에 인도한 사실을 인정할 수 있고, 한편 피고인은 경찰 이래 자신이 남도건설로부터 지급받지 못한 철강 절단비용, 앵커볼트 매설비용, 브라켓 설치비용 등 각종 공사비와 상 · 하차비용, 보관료 등 공사를 중도에 포기함으로써 입은 손해배상금 등을 지급받을 때까지 이 사건 물건을 유치하기 위하여 그 반환을 거부하였다는 취지로 일관되게 변명하고 있음을 알 수 있다.

이러한 사실관계를 위의 법리에 비추어 살펴보면, 비록 피고인이 반환을 거부한 이 사건 물건이 장흥군 소유라 하더라도 피고인이 그 주장과 같은 공사준비를 마쳐 남도건설에 대해 공사비 등의 채권을 가지고 있었다면 피고인으로서는 그 지급을 받을 때까지 이 사건 물건에 대하여 유치권을 행사할 수 있을 것으로 보이고, 그와 같은 유치권을 행사하는 데 있어 특별히 이를 명시할 것을 요구하는 것은 아니며, 기록상 피고인이 위 공사를 포기할 당시 남도건설로부터 설계비용을 지급받은 외에 달리 위 공사비 등을 정산하였다는 자료가 없어 피고인이 남도건설에 대한 일정한 채권을 가지고 있다고 볼 여지가 충분하므로, 피고인의 위와 같은 이 사건 물건에 대한 반환거부 이유 및 그 주관적인 의사 등을 종합하여 볼 때 피고인이 불법영득 의사를 가지고 이 사건 물건의 반환을 거부한 것이라고는 단정할 수 없다고 하겠다.

3. 원채권과 관련된 손해배상채권

대법원 1976. 9. 28. 선고, 76다582 판결

▌판시사항

원채권의 채무불이행으로 인하여 발생한 손해배상채권을 이유로도 유치권을 주장할 수 있는지 여부(적극)

▌판결요지

원채무에 대한 채무불이행으로 발생한 손해배상채권은 원채권의 연장이라고 보아야 할 것이므로 물건과 원채권과의 사이에 견련관계가 있는 경우라면 그 손해배상채권과 그 물건과의 사이에도 견련관계가 있다고 할 것이므로, 이에 대해서도 유치권으로 항변할 수 있다.

▌판결이유

원판결에 의하여 확정된 사실에 의하면 수급인인 피고의 본건 공사잔금채권이나 그 지연손해금청구권, 도급인인 원고의 건물인도청구권은 모두 원 · 피고 사이의 건물신축 도급계약이라고 하는 동일한 법률관계로부터 생긴 것임이 인정될 수 있으므로 피고의 본건 손해배상채권 역시 본건 건물에 관하여 생긴 채권이라고 할 것이며, 채무불이행에 의한 손해배상청구권은 원채권의 연장으로 보아야 할 것이므로 물건과 원채권과의 사이에 견련관계가 있는 경우에는 그 손해배상채권과 그 물건과의 사이에도 견련관계가 있는 법리라 할 것으로서, 본건 손해배상채권이 소론과 같이

배상액의 예정에 해당하는 특약조항에 의하여 발생한 것이라 하여 그 결론을 달리 할 바 못되고, 이와 같은 견지에서 본건 손해배상채권에 관한 피고의 유치권 항변을 인용한 원판결에 유치권의 피담보채권에 관한 법리를 오해한 위법이 있다고 할 수 없다.

금전채무 불이행에 대한 손해배상액은 법정이율에 의함을 원칙으로 하나 법령의 제한에 위반되지 아니하는 약정이율이 있으면 그 이율에 의할 것이고 「이자제한법」 제2조는 금전대차에 관한 계약상의 이자에 한하여 적용된다고 할 것이므로 소론과 같은 배상액 예정에 관한 특약에 의하여 정하여진 배상액이 법정이율을 초과한다 하여도 그것이 약정에 의한 것인 이상 「민법」 제397조 제1항의 규정에 저촉되는 여부를 논할 여지가 없으며, 본건 공사잔금채무의 이행지체로 인한 손해배상액 예정의 경우 「이자제한법」 제1조, 제2조는 적용될 수 없는 바로서 원 · 피고 사이에 본건 도급계약을 체결함에 있어서 피고가 공사를 지체할 시나 또는 원고가 공사금 지급을 지연할 시 각 배상액을 지급키로 한 원판결이 확정한 것과 같은 사실관계 하에서는 원고의 공사금 지급 지연으로 인한 소론 판단과 같은 손해배상액 예정이 부당히 과다한 경우에 해당된다고 볼 수 없다는 것을 전제로(본원 1964. 5. 26 선고 63다919 판결참조) 「민법」 제398조 제2항이나 「이자제한법」 제4조를 적용하지 아니한 원판결의 판단에 반드시 위법이 있다고 단정할 수 없다. 논지는 이유 없다.

4. 유치목적물에 추가된 유익비
대법원 1972. 1. 31. 선고, 71다2414 판결

판시사항

유치권자가 유치목적물인 부동산에 다시 유익비 등을 추가로 지출한 경우라도 이를 이유로 유치권을 행사할 수 있는지 여부(적극)

판결요지

유치권자의 점유 하에 있는 유치물의 소유자가 변동되더라도 유치권자의 점유는 유치물에 대한 보존행위로서 하는 것이므로 적법하고, 소유권자의 변동 후에 유치권자가 유치물에 관하여 새로운 유익비를 지출하여 그 가격의 증가가 현존하는 경

우라면 동 유익비에 대해서도 유치권을 행사할 수 있다.

▌판결이유

피고가 본건 건물이 제3자인 소외 3에게 소유권이전등기 경료전의 본건 건물에 관한 유익비(금 326,100원)의 상환청구권이 있고, 건물의 소유자가 변동된 후에도 위 건물에 대한 유치권이 있다고 함은 원판결이 위 전단에서 확정한 바이고, 그러하다면 피고가 위 건물의 소유자 변동 후에도 계속하여 점유하는 것은 유치권자인 피고가 유치물에 대한 보존행위로서 점유하는 것이므로 적법행위라 할 것이고, 그 소유자 변동 후 유치물에 관한 필요비, 유익비를 지급하고 그 유익비에 관하여는 가격의 증가가 현존한다면 그 유익비의 상환청구권도 「민법」 제320조의 소위 그 물건에 관하여 생긴 채권이라 할 수 있고, 따라서 위 유익비 금 112,000원도 앞에서 본 유익비(금 326,100원)와 같이 그 변제를 받을 때까지는 본건 건물을 유치하고 명도를 거부할 수 있다 할 것임에도 불구하고, 원심이 그 소유자 변동후의 점유를 불법점유로 보고 위 유익비 금 112,000원에 대해서는 유치권이 성립될 수 없다고 판단하였음은 유치권에 관한 법리를 오해한 위법이 있고, 이는 판결에 영향을 미쳤다고 할 것이므로 이 점에 대한 상고의 논지는 이유 있다.

5. 동력전기 및 건물내부 시설공사비 채권

대법원 1976. 5. 11. 선고, 75다1305 판결

▌판시사항

동력전기 가설에 소요된 시설비 및 건물내부 시설비에 대해서도 유익비를 이유로 유치권을 행사할 수 있는지 여부(적극)

▌판결요지

임차인이 임차건물에 설치한 동력전기 인입을 위한 시설비 및 건물내부 수리 등에 소요된 비용은 건물에 대한 유익비가 인정되므로 비록 임차인이 차임을 지급하지 않았다고 하더라도 유치권 행사에 장애가 되는 것은 아니다.

▌판결이유

원심이 동력전기 시설비 금 135,400원, 건물내부 시설비 금 225,328원의 유익비 지출을 인정하여 이에 대한 유치권을 인용하고 그 초과지출 부분을 배척한 조치에 소론과 같은 채증법칙을 어긴 잘못이 있음을 기록상 찾아 볼 수 없으니 소론 또한 이유 없고, 위에서 본 바와 같이 합계금 360,728원의 유익비에 대하여 피고의 유치권을 인정한 조치는 정당하고 그 과정에 소론과 같은 심리미진이나 법리오해의 잘못이 있다고 할 수 없고, 피고가 여태까지 월 임대료를 지급 아니한 점이 있더라도 유익비 지출로 인한 유치권 인정에 무슨 장애가 되는 것도 아니니 논지는 이유 없다.

6. 개답에 투입된 공사비 채권
대법원 1977. 11. 22. 선고, 76다2731 판결

▌판시사항

무권리자로부터 선의로 토지를 매수한 자라도 동 토지의 개답을 위하여 지출한 비용을 이유로 하여 유치권을 주장할 수 있는지 여부(적극)

▌판결요지

무권리자로부터 토지를 매수하여 매수인이 개답 후 이에 소요된 비용에 상당하는 금액을 그 매매대금에서 공제받았다고 하더라도 토지 소유자에 대한 관계에 있어서는 그 개답비용은 매수자가 투입한 유익비라 할 것이다.

▌판결이유

원심판결에 의하면, 소외 권용복이 금 402,900환(구화)을 투입하여 이 건 토지를 개답하였는바, 이는 동 소외인이 이 사건 부동산을 그 처분권한이 없는 소외 정지석으로부터 매수함에 있어서 당시 황지로 방치되었던 동 부동산을 위 소외인 권용복이 그의 비용으로 개답 완료하여 실제 평수를 측량한 다음 대금은 평당 금 230환씩으로 하여 지급하되, 개답비용은 매매대금에서 공제받기로 하고, 위 권용복은 이에 따라 개답을 하게 되어 그 개답비용 금 402,900환을 매도인인 위 소외 정지석으로부터 매매대금일부로 공제받은 사실을 인정하고, 동 사실로써 위 비용은 결국 매도인

인 위 정지석이 부담한 셈인 사실이 인정되니, 위 개답비용을 위 소외 권용복이 투입한 유익비라고 보기 어렵다 하여 피고의 유치권 주장을 배척하였다.

그러나 원심의 위 확정사실에 의하더라도 위 권용복이가 이 사건 토지를 자기의 비용으로 그 자신이 개답한 것은 의심할 여지가 없으니, 가사 위 권용복이가 이건 토지를 무권리자인 위 정지석으로부터 매수할 때 동인과의 약정에 의하여 개답을 하였으며, 그 개답에 지출한 비용에 상당하는 금액을 그 매매대금에서 공제받았다고 하더라도 동 사실만으로는 곧 위 권용복이가 이 건 토지를 개답하고 그를 위하여 비용으로 투입한 위 금 402,900환(구화)은 매도인인 위 정지석이 부담한 셈이 되어 위 권용복이가 투입한 유익비라고 보기는 어렵다고 할 수 없는 것이며, 또 위 사실로써 곧 위 권용복이가 그 개답을 위해서 지출한 위 비용을 소유자로부터 상환 받을 권리가 발생하지 아니하였다고 하여야 할 것이라던가 또는 일단 발생한 그 상환 받을 청구권이 소멸되었다고 하여야 할 것이라고는 보기 어렵다고 할 것이므로, 원심의 판시는 피고의 유치권 항변을 배척한 이유로서는 좀처럼 납득이 가지 아니한다고 하지 않을 수 없다(물론 이 건에 있어서 위 권용복의 점유가 불법행위로 인한 경우에 해당한다고 할 수 있다면 이를 이유로 피고의 동 항변을 배척할 수는 있을 것이나 이것은 별문제이다).

7. 과수목에 대한 시가상당액
대법원 1980. 7. 22. 선고, 80다649 판결

판시사항

토지에 부합된 과수목이 있는 경우 동 수목에 대한 시가 상당액을 부당이득반환청구 대상으로 하여 매수인에게 유치권으로 대항할 수 있는지 여부(적극)

판결요지

정당한 권원에 기해 과수목을 식재한 경우, 공유자들은 과수목으로 인하여 법률상 원인 없이 이득을 얻고 그로 인하여 제3자에게 손해를 입게 한 경우이므로 그 이득을 과수목 소유자에게 상환할 의무가 있다 할 것이며, 동 의무는 공유자들에게는 불가분적 채무이다.

▌판결이유

원판결에 의하면 원심은 이 사건 임야 상에 피고가 식재한 과수목 시가 금 6,627,000원 상당은 이른바 부합에 의하여 임야 공유자인 원고들에게 귀속하게 된 것이고, 원고들은 그 가액을 부당이득반환 의무이행으로서 피고에게 지급하여야 하는데 그 지급한도는 원고들의 공유지분에 따라 분할채무가 되는 것이라고 판단하였다.

그러나 공유자가 공유물에 대한 법률관계에서 법률상 원인 없이 이득을 하고 그로 인하여 제3자에게 손해를 입게 한 경우에는 공유지분권 행사의 경우와는 달리 그 이득을 상환하는 의무는 불가분적 채무라고 봄이 상당하므로(대법원 1978. 8. 22. 선고 78다630 판결 참조), 원심이 앞서 말한 바와 같이 원고들의 지분비율에 따라 과수목의 시가 상당의 분할상환을 명한 것은 위법이라고 할 것이고, 이를 탓하는 논지는 이유 있다고 할 것이다.

8. 미완성 건물의 입주자가 들인 공사비 채권
대법원 1967. 11. 28. 선고, 66다2111 판결

▌판시사항

미완성 상태인 건물을 매수한 자가 자기의 비용을 들여 완성시킨 경우라면 투입한 비용에 대하여 유치권을 주장할 수 있는지 여부(적극)

▌판결요지

기초공사, 벽체공사, 옥상 스라브공사만 완공된 건물에 전세금을 지급하고 입주한 후 소유자와 위 건물을 매수하기로 합의하고 자기의 자금으로 미완성 부분을 완성시킨 경우라면 위 건물에 들인 금액 상당을 변제 받을 때까지 동 건물의 제3취득자에 대하여 유치권을 행사할 수 있다.

▌판결이유

원심이 적법하게 확정한 사실에 의하면 다음과 같다. 즉, 본건 건물[서울 동대문구 숭인동 (지번 생략) 지상]은 본래 소외인 한정팔의 소유 건물인데, 이 소외인이 위 건물을 건축할 때 기초공사, 벽체공사, 옥상 스라브공사만을 완성하고 나머지 부분

에 대한 공사를 하지 않은 채 이것을 1962. 11. 21. 피고에게 전세금 250,000원에 대여하였다.

피고는 위 건물을 전세로 든 뒤 이 건물이 공장으로 사용하는데 유용하고, 시장도 가까운 것을 고려하여 장차 이 건물을 피고가 매수하기로 위의 한정팔과 합의가 되어서 위 건물의 미완성 부분을 자기자금으로 완성시켰고, 이때에 피고가 들인 돈이 금 507,000원 상당이었다고 한다. 사실이 위와 같다면 피고가 타인의 물건을 점유하면서 이 물건에 관하여 받을 채권(금 507,000원)을 취득한 것이요, 따라서 피고는 변제기에 있는 이 채권을 변제 받을 때까지 이 물건을 유치할 수 있다 할 것이다. 그리고 위에서 본 바와 같이 피고가 본건 건물에 관하여 들인 돈은 피고가 적법하게 본건 건물을 점유하고 있는 동안에 들인 것이므로 유치권 성립에 아무른 영향이 없다.

논지는 피고와 위 한정팔이 본건 건물을 공동 건축하여 피고가 사기로 한 셈이 되므로, 피고는 한정팔에 대하여서만 그 청산 잔금을 청구할 수 있고, 이미 이 건물이 한정팔의 소유로 보존등기가 되고, 이것이 다시 소외인 이신애에게 이전되고 다시 이것을 원고들이 이신애로부터 경락 취득한 경우에는 피고는 본건 건물의 점유자로서 제3취득자인 원고들에 대하여 유치권을 주장할 수 없다고 하나, 이미 위에서 판단한 바와 같이 피고의 한정팔에 대한 금 507,000원의 채권은 본건 건물에 관하여 발생한 것이므로 피고를 위하여 유치권이 발생한다고 보는 것이 상당하다.

이처럼 피고가 본건 건물을 점유하고 있는 것이 유치권에 의한 것이라면 피고가 원고들의 명도청구에 대하여 불응하였다고 할지라도 원고들에게 불법행위를 가한 것이라고 볼 수는 없다. 즉, 원고들이 본건 부동산을 제3자에게 전매하였다가 약정기일 안에 명도의무를 이행하지 못하여 가사 원고 주장대로 금 65,000원의 손실을 보았다고 할지라도 이러한 손해가 피고가 부당하게 본건 건물을 점유하고 이것을 내주지 아니한 탓이라고는 말할 수 없는 것이다.

9. 임야 개간에 따른 유익비 채권

대법원 1968. 3. 5. 선고, 67다2786 판결

판시사항

타인의 임야 중 일부를 개간한 자가 그 개간부분에 대한 유익비를 이유로도 유

치권을 주장할 수 있는지 여부(적극)

▌판결요지

타인의 임야를 일부 개간한 경우라도 그 개간으로 인하여 발생한 유익비에 대하여 유치권을 주장할 수 있다. 다만 거래상 개간부분과 다른 부분과의 구분이 가능하고 용이하게 추지될 수 있는 경우라면 그 유치권의 객체는 임야 중 개간부분에 한정된다.

▌판결이유

원판결에 의하면 원심은 등기부상 1필지로 되어 있는 계쟁 임야 4정 8반 4묘보를 점유하고 있는 피고에 대한 원고의 본건 인도청구에 관하여, 피고가 그 임야 중 3,300평을 개간하였고 그로 인한 증가액이 현존한다는 것을 이유로 하는 그의 유치권항변을 인용함으로써 그 청구 전부를 기각하였던 것이나, 원래 토지는 법률상 각 필지별로 독립한 물권의 대상이 되는 것이라 할지라도 그 각 필지의 성질과 거래의 통념상 경제적인 수요에 따라 분합이 가능한 것이고, 일방 유치권은 타인의 물건을 점유하는 자가 그 물건에 관하여 생긴 채권이 있는 경우에 그 변제를 받을 때까지 그 채권과 견련관계가 있는 당해 물건을 유치할 수 있는 권리였으니 만큼, 본건에 있어 피고의 위 유치권 항변을 고찰하건데 그 항변사실 자체가 위 임야 4정 8반 4묘보를 점유 중 그 임야 내의 3,300평 부분을 개간하였음을 전제로 하는 것이었으며, 거래상 그 개간부분과 다른 부분과의 분할이 가능함이 용이하게 추지되는 바, 즉(더욱이 갑 제1호 증과 갑 제4호 증의 기재내용에 의하면 위 임야는 임야대장상 1965. 6. 25. 이미 분할되어 그 중 1정 2반 4묘보 3,720평이 즉일로 토지대장에 등록되었음이 명백하다) 그 유치권의 객체는 위 임야중 개간부분에 한하는 것이었다고 할 것임에도 불구하고, 원심이 그 유치권의 객체를 심리 확정함이 없이 위 항변을 이유로 원고의 위 청구 전부를 배척하였음은 법리오해로 인한 심리미진의 위법을 면치 못할 것이다.

원판결은 위 유치권이 담보하는 피고 주장의 개간으로 인한 유익비의 현존액에 관하여 그 개간부분이 피고가 위 임야를 매수할 당시(1956. 6. 25.)에는 평당 금 70전 가량이었던 것이 개간 후 현재는 평당 금 70원씩으로 등가하였으므로 그 액이 금 198,900원이 된다는 취지를 판시하였으나 그 증가액 산출방법을 알 수 없을 뿐 아니라(위 설시와 같은 등가에 의하여 그 액을 산출하면 금 228,690원이 된다), 위 임야의 매매 당시와 현재는 그간 화폐개혁 등의 여러 가지 경제사정의 변화로 임야 가격의 자연적인 앙등이 있었음이 공지의 사실이었다고 할 것인 바, 위 증가액의 산정에는 그 공지의 사실을 참작한 흔적이 없는 바이니 그 조치에 위법이 있었다고 아니할 수 없다.

10. 본등기로 인하여 말소되는 제3취득자가 투입한 필유비
대법원 1976. 10. 26. 선고, 76다2079 판결

판시사항
가등기되어 있는 부동산의 제3취득자가 필요비나 유익비를 지출한 후 가등기에 기한 본등기로 인하여 그 소유권이 말소된 경우라면, 타인의 부동산에 비용을 투입한 것으로 되어 유치권으로 보호될 수 있는지 여부(적극)

판결요지
가등기가 되어 있는 부동산의 소유권을 이전받은 '갑'이, 가등기권자에 의한 본등기가 경료되기 전에 그 부동산에 대하여 필요비나 유익비를 지출한 것이라면, 가등기에 기한 본등기가 경료됨으로써 가등기에 저촉되는 등기라 하여 직권말소 당한 소유권 이전등기 명의자와 본등기 명의자 내지 그 특별승계인과의 법률관계는 결과적으로 타인의 물건에 대하여 그 점유기간 내 비용을 투입한 것이 된다고 보는 것이 상당하다.

판결이유
원심의 판시에 의하면 "이 사건에서 문제가 되어 있는 임야는 1971. 5. 14.자로 피고명의로 소유권 이전등기가 경료되었으므로 1972. 12. 30.자로 가등기권자인 권희철 명의로 본등기가 경료되기까지는 피고의 소유이었음이 분명하므로 피고가 그 주장과 같이 1972. 3.경부터 같은 해 5.경까지 사이에 필요비나 유익비를 지출하였다고 할지라도 이것은 타인의 소유가 아닌 자기의 소유물에 대하여 지출한 것에 지나지 않는 것이므로 유치권이 발생할 여지가 없다."라는 취지이다.

그러나 설사 피고가 1972. 3.경부터 같은 해 5.경까지 사이에 이 사건 토지에 대

하여 필요비나 유익비를 투입한 것이 피고 명의로 소유권 이전등기가 경료된 1971. 5. 14. 이후이고 이것이 권희철 앞으로 1972. 12. 30. 가등기에 의한 소유권이전 본등기가 경료되기 이전이었다고 할지라도, 피고가 비용을 투입할 당시에는 이미 1971. 1. 26.자로 위 토지에 대하여 가등기가 경료되어 있었던 터이므로 이러한 상황하에서 그 토지에 대하여 비용을 투입하였다가 그 가등기에 의한 소유권이전 본등기가 경료됨으로써 가등기 이후의 저촉되는 등기라 하여 직권으로 말소를 당한 소유권 이전등기 명의자인 피고와 본등기 명의자인 권희철 내지 그 특별승계인인 이 사건 원고와의 법률관계는 결과적으로는 타인의 물건에 대하여 피고가 그 점유기간 내에 비용을 투입한 것이 된다고 보는 것이 상당하다.

11. 집합건물 공용부분에 대한 체납관리비의 원금채권
대법원 2001. 9. 20. 선고, 2001다8677 전원합의체 판결

▌판시사항

공용부분 관리비를 채무자가 체납한 경우라면 아파트 관리규약이 정함에 따라 매수인에게 그 부담이 승계되는 것으로 볼 수 있는지 여부(적극)

▌판결요지

아파트의 전 입주자가 체납한 관리비는 아파트 관리규약에 따라 그 특별승계인에게도 승계된다. 다만 승계되는 부분은 공용부분에 대한 부담분만 승계되고, 동 관리비 납부를 연체할 경우 부과되는 연체료는 위약벌의 일종이므로 비록 전 입주자가 관리비 납부를 연체함으로써 이미 발생하게 된 법률효과까지 그대로 승계되는 것은 아니므로, 공용부분 관리비에 대한 연체료는 특별승계인에게 승계되는 공용부분 관리비에 포함되지 않는다(대법원 2006. 6. 29. 선고 2004다3598, 3604, 2007.2.22. 선고 2005다65821 판결).

▌판결이유

[다수의견] 아파트 관리규약에서 체납관리비 채권 전체에 대하여 입주자의 지위를 승계한 자에 대해서도 행사할 수 있도록 규정하고 있다고 하더라도, "관리규약이 구분소유자 이외의 자의 권리를 해하지 못한다."고 규정하고 있는 「집합건물의 소유

및 관리에 관한 법률」(이하 '집합건물법'이라 한다) 제28조 제3항에 비추어 볼 때, 관리규약으로 전 입주자의 체납관리비를 양수인에게 승계시키도록 하는 것은, 입주자 이외의 자들과의 권리 · 의무에 관련된 사항으로서 입주자들의 자치규범인 관리규약의 제정 한계를 벗어나는 것이고, 개인의 기본권을 침해하는 사항은 법률로 특별히 정하지 않는 한 사적자치의 원칙에 반한다는 점 등을 고려하면, 특별승계인이 그 관리규약을 명시적, 묵시적으로 승인하지 않는 이상 그 효력이 없다고 할 것이며, 「집합건물법」 제42조 제1항 및 「공동주택 관리령」 제9조 제4항의 각 규정은 공동주택의 입주자들이 공동주택의 관리 · 사용 등의 사항에 관하여 관리규약으로 정한 내용은 그것이 승계 이전에 제정된 것이라 하더라도 승계인에 대하여 효력이 있다는 뜻으로서, 관리비와 관련하여서는 승계인도 입주자로서 관리규약에 따른 관리비를 납부하여야 한다는 의미일 뿐, 그 규정으로 인하여 승계인이 전 입주자의 체납관리비까지도 승계하는 것으로 해석될 수는 없다.

다만, 집합건물의 공용부분은 전체 공유자의 이익에 공여하는 것이어서 공동으로 유지 · 관리해야 하고, 그에 대한 적정한 유지 · 관리를 도모하기 위해서는 소요되는 경비에 대한 공유자간의 채권은 이를 특히 보장할 필요가 있어 공유자의 특별승계인에게 그 승계의사 유무에 관계없이 청구할 수 있도록 「집합건물법」 제18조에서 특별규정을 두고 있는 바, 위 관리규약 중 공용부분 관리비에 관한 부분은 위 규정에 터잡은 것으로서 유효하다고 할 것이므로, 아파트의 특별승계인은 전 입주자의 체납관리비 중 공용부분에 관하여는 이를 승계하여야 한다고 봄이 타당하다.

다만 원심은 이 사건 부동산의 전전 입주자인 소외 주식회사가 체납한 관리비에 대하여 이미 발생한 연체료는 이 사건 부동산이 속한 집합건물에 대한 관리규약의 규정에도 불구하고 이 사건 부동산의 특별승계인인 피고에게 승계된다고 볼 수 없다고 판단하였다. 기록과 위 법리에 비추어 보면 원심의 이러한 사실인정과 판단은 정당하고, 거기에 상고이유로 주장하는 바와 같은 승계되는 체납관리비의 범위에 관한 법리오해, 소유권 승계 이후의 연체료(원고가 이에 대하여 별도로 지급을 구하지 아니한 것은 기록상 명백하다)에 관한 심리미진 등의 위법이 없다(대법원 2007. 2. 22. 선고 2005다65821 판결).

12. 저당물의 제3취득자가 지출한 필유비 채권
대법원 2004. 10. 15. 선고, 2004다36604 판결

▌판시사항

저당물의 제3취득자가 선순위 저당권 실행으로 권리를 상실한 때에도 그간 그 부동산에 투입한 필요비와 유익비를 이유로 유치권을 주장할 수 있는지 여부(적극)

▌판결요지

「민법」 제367조가 저당물의 제3취득자가 그 부동산에 관한 필요비 또는 유익비를 지출한 때에는 저당물의 경매대가에서 우선상환을 받을 수 있다고 규정한 취지는 저당권설정자가 아닌 제3취득자가 저당물에 관한 필요비 또는 유익비를 지출하여 저당물의 가치가 유지 · 증가된 경우, 매각대금 중 그로 인한 부분은 일종의 공익비용과 같이 보아 제3취득자가 경매대가에서 우선 상환을 받을 수 있도록 한 것이므로, 저당물에 관한 지상권, 전세권을 취득한 자 뿐만 아니라 소유권을 취득한 자도 「민법」 제367조 소정의 제3취득자에 해당한다.

13. 적법한 점유자가 지출한 유익비 채권
대법원 2003. 7. 25. 선고, 2001다64752 판결

▌판시사항

유익비를 지출할 당시 적법한 점유권원을 가진 점유자라면 계약관계 등의 상대방이 아니라도 점유회복 당시의 상대방에 대하여 유치권으로 대항할 수 있는지 여부(적극)[19]

---

19) 점유하고 있는 부동산에 부속시킨 제반 시설비와 관련된 채권, 즉 부속물매수청구권을 이유로 하여서는 유치권이 인정되지 않는다. 부속물은 부동산에 "부합"된 것이 아니라 단순히 "부속"시킨 것으로써 분리 가능한 독립성 있는 물건이기 때문이다. 판례 사례를 보면 5층 건물 중 공부상의 용도가 음식점인 1, 2층을 임차하여 대중음식점을 경영하면서 영업 편익을 위하여 설치한 시설물은 건물의 사용에 객관적인 편익을 가져오게 한 것이라는 이유로 부속물매수청구 대상이 된다고 한다(대법원 1993. 2. 26. 선고, 92다41627 판결). 그러나 부속물매수청구권이 인정되는 경우라도 매수인에게 유치권으로 항변할 수는 없다는 점에서 필요비 또는 유익비에 대한 청구권과는 다른 특징이 있다. 위 판례의 판시내용을 보면 다음과 같다.

"「민법」 제646조가 규정하는 건물 임차인의 매수청구 대상이 되는 부속물이라 함은 건물에 부속된 물건으로써 임차인의 소유에 속하고, 건물의 구성부분으로는 되지 아니한 것으로서 건물의 사용에 객관적인 편익을 가져오게 하는 물건이라 할 것이므로, 부속된 물건이 오로지 임차인의 특수목적에 사용하기 위하여 부속된 것

❙ 판결요지

임차인인 원고가 임대차계약에 의하여 건물을 적법하게 점유하고 있으면서 비용을 지출한 것이라면, 임대인에 대하여 「민법」 제626조 제2항에 의한 임대차계약상의 유익비 상환청구를 할 수 있을 뿐, 낙찰에 의하여 소유권을 취득한 피고에 대하여는 이와는 별도로 「민법」 제203조 제2항에 의한 유익비 상환청구는 할 수 없다고 보아야 할 것이다(다만, 원고가 피고의 목적물 인도청구에 대하여 임대인에 대한 위 유익비 상환청구권에 기한 유치권으로 대항할 수 있을 것임은 별론으로 한다). 이러한 법리는 이 사건 건물에 대한 시설비용이 경매절차에서 감정평가 가격에 포함되었는지 여부와는 아무런 상관이 없다.

14. 경매개시결정 기입등기 전에 성립한 유치권부 채권
대법원 2009. 1. 15. 선고, 2008다70763 판결

❙ 판시사항

근저당권설정 후라도 임의경매 개시결정으로 인한 압류의 효력이 발생하기 전에 취득한 유치권에 기한 피담보채권이라면 이를 이유로 매수인에게 대항할 수 있는지 여부(적극)

❙ 판결요지

부동산 경매절차에서의 매수인은 「민사집행법」 제91조 제5항에 따라 유치권자에게 그 유치권으로 담보하는 채권을 변제할 책임이 있는 것이 원칙이나, 채무자 소유의 건물 등 부동산에 경매개시결정 기입등기가 경료 되어 압류의 효력이 발생한 후에 채무자가 위 부동산에 관한 공사대금 채권자에게 그 점유를 이전함으로써 그로 하여금 유치권을 취득하게 한 경우, 그와 같은 점유의 이전은 목적물의 교환가치를 감소시킬 우려가 있는 처분행위에 해당하여 「민사집행법」 제92조 제1항, 제83조 제4항에 따른 압류의 처분금지효에 저촉되므로 점유자로서는 위 유치권을 내세워

일 때는 이를 부속물매수청구권의 대상이 되는 물건이라 할 수 없을 것이나, 이 경우 당해 건물의 객관적인 사용목적은 그 건물 자체의 구조와 임대차계약 당시 당사자 사이에 합의된 사용목적, 기타 건물의 위치, 주변 환경 등 제반사정을 참작하여 정하여 지는 것이라 할 것이다(당원 1977. 6. 7. 선고 77다50, 51 판결; 1991. 10. 8. 선고 91다8029 판결 각 참조)."

그 부동산에 관한 경매절차의 매수인에게 대항할 수 없다.

그러나 이러한 법리는 경매로 인한 압류의 효력이 발생하기 전에 유치권을 취득한 경우에는 적용되지 아니하고, 유치권의 취득시기가 근저당권설정 후라거나 유치권 취득 전에 설정된 근저당권에 기하여 경매절차가 개시되었다고 하여 달리 볼 것은 아니다.

▌판결이유

원심은 채용증거를 종합하여, 이 사건 건물에 관하여 2002. 9. 27. 농업협동조합중앙회에 채권최고액 금 18억 2,000만 원의 근저당권이 설정된 사실, 소외 회사가 2003. 9. 2. 이 사건 건물의 소유권을 취득한 후 2004. 5.경까지 이 사건 건물을 찜질목욕탕으로 개조하는 공사를 시행한 사실, 원고들은 소외 회사로부터 위 공사의 일부를 도급받아 시행하였는데 소외 회사가 2004. 6. 9.경 부도가 나는 바람에 공사대금을 받지 못하자 그 무렵 이 사건 건물 중 이 사건 사무실 부분에 대한 유치권을 행사하기 시작한 사실, 그 후 농업협동조합중앙회가 이 사건 건물에 대하여 위 근저당권에 기한 임의경매신청을 하여 2004. 7. 15. 임의경매 개시결정이 내려지고 같은 달 19. 임의경매개시결정 기입등기가 이루어졌으며, 이 경매절차에서 피고가 2006. 1. 10. 이 사건 건물을 경락받아 소유권을 취득한 사실 등을 인정한 다음, 원고들이 이 사건 사무실 부분에 대하여 유치권을 가지고 있으므로 피고가 원고들의 유치권을 부정하고 있는 이상 그 확인의 이익이 있으며, 피고는 원고들의 점유를 방해하지 않을 의무가 있다고 판단하고, 나아가 원고들은 그 유치권 취득 이전부터 설정되어 있던 위 근저당권에 기한 경매절차의 매수인인 피고에게 대항할 수 없다는 취지의 피고 주장을 배척하였는바, 위 법리와 기록에 비추어 보면 이러한 원심의 사실인정 및 판단은 정당한 것으로 수긍이 가고, 거기에 상고이유의 주장과 같은 유치권과 신의칙에 관한 법리오해, 담보권 설정에 관한 법리오해, 채증법칙 위배, 심리미진 등의 위법이 없다.

Ⅲ. 유치권이 불성립되는 사안

1. 임차보증금 반환채권과 그 손해배상채권
대법원 1976. 5. 11. 선고, 75다1305 판결

▌판시사항

임차인의 보증금반환청구권이나 그에 따른 손해배상청구권이 「민법」 제320조 소정의 그 물건에 관하여 생긴 채권이라고 볼 수 있는지 여부(소극)

▌판결요지

건물의 임대차에 있어서 임차인이 임대인에게 지급한 임대차보증금에 대한 반환청구권이나 임대인이 건물시설을 하지 않았기 때문에 임차 목적대로 제대로 사용하지 못한 것을 이유로 하는 손해배상청구권은 모두 「민법」 제320조 소정의 소위 그 건물에 관하여 생긴 채권이라고 할 수 없다.

▌판결이유

건물의 임대차에 있어서 임차인이 임대인에게 지급한 임차보증금 반환청구권이나 임대인이 건물시설을 아니하기 때문에 임차인이 그 건물을 임차 목적대로 사용하지 못한 것을 이유로 하는 손해배상청구권은 모두 「민법」 제320조에 규정된 소위 그 건물에 관하여 생긴 채권이라고 할 수 없으므로(보증금에 관한 당원 1960. 9. 29. 선고 4292민상229 판결 참조), 원심판결이 이와 같은 취지에서 보증금 반환채권과 손해배상채권에 관한 피고의 유치권 주장을 배척한 조치는 정당하고, 반대의 견해로 나온 소론은 이유 없다.

2. 권리금 반환청구채권

대법원 1994. 10. 14. 선고, 93다62119 판결

판시사항

권리금반환청구권을 가지고 있는 임차인이 이를 이유로 동 임차목적물에 대하여 유치권으로 대항할 수 있는지 여부(소극)

판결요지

임대인과 임차인 사이에 건물명도시 권리금을 반환하기로 하는 약정이 있었다고 하더라도, 그와 같은 권리금반환청구권은 건물에 관하여 생긴 채권이라 할 수 없으므로 그와 같은 채권을 가지고는 건물에 대하여 유치권을 행사할 수 없다.

판결이유

원심은 그 거시증거에 의하여 망인이 피고들에 대하여 피고들이 임차한 건물부분을 명도 할 때에 피고들이 지출한 시설비와 개조비를 상환하여 주기로 약정한 사실을 인정한 후, 이 사건 건물의 시설비와 개조비로 피고 이용환이 금 474,648,000원을, 피고 이좌복이 금 55,084,000원을 각 지출한 사실을 인정한 것이지, 피고들이 지출한 시설비와 개조비 중의 유익비만을 인정한 것이 아니므로 원심판결에 의사표시의 해석을 그르친 위법이 있다고 할 수 없고, 피고들이 점포 영업을 위하여 구입한 의자와 탁자, 주방기기 등의 비품은 이 사건 건물의 시설비나 개조비에 해당된다고 볼 수 없으므로, 그 비품의 구입비용을 시설비나 개조비에 포함시키지 아니한 원심의 조처가 잘못이라고 할 수 없다.

기록에 의하면 피고들이 망인에 대하여 권리금반환청구권이 있다고 주장하면서 이에 기한 유치권 항변을 하였고, 원심이 이에 대하여 아무런 판단을 하지 아니하였음은 소론과 같으나, 원심이 적시한 을 제14호 증의 2, 3의 기재에 의하면 망인이 피고들에게 이 사건 건물을 명도 받을 때 시설비와 개조비를 반환하기로 약정한 사실은 인정할 수 있으나, 그러한 사실만으로 권리금까지도 반환하기로 약정한 것으로 보기는 어렵다고 할 것이고, 기록상 이에 관한 약정이 있었다고 볼 만한 자료도 찾아볼 수 없으며, 설사 그와 같은 약정이 있었다고 하더라도 소론의 권리금반환청구

권은 이 사건 건물에 관하여 생긴 채권이라고 할 수 없으므로 그와 같은 채권을 가지고 이 사건 건물에 대한 유치권을 행사할 수는 없다고 할 것이어서, 피고들의 유치권 항변은 어차피 배척될 것이 분명하므로 원심이 비록 이에 관하여 판단하지 아니한 잘못이 있다 하더라도, 이는 판결결과에 영향이 없는 것이라 할 것이다.

3. 수급인이 자기의 재료와 노력으로 시공한 공사비 채권
대법원 1993. 3. 26. 선고, 91다14116 판결

▌판시사항

수급인이 자기의 재료와 노력으로 건축한 자기 소유에 속한 기성부분에 대해서도 유치권으로 대항할 수 있는지 여부(소극)

▌판결요지

유치권은 타물권인 점에 비추어 볼 때 수급인의 재료와 노력으로 건축되었고 독립한 건물에 해당되는 기성부분은 수급인의 자신의 소유라 할 것이므로 수급인은 이에 대하여는 유치권을 취득할 수 없다.

▌판결이유

원심이 판단한 대로, 이 사건 기성부분은 원고의 재료와 노력으로 건축되었고 독립한 건물에 해당하기 때문에 이는 원고의 소유라 할 것이고, 따라서 원고가 이에 대하여 유치권을 가진다는 주장은, 유치권이 타물권인 점에 비추어 볼 때 이유가 없다.

4. 불법점유자 등이 지출한 유익비 채권
대법원 1966. 6. 7. 선고, 66다600, 601 판결

▌판시사항

불법행위로 점유를 개시하였거나 유익비를 지출할 당시에 점유할 권원이 없음을 알았거나 이를 알지 못함에 중대한 과실이 있은 경우라도 점유자에게 유치권을 인정할 수 있는지 여부(소극)

판결요지

어떠한 물건을 점유하는 자는 소유의 의사로 선의 · 평온 및 공연하게 점유한 것으로 추정될 뿐 아니라 점유자가 점유물에 대하여 행사하는 권리는 적법하게 보유하는 것으로 추정되므로, 만약 점유물에 대한 유익비상환청구권을 기초로 하는 유치권 주장을 배척하려면 적어도 그 점유가 불법행위로 인하여 개시되었거나 유익비를 지출할 당시 점유할 권원이 없음을 알았거나 이를 알지 못함이 중대한 과실에 기인하였다고 인정할 만한 사유를 매수인이 주장 · 입증하여야 하는바, 이러한 사실을 입증한 경우라면 유치권이 인정될 수 없다.

판결이유

어떠한 물건을 점유하는 자는 소유의 의사로 선의 · 평온 및 공연하게 점유한 것으로 추정될 뿐 아니라(「민법」 제197조 제1항 참조), 점유자가 점유물에 대하여 행사하는 권리는 적법하게 보유한 것으로 추정되는바(「민법」 제200조 참조), 원심이 특별한 반증 없이 피고의 본건 임야에 대한 점유가 적법하게 점유하는 것이라는 증거가 없다는 이유로 피고의 위 항변을 배척하였음은, 위에서 설명한 점유권의 추정규정을 간과하고 법률해석을 잘못한 위법이 있을 뿐 아니라, 피고의 본건 임야에 대한 유익비 상환청구권을 기초로 하는 유치권 주장을 배척하려면, 적어도 피고의 본건 임야에 대한 점유가 불법행위로 인하여 개시되었거나, 유익비 지출당시 이를 점유할 권원이 없음을 알았거나, 이를 알지 못함이 중대한 과실에 기인하였다고 인정할 만한 사유를, 원고 측의 주장 · 입증에 의하여 인정하여야 할 것이었음에도 불구하고(본원 1955. 12. 15. 선고 4288민상136 판결 참조), 원심이 이러한 점에 대한 심리 판단 없이, 피고의 유치권 항변을 배척하였음은 심리미진의 위법을 면치 못할 것이다.

5. 원상회복 특약부로 지출한 공사비 채권

대법원 1975. 4. 22. 선고, 73다2010 판결

판시사항

임대차 종료 시 부가한 시설물은 철거하여 건물을 원상으로 복구하여 명도키로 약정한 경우라도 임차인은 필유비상환청구권을 이유로 유치권을 행사할 수 있는지

여부(소극)

▎판결요지

건물의 임차인이 임대차관계 종료 시 건물을 원상으로 복구하여 임대인에게 명도하기로 약정한 것은, 건물에 지출한 각종 유익비 또는 필요비의 상환청구권을 미리 포기하기로 한 취지의 특약이라고 볼 수 있어 임차인은 유치권을 주장할 수 없다.

▎판결이유

원판결의 증거들에 의하면, 피고 김설자는 71. 8. 30. 원고로부터 본건 건물을 다방으로 사용할 것을 승낙 받아 각종 내부시설을 하여 73. 3. 현재 다방시설로써 또는 일반 건물의 내부시설로써 각 원 판시 금액에 상당한 가액이 현존하는 사실을 인정하고, 임대차계약서(갑 6호 증)의 기재에 비추어 보면 동 피고는 임대차관계 종료시에는 위 건물을 원상으로 복구하여 이를 원고에게 명도하기로 약정한 사실을 인정할 수 있고, 이는 위 건물에 지출한 각종 유익비 또는 필요비상환청구권을 미리 포기하기로 한 취지의 특약이라고 인정함이 상당하다고 설시하여 원 판시 유치권 주장을 배척한 취지가 분명하다. 원판결의 판단은 옳고 논지는 채용할 길이 없으니 논지는 이유 없음에 돌아간다.

6. 임대인 귀속 특약부로 지출한 공사비 채권
대법원 1983. 2. 22. 선고, 80다589 판결

▎판시사항

"임차인이 임차건물을 증·개축하였을 경우에는 임대인의 승낙 유무에 불구하고 그 부분은 무조건 임대인의 소유로 귀속된다."고 하는 권리포기 약정이 있는 경우라도 유치권이 성립될 수 있는지 여부(소극)

▎판결요지

"임차인이 임차건물을 증·개축하였을 시에는 임대인의 승낙 유무에 불구하고 그 부분은 무조건 임대인의 소유로 귀속된다."고 하는 약정은 임차인이 원상회복의무를 면하는 대신 투입비용에 대한 변상이나 권리주장을 포기하는 내용이 포함되었

다고 봄이 상당하다고 할 것이고, 이러한 약정은 특별한 사정이 없는 한 유효하다.

▌판결이유

원심판결 이유에 의하면, 원심은 그 거시증거를 종합하여 원고가 1978. 5. 소외 신경근으로부터 이 건 건물을 매수하여 원고 명의로 소유권보존등기를 경료하였는데, 피고는 1976. 2. 초 위 신경근으로부터 이를 임차사용 중 금 823,250원의 비용을 들여 종전 건물에 방 3칸, 부엌 1칸을 증 · 개축하고 변소, 우물, 담장 등을 축조하여 현재와 같은 건물이 되었고 그 증축 등 부분의 현존가액은 금 1,343,000원이 된다고 인정한 다음, 피고에게 원고가 선택한 금 823,250원의 유익비상환청구권을 인정하고 이에 기한 유치권 항변을 받아들인 반면에, 위 임대차계약 당시 임차인이 증 · 개축한 부분은 임대인의 승낙유무를 불문하고 무조건 임대인의 소유로 귀속된다고 약정하였으므로 피고의 위 유익비상환청구권은 인정될 수 없다는 원고의 주장에 대하여는, 이와 같은 약정은 임차인의 부속물매수청구권을 배제하는 것으로 임차인에게 불리하므로 무효라고 하여 이를 배척하고 있다.

그러나 임차인이 임차건물을 증 · 개축하였을 시는 임대인의 승낙유무를 불구하고 그 부분이 무조건 임대인의 소유로 귀속된다고 하는 약정은 임차인이 원상회복의무를 면하는 대신 투입비용의 변상이나 권리주장을 포기하는 내용이 포함되었다고 봄이 상당하다고 할 것이고, 이러한 약정은 특별한 사정이 없는 한 유효하다고 볼 것이며, 원심이 인정하고 있는 바와 같은 건물자체의 수선 내지 증 · 개축부분은 특별한 사정이 없는 한 건물자체의 구성부분을 이루고 독립된 물건이라고는 보이지 아니하므로 임차인의 부속물매수청구권의 대상은 될 수 없다고 할 것이므로, 원고의 위 주장과 같은 약정을 매수청구권의 배제를 위한 약정이라고 단정하기는 어렵다 할 것임에도 불구하고, 원심이 특별한 사정에 대한 아무런 설시도 없이 원고의 위 주장을 임차인의 부속물매수청구권 배제의 약정으로 속단하고 이를 배척하였음은 필경 원고의 주장을 오해하였거나 아니면 유익비상환청구권 포기 법리를 오해하고 심리를 다하지 아니함으로서 판결 결과에 영향을 미쳤다 할 것이므로 논지는 이유 있고, 나머지 상고이유에 대하여는 살필 필요 없이 이 점에서 원심판결은 파기를 면치 못한다.

기록(제225정)에 비추어 보아도 원심이 이 건 유익비를 산정함에 있어 원고의 선택에 따른 것이 분명하므로 이 점을 탓하는 논지는 이유 없고, 또 피고가 이 건 건물을 임차하여 원심 인정과 같은 상당한 부분을 증 · 개축하였다 하여도 특별한 사정이 없는 한 그 사실만으로는 이 건 건물의 소유권이 피고에게 귀속된다고는 볼 수 없을 것일 뿐만 아니라 원심이 이 건 건물의 소유권은 원고에게 있다고 한 판단을 기록과 대조하여 보아도 정당하고 이에 아무런 잘못이 있다 할 수 없고, 나아가 피고가 위와 같이 이 건 건물에 대하여 상당부분을 증 · 개축하였다는 사정만으로 원고가 그 소유권에 기하여 명도를 구하는 것이 권리남용이 될 리도 없다 할 것이니 논지는 이유 없다.

7. 건물 유치권자의 토지소유자에 대한 유치권 행사

대법원 1989. 2. 14. 선고, 87다카3073 판결

판시사항

건물에 성립되는 유치권을 이유로 건물에 대한 철거청구권을 갖는 대지소유자에게도 유치권으로 대항할 수 있는지 여부(소극)

판결요지

건물점유자가 건물의 원시취득자에게 그 건물에 관한 유치권이 있다 하더라도 그 건물의 존재와 점유가 토지소유자에게는 불법행위가 되고 있다면 그 유치권으로는 토지소유자에게 대항할 수 없다.

판결이유

피고가 소외 김종규에게 이 사건 건물에 관한 유치권이 있다 하여도 같은 건물의 존재와 점유가 토지소유자인 원고에게 불법행위가 되고 있는 이 사건에 있어서는 소외인에 대한 유치권으로는 원고에게 대항할 수 없는 것이므로, 원판결에 소론과 같은 유치권 성립에 관한 법리오해가 있다고 할 수 없다.

8. 경작자가 숙전을 위해 투입한 비용
대법원 1966. 12. 20. 선고, 66다1857 판결

판시사항
경작자가 숙전을 만들기 위하여 투입한 퇴비 · 배토 등에 따른 비용을 이유로도 유치권을 주장할 수 있는지 여부(소극)

판결요지
자기들의 생산고를 높이기 위하여 토지에 적지 않은 퇴비 기타 비료를 넣고 또 배토 등을 하여 완전한 열전으로 만드는데 소요된 비용은 객관적으로 유익비로 볼 수는 없고, 이러한 비용은 당사자 간의 특약이 없는 경우라면 관습상 토지임차인이 부담함이 원칙이므로 경작자가 통상 부담할 필요비라고 할 것이다.

판결이유
원심이 원고 등 및 그들의 전 점유자들이 본건 토지에 노력 및 비용을 투하한 것은 그들이 원래 위 토지를 전답으로 경작하기 위하여 당시 소유자이던 소외 정병조 또는 소외 대건기업주식회사로부터 그 생산물의 반분 내지는 기타 약간의 임료를 주기로 하고 위 토지를 임차하여 경작하면서 농작물을 생산하고 또는 더욱 많은 생산고를 올리기 위한 것이었던 것으로, 원고 등은 위 생산을 위하여 위 토지에 매년 적지 않은 퇴비와 기타 비료를 넣고 또 목포시에서 처리되어 나오는 오물 섞인 토사를 실어다가 배토 등을 하여, 그 결과 위 토질이 좋아지고 또 지대도 자연 원지보다 차차 돋아져서 이제는 완전한 숙전에 이르게 된 사실을 적법하게 확정하고, 위 비용은 농작물의 생산을 위한 다시 말하면 토지를 경제적 용법에 따라서 사용수익 하기 위한 통상의 비용으로서 일종의 필요비에 속한다 할 것이고, 이 비용은 당사자의 특약이 없을 경우라도 우리나라 관습상 토지임차인이 부담함이 원칙인 바, 위와 같은 비용은 토지의 객관적 가격을 높이기 위한 유익비라고 할 수 없고, 일반적으로 물건의 점유자가 과실을 취득한 경우에는 점유자는 회복자에 대하여 통상의 필요비를 청구할 수 없는 것이니, 반증이 없는 본건에 있어서, 원고 등은 피고에 대하여 위 비용을 청구할 수 없다고 하여 원고 등의 본소 청구를 배척하였는바, 원심은 원고들의

생산고를 높이기 위한 위 적시한 바와 같은 여러 가지 비용은 객관적으로 유익비로 볼 수 없고, 경작자 자신들이 부담할 통상의 필요비로 인정한 취지이며, 원심의 위와 같은 인정에 아무런 위법이 없으며, 원심에 심리미진 내지 채증법칙에 어긋난 점이 있다고 할 수 없으므로 상고 논지는 모두 이유 없다.

9. 점유자의 간판설치비

대법원 1994. 9. 30. 선고, 94다20389, 20396 판결

판시사항

임차인이 자기의 고유영업을 위하여 설치한 간판설치 비용에 대해서도 유치권으로 대항할 수 있는지 여부(소극)

판결요지

「민법」 제626조 제2항에서 임대인의 상환의무를 규정하고 있는 유익비란 임차인이 임차물의 객관적 가치를 증가시키기 위하여 투입한 비용을 말하는 것이므로, 임차인이 임차 건물부분에서 간이음식점을 경영하기 위하여 부착시킨 시설물에 불과한 간판은 건물의 객관적 가치를 증가시키기 위한 것이라고 보기 어려울 뿐만 아니라, 그로 인한 건물가액의 증가가 현존하는 것도 아니어서 그 간판설치비는 유익비로 볼 수 없다.

10. 자기 고유영업을 위한 인테리어 시설비

대법원 1991. 10. 8. 선고, 91다8029 판결

판시사항

자기의 고유영업을 위하여 지출한 내부 시설공사비 및 지붕 보수공사 등에 소요된 비용이라도 유익비를 이유로 유치권을 행사할 수 있는지 여부(소극)

판결요지

「민법」 제626조 제2항에서 임대인의 상환의무를 규정한 '유익비'란 임차인이 임차물의 객관적 가치를 증가시키기 위하여 투입한 비용을 말하는 바, 카페영업을 하

기 위해 규모를 확장하면서 내부 시설공사와 창고지붕 보수공사를 하고 지출한 공사비는 카페를 운영하기 위한 필요에 의한 것일 뿐, 그로 인하여 점포의 객관적 가치가 증가한 것도 아니어서 유익비에 해당되지 아니한다.

▍판결이유

원심판결 이유를 기록에 비추어 보면 피고(반소원고, 이하 피고라고 한다)가 이 사건 건물 중 피고가 임차한 이 사건 점포에서 카페영업을 하기 위한 공사를 하고, 또 카페의 규모를 확장하면서 내부 시설공사와 창고지붕의 보수공사를 하고 공사비를 지출한 사실을 인정할 수 있으나, 창고 지붕 보수공사비는 통상 관리비에 속하고, 나머지 공사비인 이 사건 점포의 내부 시설공사는 피고가 카페를 운영하기 위한 필요에 의하여 행하여진 것이고 그로 인하여 이 사건 점포의 객관적 가치가 증가한 것은 아니어서, 이를 위하여 지출한 돈은 원고(반소피고, 이하 원고라고 한다)가 상환의무를 지는 유익비에 해당하지 아니한다고 판단한 원심의 설시이유는 수긍할 수 있고, 거기에 채증법칙을 어기거나 유익비의 범위에 관한 법리를 오해한 위법이 있다고 할 수 없다.

11. 공사비가 투자금으로 전환된 경우

대법원 2004. 10. 15. 선고, 2004다36604 판결

▍판시사항

건물 증축비용에 해당하는 금액을 투자한 것으로 보고 이에 상응한 건물 지분이전등기를 경료 받은 경우로써, 그 취득한 지분권을 상실한 경우라면 기 지출한 필요비 · 유익비를 이유로 하여 유치권을 주장할 수 있는지 여부(소극)

▍판결요지

건물의 증축비용을 투자한 대가로 건물에 대한 지분이전등기를 경료 받았으나 저당권 실행으로 그 권리를 상실한 자는 건물에 대한 제3취득자로서의 필요비 또는 유익비를 지출한 것이 아니어서 저당물의 경매대가로부터는 우선상환을 받을 수 없다.

▌판결이유

「민법」 제367조가 저당물의 제3취득자가 그 부동산에 관한 필요비 또는 유익비를 지출한 때에는 저당물의 경매대가에서 우선상환을 받을 수 있다고 규정한 취지는 저당권설정자가 아닌 제3취득자가 저당물에 관한 필요비 또는 유익비를 지출하여 저당물의 가치가 유지 · 증가된 경우, 매각대금 중 그로 인한 부분은 일종의 공익비용과 같이 보아 제3취득자가 경매대가에서 우선 상환을 받을 수 있도록 한 것으로 보아야 할 것이다 .

그렇다면 저당물에 관한 지상권, 전세권을 취득한 자만이 아니고 소유권을 취득한 자도 「민법」 제367조 소정의 제3취득자에 해당하는 것으로 보는 것이 타당하다고 할 것임에도 원심이 이와 달리 판단한 것은 잘못이라고 할 것이나, 이 사건 관광호텔 건물의 증축은 원고의 투자를 받은 동성관광개발에 의하여 이루어진 것이고, 원고는 그 투자에 대한 대가로 이 사건 관광호텔 건물에 관한 지분이전등기를 경료받았다가 저당권 실행으로 그 권리를 상실하게 된 것에 불과한 이상, 원고가 이 사건 관광호텔 건물에 관한 제3취득자로서 필요비 또는 유익비를 지출한 것으로 볼 수 없으므로, 원심의 위와 같은 잘못은 판결 결과에는 영향을 미치지 아니한 것으로 보아야 할 것이다. 결국 이에 관한 상고이유의 주장은 이유 없다

12. 점유 중인 주채무자가 지출한 유익비
대법원 2003. 7. 25. 선고, 2001다64752 판결

▌판시사항

유익비를 지출한 임차인이 임의경매개시의 원인이 된 주채무자인 경우라도 매수인에 대하여 유치권으로 대항할 수 있는 것인지 여부(소극)

▌판결요지

유익비를 주장하는 자가 건물의 임차인이면서도 근저당채무의 주채무자로서 스스로 근저당채무를 불이행하여 이 사건 건물에 대한 경매절차가 진행된 경우, 유익비에 해당하는 시설물의 가액이 감정평가 가격에 반영된 경우에는 그 낙찰대금으로써 종국적으로 임차인 자신의 채무를 변제한 결과가 된 것이므로, 시설물에 대한 유

익비 상당의 이득은 종국적으로 취득한 것이므로 더 이상 유익비 상환을 청구할 지위에 있지 않다.

판결이유

원심은, 원고가 소외 회사와 이 사건 건물에 대한 임대차계약을 체결한 후 이 사건 건물의 출입구 강화유리문, 바닥 타일, 내부기둥, 벽체, 배선, 배관 등의 내장공사 등에 금 100,990,179원을 지출하였는데, 그 중 현존하는 가치 증가액은 금 70,088,017원이고, 이 사건 건물은 볼링장 용도로 신축된 것으로서 원고가 볼링장 영업을 위한 내장공사 등에 지출한 비용은 이 사건 건물의 개량 기타 그 효용의 적극적인 증진을 위하여 투입한 비용에 해당한다고 주장하면서, 피고에 대하여 「민법」 제203조의 규정에 따라 그 유익비의 상환을 구하는 원고의 이 사건 청구에 대하여, (1) 원고 주장의 위 투입비 중 원고가 이 사건 건물을 볼링장으로 운영하기 위하여 설치한 벽면 로고, 광고 핀, 외벽 간판, 신발장의 설치비용은 이 사건 건물의 객관적 가치를 증가시키기 위하여 지출한 비용으로 보기 어렵고, (2) 원고 주장의 나머지 시설물들은 이 사건 건물의 경매절차 당시 모두 그 감정평가 대상에 포함되어 있었다고 보아야 할 것이고, 원고는 이 사건 건물의 임차인이면서 근저당채무의 주채무자로서 스스로 근저당채무를 불이행하여 이 사건 건물에 대한 경매절차가 진행되어 피고가 이를 낙찰 받아 소유권이전등기를 마친 것이므로, 위 감정평가 가격을 기준으로 낙찰가격이 결정되어 그 낙찰대금으로 종국적으로 원고 자신의 서울보증보험과의 리스보증보험계약에 기한 채무를 변제한 결과로 된 이상, 원고는 이미 위 시설물들에 대한 투입비 상당의 이득을 종국적으로 취득하여 더 이상 유익비상환을 청구할 지위에 있지 않다고 하여 원고의 이 사건 청구를 기각하였다.

원심이 이 사건 시설 중 벽면로고, 광고 핀, 외벽 간판, 신발장 설치비용을 제외한 나머지 시설들은 이 사건 건물에 부합되어 유익비상환청구의 대상이 된다는 취지로 판시하면서, 그 시설들이 이 사건 근저당권에 기한 경매절차에서 감정평가 가격에 포함되어 이를 기준으로 낙찰가격이 결정되었고 그 낙찰대금이 종국적으로 원고 자신의 채무를 변제한 결과로 된 이상 원고는 유익비상환을 청구할 지위에 있지 않다고 판단한 것은, 그 설시에 있어서 부정확한 점이 있으나 결론적으로 정당하고, 거기에 「민법」 제203조 제2항에 의한 점유자의 유익비상환청구권에 관한 법리를 오해하여 판결에 영향을 미친 위법이 있다고 할 수 없다.

13. 유치권자가 점유하지 못한 건물부분
대법원 2009. 1. 15. 선고, 2008다70763 판결

▌판시사항

유치목적물 중 유치권자가 일부 점유하고 있지 않은 부분에 대해서도 당연히 유치권으로 보호될 수 있는지 여부(소극)

▌판결요지

유치권자가 유치목적물 중 일부에 대해서만 점유하고 있는 경우라면 동 점유부분에 대해서만 유치권 확인 및 유치권에 기한 점유방해금지청구를 할 수 있을 뿐, 점유하고 있지 않은 나머지 부분에 대해서는 이러한 권리를 행사할 수 없다.

▌판결이유

부동산 경매절차에서 유치권 행사가 허위채권에 기한 것일 경우 매각대금을 부당하게 하락시켜 경매의 공정성을 훼손하고 이해관계인의 권리를 침해할 우려가 있으므로, 유치권 성립 여부에 대한 판단은 신중하게 할 필요가 있다.

원심은 채용 증거를 종합하여, 원고들이 이 사건 건물 중 이 사건 사무실 부분만을 점유하여 온 사실을 인정한 다음, 이 사건 건물 중 이 사건 사무실 부분에 대하여만 유치권 확인 및 점유방해금지청구를 인용하고, 나머지 부분에 대한 유치권 확인 및 점유방해금지청구와 점유회수청구를 각 기각하였는바, 위 법리와 기록에 비추어 살펴보면 이러한 원심의 사실인정과 판단은 정당하고, 거기에 상고이유의 주장과 같은 법리오해 또는 채증법칙 위배 등의 위법이 없다.

Ⅳ. 유치권 성립 후 소멸되는 사안

1. 압류등기 후 공사업자가 점유를 취득한 경우
대법원 2005. 8. 19. 선고, 2005다22688 판결

▌판시사항

경매개시결정 기입등기가 경료 되어 압류의 효력이 발생한 후에 채무자가 공사대금 채권자에게 그 점유를 이전함으로써 유치권을 취득케 한 경우라도, 공사업자가 유치권으로 매수인에게 대항할 수 있는지 여부(소극)

▌판결요지

채무자 소유의 건물 등 부동산에 강제경매개시결정 기입등기가 경료 되어 압류의 효력이 발생한 이후에 채무자가 위 부동산에 관한 공사대금 채권자에게 그 점유를 이전함으로써 그로 하여금 유치권을 취득하게 한 경우, 그와 같은 점유의 이전은 목적물의 교환가치를 감소시킬 우려가 있는 처분행위에 해당하여 「민사집행법」 제92조 제1항, 제83조 제4항에 따른 압류의 처분금지효에 저촉되므로, 점유자로서는 위 유치권을 내세워 그 부동산에 관한 경매절차의 매수인에게 대항할 수 없다.

▌판결이유

피고(선정당사자)가 위 유치권에 기한 대항력의 근거 중 하나로 적시하는 「민사집행법」 제91조 제5항에서는 유치권의 경우 매수인이 그 부담을 인수한다고 하는 인수주의를 채택하고 있으나, 여기서 매수인이 인수하는 유치권이라고 하는 것은 원칙적으로 경매절차의 압류채권자에게 대항할 수 있는 것이라고 보아야 할 것인데, 이 사건의 경우처럼 경매부동산의 압류 당시에는 이를 점유하지 아니하여 유치권을 취득하지 못한 상태에 있다가 압류 이후에 경매부동산에 관한 기존의 채권을 담보할 목적으로 뒤늦게 채무자로부터 그 점유를 이전받음으로써 유치권을 취득하게 된 경우에는 위 법리에 비추어 이로써 경매절차의 매수인에게 대항할 수 없다고 보아야 할 것이므로, 이 부분 상고이유의 주장도 받아들일 수 없다.

한편 「민법」 상 점유는 유치권의 성립요건이자 존속요건으로서, 유치권의 성립에 있어서 채권과 점유 사이의 견련관계를 요하지 아니한다고 하여 점유 없이도 유치권이 성립하는 것을 의미하는 것은 아니므로, 이와 달리 위 공사대금채권이 변제기에 도달한 이상 위 점유를 취득하기 전에 이미 유치권이 성립한 것으로 보아야 한다는 취지의 상고이유 주장 역시 이유 없어 받아들이지 아니한다.

2. 압류등기 후 발생한 공사비 채권

대법원 2006. 8. 25. 선고, 2006다22050 판결

판시사항

경매개시결정 기입등기가 경료되어 압류의 효력이 발생한 후에 점유를 이전받음으로써 유치권을 취득한 자라도 그 기입등기가 경료된 사실을 과실 없이 알지 못하였다면 매수인에게 그 유치권으로써 대항할 수 있는지 여부(소극)

판결요지

채무자 소유의 부동산에 경매개시결정 기입등기가 경료 되어 압류의 효력이 발생한 후에 채권자가 채무자로부터 위 부동산의 점유를 이전받고 이에 관한 공사 등을 시행함으로써 채무자에 대한 공사대금채권 및 이를 피담보채권으로 한 유치권을 취득한 경우, 이러한 점유의 이전은 목적물의 교환가치를 감소시킬 우려가 있는 처분행위에 해당하여 「민사집행법」 제92조 제1항, 제83조 제4항에 따른 압류의 처분금지효에 저촉되므로, 위와 같은 경위로 부동산을 점유한 채권자로서는 위 유치권을 내세워 그 부동산에 관한 경매절차 매수인에게 대항할 수 없고, 이 경우 위 부동산에 경매개시결정 기입등기가 경료 되어 있음을 채권자가 알았는지 여부 또는 이를 알지 못한 것에 관하여 과실이 있었는지 여부 등은 채권자가 그 유치권을 매수인에게 대항할 수 없다는 결론에 아무런 영향을 미치지 못한다.

3. 경매 가능성을 인식하고 투입한 공사비 채권
대전고법 2004. 1. 15. 선고, 2002나5475 판결

판시사항
경매절차가 개시될 가능성을 충분히 인식하고서도 공사도급계약을 체결하고 공사를 시행한 경우라도 그 공사대금채권을 이유로 유치권을 행사할 수 있는지 여부(소극)

판결요지
건물 및 대지에 거액의 근저당권, 전세권, 가압류등기 등이 설정되어 있는 등으로 부동산 소유자의 재산상태가 좋지 아니하여 위 부동산에 관한 경매절차가 개시될 가능성이 있음을 충분히 인식하고서도 수급인이 전 소유자와의 사이에 위 건물 부분에 관한 공사도급계약을 하고 그 계약에 따른 공사를 일부라도 실제로 진행하여 상당한 공사비용을 투입하였다고 하더라도 유치권으로 대항할 수 없다.

판결이유
건물 및 대지에 거액의 근저당권, 전세권, 가압류등기 등이 설정되어 있는 등으로 부동산 소유자의 재산상태가 좋지 아니하여 위 부동산에 관한 경매절차가 개시될 가능성이 있음을 충분히 인식하고서도 수급인이 거액의 공사도급계약 및 그 후의 사용·수익 약정을 체결하여 건물의 일부를 점유하였다면 수급인이 전 소유자와의 사이에 위 건물 부분에 관한 공사도급계약을 하고 그 계약에 따른 공사를 일부라도 실제로 진행하여 상당한 공사비용을 투입하였다고 하더라도 유치권으로 대항할 수 없다.

만약 이러한 경우에까지 유치권 성립을 제한 없이 인정한다면 전 소유자와 유치권자 사이의 묵시적 담합이나 기타 사유에 의한 유치권의 남용을 막을 방법이 없게 되어 공시주의를 기초로 하는 담보법 질서를 교란시킬 위험이 있다는 점을 고려할 때, 수급인의 공사도급계약 전에 가압류등기와 근저당권설정등기를 마친 자의 신청에 의한 경매절차의 매수인(낙찰자)에 대한 관계에서는, 「민법」 제320조 제2항을 유추 적용하여 수급인이 공사대금채권에 기초한 유치권을 주장하여 그 소유자인 낙찰

자에게 대항할 수 없고, 그 유치권을 행사하는 것이 신의칙에 반하여 허용될 수 없다고 보아야 한다.

4. 유치권을 포기하고 점유를 이전한 경우
대법원 1980. 7. 22. 선고, 80다1174 판결

판시사항

유치권자가 아무런 조건 없이 유치물에 대한 점유를 이전키로 약정한 경우라면 유치권을 포기한 것으로 볼 것인지 여부(적극)

판결요지

유치권자가 채권을 확보하기 위하여 회사 소유 부동산을 점유 · 사용하고 있다가 아무 조건 없이 위 부동산을 명도해 주기로 약정하였다면, 이는 유치권자가 유치권을 포기한 것이라고 할 것이므로 그 약정된 명도기일 이후의 점유는 적법한 권원 없는 점유가 된다.

판결이유

위 이종석은 같은 날자인 1977. 12. 5. 이 사건 아파트를 1978. 1. 말까지 아무 조건 없이 명도하고 이사하겠다는 내용의 서면을 작성 위 회사에 교부하였고, 그 익일 채권자 이의남, 채무자 위 회사간의 부동산 강제경매 신청사건의 경매절차에서 배당요구를 하여 1978. 6. 17. 위 어음금 중 금 1,348,826원을 배당받았던 사실, 이 사건 부동산은 1976. 11. 18. 위 소외 회사 명의로 보존등기가 거쳐졌다가 주식회사 한일은행을 거쳐 원고 앞으로 소유권이전등기가 넘겨졌던 사실 등을 인정하고 나서 피고의 유치권 주장에 대한 판단으로서, 위 인정사실에 의하면 피고는 당초 위 이종석이 위 소외 회사에 대한 채권을 확보하기 위하여 그 소외인의 의사에 따라 그 부동산을 점유 · 사용하고 있는 것이라 하더라도, 위 이종석이 아무 조건 없이 명도를 약정한 1978. 1. 말 이래의 점유는 위 이종석으로서도 적법한 권원 없는 점유로 변하였다고 하겠으니, 결국 피고는 원고에게 그 부동산을 명도할 의무가 있다고 판단하고 있는 바, 기록에 비추어 보니 원심의 위와 같은 사실인정은 정당하고 거기에 채증법칙 위반이나 심리미진으로 인하여 사실을 오인한 위법사유가 없으며, 그 판

단도 정당하고 거기에 유치권 포기의 법리오해 등 소론 적시와 같은 법리오해의 위법사유도 없다.

제 2 장
유치권 효력과 소멸

I. 유치권의 효력

1. 목적물에 대한 유치효력
대법원 1996. 8. 23. 선고, 95다8713 판결

▌판시사항

유치권자는 피담보채권을 완제 받을 때까지 유치목적물을 계속 점유하면서 그 반환을 거부할 수 있는 것인지 여부(적극)

▌판결요지

「민사소송법」 제728조에 의하여 담보권의 실행을 위한 경매절차에 준용되는 같은 법 제608조 제3항은 "매수인은 유치권자에게 그 유치권으로 담보하는 채권을 변제할 책임이 있다."고 규정하고 있는 바, 여기에서 "변제할 책임이 있다."는 의미는 부동산상의 부담을 승계한다는 취지로써 인적채무까지 인수한다는 취지는 아니므로, 유치권자는 매수인에 대하여 그 피담보채권의 변제가 있을 때까지 유치목적물인 부동산의 인도를 거절할 수 있을 뿐 그 피담보채권의 변제를 청구할 수는 없다.[20]

▌판결이유

「민사소송법」 제728조에 의하여 담보권 실행을 위한 경매절차에 준용되는 같은 법 제608조 제3항은 경락인은 유치권자에게 그 유치권으로 담보하는 채권을 변제할

20) 「민사소송법」 제608조 제3항에서 규정한 내용은 현 「민사집행법」 제91조 제5항에서 동일한 내용으로 규정되어 있다.

책임이 있다고 규정하고 있는 바, 여기에서 "변제할 책임이 있다."는 의미는 부동산상의 부담을 승계한다는 취지로써 인적채무까지 인수한다는 취지는 아니므로, 유치권자는 경락인에 대하여 그 피담보채권의 변제가 있을 때까지 유치목적물인 부동산의 인도를 거절할 수 있을 뿐 그 피담보채권의 변제를 청구할 수는 없다 할 것이다.

따라서 가사 원고가 이 사건 공장 건물에 대하여 유치권을 취득하였다고 하더라도 그의 채무자가 아닌 경락인에 대해서는 위 공사잔대금에 대한 채권 변제를 청구할 수 없다고 할 것이다.

2. 하수급인의 수급인의 유치권 원용
대법원 2005. 8. 19. 선고, 2004다8197,8203 판결

판시사항

수급인이 유치권자라면 하수급인도 수급인의 유치권에 기하여 유치권을 행사할 수 있는지 여부(적극)[21]

판결요지

수급인이 공사대금채권에 기하여 유치권을 행사할 수 있는 경우, 하수급인들도 수급인의 유치권을 원용하여 유치권을 주장할 수 있다고 판단한 것은 정당하다.

판결이유

기록에 의하면, 피고 이창구가 배한오에 대한 이 사건 공사대금채권 전액을 이중구에게 양도하기로 하는 내용의 채권양도계약을 체결하고서도 배한오에게 채권양도의 통지를 하거나 배한오가 채권양도를 승낙하지 않고 있는 가운데, 그들 사이의 채권양도계약을 합의 해제하여 피고 이창구는 배한오에 대하여 여전히 이 사건 공사대금채권을 가지고 있는 사실, 피고 김영채, 피고 하창수는 피고 이창구로부터 이 사건 공사 중 창호, 난방공사 등을 하도급 받아 각 해당 부분의 공사를 완공하여

21) 하수급인은 수급인의 유치권에 터잡아 자기의 유치권을 행사하는 것이 논리상 타당하다고 볼 것이나, 판례는 하수급인이라도 자기의 공사비채권을 이유로 직접 원도급인에게 유치권을 행사할 수도 있음을 밝히고 있다. 즉 대법원은 2007. 5. 15. 선고, 2007마128 결정을 통하여 "하수급인인 재항고인이 자신의 공사대금채권을 위한 독립한 유치권을 취득 · 행사하는 것이거나 최소한 수급인인 서강산업의 유치권을 원용하여 행사하는 것으로 볼 여지가 있고"라고 판시하고 있다.

피고 이창구에 대하여 판시와 같은 각 공사대금채권을 가지고 있는 사실을 알 수 있으므로, 원심이 피고 이창구는 이 사건 공사대금채권에 기하여 유치권을 행사하고, 피고 김영채, 피고 하창수는 피고 이창구의 유치권을 원용하여 주장할 수 있다고 판단한 것은 정당하고, 거기에 상고이유에서 주장하는 것과 같은 채증법칙 위배로 인한 사실오인, 유치권 행사에 관한 법리오해 등의 위법이 없다.

3. 유치물에 대한 사용권

대법원 1972. 1. 31. 선고, 71다2414 판결

판시사항

유치권자가 유치물을 계속 사용하더라도 이는 보존행위로써 적법한 것으로 인정되는지 여부(적극)

판결요지

유치권자가 유치물에 대한 보존행위로서 목적물을 계속 사용하는 것은 적법행위이므로 불법점유로 인한 손해배상책임은 없다. 다만 유치물의 사용으로 인한 수익은 부당이득이 되므로 이는 상환할 의무가 있다.

판결이유

유치권자가 유치물에 대한 보존행위로써 목적물을 사용하는 것은 적법행위로써 불법점유가 되지 아니한다고 함은 앞에서 설시한 바와 같으므로, 피고가 본건 건물이 원고 명의로 소유권 이전등기가 경료된 후, 본건 건물의 사용으로 인하여 얻은 실질적 이익은 이로 인하여 원고에게 손해를 끼치는 한에 있어서 부당이득으로서 원고에게 상환할 의무가 있는 것은 별문제로 하더라도 유치권자인 피고는 불법행위로 인한 손해배상책임이 없다고 할 것이다(대법원 1963. 7. 11 선고, 63 다 235 판결, 대법원 1967. 11. 28 선고 66다 2111 판결 참조).

그럼에도 불구하고 원심은 피고의 점유를 불법점유라 하여 손해배상책임이 있다고 판단하였음은 잘못이라 아니할 수 없으므로 이 점에 대한 논지 또한 이유 있다.

4. 유치물에 대한 제한적 임대권
대법원 2002. 11. 27. 선고, 2002마3516 결정

판시사항

소유자로부터 동의를 받은 경우라면 유치권자가 제3자에게 유치물을 적법하게 임대할 수 있는지 여부(적극)

결정요지

유치권 성립요건인 유치권자의 점유는 직접점유이든 간접점유이든 관계없지만, 유치권자는 채무자의 승낙이 없는 이상 그 목적물을 타에 임대할 수 있는 처분권한이 없으므로(「민법」 제324조 제2항 참조), 유치권자의 그러한 임대행위는 소유자의 처분권한을 침해하는 것으로서 소유자에게 그 임대의 효력을 주장할 수 없고, 따라서 소유자의 동의 없이 유치권자로부터 유치권의 목적물을 임차한 자의 점유는 구 「민사소송법」 (2002. 1. 26. 법률 제6626호로 전문 개정되기 전의 것) 제647조 제1항 단서에서 규정하는 '경락인에게 대항할 수 있는 권원'에 기한 것이라고 볼 수 없다.

판결이유

또한 기록에 의하면, 이 사건 건물의 유치권자로서 재항고인들에게 그 2층 부분을 임대하였다고 하는 이종산업개발주식회사(이하 '이종산업'이라 한다)에 대하여는 낙찰자의 신청에 의하여 이 사건 건물 전부를 낙찰자에게 인도하라는 인도명령이 이미 확정되어 있음을 알 수 있으므로, 이종산업이 재항고인들로부터 그 점유를 이전받더라도 이를 점유할 수 없게 됨으로써 그 유치권을 더 이상 유지할 수도 없게 되었다.

따라서 같은 취지에서 재항고인들이 가사 이종산업으로부터 그 2층 부분을 임차하였다고 하더라도, 재항고인들은 낙찰자에게 대항할 수 있는 권원을 갖고 있다고 볼 수 없다고 판단한 원심의 조치는 정당하고, 거기에 재항고 이유로 주장하는 바와 같은 법리오해 등의 위법이 없다.

5. 유치물 사용에 따른 부당이득 반환의무
대법원 1963. 7. 11. 선고, 63다235

판시사항
임차인이 건물에 대한 유익비상환청구권에 기하여 유치권을 행사하는 경우라도 임차건물을 계속 사용 · 수익함으로써 얻은 대가는 부당이득으로써 반환해야 되는지 여부(적극)

판결요지
임차인이 동시이행항변권 또는 유익비상환청구권에 기하여 유치권을 행사하여 가옥을 계속 사용 · 수익한 경우라면 임료상당의 금원을 부당이득 한 것이 된다.

판결이유
동시이행의 항변권 또는 가옥의 유익비상환청구권에 기인하여 임차한 가옥에 대하여 유치권을 행사하여 임차 가옥을 사용 · 수익한 경우에 있어서는 임차인이 임차가옥의 사용으로 인하여 얻은 실질적 이익은 이로 인하여 임대인에게 손해를 끼치는 한에 있어서는 부당이득으로써 임대인에게 상환할 의무가 있다 할 것이다.

6. 유치권에 기한 대세효
대법원 1972. 1. 31. 선고, 71다2414 판결

판시사항
유치물 소유자가 제3자로 바뀐 경우라도 유치권자는 목적물을 적법하게 계속 점유할 수 있는 권리가 있는지 여부(적극)

판결요지
유치권자의 점유하에 있는 유치물의 소유권자가 변동되더라도 유치권자의 점유는 유치물에 대한 보존행위로써 하는 것이므로 적법하고, 그 소유자 변동 후 유치권자가 유치물에 관하여 새로이 유익비를 지급하여 그 가격의 증가가 현존하는 경우라면 그 유익비에 대하여도 유치권을 행사할 수 있다.

▌판결이유

피고가 본건 건물이 제3자인 소외 3에게 소유권이전등기 경료전의 본건 건물에 관한 유익비(금 326,100원)의 상환청구권이 있었고, 건물의 소유자가 변동된 후에도 위 건물에 대한 유치권이 있다고 함은 원 판결이 위 전단에서 확정한 바이고, 그러하다면 피고가 위 건물의 소유자가 변동된 후에도 계속하여 점유하는 것은 유치권자인 피고가 유치물에 대한 보존행위로써 점유하는 것이므로 적법행위라 할 것이고, 그 소유자 변동 후 유치물에 관한 필요비 · 유익비를 지급하고 그 유익비에 관하여도 가격의 증가가 현존한다면 그 유익비의 상환청구권도 「민법」 제320조의 소위 그 물건에 관하여 생긴 채권이라 할 수 있고, 따라서 위 유익비 금 112,000원도 앞에서 본 유익비(금 326,100원)와 같이 그 변제를 받을 때까지는 본건 건물을 유치하고 명도를 거부할 수 있다 할 것임에도 불구하고, 원심이 그 소유자 변동후의 점유를 불법점유라고 보고 위 유익비 금 112,000원에 대하여는 유치권이 성립될 수 없다고 판단하였음은 유치권에 관한 법리를 오해한 위법이 있고, 이는 판결에 영향을 미쳤다 할 것이므로, 이 점에 대한 상고 논지는 이유 있다.

7. 유치물에 대한 피담보채권의 불가분성
대법원 2007. 9. 7. 선고, 2005다16942 판결

▌판시사항

다세대주택에 창호 등의 공사를 한 공사업자는 그 공사잔금을 전부 지급받을 때까지 당해 주택 전부에 대하여 유치권을 행사할 수 있는지 여부(적극)

▌판결요지

다세대주택의 창호 등의 공사를 완성한 하수급인이 공사대금채권 잔액을 변제받기 위하여 위 다세대주택 중 한 세대를 점유하여 유치권을 행사하는 경우라도, 그 유치권은 위 한 세대에 대하여 시행한 공사대금만이 아니라 다세대주택 전체에 대하여 시행한 공사대금채권 잔액 전부를 피담보채권으로 하여 성립한다.

▌판결이유

「민법」 상 유치권에 있어서의 채권과 목적물과의 견련관계 및 유치권의 불가분성에 관한 법리에 비추어 보면, 원심의 인정사실에 의하더라도 이 사건 공사계약은 위 다세대주택에 대한 재건축공사 중 창호와 기타 잡철 부분을 일괄적으로 하도급한 하나의 공사계약임을 알 수 있고, 또 기록에 의하면 이 사건 공사계약 당시 공사대금은 구분건물의 각 동 · 호수 별로 구분하여 지급하기로 한 것이 아니라 이 사건 공사 전부에 대하여 일률적으로 지급하기로 약정되어 있었고, 그 공사에는 각 구분건물에 대한 창호, 방화문 등 뿐만 아니라 공유부분인 각 동의 현관, 계단부분에 대한 공사 등이 포함되어 있으며, 위 소외 2가 피고에게 이 사건 공사대금 중 일부를 지급한 것도 특정 구분건물에 관한 공사대금만을 따로 지급한 것이 아니라 이 사건 공사의 목적물 전체에 관하여 지급하였다는 사정을 엿볼 수 있는 바, 이와 같이 이 사건 공사의 공사대금이 각 구분건물에 관한 공사부분별로 개별적으로 정해졌거나 처음부터 각 구분건물이 각각 별개의 공사대금채권을 담보하였던 것으로 볼 수 없는 이상, 피고가 소외 2에 대하여 가지는 이 사건 공사 목적물(7동의 다세대주택) 전체에 관한 공사대금 채권은 피고와 소외 2 사이의 하도급계약이라는 하나의 법률관계에 의하여 생긴 것으로서 그 공사대금채권 전부와 공사 목적물 전체 사이에는 견련관계가 있다고 할 것이고, 피고가 2003년 5월경 이 사건 공사 목적물 전체에 대한 공사를 완성하여 이를 점유하다가, 현재 나머지 목적물에 대하여는 점유를 상실하고 이 사건 주택만 점유하고 있다고 하더라도, 유치물은 그 각 부분으로써 피담보채권의 전부를 담보한다고 하는 유치권의 불가분성에 의하여 이 사건 주택은 이 사건 공사로 인한 공사대금채권 잔액 금 157,387,000원 전부를 담보하는 것으로 보아야 할 것이고, 그렇게 보는 것이 우리 「민법」 상 공평의 견지에서 채권자의 채권확보를 목적으로 법정담보물권으로서의 유치권 제도를 둔 취지에도 부합한다고 할 것이다.

그럼에도 불구하고, 원심은 그 내세운 사정만으로 피고의 유치권이 피고가 이 사건 주택 한 세대에 대하여 시행한 공사대금 금 3,542,263원만을 피담보채권으로 하여 성립한다고 판단하고 말았으니, 원심판결에는 「민법」 상 유치권에 있어서의 채권과 목적물 사이의 견련관계 및 유치권의 불가분성 등에 관한 법리를 오해함으로써 판결 결과에 영향을 미친 위법이 있다고 할 것이다.

8. 유사 유치권 존재와 매각불허가결정
대법원 2007. 5. 15. 선고, 2007마128 결정

판시사항

유치권이 존재하지 않는 것으로 알았으나 매각대금 불입 전에 유치권이 존재하는 것으로 볼 여지가 있게 된 경우라도 매수인은 매각불허가신청을 할 수 있는지 여부(적극)

결정요지

부동산 임의경매절차에서 매수신고인이 당해 부동산에 관하여 유치권이 존재하지 않는 것으로 알고 매수신청을 하여 이미 최고가매수신고인으로 정하여졌음에도 그 이후 매각결정기일까지의 사이에 유치권 신고가 있을 경우라면 그 유치권이 성립될 여지가 없음이 명백하지 않은 경우라도, 집행법원으로서는 장차 매수신고인이 인수할 매각부동산에 대한 권리의 부담이 현저히 증가하여 「민사집행법」 제121조 제6호가 규정하는 이의사유가 발생된 것으로 보아 이해관계인의 이의 또는 직권으로 매각을 허가하지 아니하는 결정을 하는 것이 상당하다.

결정이유

부동산 임의경매절차에서 매수신고인이 당해 부동산에 관하여 유치권이 존재하지 않는 것으로 알고 매수신청을 하여 이미 최고가매수신고인으로 정하여졌음에도 그 이후 매각결정기일까지의 사이에 유치권 신고가 있을 뿐만 아니라 그 유치권이 성립될 여지가 없음이 명백하지 않은 경우, 집행법원으로서는 장차 매수신고인이 인수할 매각부동산에 대한 권리의 부담이 현저히 증가하여 「민사집행법」 제121조 제6호가 규정하는 이의사유가 발생된 것으로 보아 이해관계인의 이의 또는 직권으로 매각을 허가하지 아니하는 결정을 하는 것이 상당하다(대법원 2005. 8. 8. 2005마643 결정 참조).

이러한 법리에 비추어 이 사건의 경우를 보면, 재항고인이 이 사건 부동산 임의경매절차에서 매각기일을 지나 매각결정기일 이전에 유치권의 신고를 함과 아울러 그 유치권의 발생 원인을 주장함에 있어, 서강종합기술산업주식회사(이하 '서강산업'

이라 한다)가 채무자로부터 이 사건 다세대주택 12세대의 신축공사를 도급받아 그 중 골조공사 부분을 재항고인에게 하도급 하는 계약을 체결하되, 총 12세대 중 4세대는 채무자가 직접 분양하는 반면, 나머지 8세대는 서강산업이 분양하여 재항고인과의 사이에 그 분양대금을 일정 비율로 나누어 공사비에 충당하기로 하였으나, 다세대주택의 준공 후에도 분양이 되지 아니하자, 재항고인이 서강산업으로부터 담보조로 이 사건 다세대주택 2세대를 인도받아 현재 점유하고 있다는 내용의 주장을 내세우고 있다면, 하수급인인 재항고인이 자신의 공사대금채권을 위한 독립한 유치권을 취득·행사하는 것이거나 최소한 수급인인 서강산업의 유치권을 원용하여 행사하는 것으로 볼 여지가 있고, 따라서 재항고인의 유치권은 그 때까지 성립여부가 불분명한 경우에 해당될 뿐, 성립할 여지가 없음이 명백한 경우에 해당된다고 볼 수 없으므로, 집행법원으로서는 이해관계인인 최고가매수인의 이의를 정당한 것으로 인정하여 매각을 허가하지 아니한 결정을 하는 것이 상당하다.

그럼에도 불구하고, 원심은 이 사건 골조공사 완공부분과 다세대주택 2세대는 사회통념상 다른 물건이라는 이유를 들어 재항고인이 이 사건 다세대주택 2세대에 관하여 유치권을 취득할 수 없다고 판시하면서, 매각을 허가하지 아니한 제1심 결정을 취소하고 말았으니, 원심결정은 유치권의 성립 등에 대한 법리를 오해하여 재판결과에 영향을 미친 위법이 있다.

9. 부동문자로 된 필유비 포기특약의 효력

대법원 1989. 8. 8. 선고, 89다카5628 판결

▌판시사항

매매계약서에 "매수인은 필요비와 유익비를 청구할 수 없다."라는 부동문자로 된 특약조항이 있을 경우, 매수인은 지출한 증축비용이나 유익비를 전부 포기하는 조건으로 계약을 체결한 것으로 볼 것인지 여부(소극)

▌판결요지

성업공사에서 은행을 대리하여 부동산을 매도하는 경우에 사용하는 부동산매매계약서 중 "매수인이 목적부동산에 대하여 이미 지출한 필요비와 유익비는 매도인의 승낙 또는 계약해제 여부에 관계없이 그 비용의 보상을 청구할 수 없다."는 조항은 부동문자로 인쇄되어 일률적으로 또는 기계적으로 적용되도록 예정되어 있는 것이므로, 계약체결 시 다른 의사표시나 특별한 사정이 없다면 동 조항의 취지는 통상 존재하고 예상할 수 있는 필요비나 유익비만 청구하지 않겠다는 의미로 해석하여야 한다.

▌판결이유

원심이 인정한 사실에 의하면 피고는 1983. 10. 20. 그의 소유로부터 원고 앞으로 경락이 된 상태에서 같은 해 11. 3. 증축허가신청을 하였고 1984. 1. 6. 원고 앞으로 경락을 원인으로 한 소유권이전등기가 된 후인 같은 해 2. 27. 증축 준공허가를 받고서 같은 해 3. 22. 이 사건 매매계약(매매대금 금 76,000,000원)을 체결하였다는 것인 바, 매매의 경위가 그와 같이 이루어진 것이라면 피고와 원고를 대리한 성업공사간의 위 매매계약서에는 이 사건 매매계약이 해제되는 경우 피고가 적법한 절차에 따라 1층의 건축면적에 육박하는 건물의 증축을 하였고 다액의 비용을 들여 수리를 하였으며 그 가액의 증가가 현존하고 원고의 경락가액에는 이 증축부분이나 그 수리부분이 반영되지도 아니하였을 위 증축비용이나 유익비까지도 포기하는 취지의 합의가 포함되어 있다고 해석할 수는 없다 할 것이다.

그렇다면 원심판결에는 이 사건 매매계약의 특약조항(을 제1호 증의 제8조 제3항)에 관한 해석을 잘못하였거나 심리를 미진한 위법이 있다고 할 것이고, 이는 판결에 영향을 미치는 것이므로 이 점을 지적하는 논지는 이유가 있다.

10. 임차인이 증축한 건물에 대한 수보상권
대법원 1983. 11. 8. 선고, 83도2411 판결

▌판시사항

임차인이 증축한 건물 부분에 대한 철거보상금을 건물 소유자가 수령하고 소비할 수 있는지 여부(적극)

▌판결요지

임차인이 임차건물에 덧붙여 방 한 칸과 부엌 일부를 증축하여 기존 건물과 일체

로 점유 사용해 온 경우, 동 건물은 독립된 건물도 아니고 본 건물에 부합된 것에 불과하므로 동 부합물에 대한 철거보상금은 건물의 소유자에게 귀속되는 것이며, 소유자가 이를 수령하여 임의로 소비하였다고 하더라도 횡령죄가 성립되지 아니한다.

▌판결이유

원심판결에 의하면, 원심은 공소 외 전병도는 피고인으로부터 피고인 소유의 건물을 임차한 후 그 건물에 덧붙여 기존 건물의 반 정도의 규모로 방 한 칸과 부엌 일부를 증축하여 기존 건물과 일체로서 점유 사용하여 왔던 사실을 인정하고, 위 증축된 부분은 물리적 구조나 용도, 기능 및 거래의 관점에서 사회적, 경제적으로 고찰할 때 그 자체는 구조상 건물로서의 독립성이 없고 기존 건물과는 별개의 독립물로서의 효용을 갖지 못하여 본래 건물에 부합되었다고 보아야 할 것이고, 따라서 위 건물의 철거에 따른 철거보상금 역시 본래의 건물 소유자인 피고인에게 귀속되었다 할 것이니, 피고인이 그 철거보상금을 임의로 소비하였다 하여 전병도에 대하여 횡령죄가 성립된다고 할 수 없다고 판시하고 있는 바, 기록에 의하여 살펴보면 원심의 위 인정과 판단은 정당한 것으로 긍인 되고, 거기에 소론의 위법이 있다고 할 수는 없다.

Ⅱ. 유치권의 소멸여부

1. 피담보채권 상당의 담보제공
대법원 2001. 12. 11. 선고, 2001다59866 판결

▌판시사항
피담보채권에 상응하는 다른 담보를 제공한 경우라면 매수인은 유치권자가 점유하고 있는 유치물에 대하여 유치권 소멸을 청구할 수 있는지 여부(적극)

▌판결요지
「민법」 제327조에 의하여 제공하는 담보가 상당한가의 여부는 그 담보가치가 채권의 담보로서 상당한가, 태양에 있어서 유치물에 의하였던 담보력을 저하시키지는 아니한가 하는 점을 종합하여 판단하여야 할 것인 바, 유치물의 가격이 채권액에 비하여 과다한 경우에는 채권액 상당의 가치 있는 담보를 제공하면 족하며, 이 경우 당해 유치물에 관하여 이해관계 있는 채무자나 유치물의 소유자는 유치권 소멸 청구의 의사표시를 할 수 있다.

▌판결이유
황옥연이 1997. 6. 23. 피고에게 경료하여 준 근저당권의 목적물인 다세대주택의 감정평가액의 합계가 근저당권 설정 당시의 공사대금채권 금 139,330,000원 및 그에 대한 1997. 6. 19.부터 담보제공일인 같은 달 23일까지의 법정 지연이자를 상회하는 점, 피고가 다세대주택 중 단지 6세대의 낙찰대금으로부터 공사대금채권 전액을 변제받은 점 등을 고려하여 볼 때, 채무자인 황옥연이 피고에게 경료하여 준 근저당권은 피고가 상고이유로 주장하는 바와 같은 사정들을 감안하더라도 그 담보제공 당시의 공사대금채권액 상당의 가치가 있는 담보라고 봄이 상당하고, 1999. 10. 6. 낙찰에 의하여 다세대주택 중 401호(이하 '이 사건 다세대 주택'이라 한다)의 소유권을 취득한 원고가 2000. 6. 9. 제1심 제2차 변론기일에서 피고에 대하여 위와

같은 담보제공에 근거한 유치권 소멸청구의 의사표시를 함으로써 피고의 유치권은 「민법」 제327조의 규정에 의하여 소멸하였다고 할 것이다.

2. 채무자에게 직접점유를 이전한 경우
대법원 2008. 4. 11. 선고, 2007다27236 판결

▍판시사항

채무자가 직접점유자가 되고 유치권자가 간접점유자가 되는 형식으로도 유치권을 행사할 수 있는지 여부(한정소극)

▍판결요지

유치권의 성립요건이자 존속요건인 유치권자의 점유는 직접점유이든 간접점유이든 관계가 없으나, 다만 유치권은 목적물을 유치함으로써 채무자의 변제를 간접적으로 강제하는 것을 본체적 효력으로 하는 권리인 점 등에 비추어 보면, 그 직접점유자가 채무자인 경우에는 유치권 요건으로써의 점유에는 해당하지 않는다. 다만 단행가처분 집행으로 그 목적물이 채권자(유치권의 피담보채무자)에게 인도된 경우라면 본안소송에서도 유치권자의 점유가 계속되는 것으로 볼 것이다(대법원 2007. 10. 25. 선고 2007다29515 판결).

▍판결이유

원심은 채무자를 직접점유자로 하여 채권자가 간접점유를 하였더라도 유치권을 취득하는 데 장애가 되지 않는다는 반대의 견해를 전제로, 피고들이 이 사건 건물에 관한 공사대금채권자로서 임의경매개시결정 기입등기가 경료되기 이전인 2004. 12. 22.부터 채무자인 소외인의 직접점유를 통하여 이 사건 건물을 간접 점유함으로써 유치권을 취득하였으므로, 그 유치권에 기하여 경매절차의 매수인인 원고의 건물 명도청구에 대항할 수 있다고 판단하였으니, 원심판결에는 유치권의 요건인 점유에 관한 법리를 오해한 위법이 있다.

다만 가처분의 피보전권리는 채무자가 소송과 관계없이 스스로 의무를 이행하거나 본안소송에서 피보전권리가 존재하는 것으로 판결이 확정됨에 따라 채무자가 의무를 이행한 때에 비로소 법률상 실현되는 것이어서, 채권자의 만족을 목적으로 하

는 이른바 단행가처분 집행에 의하여 피보전권리가 실현된 것과 마찬가지의 상태가 사실상 달성되었다고 하더라도 그것은 어디까지나 임시적인 것에 지나지 않으므로, 가처분이 집행됨으로써 그 목적물이 채권자에게 인도된 경우에도 본안소송의 심리에서는 그와 같은 임시적, 잠정적인 이행상태를 고려함이 없이 그 목적물의 점유는 여전히 채무자인 유치권자에게 있는 것으로 보아야 한다(대법원 2007. 10. 25. 선고 2007다29515 판결).

3. 피담보채권에 대한 시효소멸과 유치권 효력
대법원 2007. 2. 22. 선고, 2005다65821 판결

▌판시사항

집합건물에 대한 관리비 채권이 시효로 소멸된 경우라도 유치권을 행사할 수 있는지 여부(소극)

▌판결요지

피담보채권의 소멸시효가 완성된 경우라면 유치권도 부종성에 의하여 소멸된 것이므로, 목적물을 점유하고 있는 유치권자라도 그 피담보채권이 이미 시효로 소멸한 경우라면 더 이상 유치권을 주장할 수 없다.

▌판결이유

「민법」 제163조 제1호에서 3년의 단기 소멸시효에 걸리는 것으로 규정한 "1년 이내의 기간으로 정한 채권"이란 1년 이내의 정기로 지급되는 채권을 말하는 것으로서(대법원 1996. 9. 20. 선고 96다25302 판결 참조) 1개월 단위로 지급되는 집합건물의 관리비 채권도 이에 해당한다고 할 것이다.

그렇다면 같은 취지에서 피고의 소멸시효 항변을 일부 인정한 원심의 판단은 정당하고, 거기에 상고이유의 주장과 같은 관리비 채권의 법적성격에 관한 법리오해 등의 위법이 없다.

4. 유치권자의 자력탈환권 행사가 불가능한 경우
대법원 1993. 3. 26. 선고, 91다14116 판결

❙ 판시사항

점유가 침탈당한 후 상당한 시간이 흘렀어도 유치권자가 그 침탈사실을 몰랐다면 여전히 자력탈환권을 행사할 수 있는지 여부(소극)

❙ 판결요지

「민법」 제209조 제2항에 규정된 점유자의 자력탈환권은 점유가 침탈되었을 때 시간적으로 좁게 제한된 범위 내에서 자력으로 점유를 회복할 수 있다는 것으로서, 위 규정에서 말하는 '직시'란 "객관적으로 가능한 한 신속히" 또는 "사회관념상 가해자를 배제하여 점유를 회복하는 데 필요하다고 인정되는 범위 안에서 되도록 속히"라는 뜻으로 해석할 것이므로, 점유자가 침탈사실을 알고 모르고와는 관계없이 침탈을 당한 후 상당한 시간이 흘렀다면 자력탈환권은 행사할 수 없다.

❙ 판결이유

원심이 채택한 갑 제11호 증의 2, 갑 12호 증, 갑 제15호 증의 2, 갑 제19호 증의 8, 9, 12, 13, 17, 19 내지 22, 49의 각 기재와 제1심 증인 김기복, 김영진의 각 증언에, 원심이 배척하지 아니한 갑 제19호 증의 10, 25, 갑 제20호 증의 43 내지 50의 각 기재, 갑 제19호 증의 30 내지 47, 갑 제20호 증의 18 내지 24, 26 내지 41의 각 영상, 제1심 증인 김문창의 증언을 종합하면, ① 원고는 1987. 2. 27.경 피고 청한건설에 이 사건 공사도급계약의 해제를 통고하고, 경비원 한 사람에게 이 사건 기성부분을 점유 관리하도록 하여 온 사실, ② 피고 서은수는 같은 해 7. 7.부터 그 달 11.까지 위 화해조서의 집행으로서가 아니라 임의로 매일 중장비 1대와 인부 10여명을 동원하여 이 사건 기성부분을 철거하기 시작한 사실, ③ 원고는 그 달 12. 08:00부터 서울에서 동원한 인부 34명으로 하여금 이 사건 기성부분을 보호하려 하였으나, 그 달 13. 08:00 피고 서은수의 인부들에게 쫓겨난 사실, ④ 위 피고는 그 달 13. 13:00부터 이 사건 기성부분의 철거를 계속하는 한편, 서울민사지방법원에 대체집행신청을 하였고, 그 달 14. 위 법원으로부터 대체집행결정을 받은 사실, ⑤ 원고는

그 날 07:00부터 그 달 16. 11:00까지 인부 약 100명을 동원하여 이 사건 기성부분을 지켰지만, 결국 위 피고의 인부들에게 쫓겨난 사실, ⑥ 피고 서은수는 그 달 16. 11:00 위 대체집행결정에 터잡아 집행관에게 위임하여 이 사건 기성부분에 대한 철거집행을 하려 하였지만, 원고가 집행관에게 관계문서를 제시하면서 그 소유권을 주장하는 한편, 피고 서은수의 인부 약 50명과 원고의 인부 약 100명이 서로 충돌하는 바람에 위 집행은 불능으로 끝난 사실, ⑦ 피고 서은수는 대체집행이 불능 되자 다시 중장비와 인부들을 동원하여 무단철거를 강행하였고, 그 달 22.경 이 사건 기성부분을 완전히 철거한 사실들을 인정할 수 있는 바, 이에 따르면, 원고는 이 사건 기성부분이 완성된 때부터 이를 계속 점유하여 왔으나, 적어도 피고 서은수가 이를 철거하기 시작한 그 달 7. 이후에는 그 점유를 피고 서은수에게 침탈당하였다고 보이고, 그렇다면 원고가 그 달 12, 14, 16.에 각 인부를 동원하여 그 탈환을 시도한 것은 자력탈환권의 요건인 "직시"에 해당한다고는 할 수 없고, 원고가 피고 서은수의 침탈 또는 방해하려는 행위에 대하여 자력방위권을 행사하였다는 자료도 전혀 없다.

그렇다면 원심이 이 부분 원고의 주장을 배척한 것은 결국 옳고, 거기에 소론과 같이 이유모순, 자력구제와 손해배상액 산정에서 상당인과관계에 대한 법리를 오해한 위법이 있다고 할 수 없다. 논지들도 모두 이유가 없다.

5. 유치권자가 유치물의 처분권을 수임한 경우
대법원 1995. 9. 15. 선고, 95다16202, 16219 판결

▎판시사항

유치권자인 수급인이 신축 건물에 대한 처분권을 도급인으로부터 위임받아 공사비에 충당할 수 있게 된 경우라면 유치권은 소멸되는 것인지 여부(소극)

▎판결요지

건물의 신축공사를 한 수급인이 그 건물을 점유하고 있고 또 그 건물에 관하여 생긴 공사금채권이 있다면, 수급인은 그 채권을 변제받을 때까지 건물을 유치할 권리가 있다 할 것이고, 이러한 유치권은 수급인이 점유를 상실하거나 피담보채무가

변제되는 등 특단의 사정이 없는 한 소멸되지 아니한다.

▌판결이유

원심이 적법하게 인정하고 있는 바와 같이, 피고가 현재 점유 중인 원심판결 별지목록 1 기재 주택건물의 신축공사를 한 수급인으로서 위 건물에 관하여 생긴 공사금 채권이 있다면, 피고는 그 채권을 변제받을 때까지 위 건물을 유치할 권리가 있다고 할 것이고, 이러한 유치권은 피고가 점유를 상실하거나 피담보채무가 변제되는 등 특단의 사정이 없는 한 소멸되지 아니하는 것이므로, 원심이 판시한 대로 건물이 완공된 후인 1987. 5. 29.자 약정에 의하여 도급인이 피고에게 위 건물 등 이 사건 각 건물에 대한 처분권을 위임하여 그 분양대금에서 공사대금 등 건축과 관련한 일체의 비용을 지급받을 수 있는 권한을 부여했기 때문에 피고가 위 건물 등을 매각처분하여 그 대금으로 공사대금을 지급받을 수 있게 되었다 하더라도 그러한 약정만으로는 피담보채권인 공사대금이 변제된 것이라고 볼 수는 없고, 그 외에 기록을 살펴보아도 달리 위 공사대금 채권이나 유치권이 소멸되었다고 볼 만한 사유를 찾아 볼 수 없다. 그러하다면 피고는 그 공사대금 채권을 담보하는 의미에서 의연히 위 목록 1 기재 부동산에 대한 유치권을 가지고 있는 것으로 보아야 할 것이다.

그럼에도 불구하고, 피고는 위 약정에 의해서 위 건물 등을 처분하여 그 대금으로 공사대금에 갈음하는 것은 별론으로 하고 위 부동산에 대한 공사대금 채권을 전제로 유치권을 행사할 수 없다고 판시하여 피고의 유치권 항변을 배척하고, 원고의 이 사건 건물명도 청구를 인용한 원심은 유치권에 관한 법리를 오해하여 판결에 영향을 미친 위법을 저지른 것이라 할 것이다.

6. 유치권자가 차임을 연체한 경우

대법원 1976. 5. 11. 선고, 75다1305 판결

▌판시사항

유치권자인 임차인이 차임지급을 연체한 경우라면 기존 유치권은 소멸되는 것인지 여부(소극)

판결요지

임차인이 임차건물에 설치한 동력전기 인입을 위한 시설비 및 건물내부 수리 등에 소요된 비용으로 인하여 건물에 대한 유익비가 인정될 경우라면, 비록 임차인이 차임을 지급하지 않았다고 하더라도 유치권 행사에 장애가 발생하는 것은 아니다.

판결이유

원심이 동력전기 시설비 금 135,400원, 건물내부 시설비 금 225,328원의 유익비 지출을 인정하여 이에 대한 유치권을 인용하고 그 초과지출 부분을 배척한 조치에 소론과 같은 채증법칙을 어긴 잘못이 있음을 기록상 찾아 볼 수 없으니 소론 또한 이유 없고, 위에서 본 바와 같이 합계금 360,728원의 유익비에 대하여 피고의 유치권을 인정한 조치는 정당하고 그 과정에 소론과 같은 심리미진이나 법리오해의 잘못이 있다고 할 수 없고, 피고가 여태까지 월 임대료를 지급 아니한 점이 있더라도 유익비 지출로 인한 유치권의 인정에 무슨 장애가 되는 것도 아니니 논지는 이유 없다.

제 5 편

배당관련 판례

제 1 장

권리자별 배당내용

I. 배당제도 일반

1. 배당요구신청서 형식
대법원 1999. 2. 9. 선고, 98다53547 판결

▌판시사항

배당요구신청을 할 경우 '배당요구서'라는 형식적 용어가 반드시 필요한 것인지 여부(소극)

▌판결요지

배당요구는 채권의 원인과 수액을 기재한 서면에 의하여 집행법원에 배당을 요구한다는 취지가 표시되면 족한 것이므로, 채권자가 경매목적 부동산에 대하여 가압류결정을 받은 다음 채권의 수액을 기재한 서면에 그 가압류결정서를 첨부하여 경매법원에 제출하였다면 채권의 원인과 액수를 기재하여 배당을 요구한 취지가 표시된 것으로 보아야 하고, 그 서면의 제목이 '권리신고'라고 되어 있다고 하여도 달리 볼 것은 아니다.

2. 일괄 매각된 경우 배당표 작성방법
대법원 2003. 9. 5. 선고, 2001다66291 판결

▌판시사항

대지와 건물이 일괄 매각된 경우에 매각대금에서 배당 받을 채권자가 각각 다른 경우라면 배당표도 따로 작성하여야 되는지 여부(적극)

판결요지

대지와 건물을 일괄 경매하더라도 배당절차는 기본적으로 개별 경매의 경우와 다르지 않으므로, 대지와 건물을 개별 경매하는 경우와 마찬가지로 대지에 대한 권리자는 대지의 매각대금에서, 건물에 대한 권리자는 건물매각대금에서 각 배당을 받아야 하고, 따라서 대지와 건물을 일괄 매각하는 경우 각 재산의 매각대금에서 배당받을 채권자 및 채권이 다른 때에는 각 부동산의 매각대금마다 구분하여 이른바 개별 배당재단을 형성한 후 각 대금마다 따로 배당표를 작성하여야 하며, 이 경우 배당표에 대한 이의는 각 물건마다 작성된 배당표를 대상으로 따로 처리되어야 하는 것이고, 설령 대지와 건물에 대한 배당표가 하나로 작성되었다고 하더라도 이는 대지매각대금에 대한 배당표와 건물매각대금에 대한 배당표의 각 채권자의 배당액이 합산되어 하나로 작성된 것에 불과하므로, 대지의 매각대금이 전부 대지에 대한 권리자들에게 배당되었는데, 다만 그들 사이의 배당순위만 문제되는 경우라면 대지에 대한 선순위 채권자로서 배당 받지 못한 자는 대지에 대한 후순위 채권자로서 선순위 채권자에 우선하여 배당을 받은 채권자를 상대로만 배당이의를 할 수 있는 것이고, 후순위권자가 건물 매각대금으로부터도 배당을 받을 수 있어서 결과적으로 후순위 채권자의 배당액에 변화가 없다고 하여도 달리 볼 것은 아니다.

3. 일부 채권에 대한 배당신청과 배당금 확장
대법원 2005. 8. 25. 선고, 2005다14595 판결

판시사항

일부금액만 배당 요구한 경우라도 배당요구종기일이 지난 후에 잔액에 대하여 추가하거나 확장하는 형식으로 배당신청을 할 수 있는지 여부(소극)

판결요지

구 「민사소송법」(2002. 1. 26. 법률 제6626호로 전문 개정되기 전의 것)에 의하면, 「민법」·「상법」 기타 법률에 의하여 우선변제청구권이 있는 채권자, 집행력 있는 정본을 가진 채권자 및 경매신청 등기 후에 가압류를 한 채권자는 경락기일까지 배당요구를 할 수 있고(제605조 제1항), 위 조항에서 규정하는 배당요구가 필요한 배당요

구채권자는 경락기일까지 배당요구를 한 경우에 한하여 비로소 배당을 받을 수 있고, 적법한 배당요구를 하지 아니한 경우에는 실체법상 우선변제청구권이 있는 채권자라고 하더라도 그 경락대금으로부터 배당을 받을 수 없으며, 또한 경락기일까지 배당요구한 채권자라고 할지라도 채권의 일부 금액만 배당 요구한 경우라면 경락기일 이후에는 배당요구를 하지 아니한 채권을 추가하거나 확장할 수 없다.

4. 채권계산서에 따른 배당표 작성효력

대법원 2002. 10. 11. 선고, 2001다3054 판결

판시사항

경매실행채권자가 경매신청서에 기재한 청구금액보다 적은 금액으로 채권계산서를 제출한 경우 이에 따라 작성된 배당표도 적법한 것인지 여부(적극)

판결요지

담보권실행을 위한 경매절차에서 경매신청채권자는 특별한 사정이 없는 한 경매신청서에 기재한 청구금액을 채권계산서 제출에 의하여 확장할 수는 없지만, 그 후 배당표가 작성될 때까지는 청구금액을 감축한 채권계산서를 제출할 수 있으며, 이 경우 배당법원으로서는 채권계산서 상의 감축된 채권액을 기준으로 하여 배당을 할 수밖에 없고, 그 채권액을 초과하여 배당할 수 없는 만큼 그 계산서에 따른 배당표는 정당하게 작성된 것이라고 할 것이다.

5. 확정된 배당표의 실체법적 효력

대법원 2004. 4. 9. 선고, 2003다32681 판결

판시사항

확정된 배당표에 따라 배당을 실시한 경우라면, 실체법상 배당권도 확정된 것으로 볼 것인지 여부(소극)

판결요지

확정된 배당표에 의하여 배당을 실시하는 것은 실체법상 권리를 확정하는 것이

아니므로, 배당을 받아야 할 자가 배당을 받지 못하고 배당 받지 못할 자가 배당을 받은 경우라면, 배당에 관하여 이의를 한 여부 또는 형식상 배당절차가 확정되었는지의 여부에 관계없이 배당을 받지 못한 채권자는 배당 받은 자에게 부당이득반환을 청구할 수 있다

6. 물상대위권자의 배당참가 요건
대법원 2003. 3. 28. 선고, 2002다13539 판결

판시사항
배당요구종기일이 지난 후에 물상대위권에 기한 채권압류 및 전부명령이 배당법원에 송달된 경우라도 물상대위권자가 우선변제를 받을 수 있는지 여부(소극)

판결요지
저당권자의 물상대위권 행사로서의 압류 및 전부는 그 명령이 제3채무자에게 송달됨으로써 효력이 생기며, 물상대위권의 행사를 제한하는 취지인 '특정성의 유지'나 '제3자의 보호'는 물상대위권자의 압류 및 전부명령이 효력을 발생함으로써 비로소 달성될 수 있는 것이므로, 배당요구종기가 지난 후에 물상대위에 기한 채권압류 및 전부명령이 제3채무자인 집행법원에 송달되었을 경우라면 물상대위권자는 배당절차에서 우선변제를 받을 수 없다.

판결이유
원심판결에 의하면 원심은, 그 판결에서 채용하고 있는 증거들을 종합하여 원고가 이 사건 부동산들에 대한 수용보상금이 공탁될 사실을 알고 있었음에도 이 사건 배당요구의 종기 즉, 피고 부산광역시 해운대구가 위 수용보상금을 공탁하고 사유신고를 한 2000. 11. 30.이 지난 2000. 12. 1.에야 비로소 물상대위에 기한 채권압류 및 전부명령을 받고 2000. 12. 5. 위 명령이 제3채무자인 대한민국에 송달된 사실을 인정한 다음, "저당권자는 배당요구의 종기가 아니라 배당기일 전까지 물상대위권을 행사하면 우선변제를 받을 수 있고, 적어도 원고가 이 사건 배당요구의 종기인 공탁사유신고일 이전에 채권압류 및 전부명령을 신청하여 구 「민사소송법」 제733조에 의한 권리를 행사한 이상 위 채권압류 및 전부명령의 송달에 관계없이 물상대위

권자로서 우선변제 받아야 한다."는 원고의 주장에 대하여, 물상대위권의 행사는 이 사건 배당요구의 종기인 공탁사유신고일까지 하여야 되고, 그 방법으로 원고가 이 사건 배당요구의 종기 이전에 물상대위권에 기한 채권압류 및 전부명령을 신청하였다고 하여도 이 사건 배당요구의 종기가 지나 위 채권압류 및 전부명령이 제3채무자에게 송달된 이상 원고로서는 위 배당절차에서 우선변제를 받을 수 없다는 이유로 원고의 주장을 배척하였는바, 앞에서 본 법리 및 기록에 비추어 살펴보면, 원심의 위와 같은 사실인정과 판단은 정당한 것으로 수긍이 되고, 거기에 상고이유에서 주장하는 바와 같이 저당권자의 물상대위권에 관한 법리오해의 위법이 있다고 할 수 없다.

7. 물상보증인의 피담보채무 확정시기
대법원 1996. 3. 8. 선고, 95다36596 판결

판시사항

공동 근저당권자가 주채무자의 부동산에 대한 근저당권을 먼저 실행한 경우, 물상보증인의 피담보채무도 주채무자에 대한 경매신청과 동시에 확정되는 것인지 여부(적극)

판결요지

채권자가 공동담보로 물상보증인 소유의 토지와 주채무자 소유 토지에 1번 근저당권을 취득한 후, 이와 별도로 주채무자 소유 토지에 2번 근저당권을 취득한 사안에서, 물상보증인에 대한 근저당권의 피담보채권 발생 원인인 어음거래 약정이 그 결산기가 정하여져 있지 않고 물상보증인 토지에 대하여 아직 경매신청이 되지 않았더라도, 먼저 주채무자의 토지에 대하여 피담보채무 불이행을 이유로 한 근저당권이 실행된 이상, 채권자와 물상보증인 사이의 근저당권 설정계약의 원인관계인 어음거래 약정에 기한 거래도 그로써 종료되고 그 경매신청시 그 피담보채권도 확정된다.

8. 주채무자 부동산에 대한 저당권자의 물상대위권
대법원 1996. 3. 8. 선고, 95다36596 판결

판시사항
주채무자의 부동산에 존재하는 후순위 저당권자도 물상보증인 소유 부동산에 대하여 물상대위권을 행사할 수 있는지 여부(소극)

판결요지
채권자가 물상보증인 소유 토지와 공동담보로 주채무자 소유 토지에 1번 근저당권을 취득한 후, 이와 별도로 주채무자 소유 토지에 2번 근저당권을 취득한 사안에서, 먼저 주채무자의 토지에 대하여 피담보채무 불이행을 이유로 근저당권이 실행되어 경매대금에서 1번 근저당권의 피담보채권액을 넘는 금액이 배당된 경우, 변제자대위 법리에 비추어 볼 때 「민법」 제368조 제2항은 적용되지 않으므로 후순위(2번) 저당권자인 채권자는 물상보증인 소유 토지에 대하여 자신의 1번 근저당권을 대위 행사할 수는 없고, 따라서 물상보증인의 근저당권설정등기는 그 피담보채무 소멸로 인하여 말소되어야 한다.

9. 조세채권에 대한 우선변제와 저당권자의 대위
대법원 2006. 5. 26. 선고, 2003다18418 판결

판시사항
체납자 소유 부동산 매각대금에 대하여 조세우선변제권이 행사된 경우에도 후순위 저당권자는 공동저당권에 관한 「민법」 제368조를 유추하여 조세채권에 대위할 수 있는지 여부(적극)

판결요지
조세우선변제권은 조세채무자의 총재산에 대하여 우선변제권이 인정된다는 점에서 일정한 범위 내에서는 이른바 법정 담보물권으로서의 성격을 갖고 있으며, 따라서 조세채무자의 부동산이 여럿인 경우에는 마치 그 부동산 전부에 대한 공동저당권자와 유사한 지위에 서게 되므로, 납세의무자 소유의 여러 부동산에 대하여 조

세우선변제권이 행사된 경우에는 공동저당권에 관한 「민법」 제368조가 유추 적용되어야 한다(대법원 2001. 11. 27. 선고 99다22311 판결 참조).

한편, 「민법」 제368조는 공동저당의 목적인 여러 개의 부동산이 동시에 경매된 경우 공동 저당권자로서는 어느 부동산의 경매대가로부터 배당 받든 우선변제권이 충족되기만 하면 되지만, 각 부동산의 소유자나 차순위 저당권자, 기타 채권자에게는 어느 부동산의 경매대가가 공동 저당권자에게 배당되는가에 대하여 중대한 이해관계를 갖게 되므로, 같은 조 제1항은 여러 부동산의 매각대금이 동일한 배당절차에서 배당되는 이른바 동시배당의 경우 공동 저당권자의 실행선택권과 우선변제권을 침해하지 않는 범위 내에서 각 부동산의 책임을 안분시킴으로써 각 부동산상의 소유자와 차순위 저당권자 기타의 채권자의 이해관계를 조절하고자 하는 것이고, 같은 조 제2항의 대위제도는 동시배당이 아닌 공동저당 부동산 중 일부의 경매대가를 먼저 배당하는 경우, 이른바 이시배당의 경우에도 최종적인 배당의 결과가 동시배당의 경우와 같게 하기 위한 것으로서 공동 저당권자의 실행선택권 행사로 인하여 불이익을 입은 차순위 저당권자를 보호하기 위한 규정인 바, 이와 같은 차순위 저당권자의 대위권은 일단 배당기일에 그 배당표에 따라 배당이 실시되어 배당기일이 종료되었을 때 발생하는 것이지, 배당이의 소송의 확정 등 그 배당표가 확정되는 것을 기다려 그때 비로소 발생하는 것은 아니라고 할 것이다.

이러한 조세우선변제권의 취지와 「민법」 제368조의 입법취지를 종합적으로 고려하여 보면, 선배당 사건의 배당기일 실시 후인 2001. 5. 31.에 실시된 이 사건 배당에 있어서는 피고에게 선배당 사건에서 배당받은 금액을 제외한 나머지만을 배당하여야 하고, 피고가 선배당 사건에서 전액을 배당 받았다면 선배당 사건에서의 후순위저당권자에게 대위 범위 내에서만 배당을 하여야 할 것이다.

10. 최종 3월분 임금채권의 의미

대법원 2002. 3. 29. 선고, 2001다83838 판결

▌판시사항

「근로기준법」 제37조 제2항 제1호에서 규정하고 있는 최우선변제권이 인정되는 "최종 3월분의 임금채권"의 의미

판결요지

「근로기준법」 제37조 제2항은 근로자의 최종 3월분의 임금채권, 최종 3년간 퇴직금 채권, 재해보상금 채권은 사용자의 총재산에 대하여 질권 또는 저당권에 의하여 담보된 채권, 조세, 공과금 및 다른 채권에 우선하여 변제되어야 한다고 규정하고 있는 바, 위 규정상의 최종 3월분의 임금채권이란 최종 3개월 사이에 지급사유가 발생한 임금채권을 의미하는 것이 아니라, 최종 3개월간 근무한 부분의 임금채권을 말한다.

따라서 구정, 추석, 연말에 3회에 걸쳐 각 기본급의 일정비율씩 상여금을 지급받고 그 상여금이 근로의 대가로 지급되는 임금의 성질을 갖는 경우라면, 「근로기준법」 소정의 우선변제권이 인정되는 상여금은 퇴직 전 최종 3개월 사이에 있는 연말과 구정의 각 상여금 전액이 아니라 퇴직 전 최종 3개월분에 해당하는 근로의 대가 부분을 의미한다.

11. 공매절차에서의 임금채권 우선변제권
대법원 2000. 6. 9. 선고, 2000다15869 판결

판시사항

「근로기준법」 제37조 소정의 임금채권에 대한 우선변제권은 체납처분절차를 통하여 압류재산에 대한 매각대금을 배분할 경우에도 그대로 적용되는 것인지 여부(적극)

판결요지

「국세징수법」 제81조 제1항 제3호의 규정은 압류재산의 매각대금을 배분받을 수 있는 우선권 있는 채권을 예시한 것에 불과할 뿐 이를 한정적으로 열거한 것은 아니라 할 것이므로, 「근로기준법」 제37조 소정의 임금채권도 「국세기본법」 제35조 제1항 제5호가 규정한 바와 같이 그것이 일반채권에 우선하는 채권인 이상 체납처분의 청산절차에서 압류재산의 매각대금을 배분 받을 채권에 당연히 포함된다고 할 것이고, 이와 같이 임금채권이 압류재산 매각대금의 배분대상에 포함되는 이상 체납처분절차를 주관하는 기관은 그에 대하여 배분할 금액을 직권으로 확정하여 배분

계산서를 작성하여야 한다.

12. 하수급인 근로자의 직상 수급인 재산에 대한 우선변제권
대법원 1999. 2. 5. 선고, 97다48388 판결

▌판시사항

하수급인의 근로자도 직상 수급인의 소유 재산에 대한 매각대금으로부터 체불임금에 대한 우선변제권을 행사할 수 있는지 여부(한정소극)

▌판결요지

구「근로기준법」(1953. 5. 10. 법률 제286호로 제정되어 1997. 3. 13. 법률 제5305호로 폐지된 것) 제30조의2 제2항은 근로자의 최종 3월분의 임금과 퇴직금 및 재해보상금은 사용자의 총재산에 대하여 질권 또는 저당권에 의하여 담보된 채권, 조세·공과금 및 다른 채권에 우선하여 변제되어야 한다고 규정하고 있는 바, 이는 근로자의 최저생활을 보장하고자 하는 공익적 요청에서 예외적으로 일반 담보물권의 효력을 일부 제한하고 임금채권의 우선변제권을 규정한 것으로서, 그 입법 취지에 비추어 볼 때 여기에서 말하는 '사용자의 총재산'이라 함은 "근로계약의 당사자로서 임금채무를 1차적으로 부담하는 사업주인 사용자의 총재산"을 의미한다.

따라서 사업이 수차의 도급에 의하여 행하여지는 경우 하수급인이 직상 수급인의 귀책사유로 근로자에게 임금을 지급하지 못하게 됨에 따라 직상 수급인이 구「근로기준법」(1953. 5. 10. 법률 제286호로 제정되어 1997. 3. 13. 법률 제5305호로 폐지된 것) 제36조의2 제1항에 의하여 하수급인의 근로자들에 대하여 하수급인과 연대하여 임금을 지급할 책임을 지게 된다고 하더라도(도급이 1차에 걸쳐 행하여짐으로써 도급인과 수급인만이 있는 경우에는 도급인이 직상 수급인에 해당한다고 할 것이다), 직상 수급인과 하수급인의 근로자 사이에 묵시적인 근로계약관계의 성립을 인정할 수 있는 특별한 사정이 존재하지 않는 이상 그 직상 수급인은 하수급인의 근로자에 대한 관계에서 근로계약의 당사자로서 임금채무를 1차적으로 부담하는 사업주인 사용자에 해당하지 않는다고 할 것인 바, 직상 수급인 소유 재산에 대한 강제집행절차에서 하수급인의 근로자들은 직상 수급인 소유 재산을 사용자의 총재산에 해당한다고 보아

이에 대하여 임금 우선변제권을 주장할 수는 없다.

13. 합자회사 무한책임사원의 사용자 지위 여부
대법원 1996. 2. 9. 선고, 95다719 판결

판시사항

합자회사 무한책임사원의 개인 소유재산도 '사용자의 총재산'에 포함될 수 있는 것인지 여부(소극)

판결요지

「근로기준법」 제30조의2 제2항의 규정은 근로자의 최저생활을 보장하고자 하는 공익적 요청에서 예외적으로 일반 담보물권의 효력을 일부 제한하고 임금채권의 우선변제권을 규정한 것으로서, 그 입법취지에 비추어 보면 여기서 임금 우선변제권의 적용대상이 되는 "사용자의 총재산"이라 함은 근로계약의 당사자로서 임금채무를 1차적으로 부담하는 사업주인 사용자의 총재산을 의미하고, 따라서 사용자가 법인인 경우에는 법인 자체의 재산만을 가리키며 법인의 대표자 등 사업경영 담당자의 개인 재산은 포함되지 않는다고 봄이 상당하다.

따라서 합자회사가 회사 재산으로는 채무를 완제할 수 없거나 또는 회사 재산에 대한 강제집행이 주효하지 못하여 결국 합자회사의 무한책임사원이 근로자들에 대한 회사의 임금채무를 변제할 책임을 지게 되었다고 하더라도, 보충적인 책임의 성질이나 일반 담보권자의 신뢰보호 및 거래질서에 미치는 영향 등을 고려할 때 이를 회사가 사업주로서 임금채무를 부담하는 경우와 동일하다고 보아 무한책임사원 개인의 소유 재산에까지 임금 우선변제권의 대상이 되는 '사용자의 총재산'에 포함된다고 해석할 수는 없다.

14. 의사무능력자가 저당권을 설정한 경우와 배당이의
대법원 2006. 9. 22. 선고, 2004다51627 판결

판시사항

의사무능력자가 직접 근저당권 설정계약을 체결한 경우라도 그 무효를 이유로

배당이의를 신청할 수 있는지 여부(한정적극)

▎판결요지

구「민사소송법」(2002. 1. 26. 법률 제6626호로 전문 개정되기 전의 것) 제659조 제1항, 제726조 제1항 제3호, 제2항, 구「민사소송규칙」(2002. 6. 28. 대법원규칙 제1761호로 전문 개정되기 전의 것) 제205조, 제146조의3 제1항, 제3항의 각 규정에 비추어 보면, 의사무능력자가 채권자와 금전소비대차 계약을 체결하고 그 차용금 채무를 담보하기 위하여 자신의 소유 부동산에 근저당권을 설정하여 준 후, 위 근저당권에 기한 임의경매절차가 진행되어 배당이 실시된 경우, 의사무능력자의 법정대리인 등은 위 배당절차에서 위 근저당권 및 피담보채권의 부존재를 주장하여 채권자의 배당액에 대하여 이의하고 나아가 채권자를 상대로 배당이의 소송을 제기하는 것이 가능하다.

한편, 의사무능력자나 소유자가 근저당권 설정계약의 무효를 주장하면서도 그 근저당권에 기한 임의경매절차의 배당절차를 통하여 그에게 배당된 돈을 수령하는 등의 행위가 객관적으로 보아 경락인으로 하여금 위 임의경매절차가 유효하다는 신뢰를 갖게 하는 정도에 이르러서, 그 후 그 경매절차의 무효를 주장하는 것이 금반언의 원칙 또는 신의칙 위반에 해당한다고 볼 만한 사정이 있는 경우에는 의사무능력자나 소유자가 경락인을 상대로 다시 근저당권의 무효를 주장하면서 소유권 이전등기의 말소를 구하는 소를 제기할 수는 없지만, 아직 배당금을 수령하지 아니한 의사무능력자나 소유자가 배당절차에서 근저당권 설정계약의 무효를 주장하면서 배당이의를 하는 것은 부당하다고 할 수 없다.

Ⅱ. 저당권자에 대한 배당

1. 경매실행 근저당권자의 피담보채권 확정시기
대법원 1998. 10. 27. 선고, 97다26104, 26111 판결

판시사항

근저당권자가 직접 임의경매를 신청한 경우라면 피담보채권은 그 경매를 신청한 때 즉시 확정되는 것인지 여부(적극)

판결요지

근저당권자가 피담보채무 불이행을 이유로 경매를 신청한 경우에는 경매신청시 근저당권의 피담보채권액은 확정되고, 그 이후부터는 근저당권은 부종성을 가지게 되어 보통 저당권과 같은 취급을 받게 된다.[22)]

판결이유

근저당권은 계속되는 거래관계로부터 발생하고 소멸하는 불특정 다수의 장래 채권을 결산기에 계산하여 잔존하는 채무를 일정한 한도액의 범위 내에서 담보하는 저당권이어서 거래가 종료하기까지 채권은 계속적으로 증감, 변동하고 일시적으로 피담보채권이 존재하지 않게 되었다고 하더라도 그것만으로 근저당권이 소멸하는 것이 아니라 함은 지적한 바와 같다.

그러나 근저당권자가 피담보채무 불이행을 이유로 경매신청을 한 경우에는 경매신청시에 근저당권의 피담보채권액이 확정되고(대법원 1989. 11. 28. 선고 89다카15601 판결, 1993. 3. 12. 선고 92다48567 판결 등 참조), 그 이후부터는 근저당권은 부종성을 가지게 되어 보통 저당권과 같은 취급을 받게 되는 것이다.

---

22) 대법원의 입장은 '경매신청시' 바로 피담보채권이 확정되는 것으로 해석하고 있으나, 근저당권자가 경매를 신청한 경우라도 어떤 사정으로 경매신청이 각하 내지 기각될 수도 있을 것이므로 엄격하게 본다면 근저당권자의 피담보채권액이 확정되는 시기는 집행법원의 경매개시결정에 따라 '그 기입등기가 경료된 때' 즉, '압류등기가 된 때' 피담보채권이 확정되는 것으로 해석하여야 할 것이다.

기록에 의하면 소외 조합이 이 사건 토지에 관하여 인천지방법원에 임의경매신청을 하여 1989. 10. 31. 그 경매개시결정을 얻어 임의경매절차가 진행되던 중 소외인들이 위에서 본 바와 같이 위 각 대출금을 전부 변제한 것임을 알 수 있는 바, 사실관계가 위와 같다면 소외 조합명의의 위 각 근저당권은 소외 조합의 위 경매신청으로 인하여 피담보채권액이 확정되고, 위 변제로 인하여 소멸하였다고 할 것이다.

2. 선순위 근저당권자의 피담보채권 확정시기
대법원 1999. 9. 21. 선고, 99다26085 판결

판시사항

경매실행 근저당권자보다 선순위에 속한 다른 근저당권자의 피담보채권은 매수인이 매각 잔대금을 완납한 때 즉시 확정되는 것인지 여부(적극)

판결요지

당해 근저당권자는 저당 부동산에 대하여 경매신청을 하지 아니하였는데 다른 채권자가 저당 부동산에 대하여 경매를 신청한 경우 「민사소송법」 제608조 제2항, 제728조의 규정에 따라 경매신청을 하지 아니한 근저당권자의 근저당권도 경락으로 인하여 소멸하므로, 다른 채권자가 경매를 신청하여 경매절차가 개시된 때로부터 경락으로 인하여 당해 근저당권이 소멸하게 되기까지의 어느 시점에서인가는 당해 근저당권의 피담보채권도 확정된다고 하지 아니할 수 없는데, 그 중 어느 시기에 당해 근저당권의 피담보채권이 확정되는가 하는 점에 관하여 우리 「민법」은 아무런 규정을 두고 있지 아니한 바, 부동산 경매절차에서 경매신청기입등기 이전에 등기되어 있는 근저당권은 경락으로 인하여 소멸하는 대신에 그 근저당권자는 「민사소송법」 제605조가 정하는 배당요구를 하지 아니하더라도 당연히 그 순위에 따라 배당받을 수 있고, 이러한 까닭으로 선순위 근저당권이 설정되어 있는 부동산에 대하여 근저당권을 취득하려는 사람들은 선순위 근저당권의 채권최고액 만큼의 담보가치는 이미 선순위 근저당권자에 의하여 파악되어 있는 것으로 인정하고 거래를 하는 것이 보통이므로, 담보권 실행을 위한 경매절차가 개시되었음을 선순위 근저당권자가 안 때 이후의 어떤 시점에 선순위 근저당권의 피담보채권액이 증가하더라도 그

와 같이 증가한 피담보채권액이 선순위 근저당권자의 채권최고액 한도 안에 있다면 경매를 신청한 후순위 근저당권자가 예측하지 못한 손해를 입게 된다고 볼 수 없는 반면, 선순위 근저당권자는 자신이 경매신청을 하지 아니하였으면서도 경락으로 인하여 근저당권을 상실하게 되는 처지에 있으므로 거래의 안전을 해치지 아니하는 한도 안에서 선순위 근저당권자가 파악한 담보가치를 최대한 활용할 수 있도록 함이 타당하다는 관점에서 보면, 후순위 근저당권자가 경매를 신청한 경우 선순위 근저당권의 피담보채권은 그 근저당권이 소멸하는 시기, 즉 경락인이 경락대금을 완납한 때 확정된다고 보아야 한다.

3. 공매절차상 근저당권자의 피담보채권 확정시기
대법원 2001. 12. 11. 선고, 2001두7329 판결

▌판시사항

공매절차에서 선순위 근저당권자의 피담보채권은 경매절차와 같이 매수인이 매각잔대금을 완납한 때 확정되는 것인지 여부(적극)

▌판결요지

「국세징수법」상 체납처분은 행정기관에 의한 조세채권의 신속한 만족을 위한 절차로서 채권계산서 미제출에 의한 채권액 보충의 실기에 관한 규정인 「민사소송법」 제587조 제2항이나 배당요구 및 그 시기에 관한 규정인 「민사소송법」 제605조는 체납처분에서의 배분절차에 관하여 준용할 수 없고, 압류재산의 공매절차에서 압류 이전에 등기된 근저당권은 공매로 인하여 소멸되는 대신 그 근저당권자는 당연히 그 순위에 따라 배분 받을 권리가 있으므로, 국세에 우선하는 선순위 근저당권이 설정되어 있는 부동산에 대하여 체납처분을 하려는 조세채권자는 선순위 근저당권의 채권최고액 만큼의 담보가치는 이미 선순위 근저당권자에 의하여 파악되어 있는 것으로 인정하고 절차를 취하는 것이 보통이라 할 것이므로, 체납처분절차가 개시된 이후 어떤 시점에 선순위 근저당권의 피담보채권액이 증가하더라도 그와 같이 증가한 피담보채권액이 선순위 근저당권의 채권최고액 한도 안에 있다면 조세채권자가 예측하지 못한 손해를 입게 된다고 볼 수는 없고, 반면 이러한 경우 선순위 근

저당권자는 자신이 경매신청을 하지 아니하였으면서도 체납처분으로 인하여 근저당권을 상실하게 되므로 거래의 안전을 해하지 아니하는 한도 안에서 선순위 근저당권자가 파악한 담보가치를 최대한 활용할 수 있도록 함이 타당하고, 이와 같은 관점에서 보면, 후순위 근저당권자가 경매를 신청한 경우 선순위 근저당권의 피담보채권은 그 근저당권이 소멸하는 시기, 즉 경락인이 경락대금을 완납한 때에 확정되는 것과 마찬가지로, 조세채권자가 체납처분을 하는 경우에도 선순위 근저당권자의 피담보채권은 그 근저당권이 소멸하는 시기, 즉 매수대금을 완납한 때 확정된다.

4. 근저당권 일부실행과 배당채권 확정효
대법원 1997. 2. 28. 선고, 96다495 판결

▍판시사항

근저당권자가 피담보채권의 일부만 기재하여 경매를 실행한 경우라도 배당받을 채권액은 신청한 금액으로 확정되는 것인지 여부(적극)

▍판결요지

근저당권자가 담보권 실행을 위한 경매를 신청한 때에는 그 때까지 기본계약에 의하여 발생되어 있는 채권으로서 피담보채권이 확정되는 것이고, 이때 신청채권자가 경매신청서에 피담보채권 중 일부만을 청구금액으로 기재하여 경매를 신청하였을 경우에는 다른 특별한 사정이 없는 한 신청채권자가 당해 경매절차에서 배당 받게 될 금액이 그 기재된 채권액을 한도로 확정되는 것일 뿐, 피담보채권이 경매신청서에 기재된 청구금액으로 확정되는 것은 아니다.

다만 신청채권자가 채권계산서를 제출하는 방법으로 청구금액을 확장할 수는 없다고 할 것이므로, 설사 신청채권자가 경매신청서에 기재하지 아니한 다른 피담보채권을 가지고 있었다고 하더라도 청구금액을 확장한 채권계산서를 제출하는 방법으로는 피담보채권액 중 경매신청 당시 청구금액을 초과하는 금액에 관하여는 배당에 참가할 수 없으므로, 배당법원으로서는 경매신청 당시의 청구금액만을 신청채권자에게 배당하면 족하다.

따라서 근저당권자가 달리 경락기일까지 이중경매를 신청하는 등 필요한 조치를

취하지 아니한 채 그대로 경매절차를 진행시켜 경매신청서에 기재된 청구금액을 기초로 배당표가 작성·확정되고 그에 따라 배당이 실시되었다면, 신청채권자가 청구하지 아니한 부분의 해당 금액이 후순위채권자들에게 배당되었다고 하더라도 이를 법률상 원인 없는 것이라고 볼 수 없다.

5. 확정된 근저당권의 효력
대법원 2007. 4. 26. 선고, 2005다38300 판결

판시사항
근저당권자의 피담보채권이 확정된 경우라도 그 원본채권으로 인하여 발생하는 이자나 지연손해금은 여전히 채권최고액 범위내에서 담보되는 것인지 여부(적극)

판결요지
경매신청 등의 사유로 인하여 근저당권의 피담보채권이 확정되었을 경우, 확정 이후에 새로운 거래관계에서 발생한 원본채권은 그 근저당권에 의하여 담보되지 아니하지만, 확정 전에 발생한 원본채권에 관하여는 확정 후에 발생하는 이자나 그 지연손해금 채권도 채권최고액 범위 내에서 그 근저당권에 의하여 여전히 담보되는 것이다.

6. 전유부분에 대한 저당권자의 배당권
대법원 1995. 8. 22. 선고, 94다12722 판결

판시사항
구분건물의 전유부분에 설정된 저당권이라도 그 대지지분에 대한 매각대금으로부터도 배당을 받을 수 있는지 여부(적극)

판결요지
구분건물의 전유부분만에 관하여 설정된 저당권의 효력은 대지사용권의 분리처분이 가능하도록 규약으로 정하는 등의 특별한 사정이 없는 한 그 전유부분의 소유

자가 사후에라도 대지사용권을 취득함으로써 전유부분과 대지권이 동일 소유자의 소유에 속하게 되었다면 그 대지사용권에까지도 미치고, 여기의 대지사용권에는 지상권 등 용익권 이외에 대지소유권도 포함된다.

▌판결이유

「민법」 제358조 본문은 "저당권의 효력은 저당부동산에 부합된 물건과 종물에 미친다."고 규정하고 있는 바, 이 규정은 저당부동산에 종된 권리에도 유추 적용된다고 할 것이고(당원 1992. 7. 14. 선고 92다527 판결; 1993. 12. 10. 선고 93다42399 판결 등 참조), 한편 「집합건물의 소유 및 관리에 관한 법률」 제20조 제1항은 "구분소유자의 대지사용권은 그가 가지는 전유부분의 처분에 따른다.", 제2항은 "구분소유자는 그가 가지는 전유부분과 분리하여 대지사용권을 처분할 수 없다. 다만, 규약으로써 달리 정한 때에는 그러하지 아니하다."고 규정하고 있고, 같은 법 제2조 제6항은 "대지사용권이라 함은 구분소유자가 전유부분을 소유하기 위하여 건물의 대지에 대하여 가지는 권리를 말한다."고 규정하고 있으므로, 구분건물의 전유부분만에 관하여 설정된 저당권의 효력은 대지사용권의 분리처분이 가능하도록 규약으로 정하는 등의 특별한 사정이 없는 한 그 전유부분의 소유자가 사후에라도 대지사용권을 취득함으로써 전유부분과 대지권이 동일소유자의 소유에 속하게 되었다면 그 대지사용권에까지 미치고 여기의 대지사용권에는 지상권 등 용익권 이외에 대지소유권도 포함된다고 해석함이 상당하다고 할 것이다.

이 사건 구분건물의 전유부분과 대지권을 분리하여 처분하는 것이 가능하도록 규약으로 정하였다는 등의 특별한 사정을 인정할 증거가 없는 이 사건에 있어서 위에서 본 바와 같이 이 사건 구분건물의 전유부분의 소유자인 소외 안삼영이 그 전유부분에 대하여만 원고에게 근저당권을 설정하여 준 후, 이 사건 대지권에 대한 등기를 함으로써 그 전유부분과 대지권이 동일소유자의 소유에 속하게 된 이상 그 전유부분에 대한 근저당권은 대지권에 대하여도 미친다고 할 것이므로, 이 사건 경락대금 중 대지권에 대한 부분에 대하여도 원고가 위 대지권등기 이후에 담보가등기를 설정한 피고보다 우선하여 변제받을 권리가 있다고 할 것이고, 따라서 원고는 피고에 대하여 이 사건 배당표 중 피고에게 배당한 위 금 96,804,720원을 원고에게 배당하는 것으로 변경하는 청구를 할 수 있다고 할 것이다.

7. 다른 채권자의 경매실행과 공동 저당권자의 배당권
대법원 2006. 10. 27. 선고, 2005다14502 판결

▌판시사항
다른 채권자가 공동담보물의 경매를 실행한 경우에도 저당권자가 직접 경매를 실행한 경우와 같이 각 부동산의 경매대가에 비례하여 저당권자가 배당우선권을 갖게 되는 것인지 여부(적극)[23)]

▌판결요지
「민법」 제368조 제1항은 공동 저당권의 목적물 전체의 환가대금을 동시에 배당하는 동시배당인 경우에 공동 저당권자의 실행선택권과 우선변제권을 침해하지 않는 범위 내에서 각 부동산의 책임을 안분시킴으로써 각 부동산상의 소유자와 차순위 저당권자 기타의 채권자의 이해관계를 조절하고, 같은 조 제2항은 대위제도를 규정하여 공동 저당권의 목적 부동산 중 일부의 경매대가를 먼저 배당하는 이시배당의 경우에도 최종적인 배당의 결과가 동시배당의 경우와 같게 함으로써 공동 저당권자의 실행선택권 행사로 인하여 불이익을 입은 차순위 저당권자를 보호하는 데 그 취지가 있는 것인바, 위 조항들은 공동 근저당권의 경우에도 적용되고, 또한 공동 근저당권자 스스로 경매를 실행하는 경우는 물론 타인이 실행한 경매에서도 그대로 적용된다.

8. 공동 저당권자의 배당권 범위
대법원 2006. 10. 27. 선고, 2005다14502 판결

▌판시사항
공동 저당권자가 일부 부동산에 대한 수용보상금 배당절차에서 채권최고액 범위 내에서 전액 배당받은 경우라면, 더 이상 우선변제권을 행사할 수 없는 것인지 여부(적극)

---

23) 「민법」 제368조 제1항에서 말하는 "각 부동산의 경매대가"라 함은 매각대금에서 당해 부동산이 부담할 경매비용과 선순위채권을 공제하고 남은 잔액을 말한다(대법원 2003. 9. 5. 선고, 2001다66291 판결).

판결요지

공동담보 목적 부동산인 토지가 수용됨으로써 피고가 물상대위 법리에 따라 불가피하게 그 수용보상금에 대한 배당절차에 참가하여 자신의 우선변제권 범위의 채권최고액에 해당하는 전액을 배당받게 된 것이라면, 공동 근저당권자로서는 다른 부동산에 대한 임의경매절차에서 다시 반복하여 우선변제권을 행사할 수 없다고 볼 것이다.

판결이유

「민법」 제368조 제1항은 "동일한 채권의 담보로 수개의 부동산에 저당권을 설정한 경우에 그 부동산의 경매대가를 동시에 배당하는 때에는 각 부동산의 경매대가에 비례하여 그 채권의 분담을 정한다."라고 규정하고 있으며, 제2항은 "전항의 저당부동산 중 일부의 경매대가를 먼저 배당하는 경우에는 그 대가에서 그 채권 전부의 변제를 받을 수 있다. 이 경우에 그 경매한 부동산의 차순위 저당권자는 선순위 저당권자가 전항의 규정에 의하여 다른 부동산의 경매대가에서 변제 받을 수 있는 금액의 한도에서 선순위자를 대위하여 저당권을 행사할 수 있다."라고 규정하고 있는바, 공동 저당권의 목적인 수개의 부동산이 동시에 경매된 경우 공동 저당권자로서는 어느 부동산의 경매대가로부터 배당받든 우선변제권이 충족되기만 하면 되지만, 각 부동산의 소유자나 차순위 담보권자 기타의 채권자에게는 어느 부동산의 경매대가가 공동 저당권자에게 배당되는지에 관하여 중대한 이해관계를 갖게 되므로, 「민법」 제368조 제1항은 공동 저당권의 목적물의 전체 환가대금을 동시에 배당하는 이른바 동시배당의 경우에 공동 저당권자의 실행선택권과 우선변제권을 침해하지 않는 범위 내에서 각 부동산의 책임을 안분시킴으로써 각 부동산상의 소유자와 차순위 저당권자 기타의 채권자의 이해관계를 조절하고, 같은 조 제2항은 대위제도를 규정하여 공동 저당권의 목적 부동산 중 일부의 경매대가를 먼저 배당하는 이른바 이시배당의 경우에도 최종적인 배당의 결과가 동시배당의 경우와 같게 함으로써 공동 저당권자의 실행선택권 행사로 인하여 불이익을 입은 차순위 저당권자를 보호하는 데 그 취지가 있다고 할 것이다.

「민법」 제368조는 공동 근저당권의 경우에도 적용되는 것이고, 또한 공동 근저당권자 스스로 경매를 실행하는 경우는 물론 타인이 실행한 경매에서 우선배당을 받는 경우에도 적용된다고 할 것인데, 원심 판시와 같이 해석할 경우 공동 근저당권자는 타인이 실행한 공동 근저당권의 목적 부동산 중 일부 부동산에 대한 경매에서 채권최고액만큼 전액 배당을 받고도, 자신이 실행한 것이 아니라는 이유로 다른 공동 근저당권의 목적 부동산에서 또다시 일반 채권자 또는 후순위 담보권자에 우선하여 나머지 피담보채권 범위 내의 채권최고액을 배당받을 수 있게 되고, 반면 먼저 경매가 실행된 부동산의 후순위권자로서는 대위가 불가능하게 되므로, 이러한 점에서 「민법」 제368조의 취지는 몰각된다고 볼 수밖에 없다.

그리고 공동 근저당권의 목적물이 물상보증인의 소유일 경우 물상보증인은 자신이 부담하게 될 책임의 한도가 채권최고액 상당액이라고 믿게 마련인데, 원심의 판단에 의하면 이 경우 물상보증인은 채권최고액 해당액만큼 수차에 걸쳐 책임을 부담하게 되는바, 이와 같이 공동 근저당권자가 적극적으로 경매를 신청하였는지 아니면 제3자의 경매신청에 소극적으로 참가하였는지의 여부에 의하여 물상보증인의 책임이 그 담보제공 의사와 무관하게 결정된다면 이는 불합리하다고 볼 수밖에 없을 뿐 아니라, 나아가 앞에서 본 바와 같은 이유로 물상보증인의 대위권도 침해되는 부당한 결과를 낳게 되는 것이다.

비록 공동담보의 목적 부동산인 부천시 토지가 수용됨에 따라 피고가 물상대위의 법리에 의하여 불가피하게 그 수용보상금에 대한 배당절차에 참가함으로써 배당을 받게 된 것이라고 하더라도, 그 배당절차에서 자신의 우선변제권을 행사하여 우선변제권 범위의 채권최고액에 해당하는 전액을 배당받은 피고로서는 이 사건 부동산에 대한 임의경매절차에서 다시 반복하여 공동 근저당권자로서의 우선변제권을 행사할 수 없다고 볼 것이다.

9. 피담보채무 확정 전 일부 대위변제 효과

대법원 2002. 7. 26. 선고, 2001다53929 판결

▌판시사항

근저당권자의 피담보채권이 확정되기 전에 채권의 일부를 대위변제한 경우라도 근저당권의 일부가 대위변제자에게 당연히 이전되는지 여부(소극)

판결요지

변제할 정당한 이익이 있는 자가 채무자를 위하여 채권의 일부를 대위변제할 경우 대위변제자는 변제한 가액 범위 내에서 종래 채권자가 가지고 있던 채권 및 담보에 관한 권리를 법률상 당연히 취득하게 되는 것이므로, 채권자가 부동산에 대하여 근저당권을 가지고 있는 경우에는, 채권자는 대위변제자에게 일부 대위변제에 따른 저당권의 일부이전 부기등기를 경료해 주어야 할 의무가 있다 할 것이나, 이 경우에도 채권자는 일부 변제자에 대하여 우선변제권을 가지고 있다 할 것이고, 근저당권이라고 함은 계속적인 거래관계로부터 발생하고 소멸하는 불특정다수의 장래채권을 결산기에 계산하여 잔존하는 채무를 일정한 한도액의 범위 내에서 담보하는 저당권이어서, 거래가 종료하기까지 채권은 계속적으로 증감 변동하는 것이므로, 근저당 거래관계가 계속 중인 경우 즉, 근저당권의 피담보채권이 확정되기 전에 그 채권의 일부를 양도하거나 대위변제한 경우라도 근저당권이 양수인이나 대위변제자에게 이전할 여지는 없다고 할 것이다.

10. 제3취득자의 일부 대위변제 효과

대법원 2007. 4. 26. 선고, 2005다38300 판결

판시사항

근저당권의 피담보채권이 제3자의 변제 등으로 일부 소멸하였으나 그 잔존액은 여전히 채권최고액을 초과하는 경우, 제3취득자는 그 부동산에 대하여 부담하게 되는 자신의 책임이 위 변제 등으로 감축되었음을 주장할 수 있는지 여부(소극)

판결요지

근저당권의 목적이 된 부동산의 제3취득자는 근저당권의 피담보채무에 대하여 채권최고액을 한도로 당해 부동산에 의한 담보책임을 부담하므로, 제3취득자로서는 채무자 또는 제3자의 변제 등으로 피담보채권이 일부 소멸하였다고 하더라도 잔존 피담보채권이 채권최고액을 초과하는 한 담보부동산에 의한 자신의 책임이 그 변제 등으로 인하여 감축되었다고 주장할 수 없다.

11. 임금 우선변제와 저당권자의 법정대위권
대법원 2002. 12. 10. 선고, 2002다48399 판결

▌판시사항
사용자의 부동산 중 일부가 먼저 경매되어 그 경매대가에서 선순위 임금채권자들이 우선변제를 받음으로써 후순위 저당권자가 불이익을 받은 경우, 저당권자는 사용자의 다른 각 부동산에 대한 경매대가로부터 임금채권자가 배당받게 될 금액에 대하여도 당연히 대위할 수 있는지 여부(적극)

▌판결요지
임금채권 우선특권은 사용자의 총재산에 대하여 저당권 등에 의하여 담보된 채권, 조세 등에 우선하여 변제받을 수 있는 이른바 법정 담보물권으로서, 사용자 소유의 수 개의 부동산 중 일부가 먼저 경매되어 그 경매대가에서 임금채권자가 우선특권에 따라 우선변제를 받은 결과 그 경매한 부동산의 저당권자가 「민법」 제368조 제1항에 의하여 위 수 개의 부동산으로부터 임금채권이 동시 배당되는 경우보다 불이익을 받은 경우에는, 같은 조 제2항 후문을 유추 적용하여 위와 같이 불이익을 받은 저당권자로서는 임금채권자가 위 수 개의 부동산으로부터 동시에 배당받았다면 다른 부동산의 경매대가에서 변제 받을 수 있었던 금액 한도 안에서 선순위자인 임금채권자를 대위하여 다른 부동산의 경매절차에서도 우선하여 배당받을 수 있다.

12. 임금채권을 가압류한 경우 저당권자의 대위권
대법원 2002. 12. 10. 선고, 2002다48399 판결

▌판시사항
임금채권자를 대위하는 저당권자는 임금채권자가 경매목적 부동산에 대하여 가압류를 해 둔 경우라면 배당요구를 하지 않았더라도 가압류의 피보전채권액 범위 내에서 당연히 배당받을 수 있는지 여부(적극)

▌판결요지
임금채권자를 대위하는 저당권자는 구 「민사소송법」 (2002. 1. 26. 법률 제6626호

로 전문 개정되기 전의 것) 제728조에 의하여 담보권실행을 위한 경매절차에 준용되는 제605조 제1항에 따라 경락기일까지 배당요구를 한 경우에 한하여 배당을 받을 수 있고, 다만 경매절차가 개시되기 전에 그 경매목적물인 부동산을 가압류한 채권자는 배당요구를 하지 아니하더라도 배당요구를 한 것과 동일하게 취급되므로, 사용자 소유의 부동산을 가압류한 임금채권자가 다른 부동산의 경매절차에서 우선특권에 따라 우선변제를 받고 이로 인하여 불이익을 받은 저당권자가 임금채권자가 가압류한 부동산의 경매절차에서 임금채권자를 대위하여 배당받는 경우에는 배당표가 확정되기 전까지는 그 가압류의 피보전채권이 우선특권 있는 임금채권으로서 그 임금채권자를 대위할 권리가 있음을 소명하면 배당요구종기일까지 배당요구를 하지 아니하였다고 하더라도 임금채권자를 대위하여 배당에 참가할 수 있다.

13. 조세 우선특권에 기한 저당권자의 대위권
대법원 2001. 11. 27. 선고, 99다22311 판결

▌판시사항

납세의무자의 소유에 속한 수 개의 부동산 중 일부가 먼저 경매되어 과세관청이 조세를 우선변제 받게 된 결과, 저당권자가 동시배당의 경우보다 불이익을 받은 경우라면 조세채권자를 대위할 수 있는 것인지 여부(적극)

▌판결요지

납세의무자 소유의 수 개의 부동산 중 일부가 먼저 경매되어 과세관청이 조세 우선특권에 의하여 조세를 우선변제 받은 결과 그 경매 부동산의 저당권자가 「민법」 제368조 제1항에 의하여 위 수 개의 부동산으로부터 조세채권이 동시 배당되는 경우보다 불이익을 받은 경우에는, 같은 조 제2항 후문을 유추 적용하여 위 저당권자는 과세관청이 위 수 개의 부동산으로부터 동시에 배당받았다면 다른 부동산의 경매대가에서 변제를 받을 수 있었던 금액의 한도 내에서 선순위자인 조세채권자를 대위하여 다른 부동산의 경매절차에서도 우선하여 배당받을 수 있으나, 여기서 저당권자는 당해 조세 우선특권이라는 법정 담보물권을 대위하여 행사하는 것일 뿐이고, 나아가 과세관청이 갖는 기본적 조세채권이나 별개의 토지에 대하여 취득하여

둔 조세저당권에까지는 대위할 수 없다.

14. 부적법 말소된 근저당권자의 배당권
대법원 2002. 10. 22. 선고, 2000다59678 판결

▌판시사항

근저당권 등기가 불법으로 말소된 경우라면 기존 권리순위를 기준으로 당연히 배당 받을 수 있는 것인지 여부(적극)

▌판결요지

등기는 물권의 효력발생 요건이고 존속요건은 아니어서 등기가 원인 없이 말소된 경우에는 그 물권의 효력에는 아무런 영향이 없고, 그 회복등기가 마쳐지기 전이라도 말소된 등기의 등기명의인은 적법한 권리자로 추정되므로, 근저당권 설정등기가 위법하게 말소되어 아직 회복등기를 경료하지 못한 연유로 그 부동산에 대한 경매절차의 배당기일에서 피담보채권액에 해당하는 금액을 배당받지 못한 근저당권자는 배당기일에 출석하여 이의를 하고 배당이의의 소를 제기하여 구제받을 수 있고, 가사 배당기일에 출석하지 않음으로써 배당표가 확정되었다고 하더라도, 확정된 배당표에 의하여 배당을 실시하는 것은 실체법상 권리를 확정하는 것이 아니기 때문에 위 경매절차에서 실제로 배당받은 자에 대하여 그 근저당권 설정등기가 말소되지 아니하였더라면 배당받았을 금액을 한도로 하여 부당이득반환 청구를 할 수 있다.

15. 저당권자의 물상대위권 행사
대법원 2003. 3. 28. 선고, 2002다13539 판결

▌판시사항

저당권자가 물상대위권을 행사하기 위해서는 배당요구종기일까지 담보권의 존재를 증명하는 서면을 집행법원에 제출하고 채권압류 및 전부명령을 신청하거나, 배당요구 신청을 하여야 되는지 여부(적극)

▌판결요지

「민법」 제370조, 제342조에 의한 저당권자의 물상대위권 행사는 구 「민사소송법」 (2002. 1. 26. 법률 제6626호로 전문 개정되기 전의 것) 제733조에 의하여 담보권의 존재를 증명하는 서류를 집행법원에 제출하여 채권압류 및 전부명령을 신청하거나, 구 「민사소송법」 제580조에 의하여 배당을 요구하는 방법에 의하여 하는 것이고, 이는 늦어도 구 「민사소송법」 제580조 제1항 각 호 소정의 배당요구종기일까지는 하여야 하는 것으로, 그 이후에는 물상대위권자로서의 우선변제권을 행사할 수 없다고 하여야 할 것인 바, 물상대위권자로서의 권리행사 방법과 시한을 위와 같이 제한하는 취지는 물상대위의 목적인 채권의 특정성을 유지하여 그 효력을 보전하고 평등배당을 기대한 다른 일반채권자의 신뢰를 보호하는 등, 제3자에게 불측의 손해를 입히지 아니함과 동시에 집행절차의 안정과 신속을 꾀하고자 함에 있다.

Ⅲ. 담보가등기권자에 대한 배당

1. 1984. 1. 1. 이전 설정된 담보가등기에 대한 배당

대법원 1997. 12. 26. 선고, 97다33584, 33591 판결

▌판시사항

「가등기담보 등에 관한 법률」이 시행되기 전에 설정된 담보목적 가등기에도 「가등기담보 등에 관한 법률」 제13조 소정의 우선변제권이 인정되는지 여부(소극)

▌판결요지

「가등기담보 등에 관한 법률」이 시행되기 전에는 채권담보 목적으로 소유권이전청구권 가등기가 마쳐진 경우라도 그 가등기에는 순위보전 효력만 인정될 뿐 우선변제권은 인정되지 않았고, 「가등기담보 등에 관한 법률」이 제정됨으로써 비로소 법 제13조에 의하여 채권담보 목적으로 설정된 가등기에 우선변제권을 인정하게 되었으며, 부칙 제1항은 "이 법은 1984. 1. 1.부터 시행한다."라고 규정하고, 제2항은 "이 법 시행 전에 성립한 담보계약에 대하여는 이 법을 적용하지 아니한다."라고 규

정하고 있으므로, 부칙 조항의 내용 및 취지에 비추어 볼 때 채권자와 채무자가 가등기를 마치기로 하는 담보계약을 체결하고 동법 시행일 이전에 그 가등기를 마친 경우라면 위 법이 적용되지 아니하므로 우선변제권도 인정되지 아니한다.

2. 담보가등기권자에 대한 배당 요건
대법원 2008. 9. 11. 선고, 2007다25278 판결

판시사항

집행법원이 정한 일정한 기간 안에 채권신고를 하지 않은 경우라면 담보가등기권자는 배당을 받을 수 없게 되는지 여부(적극)

판결요지

「가등기담보 등에 관한 법률」 제16조는 소유권 이전에 관한 가등기가 되어 있는 부동산에 대하여 경매 등의 개시결정이 있는 경우, 법원은 가등기권리자에 대하여 그 가등기가 담보가등기인 때에는 그 내용 및 채권의 존부 · 원인 및 액수를, 담보가등기가 아닌 경우에는 그 내용을 법원에 신고할 것을 상당한 기간을 정하여 최고하여야 하고(제1항), 압류등기 전에 경료된 담보가등기 권리가 매각에 의하여 소멸하는 때에는 제1항의 채권신고를 한 경우에 한하여 그 채권자는 매각대금으로부터의 배당 또는 변제금의 교부를 받을 수 있다고 규정하고 있으므로(제2항), 위 제2항에 해당하는 담보가등기권자가 집행법원이 정한 기간 안에 채권신고를 하지 아니하였다면 매각대금에 대하여 배당 받을 권리를 상실한다.

판결이유

원심은 그 채용 증거를 종합하여, 집행법원은 2003. 7. 25. 원고에게 그 명의의 가등기가 담보가등기인 경우에는 그 내용 및 채권의 존부 · 원인 및 액수를, 담보가등기가 아닌 경우에는 그 내용을 배당요구종기인 2003. 9. 29.까지 신고할 것과, 담보가등기인 경우 위 기간 내에 채권신고를 한 경우에 한하여 배당에 참가할 수 있으니 그때까지 채권신고를 하라는 취지를 기재한 최고서를 원고의 등기부상 주소지로 발송하였고, 원고에게 최고서 송달이 불능이 되자 2003. 8. 7. 최고서를 원고의 등기부상 주소지로 등기우편에 의하여 발송하였으며, 그 후 집행법원은 배당요구의

종기를 2004. 2. 4.로 연기하고 다시 채권신고의 최고서를 원고의 등기부상 주소지로 등기우편에 의하여 발송하였는데, 원고는 이 사건 부동산 임의경매 집행절차의 배당요구종기인 2004. 2. 4.을 경과한 2004. 2. 9.에 이르러서야 집행법원에 배당을 요구한 사실을 인정한 다음, 경매절차의 획일성 · 신속성 및 안정성을 감안한 관련 규정 및 「민사집행법」의 취지 등에 비추어 집행법원이 원고에 대하여 한 위 최고서의 송달은 적법하다고 볼 것이고, 나아가 원고는 배당요구종기까지 적법한 배당요구를 한 바 없어 배당표에 대한 이의를 할 수 없으므로, 이 사건 배당이의의 소를 제기할 원고 적격이 없다고 판단하였다.

「가등기담보 등에 관한 법률」 제16조는 소유권의 이전에 관한 가등기가 되어 있는 부동산에 대한 경매 등의 개시결정이 있는 경우, 법원은 가등기권리자에 대하여 그 가등기가 담보가등기인 때에는 그 내용 및 채권의 존부 · 원인 및 수액을, 담보가등기가 아닌 경우에는 그 내용을 법원에 신고할 것을 상당한 기간을 정하여 최고하여야 하고(제1항), 압류등기 전에 경료된 담보가등기 권리가 매각에 의하여 소멸되는 때에는 제1항의 채권신고를 한 경우에 한하여 그 채권자는 매각대금의 배당 또는 변제금의 교부를 받을 수 있다고 규정하고 있으므로(제2항), 위 제2항에 해당하는 담보가등기 권리자가 집행법원이 정한 기간 안에 채권신고를 하지 아니하면 매각대금의 배당을 받을 권리를 상실한다고 할 것이다.

원심판결은 그 이유에서 배당요구와 가등기권리자의 채권신고를 혼동한 듯한 표현을 하는 등 일부 부적절한 설시가 없지 아니하나, 가등기권자에 대한 위 채권신고 최고도 민사집행절차 상의 최고 중의 하나로서 상당하다고 인정하는 방법으로 할 수 있는 것이고, 나아가 위 제2항에 해당하는 가등기권리자임을 주장하는 원고가 집행법원이 정한 채권신고기간 안에 신고를 하지 아니함으로써 이 사건 집행절차에서 배당 받을 자격을 상실하였음이 분명하니, 원고에 대한 이 사건 채권신고 최고가 적법하고, 또한 원고에게 배당이의의 소를 제기할 적격이 없다고 한 원심의 판단은 결론적으로 모두 정당한 것이라 하겠고, 거기에 법리오해 등의 위법은 없다.

3. 가등기권자에 대한 채권신고 최고의 취지
서울남부지법 2006. 5. 26. 선고, 2005가합14039 판결

판시사항

집행법원이 「가등기담보 등에 관한 법률」 제16조 제1항에 따라 가등기권자에게 담보가등기 여부에 대한 최고를 하게 되는 제도의 취지

판결요지

「가등기담보 등에 관한 법률」 제16조 제2항의 취지는 잉여 유무의 판단뿐만 아니라 이해관계가 복잡하게 얽힌 경매절차에서 가등기가 이해관계인에게 미치는 영향이 크기 때문에 가등기가 되어 있는 부동산에 대한 경매 등의 개시결정이 있는 경우, 그 가등기가 담보가등기인지 순위보전 가등기인지를 조기에 확정하여 경매절차의 신속 안정을 도모하기 위하여 상당한 기한까지 채권신고를 하게 하고 그렇지 아니한 경우에는 담보가등기권리자나 실질적인 채권자라고 하더라도 일률적으로 배당을 받을 수 없도록 규정한 것이기 때문에, 담보가등기권리자가 「가등기담보 등에 관한 법률」 제16조 제1항의 신고기간을 도과하여 채권신고(포괄 배당요구)를 한 경우라면 배당을 받을 수 없다.

판결이유

「가등기담보 등에 관한 법률」 제16조 제2항은 "압류등기 전에 경료된 담보가등기권리가 매각에 의하여 소멸되는 때에는 제1항의 채권신고를 한 경우에 한하여 그 채권자는 매각대금의 배당 또는 변제금의 교부를 받을 수 있다."고 규정하고 있는데, 위 법 제16조의 취지는 잉여유무에 대한 판단뿐만 아니라 이해관계가 복잡하게 얽힌 경매절차에서 더구나 후순위 가등기의 경우에는 말소될 운명에 있어 이해관계인에게 미치는 영향이 지대하므로 가등기가 되어 있는 부동산에 대한 경매 등의 개시결정이 있는 경우 그 가등기가 담보가등기인지 순위보전 가등기인지를 조기에 확정하여 경매절차의 신속과 안정을 도모하기 위하여 상당한 기한까지 채권신고를 하게 하고 그렇지 아니한 경우에는 담보가등기권자나 실질적인 채권자라고 하더라도 일률적으로 배당을 받을 수 없도록 규정한 것으로 보이는 점, 담보가등기권자는 근

저당권자와 달리 배당요구를 하여야 배당에 참가할 수 있는 채권자로서 배당요구의 종기까지 배당요구를 한 경우에 한하여 비로소 배당을 받을 수 있는 바, 배당요구채권자가 적법한 배당요구를 하지 아니한 경우에는 실체법상 우선변제청구권이 있더라도 매각대금으로부터 배당을 받을 수는 없고(대법원 2002. 1. 25. 선고 2001다11055 판결 등 참조), 배당요구채권자가 적법한 배당요구를 하지 아니하여 그를 배당에서 제외하는 것으로 배당표가 작성 · 확정되고 그 확정된 배당표에 따라 배당이 실시되었다면 그가 적법한 배당요구를 한 경우에 배당받을 수 있었던 금액 상당의 금원이 후순위채권자에게 배당되었다고 하여 이를 법률상 원인이 없는 것이라고 할 수 없는 점(대법원 2002. 1. 22. 선고 2001다70702 판결 등 참조) 등을 고려할 때, 경매법원이 기한을 경과하여 채권신고를 한 원고들을 배당에서 제외한 것은 정당하다고 할 것이다.

4. 배당 제외된 담보가등기권자의 부당이득반환청구권
대법원 2002. 1. 22. 선고, 2001다70702 판결

▌판시사항

담보가등기권자가 집행법원의 배당신청 최고에 응하지 않았거나 최고기한을 도과함으로써 배당에서 제외된 경우라면 배당받은 후순위채권자를 상대로 부당이득반환을 청구할 수 있는지 여부(소극)

▌판결요지

「민사소송법」 제605조 제1항에서 규정하는 배당요구가 필요한 배당요구채권자는, 압류의 효력발생 전에 등기한 가압류채권자, 경락으로 인하여 소멸하는 저당권자 및 전세권자로서 압류의 효력발생 전에 등기한 자 등 당연히 배당을 받을 수 있는 채권자의 경우와 달리, 배당요구종기일까지 배당요구를 한 경우에 한하여 비로소 배당을 받을 수 있고, 적법한 배당요구를 하지 아니한 경우에는 비록 실체법상 우선변제청구권이 있다 하더라도 경락대금으로부터 배당을 받을 수 없는 것이므로, 이러한 배당요구채권자가 적법한 배당요구를 하지 아니하여 그를 배당에서 제외하는 것으로 배당표가 작성 · 확정되고 그 확정된 배당표에 따라 배당이 실시되었다면,

그가 적법한 배당요구를 한 경우에 배당받을 수 있었던 금액 상당의 금원이 후순위 채권자에게 배당되었다고 하여도 이를 법률상 원인 없는 것이라고는 할 수 없다.

Ⅳ. 전세권자에 대한 배당

1. 부분 전세권이 구분건물 전세권으로 된 경우 대지지분에 대한 배당권
대법원 2002. 6. 14. 선고, 2001다68389 판결

▌판시사항

건물의 일부에만 설정된 전세권이 추후 집합건물이 됨으로써 구분건물의 전유부분에 대한 전세권으로 변경된 경우라면 전세권의 효력은 대지권에도 미칠 수 있는지 여부(한정적극)

▌판결요지

집합건물이 되기 전에 건물의 일부에 관하여 전세권이 설정되었다가 그 건물이 집합건물로 된 후 그 전세권이 구분건물의 전유부분만에 관한 전세권으로 이기된 경우라면, 구분소유자가 가지는 전유부분과 대지사용권의 분리처분이 가능하도록 규약으로 정하는 등 특별한 사정이 없는 한, 그 전유부분의 소유자가 대지사용권을 취득함으로써 전유부분과 대지권이 동일한 소유자에게 귀속하게 되었다면 위 전세권의 효력은 대지권에도 미치는 것이므로 동 매각대금으로부터도 순위에 따른 배당권이 있다.

2. 구분건물 전세권자의 대지지분에 대한 배당권
대법원 2002. 6. 14. 선고, 2001다68389 판결

▌판시사항

구분건물의 전유부분에 대한 전세권은 대지권이 성립되기 전에 설정된 저당권에도 우선하여 배당받을 수 있는지 여부(소극)

판결요지

집합건물에 관하여 경매가 실행된 경우 대지권의 환가대금에 대한 전세권자의 배당순위는 대지사용권이 성립되기 전에 이미 토지에 설정된 저당권보다 우선한다고는 할 수 없는 바, 이는 대지사용권에 대한 전세권의 효력은 대지사용권이 성립함으로써 비로소 효력이 미치게 되는 것이므로 대지사용권이 성립하기 전에 그 토지에 관하여 이미 저당권을 가지고 있던 자의 권리를 해쳐서는 안되기 때문이다.

판결이유

집합건물이 되기 전의 상태에서 건물만에 관하여 설정한 전세권은 집합건물로 된 후 등기된 대지권에 관하여는 그 효력이 미치지 않는다고 한 원심의 판단은 상고이유의 지적과 같이 잘못이라 하겠으나, 그렇다고 하여 집합건물에 관하여 경매가 실행된 경우 대지권의 환가대금에 대한 배당순위에 있어서, 위 전세권이 대지사용권이 성립하기 전의 토지에 대하여 이미 설정된 저당권보다 우선한다고는 할 수 없다. 대지사용권에 대한 전세권의 효력은 대지사용권이 성립함으로써 비로소 미치게 되는 것이므로 대지사용권이 성립하기 전에 그 토지에 관하여 이미 저당권을 가지고 있는 자의 권리를 해쳐서는 안되기 때문이다.

결국 원심이 이 사건 대지권 부분의 경락대금에 관하여 저당권자인 원고가 우선변제를 받을 권리가 있다는 이유로 원고의 청구를 받아들인 조치는 결과적으로 정당하고, 원심판결에 상고이유에서 주장하는 바와 같이 채증법칙 위배로 인한 사실오인 등의 위법이 없다.

3. 부분 전세권자의 배당권

대법원 1992. 3. 10. 선고, 91마256, 91마257 결정

판시사항

건물의 일부에 대하여 전세권을 설정한 경우 그 전세권자가 전세권의 목적물이 아닌 나머지 건물부분에 대해서도 후순위 권리자보다 배당우선권을 갖게 되는지 여부(적극)

▌결정요지

건물의 일부에 대하여 전세권이 설정되어 있는 경우 그 전세권자는「민법」제303조 제1항, 제318조의 규정에 의하여 그 건물 전부에 대하여 후순위 권리자 기타 채권자보다 전세금의 우선변제를 받을 권리가 있고, 전세권설정자가 전세금의 반환을 지체한 때에는 전세권의 목적물에 대한 경매를 청구할 수 있다고 할 것이나, 전세권의 목적물이 아닌 나머지 건물부분에 대하여는 우선변제권은 별론으로 하고라도 경매신청권은 없다.

4. 인수대상 전세권자에 대한 배당효과

대법원 2007. 1. 11. 선고, 2006다59762 판결

▌판시사항

매수인에게 인수되는 선순위 전세권에 대하여 집행법원이 배당을 한 경우, 그 전세권자는 후순위 배당권자에게 부당이득반환의무가 있는지 여부(적극)

▌판결요지

인수되는 전세권이 있음에도 불구하고 집행법원이 배당을 한 경우라면 동 전세권자는 법률상 원인 없이 배당 받은 금액 상당의 이득을 얻은 것이므로, 이로 인하여 배당을 받지 못하였거나 배당에 부족함이 있는 후순위 채권자들에 대하여 배당액 상당의 부당이득반환의무가 있는 것이다.

▌판결이유

원심판결 이유에 의하면, 원심은 그가 적법하게 채용한 증거에 의하여 인정한 사실관계에 기초하여, 피고의 전세권은 구「민사소송법」(2002. 1. 26. 법률 제6626호로 전문 개정되기 전의 것) 제608조 제2항에 따라 이 사건 경매의 낙찰로 인하여 소멸되는 전세권이 아니라 낙찰자에게 인수되는 전세권이므로, 경매법원으로서는 매각대금의 배당을 행함에 있어 위 전세권에 대하여는 배당을 하지 않았어야 함에도 이를 배당한 잘못이 있다 할 것이고, 위와 같은 경매법원의 잘못된 배당으로 인하여 피고는 법률상 원인 없이 위 전세권에 기한 배당액인 금 250,000,000원의 이득을 얻

고, 원고는 자신의 전세권에 기하여 배당받아야 할 돈 중 금 92,260,258원(=150,000,000원 - 57,739,742원)을 배당받지 못하는 손해를 입었다고 판단하였다.

원심의 이와 같은 판단은 부당이득 법리에 부합하는 것으로서 정당하다 할 것이고, 상고이유에서 주장하는 바와 같이 만일 피고의 전세권이 소멸되지 않음을 전제로 이 사건 경매절차가 진행되었다면 그 낙찰금액은 피고의 전세금 상당액만큼 더 낮게 정하여졌을 것이라고 단정하기도 어렵거니와, 그러한 가능성이 있다고 하여 원래 배당하지 않아야 될 전세권에 대해 배당한 금액을 부당이득이 아니라고 할 수도 없으며, 그 밖에 원심판결에 상고 논지가 주장하는 법리오해 또는 심리미진의 잘못을 발견 할 수도 없다.

Ⅴ. 조세채권자에 대한 배당

1. 조세채권에 대한 배당요건
대법원 2001. 11. 27. 선고, 99다22311 판결

판시사항

실체법상 다른 채권에 우선한다는 이유만으로 적법한 교부청구가 없는 조세채권에 대하여도 배당할 수 있는지 여부(소극)

판결요지

「국세징수법」 제56조에 규정된 교부청구는 과세관청이 이미 진행 중인 강제환가절차에 가입하여 체납된 국세의 배당을 구하는 것으로서, 「민사소송법」에 규정된 부동산경매절차에서의 배당요구와 같은 성질의 것이므로 당해 국세는 교부청구 당시 체납되어 있음을 요하고 또한 과세관청이 배당요구종기일까지 교부청구를 한 경우에 한하여 비로소 배당 받을 수 있으며, 적법한 교부청구를 하지 아니한 세액은 그 국세채권이 실체법상 다른 채권에 우선하는 것인지 여부와 관계없이 배당 받을 수 없다.

2. 국세의 당해세 입법취지 등
대법원 1999. 3. 18. 선고, 96다23184 전원합의체 판결

▌판시사항
「국세기본법」 제35조 제1항 제3호 단서 소정의 '그 재산에 대하여 부과된 국세'(이른바 당해세)의 내용과 그 입법취지

▌판결요지
「국세기본법」 제35조 제1항 제3호는 공시를 수반하는 담보물권과 관련하여 거래의 안전을 보장하려는 사법적 요청과 조세채권의 실현을 확보하려는 공익적 요청을 적절하게 조화시키려는 데 그 입법취지가 있으므로, 당해세가 담보물권에 의하여 담보되는 채권에 우선한다고 하더라도 이로써 담보물권의 본질적 내용까지 침해되어서는 아니 되고, 따라서 같은 법 제35조 제1항 제3호 단서에서 말하는 "그 재산에 대하여 부과된 국세"라 함은 담보물권을 취득하는 사람이 장래 그 재산에 대하여 부과될 것을 상당한 정도로 예측할 수 있는 것으로서 오로지 당해 재산을 소유하고 있는 것 자체에 담세력을 인정하여 부과되는 국세만을 의미하는 것으로 보아야 한다.

3. 지방세의 당해세 입법취지 등
대법원 2002. 2. 8. 선고, 2001다74018 판결

▌판시사항
「지방세법」 제31조 제2항 제3호 소정의 '그 재산에 대하여 부과된 지방세'(이른바 당해세)의 내용과 그 입법취지

▌판결요지
「지방세법」(1995. 12. 6. 법률 제4995호로 개정된 것) 제31조 제2항 제3호는 공시를 수반하는 담보물권과 관련하여 거래의 안전을 보장하려는 사법적 요청과 조세채권의 실현을 확보하려는 공익적 요청을 적절하게 조화시키려는 데 그 입법취지가 있으므로, 당해세가 담보물권에 의하여 담보되는 채권에 우선한다고 하더라도 이로써 담보물권의 본질적 내용까지 침해되어서는 아니 되고, 따라서 같은 법 제31조 제2

항 제3호 괄호 안의 단서에서 말하는 '그 재산에 대하여 부과된 지방세'라 함은 담보물권을 취득하는 자가 장래 그 재산에 대하여 부과될 것을 상당한 정도로 예측할 수 있는 것으로서 오로지 당해 재산을 소유하고 있는 것 자체에 담세력을 인정하여 부과되는 지방세만을 의미하는 것으로 보아야 한다.

4. 압류선착주의와 '압류에 관계되는 국세'의 의미

대법원 2007. 12. 14. 선고, 2005다11848 판결

▌판시사항

압류선착주의를 규정하고 있는 「국세기본법」 제36조 제1항에서 말하는 '압류에 관계되는 국세'의 의미

▌판결요지

「국세기본법」 제36조 제1항은, 국세의 체납처분에 의하여 납세자의 재산을 압류한 경우에 다른 국세 · 가산금 · 체납처분비 또는 지방세의 교부청구가 있는 때에는 압류에 관계되는 국세 · 가산금 또는 체납처분비는 교부 청구한 다른 국세 · 가산금 · 체납처분비와 지방세에 우선하여 징수한다고 하여 이른바 압류선착주의를 규정하고 있고, 「국세징수법」 제47조 제2항은 같은 법 제45조에 의한 부동산 등의 압류는 당해 압류재산의 소유권이 이전되기 전에 법정기일이 도래한 국세에 대한 체납액에 대하여도 그 효력이 미친다고 규정하고 있는데, 위 규정 취지는 한번 압류등기를 하고 나면 동일한 자에 대한 압류등기 이후에 발생한 체납세액에 대하여도 새로운 압류등기를 거칠 필요 없이 당연히 압류의 효력이 미친다는 것이므로, 압류선착주의에서 의미하는 '압류에 관계되는 국세'란 압류의 원인이 된 국세뿐만 아니라, 위와 같이 「국세징수법」 제47조에 의하여 압류의 효력이 미치는 국세를 포함하는 것이다.

5. 배당금액이 부족한 경우와 국세 충당방법
대법원 2007. 12. 14. 선고, 2005다11848 판결

▎판시사항
「민사집행법」 상의 강제집행절차에서 세무서장이 「국세징수법」 제56조에 따라 집행법원에 체납국세에 대한 교부청구를 한 결과 배당된 금액이 당해 배당절차에서 교부 청구한 각 국세의 총액에 부족한 경우, 세무서장은 「민법」 상 법정 변제충당 법리에 따르지 않고 특정 국세에 임의로 충당할 수도 있는지 여부(적극)

▎판결요지
「민사집행법」 제145조는 경매절차의 매각대금은 「민법」·「상법」 그 밖의 법률에 의한 우선순위에 따라 배당하여야 한다고 규정하고 있으나, 동일 채권자에게 배당된 배당금이 그 채권자가 갖고 있는 복수의 채권을 전부 소멸시키기에 부족한 경우 그 충당에 관하여는 아무런 규정도 두고 있지 않으며, 「국세징수법」도 동일 징수권자의 복수의 국세충당에 관하여 규정하고 있지 않은 점, 조세채권의 특성 등에 비추어 볼 때, 「민사집행법」 상의 강제집행절차에서 세무서장이 「국세징수법」 제56조에 따라 집행법원에 체납국세에 대한 교부청구를 한 결과 배당된 배당금이 당해 배당절차에서 교부 청구된 여러 국세의 총액에 부족한 경우, 「국세징수법」에 의한 체납처분절차에서의 배분대금의 충당과 다른 법리에 의하도록 하는 것은 적절하다고 할 수 없으므로, 세무서장이 경매절차에서 받은 배당금을 「민법」 상 법정 변제충당 법리에 따르지 아니하고 어느 국세에 먼저 충당하였다고 하더라도, 체납자의 변제이익을 해하는 것과 같은 특별한 사정이 없는 한 이를 위법하다고 할 수는 없다.

6. 체납자의 부동산이 압류등기전 양도된 경우와 추급효
대법원 1998. 8. 21. 선고, 98다24396 판결

▎판시사항
체납처분에 따른 압류등기 이전에 체납자가 부동산을 제3자에게 양도한 경우라도 양도인의 국세 체납을 이유로 그 양도자산에 대하여 추급권을 행사할 수 있는지 여부(소극)

▌판결요지

납세의무자의 소유가 아닌 재산에 대하여는 국세를 징수할 수 없으므로 국세의 체납처분 등에 의하여 납세의무자의 재산이 압류되기 전에 제3자가 그 소유권을 취득하였다면 그 재산에 대하여는 원칙적으로 국세 우선징수권이 미치지 아니하므로, 부동산에 대한 강제집행절차가 진행되는 중에 그 목적물이 제3자에게 양도된 경우라면 그 이전에 양도인의 체납 국세에 관하여 체납처분 등으로 압류를 한 바 없다면, 그 이후에는 체납 국세에 관하여 교부청구를 하더라도 낙찰대금으로부터 배당을 받을 수 없고, 따라서 그러한 교부청구에 기하여 우선 배당을 받았다면 이는 다른 배당권자에 대한 관계에서는 부당이득이 된다.

7. 전소유자의 저당권과 조세채권 효력

대법원 2005. 3. 10. 선고, 2004다51153 판결

▌판시사항

저당 부동산이 저당권설정자로부터 제3자에게 양도된 경우, 양수인에게 부과된 국세 또는 지방세가 그 법정기일이 앞서거나 당해세라면 전소유자의 저당권부 채권에 우선하여 징수할 수 있는지 여부(소극)

▌판결요지

「국세기본법」 제35조 제1항 제3호의 규정 또는 「지방세법」 제31조 제2항 제3호의 규정에 의하여 국세나 지방세에 대하여 우선적으로 보호되는 저당권부 채권은 당해 저당권설정 당시의 저당권자와 설정자와의 관계를 기본으로 하여 그 설정자의 납세의무를 기준으로 한 취지라고 해석되고, 이러한 국세나 지방세 등의 우선징수로부터 배제되는 저당권부 채권은 설정자가 저당부동산을 제3자에게 양도하고 그 양수인에게 국세나 지방세의 체납이 있었다고 하더라도 특별규정이 없는 현행법 하에서는 그 보호적격이 상실되는 것은 아니라고 할 것이므로, 저당부동산이 저당권설정자로부터 제3자에게 양도되고 위 설정자에게 저당권에 우선하여 징수 당할 아무런 조세 체납이 없었다면 양수인인 제3자에 대하여 부과한 국세 또는 지방세를 법정기일이 앞선다거나 당해세라 하여 우선 징수할 수는 없다 할 것이고, 이러한 법리

는 저당부동산 양도와 함께 설정자인 양도인, 양수인 및 저당권자 등 3자의 합의에 의하여 저당권자와 양도인 사이에 체결되었던 저당권설정 계약상 양도인이 가지는 계약상의 채무자 및 설정자로서의 지위를 양수인이 승계하기로 하는 내용의 계약인수가 이루어진 경우라 하여도 달리 볼 것이 아니다.

Ⅵ. 가압류권자의 배당

1. 가압류채권자의 배당참가 요건
대법원 2003. 8. 22. 선고, 2003다27696 판결

▌판시사항

가압류결정을 받은 채권자라도 배당에 참가하기 위해서는 배당요구종기일까지 가압류 기입등기가 경료되어야 하는지 여부(적극)

▌판결요지

구「민사소송법」(2002. 1. 26. 법률 제6626호로 개정되기 전의 것) 제605조 제1항은 경매신청 등기 후에 가압류를 한 채권자는 경락기일까지 배당요구를 할 수 있다고 규정하고 있는 바, 여기서 배당요구를 할 수 있는 '가압류를 한 채권자'는 단순히 가압류결정을 받은 채권자가 아니라 당해 경매부동산에 대하여 가압류 집행을 마친 가압류채권자를 가리키는 것이므로, 만일 가압류집행 전에 가압류결정만을 제출하여 미리 배당요구를 하였다면 그 배당요구는 부적법하다고 할 것이고, 다만 그 후에 가압류집행이 됨으로써 배당요구 하자는 치유된다고 할 것이나, 이 경우에도 가압류집행은 배당요구종기까지는 이루어져야 할 것이다(따라서 가압류채권자는 가압류결정서 제출만으로도 배당요구를 할 수 있다는 취지의 원고의 상고이유는 이 점에서 이유가 없는 것이고, 이와 관련하여 원고가 들고 있는 판례는 이 사건과 사안을 달리하여 원용하기에 적절치 아니하다).

2. 피보전채권을 초과하는 금액에 대한 배당권
대법원 2006. 11. 24. 선고, 2006다35223 판결

▌판시사항

가압류권자가 피보전채권으로 채권의 원금만 기재한 경우, 동 금액을 넘어가는 이자 또는 지연손해금 채권에 대해서도 가압류에 따른 처분금지 효력을 주장할 수 있는지 여부(소극)

▌판결요지

가압류의 처분금지 효력이 미치는 객관적 범위는 가압류결정에 표시된 청구금액에 한정되므로, 가압류의 청구금액으로 채권의 원금만 기재되어 있다면 가압류채권자가 가압류채무자에 대하여 원금채권 외에, 그 부대하는 이자 또는 지연손해금 채권을 가지고 있다 하더라도 가압류의 청구금액을 넘어서는 부분에 대해서는 가압류채권자라도 처분금지 효력을 주장할 수 없다.

3. 전소유자에 대한 가압류채권자의 배당권
대법원 2006. 7. 28. 선고, 2006다19986 판결

▌판시사항

가압류집행 후 가압류목적물의 소유권이 제3자에게 이전된 경우, 제3취득자의 채권자가 신청한 경매절차에서도 전소유자의 가압류채권자가 배당 받을 수 있는지 여부(적극)

▌판결요지

부동산에 대한 가압류집행 후 가압류 목적물의 소유권이 제3자에게 이전된 경우 가압류의 처분금지적 효력이 미치는 것은 가압류결정 당시 청구금액 한도 안에서 가압류 목적물의 교환가치이고, 위와 같은 처분금지적 효력은 가압류채권자와 제3취득자 사이에서만 있는 것이므로 제3취득자의 채권자가 신청한 경매절차에서 매각 및 경락인이 취득하게 되는 대상은 가압류목적물 전체라고 할 것이지만, 가압류의 처분금지적 효력이 미치는 매각대금 부분은 가압류채권자가 우선적인 권리를 행사

할 수 있고 제3취득자의 채권자들은 이를 수인하여야 하므로, 가압류채권자는 그 매각절차에서 당해 가압류 목적물의 매각대금에서 가압류결정 당시의 청구금액을 한도로 하여 배당을 받을 수 있고, 제3취득자의 채권자는 위 매각대금 중 가압류의 처분금지적 효력이 미치는 범위의 금액에 대하여는 배당을 받을 수 없다.

4. 전소유자의 가압류가 인수조건인 때의 배당권
대법원 2007. 4. 13. 선고, 2005다8682 판결

▍판시사항
가압류등기 후 목적 부동산의 소유권이 이전되고 신소유자의 채권자가 경매를 실행한 경우로써, 전소유자의 피보전채권을 매수인이 인수하는 것으로 집행법원이 매각조건을 정한 경우라도 동 가압류채권자가 배당에 참가할 수 있는지 여부(소극)

▍판결요지
부동산에 대한 선순위 가압류등기 후 가압류 목적물의 소유권이 제3자에게 이전되고 그 후 제3취득자의 채권자가 경매를 신청하여 매각된 경우라도, 가압류채권자는 그 매각절차에서 당해 가압류 목적물의 매각대금 중 가압류결정 당시의 청구금액을 한도로 배당을 받을 수 있고, 이 경우 종전 소유자를 채무자로 한 가압류등기는 말소촉탁 대상이 될 수 있다. 그러나 경우에 따라서는 집행법원이 종전 소유자를 채무자로 하는 가압류등기의 부담을 매수인이 인수하는 것을 전제로 하여 위 가압류채권자를 배당절차에서 배제하고 매각절차를 진행시킬 수도 있으며, 이와 같이 매수인이 위 가압류등기의 부담을 인수하는 것을 전제로 매각절차를 진행시킨 경우에는 위 가압류의 효력이 소멸되지 아니하므로 가압류권자는 배당을 받을 수 없고, 집행법원의 말소촉탁 대상도 될 수 없다.

5. 전소유자의 가압류채권자가 본집행시 제3채권자들의 배당권
대법원 2005. 7. 29. 선고, 2003다40637 판결

▍판시사항
가압류가 집행된 부동산의 소유권이 제3자에게 이전된 후 가압류채권자가 본집

행을 실행한 경우라도 제3취득자의 채권자들이 배당에 참가할 수 있는지 여부(적극)

▌판결요지

부동산에 대한 가압류집행 후 가압류목적물의 소유권이 제3자에게 이전된 경우 가압류채권자는 집행권원을 얻어 제3취득자가 아닌 가압류채무자를 집행채무자로 하여 그 가압류를 본압류로 이전하는 강제집행을 실행할 수 있으나, 이 경우 그 강제집행은 가압류의 처분금지적 효력이 미치는 객관적 범위인 가압류결정 당시의 청구금액 한도 안에서만 집행채무자인 가압류채무자의 책임재산에 대한 강제집행절차라 할 것이고, 나머지 부분에 대해서는 제3취득자의 재산에 대한 매각절차라 할 것이므로, 제3취득자의 채권자들도 그 매각절차에서 제3취득자의 재산매각대금 부분으로부터는 배당을 받을 수 있다.

6. 가압류채권이 임금채권인 경우와 배당권

대법원 2004. 7. 22. 선고, 2002다52312 판결

▌판시사항

「근로기준법」 상 우선변제권 있는 임금채권자가 압류등기 전에 경매목적 부동산을 가압류한 경우로써 배당표가 확정되기 전에 임금채권임을 소명하였음에도 배당에서 제외된 경우, 후순위 권리자를 상대로 부당이득반환청구를 할 수 있는지 여부(적극)

▌판결요지

「근로기준법」에 의하여 우선변제청구권을 갖는 임금채권자라 하더라도 임의경매절차에서 배당요구종기까지는 배당요구를 하여야 우선배당을 받을 수 있는 것이 원칙이나, 경매절차개시 전의 가압류권자는 배당요구를 하지 않더라도 당연히 배당요구를 한 것과 동일하게 취급하여, 설사 그가 별도로 채권계산서를 제출하지 아니하였다 하더라도 배당에서 제외하여서는 안 되므로, 민사집행절차의 안정성을 보장하여야 하는 절차법적 요청과 근로자의 임금채권을 보호하여야 하는 실체법적 요청을 형량하여 보면 「근로기준법」 상 우선변제권이 있는 임금채권자가 경매절차개시 전에 경매목적 부동산을 가압류한 경우에는 배당요구종기까지 우선권 있는 임금채

권임을 소명하지 않았다 하더라도 배당표가 확정되기 전까지 그 가압류 청구채권이 우선변제권 있는 임금채권임을 소명하면 우선배당을 받을 수 있다.

「근로기준법」 상 우선변제권이 있는 임금채권자가 경매절차개시 전에 경매목적 부동산을 가압류하고 배당표가 확정되기 전까지 그 가압류의 청구채권이 우선변제권 있는 임금채권임을 소명하였음에도 경매법원이 임금채권자에게 우선배당을 하지 아니한 채 후순위 채권자에게 배당하는 것으로 배당표를 작성하고 그 배당표가 그대로 확정된 경우라면, 배당을 받아야 할 자가 배당을 받지 못하고 배당을 받지 못할 자가 배당을 받은 것으로서, 배당에 관하여 이의를 한 여부 또는 형식상 배당절차가 확정되었는가의 여부에 관계없이 배당을 받지 못한 임금채권자는 배당받은 후순위 채권자를 상대로 부당이득반환청구권을 갖게 된다.

7. 본안에서 일부 승소한 경우 공탁금 처리
대법원 2004. 4. 9. 선고, 2003다32681 판결

판시사항

가압류채권자가 본안에서 일부 승소한 경우라도 공탁금이 일부 승소한 금액보다 적다면 그 금액 전부에 대하여 가압류채권자가 배당받을 수 있는지 여부(소극)

판결요지

가압류채권자에 대한 배당금액이 공탁된 후 본안소송에서 가압류채권자가 피보전금액에 대하여 일부 승소한 것으로 확정된 경우, 동 승소 확정금액이 비록 공탁금액을 초과하는 경우라도 가압류채권자에게 전부 배당할 수는 없고 승소한 비율에 상당하는 금액만 배당하여야 하며, 그 잔액은 다른 채권자들에게 추가 배당하여야 한다.

판결이유

이 사건에서 배당액이 공탁되었던 가압류채권자인 피고가 본안소송에서 일부 승소의 확정판결을 받았으므로 집행법원으로서는 그 승소 확정된 금액을 기준으로 하여 배당액을 재차 조정하여 공탁된 배당액 중 그 조정된 금액만을 피고에게 지급하고 나머지는 다른 채권자들인 원고들에게 배당하는 방식의 추가배당을 실시하였어

야 할 것임에도, 집행법원이 이에 이르지 아니한 채 공탁된 배당액 전부를 피고에게 지급한 이상 피고는 실제로 지급 받은 금액과 위와 같이 승소 확정된 금액을 기준으로 하여 조정된 배당액과의 차액을 원고들에게 부당이득으로서 반환할 의무가 있다고 할 것이다.

그럼에도 불구하고, 피고가 가압류채권액을 기준으로 하여 공탁된 배당액 전액을 지급받은 것이 정당하다고 본 원심판결에는 구 「민사소송법」에서의 임의경매절차에서 가압류채권자에게 공탁된 배당액의 추가배당에 관한 법리 또는 부당이득에 관한 법리를 오해하여 판결에 영향을 미친 위법이 있다고 할 것이다. 이 점을 지적하는 상고이유의 주장은 이유 있다.

8. 본안 전부 패소 또는 가압류 취소시 공탁금 처리
대법원 2004. 4. 9. 선고, 2003다32681 판결

판시사항

가압류채권자에 대한 배당금이 공탁된 후 가압류집행이 취소되거나 가압류채권자가 본안에서 전부 패소한 경우라면, 그 공탁금은 전부 다른 채권자에게 추가 배당하여야 되는지 여부(적극)

판결요지

구 「민사소송법」 (2002. 1. 26. 법률 제6626호로 전문 개정되기 전의 것) 제589조 제3항의 규정에 의하여 집행법원이 가압류채권자의 미확정 채권에 대한 배당액이 정해진 후, 배당기일에 다른 채권자로부터 그 피보전채권의 존부에 관하여 아무런 이의 없이 배당절차가 종료되어 가압류채권자에 대한 배당액이 공탁되었다고 하더라도, 공탁된 배당금이 피공탁자에게 지급될 때까지는 배당절차가 종료되었다고 단정할 수 없을 뿐 아니라, 경매제도가 채무자의 재산으로부터 채권자의 만족을 얻게 하는데 근본목적으로 두고 있는 만큼, 만족을 받지 못한 채권자가 있는 데도 이를 제쳐 둔 채 채무자에게 공탁된 배당금을 지급하는 것은 경매제도의 목적에 현저히 반하는 것이라는 점 등에 비추어, 가압류채권자에 대한 배당액이 공탁된 후 가압류집행이 취소되거나 가압류채권자가 본안소송에서 패소 확정판결을 받는 등의 경우에는,

그 공탁금은 채무자에게 교부할 것이 아니라 다른 채권자들에게 추가로 배당하여야 하는 것으로 해석할 것이다.

9. 공매절차와 선순위 가압류채권에 대한 배분

대법원 2002. 3. 26. 선고, 2000두7971 판결

판시사항

「국세징수법」 상 공매대금을 배분할 경우에도 근저당권에 앞선 가압류채권은 배분대상 채권으로 할 수 있는지 여부(적극)

판결요지

「국세징수법」 제81조 제1항 제3호의 규정은 체납처분절차에서 압류재산에 관계되는 담보권의 우선변제권을 보호하기 위하여 그 절차를 행하는 세무서장에 대하여 압류재산의 매각대금을 압류 전후를 불문하고 위 법 소정의 담보권자에게 우선순위에 따라 배분할 공법상 의무를 부과한 것이고, 압류재산의 매각대금을 배분받을 수 있는 채권을 예시한 것에 불과할 뿐 이를 한정적으로 열거한 것은 아니라고 할 것이므로, 국세체납처분에 의한 매각대금 배분대상에는 같은 법 제81조 제1항 제3호에 규정된 담보권뿐만 아니라 법령의 규정이나 법리해석상 그 담보권보다 선순위 또는 동순위에 있는 채권도 포함된다고 봄이 상당하다고 할 것인 바, 이러한 채권이 가압류채권인 관계로 그 채권액이 아직 확정되지 아니한 경우라면 같은 법 제84조 제1항에 의하여 그에게 배분할 금액을 한국은행(국고대리점 포함)에 예탁할 수 있을 것이다.

Ⅶ. 임차권자에 대한 배당

1. 임대가 사해행위가 될 경우 임차인의 배당권
대법원 2005. 5. 13. 선고, 2003다50771 판결

❙ 판시사항
「주택 임대차 보호법」 제8조 소정의 소액보증금에 해당하는 임차권을 설정하는 임대인의 행위가 사해행위가 될 경우 임차인은 배당권이 없는지 여부(한정적극)

❙ 판결요지
「주택 임대차 보호법」 제8조의 소액보증금 최우선변제 보호대상인 임차권을 설정해 준 행위가 사해행위인 경우, 채무자의 악의는 추정되는 것이고, 수익자인 임차인의 악의 또한 추정된다고 할 것이나, 다만 위 법조 소정의 요건을 갖춘 임차인에 대하여 선행의 담보권자 등에 우선하여 소액보증금을 회수할 수 있도록 한 입법 취지에 비추어 보면, 위 법조 소정의 임차권을 취득하는 자는 자신의 보증금회수에 대하여 상당한 신뢰를 갖게 되고, 따라서 임대인의 채무초과 상태 여부를 비롯하여 자신의 임대차계약이 사해행위가 되는지에 대하여 통상적인 거래행위 때보다는 주의를 덜 기울이게 될 것이므로, 수익자인 임차인의 선의를 판단함에 있어서는 실제로 보증금이 지급되었는지, 그 보증금의 액수는 적정한 지, 등기부상 다수의 권리제한관계가 있어서 임대인의 채무초과 상태를 의심할 만한 사정이 있었음에도 굳이 임대차계약을 체결할 사정이 있었는지, 임대인과의 친인척관계 등 특별한 관계는 없는지 등에 대하여 종합적으로 고려하여 논리와 경험칙을 통하여 합리적으로 판단하여야 한다.

2. 기존채권 회수 목적 임차인의 배당권
대법원 2001. 5. 8. 선고, 2001다14733 판결

판시사항
임대차계약의 주된 목적이 주택을 사용 · 수익하려는 데 있는 것이 아니고 단순히 소액임차인으로 보호받아 기존채권을 회수할 목적으로 대항력을 구비한 경우라도 「주택 임대차 보호법」 상 소액임차인으로서의 배당권이 있는 것인지 여부(소극)

판결요지
「주택 임대차 보호법」의 입법 목적은 주거용 건물에 관하여 「민법」에 대한 특례를 규정함으로써 국민의 주거생활 안정을 보장하려는 것이고(제1조), 「주택 임대차 보호법」 제8조 제1항에서 임차인이 보증금 중 일정액을 다른 담보물권자보다 우선하여 변제받을 수 있도록 한 것은, 소액임차인의 경우 그 임차보증금이 비록 소액이라고 하더라도 그에게는 큰 재산이므로 적어도 소액임차인의 경우에는 다른 담보권자의 지위를 해하게 되더라도 그 보증금의 회수를 보장하는 것이 타당하다는 사회보장적 고려에서 나온 것으로서 「민법」의 일반규정에 대한 예외규정인 바, 그러한 입법목적과 제도의 취지 등을 고려할 때, 채권자가 채무자 소유의 주택에 관하여 채무자와 임대차계약을 체결하고 전입신고를 마친 다음 그곳에 거주하였다고 하더라도 실제 임대차계약의 주된 목적이 주택을 사용 · 수익하려는 것에 있는 것이 아니고, 실제로는 소액임차인으로 보호받아 선순위 담보권자에 우선하여 채권을 회수하려는 것에 주된 목적이 있었던 경우에는 그러한 임차인은 「주택 임대차 보호법」 상 소액임차인으로서 보호받을 수 없다

3. 저당권이 설정된 나대지에 신축한 주택 임차인의 배당권
대법원 1999. 7. 23. 선고, 99다25532 판결

판시사항
소액임차인에 해당한다면, 나대지에 저당권이 설정된 후 신축된 주택의 임차인이라도 대지의 환가대금으로부터도 최우선변제를 받을 수 있는지 여부(소극)

▌판결요지

임차주택의 환가대금 및 주택가액에는 건물뿐만 아니라 대지의 환가대금 및 가액도 포함된다고 규정하고 있는 「주택 임대차 보호법」(1999. 1. 21. 법률 제5641호로 개정되기 전의 것) 제3조의2 제1항 및 제8조 제3항의 각 규정과, 같은 법의 입법취지 및 통상적으로 건물의 임대차에는 당연히 그 부지 부분의 이용을 수반하는 것인 점 등을 종합하여 보면, 대지에 관한 저당권의 실행으로 경매가 진행된 경우에도 그 지상 건물의 소액임차인은 대지의 환가대금 중에서 소액보증금을 우선변제 받을 수 있다고 할 것이나, 이와 같은 법리는 대지에 관한 저당권 설정 당시에 이미 그 지상에 건물이 존재하는 경우에만 적용될 수 있는 것이고, 저당권 설정 후에 비로소 건물이 신축된 경우에까지 공시방법이 불완전한 소액임차인에게 우선변제권을 인정한다면 저당권자가 예측할 수 없는 손해를 입게 되는 범위가 지나치게 확대되어 부당하므로, 이러한 경우에는 소액임차인은 대지의 환가대금에 대하여 우선변제를 받을 수 없다고 보아야 한다.

4. 대지가 양도된 경우와 우선변제권

대법원 2007. 6. 21. 선고, 2004다26133 전원합의체 판결

▌판시사항

임대차계약 당시 임대인의 소유였던 대지가 타인에게 양도됨으로써 주택과 대지의 소유자가 각 달라진 경우라도 임차인은 대지의 환가대금에서도 우선변제를 받을 수 있는지 여부(적극)

▌판결요지

대항요건 및 확정일자를 갖춘 임차인과 소액임차인은 임차주택과 그 대지가 함께 경매될 경우뿐만 아니라 임차주택과 별도로 그 대지만 경매될 경우에도 그 대지의 환가대금에 대하여 우선변제권을 행사할 수 있고, 이와 같은 우선변제권은 이른바 법정담보물권의 성격을 갖는 것으로서 임대차 성립시의 임차 목적물인 임차주택 및 대지의 가액을 기초로 임차인을 보호하고자 인정되는 것이므로, 임대차 성립 당시 임대인 소유였던 대지가 타인에게 양도되어 임차주택과 대지의 소유자가 서로

달라지게 된 경우에도 마찬가지이다.

5. 미등기 · 무허가 주택 임차인의 배당권
대법원 2007. 6. 21. 선고, 2004다26133 전원합의체 판결

▌판시사항

미등기 또는 무허가 건물 임차인에 대해서도 「주택 임대차 보호법」 상 우선변제권과 최우선변제권이 인정될 수 있는지 여부(적극)

▌판결요지

「주택 임대차 보호법」은 주택의 임대차에 관하여 「민법」에 대한 특례를 규정함으로써 국민의 주거생활 안정을 보장함을 목적으로 하고 있고, 주택의 전부 또는 일부의 임대차에 관하여 적용된다고 규정하고 있을 뿐, 임차주택이 관할 관청의 허가를 받은 건물인지, 등기를 마친 건물인지 아닌지를 구별하고 있지 아니하므로, 어느 건물이 국민의 주거생활 용도로 사용되고 있는 주택에 해당하는 이상 비록 그 건물에 관하여 아직 등기를 마치지 아니하였다거나 등기가 이루어질 수 없는 사정이 있다 하더라도 다른 특별한 규정이 없는 한 동 법의 적용대상이 된다.

6. 미등기 주택 임차인의 대지에 대한 우선변제권
대법원 2007. 6. 21. 선고, 2004다26133 전원합의체 판결

▌판시사항

미등기 주택 임차인이라도 그 임차주택의 대지에 대한 환가대금으로부터도 「주택 임대차 보호법」 상 최우선변제권과 우선변제권을 행사할 수 있는지 여부(적극)

▌판결요지

대항요건 및 확정일자를 갖춘 임차인과 소액임차인에게 우선변제권을 인정한 「주택 임대차 보호법」 제3조의2 및 제8조가 미등기 주택을 달리 취급하는 특별한 규정을 두고 있지 아니하므로, 대항요건 및 확정일자를 갖춘 임차인과 소액임차인의 임차주택 대지에 대한 우선변제권에 관한 법리는 임차주택이 미등기인 경우에도 그

대로 적용된다.

이와 달리 임차주택의 등기 여부에 따라 그 우선변제권의 인정 여부를 달리 해석하는 것은 합리적 이유나 근거 없이 그 적용대상을 축소하거나 제한하는 것이 되어 부당하고, 「민법」과 달리 임차권의 등기가 없어도 대항력과 우선변제권을 인정하는 같은 법의 취지에 비추어 타당하지 아니하다.

다만, 소액임차인의 우선변제권에 관한 같은 법 제8조 제1항이 그 후문에서 “이 경우 임차인은 주택에 대한 경매신청의 등기 전에 대항요건을 갖추어야 한다.”고 규정하고 있으나, 이는 소액보증금을 배당받을 목적으로 배당절차에 임박하여 가장 임차인을 급조하는 등의 폐단을 방지하기 위하여 소액임차인의 대항요건 구비시기를 제한하는 취지이지, 반드시 임차주택과 대지를 함께 경매하여 임차주택 자체에 경매신청 등기가 되어야 한다거나, 임차주택에 경매신청 등기가 가능한 경우로 제한하는 취지는 아니라 할 것이다.

대지에 대한 경매신청 등기 전에 위 대항요건을 갖추도록 하면 입법취지를 충분히 달성할 수 있으므로, 위 규정이 미등기 주택의 경우 소액임차인의 대지에 관한 우선변제권을 배제하는 규정에 해당한다고는 볼 수 없다.

7. 대지만 매각된 경우 주택임차인의 우선변제권
대법원 1996. 6. 14. 선고, 96다7595 판결

▌판시사항

대지와 건물에 대하여 일괄매각이 신청되었으나 대지만 매각된 경우라도, 임차인은 대지의 낙찰대금으로부터 최우선변제권과 우선변제권을 행사할 수 있는지 여부(적극)

▌판결요지

다가구용 단독주택의 대지 및 건물에 관한 근저당권자가 그 대지 및 건물에 관한 경매를 일괄 신청하였다가 그 중 건물에 대한 경매신청만 취하함으로써 이를 제외한 대지 부분만 낙찰되었다고 하더라도, 그 주택의 소액임차인은 그 대지에 대한 낙찰대금에 대해서도 소액보증금을 이유로 다른 담보물권자보다 우선하여 변제받

을 수 있다.

8. 소멸되는 임차인의 배당권
대법원 2007. 6. 14. 선고, 2007다17475 판결

판시사항

배당 받고 권리가 소멸되는 임차인이라면 배당요구종기일까지는 기존 대항력을 계속 유지하고 있어야만 배당을 받을 수 있게 되는지 여부(적극)

판결요지

「주택 임대차 보호법」 제8조에서 임차인에게 같은 법 제3조 제1항 소정의 주택의 인도와 주민등록을 요건으로 명시하여 그 보증금 중 일정액의 한도 내에서는 등기된 담보물권자에게도 우선하여 변제받을 권리를 부여하고 있는 점, 위 임차인은 배당요구 방법으로 우선변제권을 행사하는 점, 배당요구시까지만 위 요건을 구비하면 족하다고 한다면 동일한 임차주택에 대하여 「주택 임대차 보호법」 제8조 소정의 임차인 이외에 같은 법 제3조의2 소정의 임차인이 출현하여 배당요구를 하는 등 경매절차상 다른 이해관계인들에게 피해를 입힐 수도 있는 점 등에 비추어 볼 때, 공시방법이 없는 주택임대차에 있어서는 주택의 인도와 주민등록이라는 우선변제 요건은 그 우선변제권 취득시에만 구비하면 족한 것이 아니고, 「민사집행법」 상의 배당요구종기일까지는 계속 존속하고 있어야 한다.

9. 대지와 건물이 일괄 매각된 경우의 배당권
대법원 2003. 9. 5. 선고, 2001다66291 판결

판시사항

주택 임차인이 소액보증금에 대하여 대지와 건물로부터 동시에 배당받는 경우에도 각 경매대가에 비례하여 배당을 받는 것인지 여부(적극)

판결요지

「주택 임대차 보호법」 제8조에 규정된 소액보증금에 대한 반환청구권은 임차목

적 주택에 대하여 저당권에 의하여 담보된 채권 · 조세 등에 우선하여 변제 받을 수 있는 이른바 법정담보물권으로서, 주택임차인이 대지와 건물 모두로부터 배당을 받는 경우에는 마치 그 대지와 건물 전부에 대한 공동 저당권자와 유사한 지위에 서게 되므로, 대지와 건물이 일괄 매각되어 주택임차인에게 그 경매대가를 동시에 배당하는 때에는 「민법」 제368조 제1항을 유추 적용하여 대지와 건물의 경매대가에 비례하여 그 채권의 분담액을 정하여야 한다.

10. 지분 매각과 임차인의 배당권

대법원 1998. 12. 8. 선고, 98다43137 판결

▌판시사항

주택 공유자들이 공동으로 임대한 경우라면, 일부 공유자의 지분만 매각되더라도 임차인은 보증금 전액을 배당 받게 되는지 여부(적극)

▌판결요지

건물의 공유자가 공동으로 건물을 임대하고 보증금을 수령한 경우라면, 특별한 사정이 없는 한 그 임대는 각자 공유지분을 임대한 것이 아니라 임대목적물을 다수 당사자로서 공동으로 임대한 것이므로, 그 보증금에 대한 반환채무도 성질상 불가분채무에 해당한다고 보아야 할 것이다.

제 2 장

권리자별 배당순위

I. 배당 개관

1. 가산세의 법정기일

대법원 2001. 4. 24. 선고, 2001다10076 판결

판시사항

신고 납부의무 불이행을 이유로 과세관청이 부과하게 되는 가산세의 경우 당해 납세고지서 발송일을 법정기일로 보게 되는지 여부(적극)

판결요지

구 「지방세법」 (1995. 12. 6. 법률 제4995호로 개정되기 전의 것) 제120조와 제121조는 취득세 납세의무자가 과세물건을 취득한 날로부터 30일 이내에 취득세를 신고 납부하지 아니한 때에는 가산세를 보통징수 방법에 의하여 징수하도록 하고 있고, 같은 법 제1조 제1항 제6호에 따르면 보통징수는 세무공무원이 납세고지서를 당해 납세의무자에게 교부하여 지방세를 징수하는 것을 뜻하므로, 같은 법 제31조 제2항 제3호 (나)목에 따라 가산세의 법정기일은 이에 대한 납세고지서 발송일이 된다.

2. 가산금 · 중가산금에 대한 법정기일

대법원 2002. 2. 8. 선고, 2001다74018 판결

판시사항

가산금 · 중가산금에 대한 법정기일은 본세와 구별하여 별도의 법정기일로 각 판단하게 되는지 여부(적극)

▌판결요지

가산금 · 중가산금의 법정기일에 관하여는 「지방세법」(1995. 12. 6. 법률 제4995호로 개정된 것) 제31조 제2항 제3호에서 따로 정한 바가 없으나, 같은 법 제1조 제13호와 제27조 제1항 및 제2항의 규정에 의하면 지방세를 납부기한까지 납부하지 아니한 때에는 이 법에 의하여 고지세액에 가산금을 가산하여 징수하고, 납기경과 후 일정기한까지 납부하지 아니한 때에는 그 금액에 다시 소정의 중가산금을 가산하여 징수하도록 규정되어 있으므로, 가산금 · 중가산금은 같은 법 제25조 소정의 납세고지서에 의한 본세의 납부고지에서 고지된 납부기한이나 그 이후 소정의 기한까지 체납된 세액을 납부하지 아니하면 과세관청이 가산금 · 중가산금에 대한 별도의 확정절차 없이 위 규정에 의하여 당연히 발생하고 그 액수도 확정되는 것이며, 따라서 가산금 · 중가산금의 법정기일은 같은 법 제31조 제2항 제3호 (다)목의 규정을 유추 적용하여 가산금 · 중가산금 자체의 납세의무가 확정되는 때, 즉 납부고지서에서 고지된 납부기한이나 그 이후 소정의 기한을 도과할 때로 보아야 한다.

3. 압류선착주의와 적용 한계

대법원 2005. 11. 24. 선고, 2005두9088 판결

▌판시사항

조세징수에서 적용되는 이른바 압류선착주의는 조세채권 상호간에만 적용이 있는 것인지 여부(적극)

▌판결요지

구 「국세기본법」 제36조 제1항과 구 「지방세법」 제34조 제1항이 채택하고 있는 이른바 압류선착주의의 취지는 다른 조세채권자보다 조세채무자의 자산상태에 주의를 기울이고 조세징수에 열의를 가지고 있는 징수권자에게 우선권을 부여하고자 하는 것이므로, 압류선착주의는 조세채권 간의 우선순위를 정하는 데 적용할 수 있을 뿐, 조세채권과 공시를 수반하는 담보물권 사이의 우선순위를 정하는 데는 적용할 수 없다.

4. 공과금과 조세간의 압류선착주의 적용 여부
대법원 2008. 10. 23. 선고, 2008다47732 판결

판시사항
압류선착주의를 규정한 「지방세법」 제34조가 산업재해보상보험료 등의 공과금과 지방세 상호간에도 준용될 수 있는지 여부(소극)

판결요지
「지방세법」 제34조는 국세와 지방세 상호간 및 지방세 상호간에는 먼저 압류한 조세가 교부 청구한 조세보다 우선한다는 이른바 압류선착주의를 선언함으로써 「민사집행법」 상 평등주의의 예외를 인정하고 있고, 구 「산업재해 보상보험법」 (2003. 12. 31. 법률 제7049호로 개정되기 전의 것) 제76조는 산업재해보상보험료의 징수순위가 국세 및 지방세의 다음 순위임을 밝히고 있으며, 같은 법 제74조 제1항에서 산업재해보상보험료의 징수에 관하여 국세체납처분의 예에 의한다는 취지로 규정하고 있는 바, 위 각 조항은 그 문언이나 법 규정 형식상, 「국세징수법」 중 제3장에서 규정한 체납처분 절차에 따라 산업재해보상보험료를 강제징수할 수 있는 자력집행권이 있음을 규정한 것일 뿐이고, 나아가 위 각 조항에 의하여 산업재해보상보험료와 지방세 상호간에도 압류선착주의를 규정한 「지방세법」 제34조가 준용된다고 볼 수는 없다.

5. 가산세와 저당권과의 우열 관계
대법원 2001. 4. 24. 선고, 2001다10076 판결

판시사항
「지방세법」 상 가산세 채권과 저당권 등에 의하여 담보된 채권과의 우열은 가산세의 법정기일을 기준으로 정하는 것인지 여부(적극)

판결요지
「지방세법」 상 가산세는 「지방세법」에서 규정하는 의무의 성실한 이행을 확보하기 위하여 그 의무를 이행하지 아니한 경우 그 법에 의하여 산출한 세액에 가산하여

징수하는 금액으로, 가산세가 본세의 명목으로 부과 · 징수된다고 하더라도 본세와는 본질적으로 그 성질이 다르므로, 구「지방세법」(1995. 12. 6. 법률 제4995호로 개정되기 전의 것) 제31조 제2항 제3호에 따라 가산세 채권과 저당권 등에 의하여 담보된 채권과의 우열을 가릴 때에는 가산세 자체의 법정기일을 기준으로 하여야 한다.

6. 임금 우선특권 규정과 저당권자의 배당권
대법원 1990. 7. 10. 선고, 89다카13155 판결

▎판시사항

근로자의 임금 우선특권 효력은 해당 규정이 신설되기 전에 설정된 근저당권자의 피담보채권에도 우선할 수 있는지 여부(소극)

▎판결요지

법정 담보물권이 갖는 우선특권 효력은 법률에 특별히 정한 바 없는 이상, 그 우선특권을 설정한 법률이 제정되기 전에 이미 성립한 질권이나 저당권에 대해서까지 소급하여 미친다고 볼 수 없으므로, 1987. 11. 28. 신설된「근로기준법」제30조의2 제2항에 규정된 근로자의 최종 3월분의 임금 우선특권 효력도 위 규정이 신설되기 이전에 설정된 근저당권의 피담보채권에 대하여는 미치지 아니한다.

7. 임금 우선특권에 기한 배당권
대법원 1990. 7. 10. 선고, 89다카13155 판결

▎판시사항

우선특권이 있는「근로기준법」제30조의2 제2항 소정의 근로자의 최종 3월분 임금채권은 강제경매나 임의경매의 어느 절차에서나 우선변제를 받을 수 있게 되는지 여부(적극)

▎판결요지

「근로기준법」제30조의2 제2항에 규정된 근로자의 최종 3월분 임금에 대한 우선특권은 이른바 법정담보물권에 해당하는 것으로서 사용자의 총재산에 대하여 질권

또는 저당권에 의하여 담보된 채권보다 우선하여 변제받을 수 있는 권리이므로, 사용자 소유의 부동산에 설정된 근저당권의 실행으로 진행되는 임의경매절차에서도 그 권리를 주장하여 저당권의 피담보채권보다 우선하여 변제 받을 수 있고, 반드시 강제경매의 경우나 또는 강제경매신청을 하여 임의경매절차에 기록이 첨부된 경우에만 우선변제를 받을 수 있는 것은 아니다.

8. 임금채권 원금과 그 지연손해금 채권의 배당순위
대법원 2000. 1. 28. 선고, 99마5143 결정

판시사항
「근로기준법」 제37조 제2항 소정의 임금채권에 대한 최우선변제권에는 그에 대한 지연손해금 채권도 포함되는 것인지 여부(소극)

결정요지
「근로기준법」 제37조 제2항에 의하면, 근로관계로 인한 채권 중 최종 3월분의 임금, 최종 3년간 퇴직금, 재해보상금 채권은 사용자의 총재산에 대하여 질권 또는 저당권에 의하여 담보된 채권, 조세 · 공과금 및 다른 채권에 우선하여 변제되어야 한다고 규정하고 있는 바, 위와 같은 임금 등 채권의 최우선변제권은 근로자의 생활안정을 위한 사회정책적 고려에서 담보물권자 등의 희생 아래 인정되고 있는 점, 「민법」 제334조, 제360조 등에 의하면 공시방법이 있는 「민법」 상의 담보물권인 경우에도 우선변제권 있는 피담보채권에 포함되는 이자 등 부대채권 및 그 범위에 관하여 별도로 규정하고 있음에 반하여, 위 「근로기준법」 규정에는 최우선변제권 있는 채권으로 원본채권만 열거하고 있는 점 등에 비추어 볼 때, 임금 등에 대한 지연손해금 채권에 대하여는 최우선변제권이 인정되지 않는다고 봄이 상당하다.

9. 전소유자 때 설정된 저당권과 임금채권자의 배당관계
대법원 2004. 5. 27. 선고, 2002다65905 판결

판시사항
「근로기준법」 제37조 제2항의 임금채권이라면 사용자가 그 재산을 취득하기 전

에 기 설정되어 있던 담보권에 대해서도 우선변제권이 인정되는 것인지 여부(소극)

▌판결요지

「근로기준법」 제37조 제2항은 근로자의 최저생활을 보장하고자 하는 공익적 요청에서 일반 담보물권의 효력을 일부 제한하고 임금채권의 우선변제권을 규정한 것으로서, 그 규정 취지는 근로자가 최종 3월분의 임금과 최종 3년간 퇴직금, 재해보상금에 관한 채권을 질권 · 저당권에 의하여 담보된 채권, 조세 · 공과금 및 다른 채권과 동시에 사용자의 동일 재산으로부터 경합하여 변제받는 경우에, 그 각 채권의 성립 선후나 질권 또는 저당권의 설정 여부에 관계없이 임금 · 퇴직금 등이 우선적으로 변제받을 수 있는 권리가 있음을 밝힌 것일 뿐, 사용자가 재산을 특정승계로 취득하기 전에 기 설정된 담보권에 대하여서까지도 그 임금채권에 대한 우선변제권을 인정한 것은 아니다.

10. 사업주가 사실상 동일한 경우와 임금채권자의 배당권
대법원 2004. 5. 27. 선고, 2002다65905 판결

▌판시사항

개인병원 형태로 운영되던 사업을 의료법인 형태로 전환하면서 근저당권의 목적물인 물적시설을 의료법인에 출자하고 근로자의 근로관계도 단절 없이 승계된 경우라면, 기 설정된 담보권에 대해서도 임금채권자들이 배당우선권을 주장할 수 있는지 여부(적극)

▌판결요지

개인병원 형태로 운영되던 사업을 의료법인 형태로 전환하면서 근저당권의 목적물인 부동산 등 물적시설을 의료법인에 출자하고 그에 따라 근로자들의 근로관계도 법인의 단절 없이 승계된 경우와 같이, 사업의 인적조직 · 물적시설이 그의 동일성을 유지하면서 일체로서 이전되어 형식적으로 경영주체의 변경만 있을 뿐, 개인병원과 의료법인 사이에는 실질적인 동일성이 인정되는 경우라면 담보된 재산만이 특정 승계된 경우와 달라서, 고용이 승계된 근로자는 물론 법인 전환 후 신규로 채용된 근로자들도 사용자가 재산을 취득하기 전에 기 설정된 담보권에 대해서도 임금

등에 대한 우선변제권을 가진다.

11. 가압류채권자의 채권자취소권 행사
대법원 2008. 2. 28. 선고, 2007다77446 판결

판시사항

가압류등기 후에 근저당권 설정등기가 경료된 경우, 가압류채권자는 근저당권 설정행위에 대하여 채권자취소권을 행사할 수 있는지 여부(한정소극)

판결요지

부동산에 대하여 가압류등기가 먼저 되고 나서 근저당권 설정등기가 마쳐진 경우, 경매절차의 배당관계에서 근저당권자는 선순위 가압류채권자에 대하여는 우선변제권을 주장할 수 없으므로 그 가압류채권자는 근저당권자와 일반 채권자의 자격에서 평등배당을 받을 수 있고, 따라서 가압류채권자는 채무자의 근저당권 설정행위로 인하여 아무런 불이익을 입지 않게 되므로 채권자취소권을 행사할 수 없다.

그러나 가압류 채권자의 실제 채권액이 가압류 채권액보다 많은 경우 그 초과하는 부분에 관하여는 가압류의 효력이 미치지 아니하여 그 범위 내에서는 채무자의 처분행위가 채권자들의 공동담보를 감소시키는 사해행위가 되므로 그 부분 채권을 피보전채권으로 삼아 채권자취소권을 행사할 수 있다.

판결이유

부동산에 대하여 가압류등기가 먼저 되고 나서 근저당권 설정등기가 마쳐진 경우 경매절차의 배당관계에서 근저당권자는 선순위 가압류채권자에 대하여는 우선변제권을 주장할 수 없으므로 그 가압류채권자는 근저당권자와 일반 채권자의 자격에서 평등배당을 받을 수 있고(대법원 1994. 11. 29. 94마417 결정 참조), 따라서 가압류채권자는 채무자의 근저당권 설정행위로 인하여 아무런 불이익을 입지 않으므로 채권자취소권을 행사할 수 없다 할 것이나, 채권자의 실제 채권액이 가압류 채권금액보다 많은 경우 그 초과하는 부분에 관하여는 가압류의 효력이 미치지 아니하여 그 범위 내에서는 채무자의 처분행위가 채권자들의 공동담보를 감소시키는 사해행위가 되므로 그 부분 채권을 피보전채권으로 삼아 당연히 채권자취소권을 행사할

수 있다 할 것이다.

원심판결 이유에 의하면 이 사건 근저당권설정 이전 원고의 가압류채권 총액은 합계 금 257,754,747원인데 비하여 원고의 소외인에 대한 실제 채권액은 약 금 500,000,000원에 달하여 가압류 채권금액을 초과함이 분명하므로 그 초과부분에 터잡아 채권자취소권을 행사할 수 있다고 할 것인 바, 이 부분 원심 판단은 그 설시가 다소 미흡하나, 이 사건 근저당권 설정계약이 사해행위에 해당한다고 판단하여 그 취소청구를 인용한 조치는 정당하고, 거기에 사해행위 성립에 관한 법리를 오해한 위법이 없다.

12. 제3취득자의 배당잔액 수령권

대법원 1990. 4. 10. 선고, 90다카2403 결정

판시사항

경매개시결정 기입등기 이후에 제3자가 소유권을 취득한 경우, 매각대금 중 피담보채권 등에 충당되고 남은 잔액은 권리신고와 무관하게 제3취득자에게 교부하게 되는지 여부(적극)

결정요지

부동산 임의경매에 있어서 경매개시결정 기입등기 이후에 소유권 이전등기를 마쳐 권리를 취득한 자는 경매신청채권자에 대하여는 그 권리취득을 주장할 수 없으나 그 밖에 위 기입등기 이후에 집행에 참가한 자 등 제3자에 대하여는 유효하게 권리취득을 주장할 수 있고, 따라서 경매대금 중 피담보채권 등에 충당되고 남은 잔액이 있는 경우라면 위의 제3취득자에게 교부되어야 하고, 이는 제3취득자가 그 권리를 집행법원에 신고하지 아니하여 경매절차에 대한 이해관계인으로서의 지위를 취득하지 못하였다고 하더라도 마찬가지이다.

13. 제2경매절차와 인수된 임차인의 배당권
대법원 2001. 3. 27. 선고, 98다4552 판결

▌판시사항

대항력과 우선변제권을 겸한 임차인이 배당요구를 하였으나 보증금을 전액 배당받지 못한 경우라면, 후행 경매절차에서도 잔액에 대한 배당권이 인정되는지 여부(소극)

▌판결요지

「주택 임대차 보호법」 상 대항력과 우선변제권 두 가지 권리를 겸하고 있는 임차인이 우선변제권을 선택하여 제1경매절차에서 보증금 전액에 대하여 배당요구를 하였으나 보증금 전액을 배당받을 수 없었던 때에는 매수인에게 대항하여 이를 반환받을 때까지 임대차관계의 존속을 주장할 수 있을 뿐이고, 임차인의 우선변제권은 경락으로 인하여 소멸한 것이므로 제2경매절차에서는 다시 우선변제권에 의하여 배당을 받을 수 없다.

Ⅱ. 권리자별 배당관계

1. 가압류채권자 상호간 배당관계
대법원 1999. 2. 9. 선고, 98다42615 판결

▌판시사항

가압류채권자 상호간에는 그 집행의 선후와 무관하게 동순위로 배당되는지 여부(적극)

▌판결요지

가압류채권자 상호간에는 처분금지적 효력을 주장할 수 없으므로 그 결정에 따른 기입등기 선후에 따라 우선권이 정해지는 것은 아니다.

2. 가압류채권자와 후순위 저당권자의 배당관계
대법원 1994. 11. 29. 선고, 94마417 결정

▌판시사항

선순위 가압류권자와 후순위 저당권자와의 배당관계는 상호 동순위가 되는 것인지 여부(적극)

▌결정요지

부동산에 대하여 가압류등기가 먼저 되고 나서 근저당권 설정등기가 마쳐진 경우, 그 근저당권등기는 가압류에 의한 처분금지효력 때문에 그 집행보전의 목적을 달성하는 데 필요한 범위 안에서 가압류채권자에 대한 관계에서만 상대적으로 무효이다. 이 경우 근저당권자는 선순위 가압류채권자에 대하여는 우선변제권을 주장할 수 없으므로 채권액에 따른 안분비례에 의하여 평등배당을 받을 수 있을 뿐이다.

3. 가압류채권자와 후순위 담보가등기권자의 배당관계
대법원 1987. 6. 9. 선고, 86다카2570 판결

▌판시사항

선순위 가압류채권자와 후순위 담보가등기권자의 배당관계는 동순위가 되는지 여부(적극)

▌판결요지

부동산에 대하여 가압류등기가 먼저 되고 나서 담보가등기가 마쳐진 경우, 그 담보가등기는 가압류에 의한 처분금지효력 때문에 그 집행보전의 목적을 달성하는 데 필요한 범위안에서 가압류채권자에 대한 관계에서만 상대적으로 무효라 할 것이고 따라서 담보가등기권자는 그보다 선순위의 가압류채권자에 대항하여 우선변제를 받을 권리는 없으나, 한편 가압류채권자도 우선변제청구권을 가지는 것은 아니므로 가압류채권자보다 후순위 담보가등기권자라 하더라도 「가등기담보 등에 관한 법률」 제16조 제1, 2항에 따라 법원의 최고에 의하여 채권신고를 하면 가압류채권자와 채권액에 비례하여 평등하게 배당 받을 수 있다.

4. 가압류채권자와 후순위 확정일부 임차권자의 배당관계

대법원 1992. 10. 13. 선고, 92다30597 판결

판시사항

「주택 임대차 보호법」 제3조의2 제1항의 규정에 의하여 우선변제권 있는 확정일자부 임차권과 선순위 가압류채권자와의 배당관계는 상호 동순위가 되는지 여부(적극)

판결요지

「주택 임대차 보호법」 제3조의2 제1항은 대항요건(주택인도와 주민등록 전입신고)과 임대차 계약증서상의 확정일자를 갖춘 주택임차인은 후순위권리자 기타 일반채권자보다 우선하여 보증금을 변제 받을 권리가 있음을 규정하고 있는 바, 이는 임대차계약 증서에 확정일자를 갖춘 경우에는 부동산 담보권에 유사한 권리를 인정한다는 취지이므로, 부동산 담보권자보다 선순위의 가압류채권자가 있을 경우에는 그 담보권자가 선순위 가압류채권자와 채권액에 비례한 평등배당을 받을 수 있는 것과 마찬가지로, 위 규정에 의하여 우선변제권을 갖게 되는 임차보증금 채권자도 선순위의 가압류채권자와는 평등배당 관계에 있게 된다.

가압류채권자가 주택임차인보다 선순위인지 여부는, 「주택 임대차 보호법」 제3조의2 법문상 임차인은 확정일자 부여에 의하여 비로소 우선변제권을 가지는 것으로 규정하고 있음에 비추어, 임대차계약 증서상의 확정일자 부여일을 기준으로 삼는 것으로 해석함이 타당하므로, 대항요건을 미리 갖추었다고 하더라도 확정일자를 부여받은 날짜가 가압류일자보다 늦은 경우라면 가압류채권자가 선순위라고 볼 수 밖에 없다.

5. 가압류, 저당권, 압류(가압류) 순위인 때의 배당관계

대법원 1994. 11. 29. 선고, 94마417 결정

판시사항

가압류, 저당권, 압류 또는 가압류, 저당권, 가압류순인 경우의 배당관계(안분 후 흡수관계)

▌결정요지

가압류채권자와 후순위 근저당권자 및 근저당권 설정등기 후 강제경매신청을 한 압류채권자와의 배당관계에 있어서, 근저당권자는 선순위 가압류채권자에 대하여는 우선변제권을 주장할 수 없으므로 1차로 채권액에 따른 안분비례로 평등배당을 한 후, 저당권자는 후순위 압류채권자에 대하여는 우선변제권이 인정되므로 압류(가압류)채권자가 받은 배당액으로부터 자기 채권을 만족시킬 때까지 이를 흡수하여 배당받을 수 있다.

6. 가압류, 담보가등기, 가압류순인 때의 배당관계

대법원 1992. 3. 27. 선고, 91다44407 판결

▌판시사항

담보가등기를 기준으로 선후순위로 각 가압류채권이 있을 경우의 배당방법(안분 후 흡수관계)

▌판결요지

가등기담보권자는 그 담보가등기가 경료된 부동산에 대하여 경매 등이 개시된 경우 다른 채권자보다 자기 채권에 대하여 우선변제 받을 권리가 있다고 할 것이고, 이 경우 그 순위에 관하여는 그 담보가등기 권리를 저당권으로 보고 그 담보가등기가 경료된 때에 저당권설정등기가 행하여진 것으로 보게 되므로, 가등기담보권에 대하여 선순위 및 후순위 가압류채권이 있는 경우 부동산의 경매에 의한 매득금 중 경매비용을 제외한 나머지 금원을 배당함에 있어서 가등기담보권자는 선순위 가압류채권에 대하여는 우선변제권을 주장할 수 없어 그 피담보채권과 선순위 및 후순위 가압류채권에 대하여 1차로 채권액에 따른 안분비례에 의하여 평등배당을 하되, 담보가등기권자는 위 후순위 가압류채권에 대하여는 우선변제권이 인정되어 그 배당액으로부터 자기의 채권액을 만족시킬 때까지 이를 흡수하여 변제받을 수 있으며, 선순위와 후순위 가압류채권이 동일인의 권리라고 하여도 그 귀결이 달라지는 것은 아니다.

7. 당해세와 저당권자의 배당순위
대법원 1999. 3. 12. 선고, 98다59125 판결

판시사항
「지방세법」 상 당해세에 해당한다면 동법 시행 전에 설정된 근저당권에 대해서도 배당우선권이 인정되는지 여부(소극)

판결요지
"모든 국민은 소급입법에 의하여 참정권의 제한을 받거나 재산권을 박탈당하지 아니한다."고 한 「헌법」 제13조 제2항의 규정에 비추어, 개정된 「지방세법」 (1995. 12. 6. 법률 제4995호로 개정되어 1996. 1. 1.부터 시행된 것)에 의하여 새로 규정된 당해세의 우선적 효력은 그 우선적 효력을 설정한 법률이 제정되기 전에 이미 성립한 저당권이나 질권에 대해서까지 소급하여 적용될 수는 없고, 나아가 「지방세법」에 당해세 우선 규정이 전혀 없는 시점에 저당권을 설정 받는 자에게 장래 당해세 우선 규정이 신설될 것을 예측할 것을 요구할 수는 없으므로, 저당권 설정 후 제정된 당해세 우선 규정을 그 규정이 제정되기 전에 이미 성립한 저당권에 대해서까지 적용하는 것은 저당권자의 예측을 침해한다는 점에서 허용될 수 없다 할 것인 바, 따라서 과세관청이 배당요구를 한 재산세 및 종합토지세가 모두 근저당권의 목적물에 관하여 부과된 당해세이고 그 법정기일(납세고지서 발송일)이 개정된 「지방세법」 시행 이후라고 하더라도, 그 조세채권은 개정된 「지방세법」 시행 이전에 설정된 근저당권자의 피담보채권에는 우선할 수 없다.

8. 조세채권, 저당권, 조세채권 순인 때의 배당관계
대법원 2005. 11. 24. 선고, 2005두9088 판결

판시사항
조세채권, 저당권, 조세채권 순인 때의 배당관계(저당권 설정일과 각 조세의 법정기일 순으로 배당하고, 조세간에는 다시 압류선착수주의에 따라 재배당함)

판결요지

공시를 수반하는 담보물권이 설정된 부동산에 관하여 담보물권 설정일 이전에 법정기일이 도래한 조세채권과, 담보물권 설정일 이후에 법정기일이 도래한 조세채권에 기한 압류가 모두 이루어진 경우, 당해세를 제외한 조세채권과 담보물권 사이의 우선순위는 먼저 그 법정기일과 담보물권 설정일의 선후에 의하여 결정하고, 이와 같은 순서에 의하여 매각대금을 배분한 후, 압류선착주의에 따라 각 조세채권 사이에는 다시 그 우선순위에 따라 결정하여야 한다.

9. 임차권, 저당권, 임차보증금 증액 순인 때의 배당관계

대법원 1990. 8. 14. 선고, 90다카11377 판결

판시사항

대항력을 갖춘 임차인이 저당권 설정등기 이후에 임대인과의 합의로 보증금을 증액한 경우의 배당관계(증액부분에 대한 확정일자와 저당권설정일자를 기준으로 함)

판결요지

대항력을 갖춘 임차인이 저당권 설정등기 이후에 임대인과 보증금을 증액하기로 합의하고 초과부분을 지급한 경우, 임차인이 저당권 설정등기 이전에 취득하고 있던 임차권으로는 저당권자에게 대항할 수 있음은 물론이나 저당권 설정등기 후에 건물주와의 사이에 임차보증금을 증액하기로 한 합의는 건물주가 저당권자를 해치는 법률행위를 할 수 없게 된 결과, 그 합의 당사자 사이에서만 효력이 있을 뿐, 저당권자에 대해서는 대항할 수 없는 것이므로, 비록 임차인이 증액부분에 대해서도 확정일자를 받은 경우라도 증액부분은 저당권보다는 후순위가 된다.

10. 주택임차인 상호간의 배당관계

대법원 2007. 11. 15. 선고, 2007다45562 판결

판시사항

「주택 임대차 보호법」 상 대항요건과 확정일자를 갖춘 임차인 상호간의 배당관계(소액임차인에 대한 최우선변제 후 각 확정일자에 따른 순위배당)

판결요지

「주택 임대차 보호법」 제3조의2 제2항은 대항요건(주택인도와 주민등록 전입신고)과 임대차계약 증서상에 확정일자를 갖춘 주택임차인에게는 부동산 담보권에 유사한 권리를 인정한다는 취지로서, 이에 따라 대항요건과 확정일자를 갖춘 임차인들 상호간에는 대항요건과 확정일자를 최종적으로 갖춘 순서대로 우선변제를 받는 순위를 정하게 되므로, 만일 대항요건과 확정일자를 갖춘 임차인들이 「주택 임대차 보호법」 제8조 제1항에 의하여 보증금 중 일정액의 보호를 받는 소액임차인의 지위를 겸하는 경우, 먼저 소액임차인으로서 보호받는 일정액을 배당하고 난 후 나머지 임차보증금 채권액에 대하여는 대항요건과 확정일자를 갖춘 임차인으로서의 순위에 따라 배당하여야 하는 것이다.

판결이유

「주택 임대차 보호법」 제3조의2 제2항은 대항요건(주택인도와 주민등록 전입신고)과 임대차계약 증서상의 확정일자를 갖춘 주택임차인은 후순위권리자 기타 일반채권자보다 우선하여 보증금을 변제받을 권리가 있음을 규정하고 있는 바, 이는 그와 같은 주택임차인에게 부동산 담보권에 유사한 권리를 인정한다는 취지로서(대법원 1992. 10. 13. 선고 92다30597 판결 등 참조), 이에 따라 대항요건과 확정일자를 갖춘 임차인들 상호간에는 대항요건과 확정일자를 최종적으로 갖춘 순서대로 우선변제 받을 순위를 정하게 되므로, 만일 대항요건과 확정일자를 갖춘 임차인들이 「주택 임대차 보호법」 제8조 제1항에 의하여 보증금 중 일정액의 보호를 받는 소액임차인의 지위를 겸하는 경우, 먼저 소액임차인으로서 보호받는 일정액을 우선 배당하고 난 후 나머지 임차보증금 채권액에 대하여는 대항요건과 확정일자를 갖춘 임차인으로서의 순위에 따라 배당을 하여야 하는 것이다.

그렇다면 원심으로서는, 집행법원이 원고와 공동 원고 2에게 소액임차인에 대한 최우선변제로서 각 금 1,400만 원을 우선 배당하고 난 각 나머지 임차보증금 채권액인 원고의 금 600만 원과 공동 원고 2의 금 1,300만 원에 대하여, 원고와 공동 원고 2의 각 대항요건과 확정일자를 최종적으로 갖춘 때가 언제인지를 심리하여 그 선후에 따라 우선변제 순위를 가리고, 이에 따라 원고가 공동 원고 2보다 선순위일 경우 소외 1에 대한 배당액 중 금 600만 원을 먼저 삭제하여 원고의 나머지 임차보증금

채권액에 배당하는 것으로 배당표를 경정하였어야 함에도 불구하고, 그 판시와 같이 원고와 공동 원고 2를 동순위의 임차보증금 채권자라는 이유로 원고에게 금 4,421,052원만을 배당하는 것으로 배당표를 경정하였는바, 이러한 원심판결에는 확정일자부 임차인의 임차보증금 반환채권의 우선순위에 관한 법리를 오해하여 원고와 공동 원고 2의 우선변제 순위의 선후에 관한 심리를 다하지 아니한 위법이 있고, 이러한 위법은 판결에 영향을 미쳤음이 분명하다.

11. 전소유자의 가압류채권자와 제3채권자의 배당관계
대법원 1998. 11. 10. 선고, 98다43441 판결

▌판시사항

가압류 집행 후 가압류목적물의 소유권이 제3자에게 이전된 경우라도, 제3취득자의 채권자가 가압류 목적물의 매각대금 중 가압류의 처분금지효력이 미치는 범위의 금액에 대하여도 배당에 참가할 수 있는지 여부(소극)

▌판결요지

가압류의 처분금지적 효력에 따라 가압류집행 후 가압류채무자의 가압류 목적물에 대한 처분행위는 가압류채권자와의 관계에서는 그 효력이 없으므로 가압류 집행 후 가압류 목적물의 소유권이 제3자에게 이전된 경우 가압류채권자는 집행권원을 얻어 제3취득자가 아닌 가압류채무자를 집행채무자로 하여 그 가압류를 본압류로 전이하는 강제집행을 실시할 수 있고, 이 경우 그 강제집행은 가압류의 처분금지적 효력이 미치는 객관적 범위인 가압류결정 당시의 청구금액 한도 안에서는 집행채무자인 가압류채무자의 책임재산에 대한 강제집행절차이므로 제3취득자에 대한 채권자는 당해 가압류 목적물의 매각대금 중 가압류의 처분금지적 효력이 미치는 범위의 금액에 대하여는 배당에 참가할 수 없다.

다만 가압류 집행 후 가압류 목적물의 소유권이 제3자에게 이전된 경우 가압류채권자는 집행권원을 얻어 제3취득자가 아닌 가압류채무자를 집행채무자로 하여 그 가압류를 본압류로 전이하는 강제집행을 실행할 수 있다 하더라도, 이 경우 그 강제집행은 가압류의 처분금지적 효력이 미치는 객관적 범위인 가압류결정 당시의 청구

금액 한도 안에서만 집행채무자인 가압류채무자의 책임재산에 대한 강제집행절차라 할 것이고, 가압류결정 당시의 청구금액이 채권의 원금만을 기재한 것으로서 가압류채권자가 가압류채무자에 대하여 원금채권 이외에 이자와 소송비용 채권을 가지고 있다 하더라도 가압류결정 당시의 청구금액을 넘어서는 이자와 소송비용 채권에 관하여는 가압류의 처분금지적 효력이 미치는 것이 아니므로, 가압류채권자는 가압류 목적물의 매각대금에서 가압류결정 당시의 청구금액을 넘어서는 이자와 소송비용 채권은 배당 받을 수 없다.

著者略歷

학력 및 경력

한국방송통신대학교 행정학과 졸업(행정학사)
한국방송통신대학교 법학과 졸업(법학사)
대구대학교 행정대학원 부동산학과 졸업(부동산학 석사)
대구광역시 공무원
한국부동산고시학원장
영진사이버대학 부동산과 외래교수
선린대학 부동산관리과 강사
現 VIP공인중개사사무소 대표(공인중개사 8회)
VIP행정사사무소 대표
VIP경매클럽 지도교수
문경시 여성회관 경매재테크반 담당강사
한국공인중개사협회 연구위원
한국공인중개사협회 대구 · 경북지부 전임교수
한국부동산분석학회 대구 · 경북지역 이사
계명대학교 평생교육원 학위과정 강사
대구과학대학 부동산과 겸임교수

저서 및 논문

해법 부동산중개론(2006. 서울: 법문사)
부동산 경매론(2008. 서울: 법문사)
부동산 실거래가격 확인방법에 관한 연구(2004. 대구대학교 행정대학원)
부동산 중개시장 개방에 따른 업계의 영향 및 대응방안(2007. 한국공인중개사협회)

핵심요약 부동산경매판례

2010년 10월 1일 초판 인쇄
2010년 10월 5일 초판 1쇄 발행

편저자 이 승 길
발행인 배 효 선
발행처 도서출판 法 文 社
413-756 경기도 파주시 교하읍 문발리 526-3
등 록 1957. 12. 12 / 제2-76호 (윤)
TEL 031) 955-6500~6 FAX 031) 955-6525
e-mail (영업): bms@bobmunsa.co.kr
(편집): edit66@bobmunsa.co.kr
홈페이지 http://www.bobmunsa.co.kr
조 판 법 문 사 전 산 실

정가 25,000원 ISBN 978-89-18-08003-1